Schöningh

ZEITEN UND MENSCHEN

Geschichte • Oberstufe Niedersachsen

Die Krise des späten Mittelalters und die Reformation

– Krisen, Umbrüche und Revolutionen –

Herausgegeben von:
Hans-Jürgen Lendzian

Autoren:
Andreas Gawatz
Hans-Jürgen Lendzian
Jürgen Möller
Thomas Ostermann
Friedhelm Schütze

www.schoeningh-schulbuch.de
Schöningh Verlag, Jühenplatz 1–3, 33098 Paderborn

Druck A 5 4 3 2 1 / Jahr 2019 18 17 16 15
Alle Drucke der Serie A sind im Unterricht parallel verwendbar.
Die letzte Zahl bezeichnet das Jahr dieses Druckes.

Umschlaggestaltung: Franz-Josef Domke, Hannover
Druck und Bindung: westermann druck GmbH, Braunschweig

ISBN 978-3-14-024937-9

Arbeiten und lernen mit „Zeiten und Menschen"

Lernen mit Modulen

Das Kernmodul

Hier wird über problemorientierte Darstellungstexte (Info) und theoretische Schlüsseltexte (Materialien) – aufbereitet durch kompetenzorientierte Arbeitsanregungen – die theoretische Basis grundgelegt.
Durch seinen inhaltlichen Zuschnitt und die modulare Anlage seiner einzelnen Theoriebausteine bietet das Kernmodul vielfältige Vernetzungsoptionen bzw. ein breites Spektrum integrativer Verknüpfungsmöglichkeiten mit dem Wahlpflichtmodul sowie mit den weiteren Wahlmodul-Themen.

Wahlpflichtmodul und Wahlmodule – Aufbau und Elemente

Auftakt: Auftaktseiten – thematisch repräsentative Abbildungen, meist verbunden mit einem begleitenden Text – führen in die leitenden Frage- und Problemstellungen ein.

Info: Darstellende Texte informieren über ereignisgeschichtliche Zusammenhänge und historische Strukturen des jeweiligen Themas. Sie entfalten argumentativ zentrale Struktur- und Problemzusammenhänge und ermöglichen den Aufbau eines geordneten Basis- und Orientierungswissens. Arbeitsanregungen helfen bei der Erschließung.

Thema: In Anknüpfung an die Leitperspektiven dienen thematisch konzipierte Einheiten der vertiefenden Beschäftigung mit relevanten historischen Problemstellungen sowie auch der kritischen Auseinandersetzung mit unterschiedlichen Standpunkten der Wissenschaft und Publizistik. So werden Voraussetzungen und Möglichkeiten geschaffen, eigene Standpunkte zu formulieren bzw. die eigene historisch-politische Urteilsfähigkeit zu erproben.
Facettenreiche Materialien bilden die Grundlage für eigenständiges fachliches Lernen. Kompetenzorientierte Arbeitsanregungen, die kooperatives Lernen fördern, strukturieren und erleichtern die fachgerechte Erarbeitung und Auseinandersetzung mit dem vielfältigen Materialangebot – immer mit zielführendem Blick auf die ausgewiesenen thematischen Leitfragen der jeweiligen Einheit.

Methode und Präsentation: Methodenseiten – am Ende des Bandes (Basismethoden) sowie z. T. auch im Kontext von Thema-Einheiten – führen in grundlegende Methoden historischen Arbeitens ein. Sie vermitteln den systematischen, fachgerechten Umgang mit fachbezogenen Arbeitstechniken, die an den wissenschaftlichen Standards historischen Arbeitens orientiert sind.
Ebenfalls am Ende des Bandes werden in einer alphabetischen Übersicht verschiedene mögliche Formen der Präsentation von Arbeitsergebnissen vorgestellt und beschrieben.

Zusammenfassende Arbeitsvorschläge: Sowohl am Ende des Wahlpflichtmoduls als auch der Wahlmodule werden übergreifende Arbeitsanregungen angeboten, um erworbenes Sachwissen, gewonnene Erkenntnisse sowie Urteils- und Problemkompetenz in wiederholenden und neuen Arbeitszusammenhängen anzuwenden und erlernte methodische Fähigkeiten zu trainieren.
Darüber hinaus eröffnen gerade auch diese Aufgabenstellungen Möglichkeiten zur Vernetzung der Wahlmodule untereinander und mit dem Kernmodul.

Inhaltsverzeichnis

Wahlmodule

Theorien und Modelle zu Umbruchsituationen

„Kanonade von Valmy“ (Gemälde von Jean-Baptiste Mauzaisse, 1835)

„Von hier und heute geht eine neue Epoche der Weltgeschichte aus, und ihr könnt sagen, ihr seid dabei gewesen.“ So sprach Goethe 1792 zu preußischen Offizieren, als in der Schlacht bei dem Dorf Valmy (Marne) nicht, wie alle geglaubt hatten, die französischen Revolutionstruppen besiegt wurden, sondern die österreichisch-preußische Koalition unterlag. Und er hatte Recht. Die berühmt gewordene „Kanonade von Valmy“ wurde zu einem Symbol der durch das monarchische Ausland nicht mehr zu stoppenden Französischen Revolution und war der Auftakt für die ausgreifenden Eroberungszüge der Revolutionstruppen: ein unmittelbar erfahrbarer Wendepunkt für die direkt betroffenen Zeitgenossen und wichtiger historischer Bezugspunkt für die anderen.

Krisen, Umbrüche und Revolutionen: Die Leitbegriffe dieser Einheit, weisen auf Zeiten des beschleunigten Wandels hin, auf Zeiten „historischer Verdichtung“, Zeiten, in denen besonders viel und besonders Bedeutsames geschieht, Zeiten, in denen es zu Wendepunkten kommen kann, an denen etwas Neues entsteht oder sichtbar wird, an denen ein neuer Zeitabschnitt, eine neue Epoche (von griech. epoche = das Anhalten) beginnt.

Es sind also die großen Momente der Geschichte, um die es hier geht. Sie laden besonders dazu ein, auch über das Fach Geschichte generell nachzudenken:

- Was sind die wichtigen Momente der Geschichte?
- Warum sind sie für uns bedeutsam?
- Was sind die Ursachen historischen Wandels?
- Was treibt das Rad der Geschichte an?
- Gibt es Regeln und Gesetze, nach denen Geschichte verläuft?
- Gibt es ein Ziel in der Geschichte? …

Wendepunkte, Zäsuren, Einschnitte, Epochenwechsel

1. Was ist Geschichte? – Geschichte als Rekonstruktion der Vergangenheit

Geschichte liegt nicht einfach fertig vor. Geschichte ist auch nicht alles, was vergangen ist. Geschichte ist das, was wir vom Vergangenen – aus welchen Gründen auch immer – als für uns bedeutsam erachten. Wir wenden uns immer der Vergangenheit zu mit einer „Brille“, die durch unsere heutige Zeit geprägt ist, oder anders formuliert, mit in der Gegenwart verankerten Erkenntnisinteressen.

Johann Martin Chladenius: Er gilt als Begründer der modernen Geschichtswissenschaft.

Lange Zeit war die Geschichtsschreibung vorrangig Politikgeschichte, die nach dem Aufstieg und dem Niedergang von Herrscherhäusern sowie nach bedeutenden Kriegen fragte. Die Sozialgeschichte, v. a. die der 1960er- und der 1970er-Jahre, wollte nicht eine Geschichte „der Sieger“, sondern auch „der Unterlegenen“ schreiben und nahm dazu vorrangig die sozioökonomischen Rahmenbedingungen in den Blick. Man fragte später zunehmend nach dem Verhältnis der Geschlechter zueinander, interessierte sich für die Alltagspraktiken der „kleinen Leute“ und öffnete sich für die vielfältigen Aspekte der Kulturgeschichte.
Im 19. Jahrhundert prägte die deutsche Nationalstaatsgründung die Sicht der Historiker, und man schrieb die Geschichte der deutschen Nation. Nach 1945 stand die Frage im Vordergrund, wie es zum Nationalsozialismus kommen konnte, welche Wege der Geschichte nach 1933, nach 1939 und nach Auschwitz geführt haben. Ökologische Probleme führten Historiker zu Fragen nach Umweltzerstörung und Ressourcenverbrauch in der Geschichte. Die Globalisierung gab den Anstoß, stärker als bisher nach weltgeschichtlichen Zusammenhängen zu forschen und eine Geschichte der Globalisierung zu schreiben. Diese Beispiele zeigen: Neue Problemlagen und Erfahrungen schaffen neue Erkenntnisinteressen, Fragestellungen, Methoden, Sichtweisen. Schon allein deswegen kann Geschichte immer wieder neu geschrieben werden.
Geschichte ist also das, was wir aus dem Vergangenen auswählen und wie wir es deuten. Geschichte ist eine (Re-)Konstruktion der Vergangenheit. Und dabei sucht sich jeder seinen eigenen Weg in „vergangene Welten“ mit jeweils eigener Perspektive, mit einem eigenen „Sehepunkt“, wie der Theologe und Historiker Johann Martin Chladenius (1710–1759) formulierte.
Dabei sind die möglichen Interpretationen zwar vielfältig, aber nicht beliebig. Denn jede subjektive Sichtweise kann auch widerlegt werden. Das ist dann der Fall, wenn Aussagen in Widerspruch zu feststellbaren Tatsachen stehen. Der Historiker Reinhart Koselleck (1923–2006) sprach in diesem Zusammenhang von der „Vetomacht der Quellen“. Eine Aussage gilt auch dann als widerlegt oder zumindest als infrage gestellt, wenn sie sich in der wissenschaftlichen Diskussion als nicht stichhaltig, nicht plausibel herausgestellt hat und die Argumente für andere Schlussfolgerungen deutlich überzeugender sind.
Man kann also sagen, dass Objektivität in der Geschichte allenfalls in einem hohen Maß an intersubjektiv (zwischen den einzelnen Menschen) anerkannter Verbindlichkeit besteht. Dennoch: das eigentliche Charakteristikum jeder Geschichtsschreibung und Geschichtsbetrachtung ist eben ihre Subjektivität und Perspektivität.

2. Zeiten und Epochen

Geschichte ist nicht nur ein kontinuierlich fließender Strom von langsamen Veränderungen, sondern zeigt wichtige Einschnitte und Brüche auf, die Anfang und Ende von bestimmten Zeiten markieren. Historiker versuchen, die Zäsuren zu bestimmen. Sie

Das Attentat von Sarajewo am 28. Juni 1914 gilt als Auslöser des Ersten Weltkriegs, der „Urkatastrophe des 20. Jahrhunderts" (George F. Kennan).

„periodisieren" Geschichte, zerlegen sie in überschaubare Zeiteinheiten, stellen einschneidende Momente heraus und charakterisieren die dazwischen liegenden Phasen in ihrer Eigenheit. Durch Periodisierung macht man sich die Vergangenheit überschaubar, erfahrbar und letztlich auch verstehbar. So haben wir bestimmte Vorstellungen von der Antike, dem Mittelalter, der Renaissance, dem Zeitalters des Nationalismus, der Industrialisierung, dem Ost-West-Konflikt usw.
Je näher man einer Epoche zeitlich steht, umso schwerer tun sich die Betrachter, diese Epoche zu charakterisieren. So sind sich für die Zeit unserer unmittelbaren Vergangenheit viele einig, dass etwas zu Ende gegangen ist. Dennoch ist man sich nicht klar darüber, was das Signum der Epoche ist, und sucht Zuflucht in Charakterisierungen wie „postmodern", „postindustriell", postkommunistisch usw., die sich primär über die Negation des Vorangegangen definieren.

3. Wendepunkte, Zäsuren

Was sind jedoch die Wendepunkte, Zäsuren, Brüche usw., die Anfang- oder Endpunkte solcher Perioden markieren? Wendepunkte der Geschichte können Ereignisse sein, die eine Strukturveränderung – etwa einen politisch-gesellschaftlichen Systemwechsel – bewirken. Das gilt zum Beispiel für politische Revolutionen, besonders auch für militärische Eroberungen. Aber auch Ereignisse wie das Attentat von Sarajewo, der Auslöser des Ersten Weltkriegs, können als Zäsuren angesehen werden. Die Ursachen von solch heftigen Umschwüngen können dabei schon lange vor dem eigentlichen Ereignis liegen. So ist die Weltwirtschaftskrise in den 1930er-Jahren ein Krisensymptom einer hochindustrialisierten, marktliberalen Volks- bzw. Weltwirtschaft, wie sie die Industrialisierung hervorgebracht hat. Auch die Einführung des Frauenwahlrechts kann als Ergebnis des langfristigen Kampfes der Frauen um Gleichberechtigung gesehen werden.
Man kann aber auch von Wendepunkten sprechen, bei denen der Wandel zwar beginnt, ohne dass jedoch zu diesem Zeitpunkt die Strukturveränderungen schon schlagartig sichtbar werden. Auch der Beginn eines Wandels kann als Zäsur angesehen werden. Die angestoßenen Prozesse wirken vielleicht nur langfristig und langsam, können sich aber im Lauf der Zeit als sehr wirkungsmächtig herausstellen. So öffnete die Abdankung Bismarcks (und das Ende des Sozialistengesetzes) die Bahn für eine neue Art der politischen Auseinandersetzung, für Massenmobilisierung und moderne Agitationsformen, wie sie für die Politik in Deutschland erst seit der Jahrhundertwende charakteristisch sind. Auch technische Neuerungen wie die Dampfmaschine oder das Automobil entwickeln ihre epochemachende Wirkung erst nach und nach.
Schließlich können Wendepunkte auch lediglich Manifestationen oder Symbole eines kontinuierlichen Wandels sein. So stellen manche Historiker den ersten autofreien Sonntag in der Bundesrepublik im Herbst 1973 als Symbol für das Ende der Fortschrittsmoderne heraus. Strukturverändernde Wirkung ging von diesem Sonntag gewiss nicht aus.

Leere Autobahn während des Sonntagfahrverbots aufgrund der Ölkrise 1973

Gleichzeitigkeit des Ungleichzeitigen. Auch wenn ein Wendepunkt den Beginn einer neuen geschichtlichen Phase markiert, so heißt das nicht, dass alles abgebrochen wird. In der Regel ziehen sich viele Strukturen und Prozesse über die geschichtlichen Brüche hinweg. So war 1945 – obwohl es vielleicht einige Zeitgenossen so empfunden haben mögen – nicht die viel beschworene „Stunde Null" in Deutschland. Wendepunkte sind immer eine Mischung von Kontinuitäten und Brüchen. Auch vollzieht sich ein umfassender Wandel nicht in allen Bereichen gleichzeitig. Häufig ist ein Nebeneinander von Altem und Neuem zu beobachten, eine „Gleichzeitigkeit des Ungleichzeitigen", wie der Philosoph Ernst Bloch die Moderne charakterisiert hat.

Unterschiedliche Zeiterfahrungen. Auch decken sich historische Zäsuren nicht immer mit der persönlichen Wahrnehmung der Zeitgenossen. Für den Einzelnen mögen andere biografische Einschnitte bedeutsamer sein. Periodisierungen sind eben Interpretationen und somit gilt das Gleiche, was oben (s. S. 7) über Perspektivität in der Geschichte allgemein gesagt wurde. Bestimmte Daten – 1848, 1871, 1914, 1933, 1945/49, 1989/90 – werden von kaum jemandem als sinnvolle Strukturierungspunkte der deutschen Geschichte in Zweifel gezogen. Für Briten sieht die Geschichtseinteilung schon anders aus. Die Franzosen strukturieren ihre jüngere nationale Geschichte nach ihren fünf Republiken (und beiden Kaiserreichen) seit der Französischen Revolution. Diese nationale Vielfalt erschwert die Einigung auf markante Zäsuren in der europäischen Geschichte; noch schwieriger erscheint eine einheitliche weltpolitische Periodisierung. Die Geschichte verläuft nicht in allen Ländern oder Regionen gleichförmig und schon gar nicht im gleichen Takt. Selbst Prozesse und Ereignisse von globaler Bedeutung betreffen nicht alle Regionen und die dort lebenden Menschen gleichermaßen. Schon allein deshalb werden Zäsuren unterschiedlich gesetzt.
Die Perspektive auf Zäsuren wird aber nicht nur durch die unterschiedliche Betroffenheit, sondern auch dadurch bestimmt, welche Bereiche der Geschichte man als besonders wichtig erachtet. Oben (s. S. 7) war vom Unterschied zwischen der Politik- und der Sozialgeschichte die Rede. Beide kommen zu unterschiedlichen Periodisierungen. Eine Frauen- und Geschlechtergeschichte setzt nochmals andere Epocheneinteilungen, ebenso eine Technikgeschichte.
Aber selbst bei gleicher Betroffenheit und gleicher fachlicher Perspektive kann man sich immer noch über Periodisierung trefflich streiten. Unterschiedliche Sach- und Werturteile und die niemals abschließend zu klärende Frage nach den Kausalitäten führen zu unterschiedlichen Einschätzungen. Stellt das Jahr 1968 beispielsweise in der (west-) deutschen Geschichte die „zweite Gründung" der Bundesrepublik dar oder war es nur ein vielleicht deutlich wahrnehmbares, aber nicht sonderlich wirkungsmächtiges Symbol eines längerfristigen kulturellen Wandels?

Die Untersuchung von Wendepunkten. Wenn man über Wendepunkte spricht, so geht es auf jeden Fall zunächst darum, zu bestimmen, worin eigentlich das Bedeutsame dieses Wendepunktes besteht: was sich gegenüber der vorangegangenen „Epoche" verändert hat, aber auch, welche Kontinuitäten sich über den Wendepunkt hinwegziehen. Zentral ist natürlich auch die Frage, was diesen Wandel bewirkt hat.
In unserem Medienzeitalter wird recht schnell das Attribut „historisch" vergeben und Ereignisse werden somit als „Geschichte machend" deklariert. Sie erweisen sich dann mit Abstand betrachtet oft weniger einschneidend als ursprünglich angenommen. „Nothing will ever be the same", so titelten viele Kommentatoren nach den Attentaten vom 11. September 2001 in den USA. Ob diese Interpretation auf Dauer Bestand haben wird, wird sich noch weisen.

11. September 2001: Attentat auf das World Trade Center in New York

4. Strukturen, Prozesse, Ereignisse, Handlungen

„Die Revolutionen sind die Lokomotiven der Weltgeschichte." So schrieb Karl Marx in der Mitte des 19. Jahrhunderts. Wenn man sich mit großen historischen Momenten beschäftigt, scheinen es auf den ersten Blick gerade die „epochemachenden Ereignisse" zu sein, die zu Wendepunkten führen und Neues entstehen lassen. Doch die oben angeführten Beispiele zeigen, dass auch z. B. Revolutionen ihre eigenen Voraussetzungen haben. Es sind keine Ereignisse, die unvermittelt vom Himmel fallen. Vielmehr wirken in der Regel Strukturen, Prozesse, Ereignisse und Handlungen ineinander.
In der Geschichtswissenschaft spricht man von Strukturen oder auch von Kontinuitäten, wenn man die Rahmenbedingungen meint, die sich nicht oder nur wenig über die

Zeit hinweg ändern. Das gilt zum einen für die sogenannten anthropologischen Konstanten, z. B. die Bedürfnisse und Ängste des Menschen, aber auch für Rahmenbedingungen, die über geschichtliche Brüche hinweg erhalten bleiben, wie eine bestimmte Produktionsweise, staatliche Verwaltungsstrukturen usw. Langfristige, langsame Veränderungen, die als Trend in eine bestimmte Richtung laufen (im Einzelfall aber durchaus zu stoppen oder umkehrbar sind), werden dagegen als Prozesse bezeichnet. Das Bevölkerungswachstum, die Veränderung der Familienstruktur, die Bildung von Nationalstaaten, Industrialisierung oder Globalisierung wären Beispiele für solche Trends. Sie werden nicht selten zu Epochenbegriffen.

Schließlich wirken auch einzelne Ereignisse auf den Verlauf der Geschichte – Ereignisse, die zwar möglich, jedoch nicht das notwendige Ergebnis langfristiger Strukturen und Prozesse sind. Dazu zählen auch Handlungen einzelner Personen, etwa von Revolutionsführern, Feldherrn, Attentätern usw. Lange Zeit tendierte die Geschichtswissenschaft in Abgrenzung von einer hauptsächlich auf die Politik ausgerichteten Ereignisgeschichte dazu, vorrangig Strukturen und Prozesse zu untersuchen und menschliches Handeln als von ihnen bestimmt oder sogar determiniert anzusehen. Kontingente Ereignisse (lat. contingere = sich ereignen), d. h. nicht determinierte, nicht notwendige Ereignisse wurden dadurch in den Hintergrund gedrängt. Manche Historiker hofften, damit die Geschichtswissenschaft als eine den Naturwissenschaften vergleichbare Gesetzeswissenschaft etablieren zu können. Inzwischen hat man sich aber wieder vermehrt den Ereignissen (und Handlungen) zugewandt. Sie behalten ihren eigenen Stellenwert und zeigen besonders deutlich die Offenheit und Ungewissheit der Geschichte.

Strukturen, Prozesse und Ereignisse wirken in der Regel in einem komplexen Bedingungsgefüge zusammen. Der Mauerfall 1989 ist nicht ohne die Strukturprobleme des „real existierenden Sozialismus", die Erosion der Grundlagen des politischen Systems, die Veränderungen im Ostblock – von der polnischen Gewerkschaft Solidarnosc bis zu Gorbatschows Reformen – zu denken. Dazu gehören freilich auch kurzfristige Ereignisse wie das nachdrückliche, aber konsequent gewaltlose Auftreten der Demonstranten in der DDR und die Dynamik um den Auftritt des Politbüromitglieds Schabowski, als dessen Ankündigung von Reiseerleichterungen massenhaft als Öffnung der Mauer verstanden wurde. Das alles führte zum 9. November 1989, dessen strukturelle Auswirkungen wiederum noch gar nicht vollständig absehbar sind.

10. November 1989, der Tag nach Öffnung der Mauer: Menschen am Brandenburger Tor in Berlin

MATERIALIEN

M 1 Martin Sabrow über Wendepunkte in der Geschichte

Martin Sabrow (1954), deutscher Historiker und Politikwissenschaftler, Direktor des Zentrums für Zeithistorische Forschung (ZZF) und Professor für Neueste Geschichte und Zeitgeschichte an der Humboldt-Universität zu Berlin.*

Zäsuren strukturieren unser Bild von der Geschichte. Nachdem im 19. Jahrhundert der Epochenbegriff seine Bedeutung vom Zeitpunkt zum Zeitraum verschoben hatte, etablierte sich im 20. Jahrhundert die Zäsur zur Leitkategorie eines nicht mehr als gesetzmäßig und kontinuierlich gedachten Geschichtsverlaufs, der vielmehr als von Katastrophen, Umbrüchen und Einschnitten geprägt verstanden wird. Über der Wucht von Zäsuren, wie sie mit 1914, 1918, 1933, 1945 und wieder 1989 verbunden sind, droht die Erkenntnis unterzugehen, dass Zäsuren keine Tatsachen darstellen, sondern Deutungen. Historische Zäsuren sind mit Droysen nur „Betrachtungsformen" des ordnenden Historikers, nicht Eigenschaften der Welt und ihrer Entwicklung selbst. Die Suche nach Zäsuren entspringt dem Wunsch nach einer gültigen Ordnung des Zeitflusses und der von Thomas Mann im „Zauberberg" festgehaltenen Hoffnung, dass das Weiserchen der Zeit nicht fühllos gegen Ziele, Abschnitte, Markierungen sei, sondern „einen Augenblick anhalten oder wenigstens sonst ein winziges Zeichen" geben solle, „dass hier etwas vollendet sei".

Bei näherer Betrachtung relativieren sich Zäsuren in ihrer Geltungskraft. Ihre Reichweite ist selten global, sondern oft national oder regional und zudem sektoral begrenzt; wirtschaftliche Zäsuren unterscheiden sich von politischen, aber auch von medialen und sozialen. Ihre gesellschaftliche Eindringtiefe erweist sich häufig als geringer denn gedacht, wie die Forschungen zum „Augusterlebnis" 1914 ebenso zeigten wie der Blick auf die Kontinuitäten „zwischen Stalingrad und Währungsreform" oder das Bild von „1989" aus der Perspektive der folgenden Vereinigungskrise.

Auch über die Fachdiskussion hinaus unterliegen Zäsuren beständiger Neubewertung; sie können rückblickend verblassen oder an Gewicht zunehmen. Für Ersteres stehen nach 1945 etwa die Verabschiedung der Notstandsgesetze 1968 oder das Millenium, der Anschlag vom 11. September 2001 oder die EU-Osterweiterung von 2004, für Letzteres etwa die Aufgabe fester Wechselkurse 1973 oder auch die Honeckersche Proklamierung der „Einheit von Sozial- und Wirtschaftspolitik". Zäsuren sind Produkte von Vergangenheitspolitiken und Deutungskämpfen, in denen sich das Selbstverständnis sozialer Gruppen und Gemeinschaften formt. Als Zäsur von Anfang an umstritten war die Novemberrevolution von 1918 und ist in den letzten Jahren vor allem die Zäsur von „1968", die gegen die Boden gewinnende Konkurrenz der Zäsur der Siebzigerjahre in die Defensive geraten ist. Ob der Umbruch von 1989/90 eine gesamtdeutsche oder nur eine ostdeutsche Zäsur bildet, ist heute ebenso Gegenstand öffentlicher Debatten wie die Frage, ob es sich um eine bloße „Wende" oder eine „europäische Freiheitsrevolution" handelte. [...]

Zumindest für die Zeitgeschichte stehen fachliche Relevanz und öffentliche Performanz der Zäsur in scharfem Kontrast. Die Inflation ausgerufener und empfundener Epocheneinschnitte belegt das sich immer erneuernde Bedürfnis, Fluchtpunkte der historischen Betrachtung zu gewinnen, um abgeschlossene historische Phasen fassbar zu machen und erkennende Distanz zur eigenen Gegenwart zu gewinnen. Daraus erwächst die Frage, ob der Begriff Zäsur nicht zwei ganz unterschiedliche Epocheneinschnitte zusammenfasst, nämlich zum einen orthodoxe und zum anderen heterodoxe Zäsuren. Orthodoxe Zäsuren markieren Einschnitte, die gewohnte Sichtweisen bestätigen und fortschreiben; heterodoxe hingegen stellen überkommende Sicherheiten auf den Kopf und erzwingen eine rückwirkende Reorganisierung historischen Wissens und Wertens. Orthodoxe Zäsuren bestätigen unser Geschichtsbild, heterodoxe fordern es zur Reorganisierung heraus.

In diesem Verständnis würde der welterschütternde Terroranschlag vom 11. September eine orthodoxe Zäsur darstellen, weil er keine neuen Sichtachsen und Denkhorizonte schuf, sondern bereits vorher bekannte bestätigte. Die weltgeschichtliche Wende von 1989/91 in Deutschland hingegen bedeutete im Ergebnis eine heterodoxe Zäsur, weil sie die Gültigkeit der bisherigen Ordnung der Dinge aufhob. Sie setzte neue normative Maßstäbe des Handelns und Denkens, die sich aus den alten Verhältnissen nicht hätten ergeben können, und bildet einen unhintergehbaren Sehepunkt, der seine eigene Historizität und Unerhörtheit rasch zur selbstverständlichen Normalität verwandelt hat.

(Martin Sabrow, Beschreibung der Sektion „Historische Zäsuren" auf dem Historikertag 2010; zit. nach: http://www.historikertag.de/Berlin2010/index.php/wissenschaftliches-programm/sektionsuebersicht/category events/136-Prof.%20Dr.%20Martin%20Sabrow; April 2010)

M 2 Aus der Einleitung zu einem Buch über „Deutsche Zäsuren"

„Von hier und heute geht eine neue Epoche der Weltgeschichte aus, und ihr könnt sagen, ihr seid dabei gewesen." Klingend und berühmt sind diese vor Soldaten gesprochenen Worte Johann Wolfgang von Goethes aus seinem Werk „Kampagne in Frankreich". Als Begleiter Carl Augusts, des Herzogs von Sachsen-Weimar-Eisenach, hatte er an dem Feldzug teilgenommen und am 20. September 1792 die geradezu mystifizierte „Kanonade von Valmy" miterlebt. Bei dem Angriff auf das französische Dorf Valmy war auf scheinbar wundersame Weise der Vormarsch der Koalition zum Erliegen gekommen, die bevorstehende Überwältigung der französischen Revolutionstruppen wider Erwarten ausgeblieben. Dieses Ereignis gilt als „Nadelöhr" der Geschichte – bei einer anderen Entwicklung des Gefechts wäre – zugespitzt formuliert – die Revolution vielleicht durch einen konservativen „roll back" auf eine Fußnote der Geschichte reduziert worden. Das Empfinden des „großen historischen Moments", nach dem „nichts mehr so ist, wie es vorher war", stellt ein Paradigma des Geschichtserlebens dar; es gibt viele Zeugnisse bewegten Zeitgenossentums für Augenblicke, in denen sich Geschichte punktuell-prismenartig zu verdichten und einen abrupten Bruch zu erfahren scheint – man denke nur an den Fall der Berliner Mauer im November 1989. […]

Die Konstrukte der „Zäsur" und des „Systemwechsels" reiben sich dabei durchaus im Widerstreit miteinander. Beschreibt der Begriff „Systemwechsel" nach politikwissenschaftlicher Auffassung den Übergang von einem Regimetypus zum anderen, so wird die historisch-ausgreifende Sicht diesen laboratoriumsartigen Ansatz ergänzen, um „Zeitenwenden" umfassender zu definieren. Um die Verflechtung von Diskontinuitäten und Kontinuitäten zu beschreiben, spielen langfristige kulturelle, soziale, wirtschaftliche, auch mentale Entwicklungslinien eine wesentliche Rolle. So wurde die Interpretation des Jahres 1945 als totaler Neubeginn der deutschen Geschichte – wie sie in dem lange hochgehaltenen Mythos der sogenannten „Stunde Null" zum Ausdruck kommt – längst relativiert, obwohl hier im Sinne der Systemwechsel-Theorie ein eindeutiger Einschnitt vorliegt. Andererseits könnte man mit einigem Recht Ereignisse oder Entwicklungen, die nicht diesem Raster entsprechen, mit dem Etikett der Zäsur versehen: So wird beispielsweise die „68er-Bewegung" in mancher Perspektive als Initialzündung eines tief greifenden Wandlungsprozesses oder gar als „zweite Gründung der Bundesrepublik" gedeutet, obwohl sie im systemisch-institutionellen Sinn kaum Relevanz besitzt. Auf der anderen Seite können eher evolutionär ablaufende politische Prozesse – wie die Entwicklung der Europäischen Union – schwerlich als genuine Zäsuren beschrieben werden – ihre Konsequenzen sind aber vielleicht wirkungsmächtiger als solche selbst.

(Werner Karg /Monika Franz, Vorwort zu: Deutsche Zäsuren – Systemwechsel vom Alten Reich bis zum wiedervereinigten Deutschland, Bayerische Landeszentrale für politische Bildungsarbeit (Hg.), München 2006, S. 5f.)

M 3 Jürgen Kocka über Perspektivität und Wahrheit in der Geschichte

*Jürgen Kocka (*1941), maßgeblicher deutscher Sozialhistoriker, war Professor in Bielefeld und an der Freien Universität Berlin.*

Spätestens seit der Leipziger Theologe und Historiker Johann Martin Chladenius 1752 seine Lehre von den „Sehepunkten" veröffentlichte, ist die Standortgebundenheit oder Perspektivität historischer, auch geschichtswissenschaftlicher Erkenntnis im Grundsatz bewusst. Max Weber hat 1904 klassisch gezeigt, wie die Gesichtspunkte der Historiker einerseits von ihren Erkenntnisinteressen, Präferenzen und Zeiterfahrungen abhängen und andererseits die Fragen, Begriffe und Ergebnisse ihrer Forschung beeinflussen […]. Die konstruktivistische Wissenschaftstheorie[1] und der „cultural turn"[2] in den Wissenschaften der letzten Jahrzehnte haben pointiert unterstrichen, dass die Ergebnisse der Geistes- und Sozialwissenschaften durch die Sprache und Zugriffe der Wissenschaftler mitkonstituiert und insofern immer auch Konstrukte sind. Dies geschah zum Teil mit relativistischen Zweifeln an der Wahrheitsfähigkeit der Kulturwissenschaften und mit Skepsis gegenüber der Möglichkeit einer Verständigung auf gemeinsame Deutungen der Geschichte über kulturelle, nationale, ethnische und biografische Unterschiede hinweg […].

An der Selektivität, Gesichtspunktabhängigkeit und Historizität geschichtswissenschaftlicher Einsichten ist in der Tat nicht zu zweifeln. Geschichtswissenschaftliche Befunde sind zweifellos immer zugleich Konstrukte. Unterschiedliche Erfahrungen, Präferenzen und Zugehörigkeiten der Historiker legen ihnen unterschiedliche Fragen und Antworten nahe. Geschichtswissenschaftliche Interpretationen verändern sich mit der Zeit und sind selbst Teil der Geschichte. Trotzdem ist die Geschichtswissenschaft wie andere Wissenschaften in der Lage, zu wirklichkeitsangemessenen und intersubjektiv gültigen, also wahren Aussagen mit universalem Geltungsanspruch zu gelangen. Diese Fähigkeit verdankt sie ihrer empirischen Basis (dem Quellenbezug) sowie ihren methodischen Überprüfungs- und Diskursregeln, in Verbindung mit dem Prinzip der Kritik. Vor allem dieses begründet eine für

Wissenschaft konstitutive Rationalität, die ständige Überprüfung und gleichberechtigte Kommunikation einfordert. Soweit dies gelingt, arbeiten sich Vertreter unterschiedlicher Positionen über die zwischen ihnen bestehenden kulturellen, sozialen, nationalen, biografischen und anderen Differenzen hinweg aneinander ab – in Spannung und in gegenseitiger Anerkennung, mit dem Ziel und der Chance, sich über Kritik und Revision zu verständigen und der Wahrheit zu nähern […]. Gesichtspunktabhängigkeit und Wahrheitsfähigkeit müssen keine Gegensätze sein.

(Jürgen Kocka, Geschichte als Wissenschaft; in: G. Budde/D. Freist/H. Günther-Arndt (Hg.), Geschichte. Studium – Wissenschaft – Beruf, Berlin (Akademie Verlag) 2008, S. 23f.)

---

[1] Der Konstruktivismus sieht Erkenntnis und Wissen nicht als naturgegeben und objektiv feststellbar an. Sie sind vielmehr vom Menschen geschaffen (konstruiert).

[2] Der Wandel in der Geschichtswissenschaft hin zu kulturgeschichtlichen Fragestellungen (Alltags-, Geschlechter-, Mentalitätsgeschichte, …) als Ergänzung zur Sozialgeschichte.

M 4 Helga Grebing über Perspektivität und Wahrheit in der Geschichte

Helga Grebing (1930), deutsche Historikerin und emeritierte Professorin mit Schwerpunkten in der Sozialgeschichte und der Geschichte der Arbeiterbewegung.*

Realität ist eine Konstruktion; Geschehenes wird im Nachhinein durch strukturierende Beobachtung als Realität, und dies auch nur sehr ausschnitthaft, festgestellt. Denn schon allein wegen der Überlieferungssituation (für weit zurückliegende historische Perioden „zu wenig", für nahe historische Zeiten „zu viele" Quellen) kann der Historiker nie eine der vollen Wahrheit entsprechende Klärung einer Situation, eines Ereignisses, einer Entwicklung etc. versprechen. Vieles kann er nicht beweisen, sondern nur plausibel machen. Die kontroverse Diskussion ist ein unverzichtbares Erkenntnismittel, weil sie die jeweils unvermeidlicherweise defizitär ermittelten Ansichten über vergangene „Realität", dem Härtetest des Widerspruchs der an der wissenschaftlichen Diskussion Beteiligten aussetzt. Der Erkenntnisfortschritt lebt vom Streit. Dies gilt für alle Sozialwissenschaften. Wahrheit (im naturwissenschaftlichen, nicht im moralischen Sinne) kann es hier nicht geben: Sie ist begründete Ansichtssache.

(Helga Grebing, Der deutsche Weg – ein Sonderweg?; in: Dies. (Hg.), Der „deutsche Sonderweg" in Europa 1806–1945 – Eine Kritik, Stuttgart (Kohlhammer) 1986, S. 21)

M 5 Ralph Jessen über Struktur und Ereignis

Ralph Jessen (1956), Professor für Neuere Geschichte an der Universität zu Köln.*

Was genau untersuchen Historikerinnen und Historiker, wenn sie sich – beispielsweise – mit Phänomenen politischer Herrschaft in der Geschichte befassen? Die Funktionsweise der attischen Polis, des europäischen Absolutismus, der klassischen chinesischen Beamtenschaft oder der modernen Diktaturen des 20. Jahrhunderts? Langfristige Entwicklungsprozesse wie die frühneuzeitliche europäische Staatsbildung, die Konstitutionalisierung politischer Herrschaft im 19. Jahrhundert oder die Verwestlichung der politischen Kultur in der Bundesrepublik nach 1945? Die Schlacht bei den Thermopylen von 480 v. Chr., die Bauernaufstände des 15. und 16. Jahrhunderts, die Ermordung des österreichischen Thronfolgers in Sarajewo im Jahre 1914 oder den Pariser Mai 1968? Die Lebensgeschichte Julius Caesars, die Erfahrungen eines Landsknechts im Dreißigjährigen Krieg oder die Protestpraktiken Pariser Druckergesellen beim „großen Katzenmassaker" von 1740?

Alle Beispiele haben mit der Geschichte von Herrschaft zu tun, allerdings mit sehr unterschiedlichen Dimensionen von Herrschaft: Einmal geht es um die Handlungen und Erfahrungen eines Individuums oder kleiner Gruppen, ein andermal um kurzfristige, dramatisch zugespitzte Ereignisse, dann wieder um Prozesse längerfristigen Wandels und schließlich um abstrakte Strukturen, in denen – zumindest auf den ersten Blick – weder handelnde Personen noch einzelne Ereignisse zu erkennen sind. Man könnte vergleichbare Beispielreihen für die Sphären von Wirtschaft, Kultur oder sozialer Ungleichheit aufführen. Die Möglichkeit, zwischen Strukturen, Prozessen, Ereignissen und Handlungen zu unterscheiden, bezieht sich auf alle inhaltlichen Dimensionen, auch wenn traditionell die Politikgeschichte oft als Ereignisgeschichte betrieben worden ist, während sich etwa die Sozialgeschichte vielfach mit Strukturen und längerfristig wirksamen Wandlungsprozessen befasst hat. Worauf sich das Interesse richtet, hängt mehr von der Fragestellung, vom konkreten Gegenstandszuschnitt, den Leitbegriffen, den Forschungstraditionen und von den Theorien ab, auf die sich Historikerinnen und Historiker beziehen, als von der inhaltlichen Dimension. […] Die „eigentliche Geschichte", so die Schlussfolgerung [der Anhänger der Strukturgeschichte], sei die „Makrogeschichte" von Kollektivphänomenen, der anonymen, strukturellen Bedingungen der Möglichkeiten menschlichen Handelns und der langsamen, sich der bewussten Einwirkung des Einzelnen entziehenden

Wandlungsprozesse dieser Strukturen. Soziale Klassen als Determinanten kollektiver Schicksalslagen, nicht die Geschichte eines einzelnen Unternehmers oder der Erfahrungen einiger Arbeiter; die Regeln, Routinen und Rituale, durch die Herrschaftsverhältnisse Gestalt und Dauer bekommen, nicht das Wirken eines einzelnen Fürsten oder einer Regierung seien die maßgeblichen Untersuchungsobjekte der Historiker, denen es darum gehen müsse, schwer veränderliche, die Wahrnehmung großer Gruppen prägende „Mentalitäten" und nicht kurzfristig schwankende Moden oder politische Ereignisse zu analysieren. […]

Die interessantesten Ansätze sind […] jene, die sich um eine neue Vermittlung zwischen den Ebenen von „Struktur" und „Ereignis" bemühen, statt eine Dimension gegen die andere auszuspielen. Eine Sozial- und Kulturgeschichte des Ereignisses zeichnet sich ab. Während sich alltägliches Handlungsgeschehen innerhalb gegebener Rahmenbedingungen abspielt – die Routinen der Arbeit, der Verwaltung, des privaten Lebens oder auch der Politik bewegen sich in diesen selbst geschaffenen Strukturen und reproduzieren sie (wenn auch variiert) –, durchbrechen „Ereignisse" diese Routinen und transformieren bestehende Strukturen. Ein historisches Ereignis – man denke an Kolumbus' Landung in der „Neuen Welt", den Fall der Berliner Mauer oder an „9/11" – ist zunächst eine Handlungssequenz, welche gegen die Erwartungen der Zeitgenossen verstößt und als Bruch der Alltagsnormalität erfahren wird. Zugleich ist es eine Begebenheit, die überindividuelle Bedeutung hat und große Kollektive betrifft: Tausende Verkehrsopfer pro Jahr sind Tausende privater Tragödien – dreitausend Tote am 11. September 2001 sind ein globales Ereignis. Die Bewertung der Begebenheit erfolgt nach kollektiven Urteilsmaßstäben – religiösen Haltungen, nationalen Identitäten, politischen Einstellungen etc. – und dementsprechend ist die diskursive Verarbeitung des Ereignisses ein kollektiver Prozess. Diese kommunikative Bearbeitung des Ereignisses, seine kollektive Deutung und anschließende Handlungen verändern bisherige Strukturen, definieren neue Erwartungen an die Zukunft. Und sie sind der Gegenstand von Gründungserzählungen, „die so von späteren Generationen immer wieder erinnert und weitererzählt werden und sie die Welt danach anders sehen lassen als vorher" (Suter/Hettling).

(Ralph Jessen, Dimensionen; in: Budde u. a. (Hg.), a. a. O., S. 113–117)

M 6 Aus der Einleitung zu einem Sammelband über Struktur und Ereignis in der Geschichte

Infrage gestellt wurde die Annahme, dass historischer Wandel nur mit langsam sich verändernden Strukturen und Prozessen erklärt werden könne. Dagegen hat 1989/1991 im realsozialistischen Osteuropa und – durch die Implosion des Staatskommunismus – auch in Westeuropa sowohl bereits lange zuvor in Gang gekommene Strukturveränderungen sichtbar werden lassen als auch ganz neuartige strukturelle Veränderungen ausgelöst. Man denke beispielsweise an den Kollaps des DDR-Sozialismus im Herbst 1989. Die Maueröffnung am 9. November ist eines der spektakulärsten Symbole für diesen Wandel. Ausgelöst wurde dieses „Ereignis" durch das Politbüromitglied Schabowski, der auf einer Pressekonferenz seinen berühmt gewordenen „Zettel" aus der Tasche wühlte, um Reiseerleichterungen zu verkünden. Dass diese Nachricht von DDR-Bürgern synchron und massenhaft als Maueröffnung verstanden wurde und dass die verunsicherten Grenztruppen vor den plötzlich vor ihnen stehenden Massen kapitulierten –, das lässt sich nicht hinreichend erklären, ohne sowohl auf Strukturveränderungen im Staatssozialismus (man denke etwa an Solidarnoscz in Polen und den durch Gorbatschow initiierten Reformschub in der Sowjetunion – um nur zwei markante Beispiele zu nennen) als auch auf dadurch ermöglichte Ereignisse wie die Leipziger Montagsdemonstration am 9. Oktober zurückgreifen. So wie die Bereitschaft der 70000, am 9. Oktober in Leipzig zu demonstrieren – trotz der drohenden Gewaltanwendung –, nicht hinreichend mit den strukturellen Veränderungen, die diese Situation überhaupt erst möglich werden ließen, zu erklären ist, sind umgekehrt die strukturellen Folgen ihres Handelns umfassender, als sie am 9. Oktober intendierten.

Die nicht nur Regime, sondern auch Strukturen verändernde Macht von überraschenden Ereignisse „machenden" Menschen ist dadurch mit Nachdruck in Erinnerung gerufen worden. Eric Hobsbawm hat dazu […] zu Recht bemerkt, dass wir die Tragweite dieser strukturellen Veränderungen von 1989 noch gar nicht richtig übersehen und begreifen könnten. So falsch es demnach wäre, historischen Wandel ohne Berücksichtigung von langsam sich verändernden Strukturen und Prozessen zu erklären, so falsch wäre es umgekehrt, die partielle Differenz von Ereignissen zu ihrem strukturellen Kontext zu vernachlässigen.

Fragwürdig wurde damit auch die Annahme, dass Strukturen und Prozesse menschliches Handeln bestimmen, ja determinieren könnten […]. Im Rückgriff auf Strukturen als erklärende Faktoren glaubte man, historische Gesetze fassen zu können und damit die sinnhafte und situative Komplexität menschlichen Handelns in berechenbare Regelmäßigkeiten und auf erklärende Modelle bringen zu können. Vergessen wurde dabei oft [...], dass jeder Versuch, die Geschichte als Gesetzeswissenschaft zu etablieren, zum Scheitern verurteilt ist. [...] Denn das Überraschende, das Ereignissen grundsätzlich eignet, verweist darauf, dass „jedes Ereignis mehr und zugleich weniger zeitigt, als in seinen strukturellen Vorgegebenheiten enthalten ist" (Koselleck). Jedem Ereignis ist mit anderen Worten eine aus langfristigen Strukturen nicht vollständig zu erklärende und prospektiv[1] nicht voraussagbare singuläre Qualität eigen, welche aus der Geschichte einen grundsätzlich offenen Prozess macht.

(Andreas Suter/Manfred Hettling, Struktur und Ereignis – Wege zu einer Sozialgeschichte des Ereignisses; in: Dies. (Hg.), Struktur und Ereignis, Geschichte und Gesellschaft, Sonderheft 19, Göttingen (Vandenhoeck & Ruprecht) 2001, S. 8f.)

---

[1] vorausschauend, die weitere Entwicklung betreffend.

M 7 Alexander Demandt über Struktur und Ereignis in der Geschichte

Alexander Demandt (1937), deutscher Althistoriker und Kulturwissenschaftler.*

Für alles, was den statistischen Durchschnitt nicht gefährdet und im Rahmen der allgemeinen Entwicklung bleibt, stehen Ersatzlösungen zu Gebote. Schwieriger wird es angesichts konstanter und kollektiver Phänomene, zumal solcher, die sehr langsam entstanden sind, ja deren Dasein wir vielleicht sogar immer schon voraussetzten, sobald wir singuläre Entscheidungen, Handlungen und Menschen historisch begreifen wollten. [...] Die augenscheinliche Unersetzbarkeit von epochenübergreifenden Erscheinungen wie Arbeitsteilung und Städtewesen, Militär und Verwaltung, Familie und Erziehung gilt in nur schwach vermindertem Maße auch für epochenspezifische Phänomene. Aufklärung und Romantik, Idealismus und Sozialismus, Nationalstaat und Imperialismus lassen sich in ihren Dimensionen und Proportionen gedanklich modifizieren, kaum aber schlechterdings weg- und umdenken. [...] [Auch] langfristig gleichgerichtete Prozesse [widersetzen sich] einer gedanklichen Auswechselbarkeit. Ein Strom, den tausend Bäche speisen, wird kaum geschwächt, wenn wir den einen oder anderen Zufluss abdämmen oder umleiten. Verliert sich dann der Ursprung im Dunkel der Vorzeit, so lässt sich eine plausible Alternative nicht vorstellen. Aus diesem Grunde ist die Entwicklung der Zivilisation, der Produktion und der Organisation nicht ungeschehen zu denken. Daran hängt das Interesse der Menschheit. Auch die großen Kulturen sind gegen den Zufall gefeit. Was hätte die chinesische, die indische, die europäische Kultur an ihrem jeweiligen Aufstieg hindern können? [...] Die größten gedanklichen abänderbaren Entwicklungen sind jene, die sich um einen bestimmten Menschen kristallisieren und diesem ihre Identität verdanken. Eine Fehlgeburt Marias hätte die Weltgeschichte verändert. Ein früher Tod des Alten Fritzen stellte Preußens Aufstieg infrage. Für die Sowjetunion war Lenin, für die Volksrepublik China war Mao wesentlich. In fortgeschrittenem Stadium werden Großprozesse dann resistenter. Hannibal konnte Rom nicht mehr niederzwingen, Brutus die Republik nicht mehr retten. Zur Kurskorrektur großer Entwicklungen sind Katastrophen erforderlich.

(Alexander Demandt, Ungeschehene Geschichte – Ein Traktat über die Frage: Was wäre geschehen, wenn ...?, Göttingen (Vandenhoeck & Ruprecht) [4]2005, S. 128–131)

M 8 Alexander Demandt: Ein Gedankenexperiment über eine mögliche Zäsur – Das erfolgreiche Attentat auf Hitler

Was wäre geschehen, wenn Hitler in der Zeit zwischen dem Anschluss Österreichs und dem Ausbruch des Zweiten Weltkriegs umgekommen wäre? Zweiundvierzig Attentate auf ihn sind gescheitert. Wäre eines von ihnen in der Zeit zwischen März 1938 und August 1939 gelungen, so wird die Möglichkeit eines dauerhaften Großdeutschen Reiches denkbar. [...]

Was wäre geschehen? Sebastian Haffner meint, in diesem Falle wäre ein Chaos in Deutschland ausgebrochen. Die Weimarer Verfassung sei außer Kurs gewesen und habe ihr Ansehen verspielt gehabt. Die nationalsozialistische Partei aber sei ganz auf den Führer zugeschnitten gewesen und hätte ohne ihn Deutschland nicht regieren können. Haffner suchte damit eine These von Joachim Fest einzuschränken, der vermutete, dass Hitler nach einem Tode 1938 als einer der größten deutschen Staatsmänner, vielleicht als Vollender der deutschen Einheit in die Geschichte eingegangen wäre.

Angesichts des hohen Grades an öffentlicher Disziplin im Dritten Reich ist der Rückfall ins Chaos nicht recht glaubhaft. Gewiss wäre ein Gerangel unter den Diadochen zu erwarten gewesen, vielleicht auch eine harte Auseinandersetzung zwischen den Spitzen der Partei und der Heeresleitung, aber Saalschlachten und Straßenkämpfe wie zur Zeit der späten Weimarer Republik waren kaum zu erwarten. Haffners Glaube ans Chaos will wohl nur das Ausmaß notwendigen Umdenkens mindern.

Die durch ein Ausscheiden Hitlers entstandenen innenpolitischen Machtprobleme hätten das Handeln nach außen erschwert. Nehmen wir den Widerstand gegen Hitlers Kriegsplan in der Generalität hinzu, so wäre mit einem Ausbruch des Zweiten Weltkriegs 1939 nicht zu rechnen gewesen. Der Wunsch nach Rückgewinnung der durch den Versailler Vertrag verlorenen Randzonen des Deutschen Reiches hätte fortbestanden, aber die Lebensraumtheorie als Muss und Maß der Außenpolitik ist wohl nur im Hirne Hitlers denkbar. Insofern müssten wir ohne ihn den Krieg samt seinen Begleiterscheinungen (insbesondere den Judenmord) und seinen Folgen (insbesondere die Halbierung Europas) unter die ungeschehene Geschichte rechnen, indem wir Hitler und den Letzten Weltkrieg aus der Geschichte wegdenken, behalten wir Deutschland in den Grenzen von 1938 übrig. […]

An vorangegangenen Chancen, Hitler und seinen Krieg zu verhindern, fehlt es nicht: eine härtere Haltung Englands auf der Münchener Konferenz 1938, eine Ablehnung des Ermächtigungsgesetzes durch die Reichstagsmehrheit am 24. März 1933, eine Weigerung Hindenburgs, Hitler zum Reichskanzler zu ernennen, ein Erfolg Brünings auf den „letzten hundert Metern", ein Abfangen der Weltwirtschaftskrise, eine Erhaltung der Hohenzollernmonarchie, die Verweigerung der deutschen Unterschrift unter den Versailler Vertrag, der zu milde war, um Deutschland zu vernichten, zu hart, um es zu versöhnen … Die Westmächte hätten Deutschland getrost besetzen sollen! […]

Die Anfälligkeit des Weimarer Systems für eine autoritäre Strukturreform war beträchtlich und lässt sich durch eine einzelne veränderte Weichenstellung nicht beheben. Hoch determiniert waren auch der politisch-ökonomische Machtzuwachs in Amerika und Russland. Hitler und der Letzte Weltkrieg lassen sich dagegen unschwer aus der Geschichte wegdenken. Amerikanische und russische Besatzungen hätten nicht ein halbes Jahrhundert in Berlin, nicht in Deutschland, vielleicht überhaupt nirgends im außersowjetischen Europa stehen müssen. Ob ein geeintes Europa als dritte Weltmacht unter deutscher Führung entstanden wäre, wie Haffner meint, oder nicht, Deutschland könnte noch blühen von Kleve bis nach Klaipeda, das heißt von der Maas bis an die Memel.

(Alexander Demandt, a. a. O., S. 122 ff.)

Arbeitsanregungen: Wendepunkte, Zäsuren, Einschnitte, Epochenwechsel

Info S. 7–9
Materialien S. 11 f.
(M 1, M 2)

1. „Wendepunkt" und „Zäsur": Charakterisieren Sie die Begriffe und beschreiben Sie anhand von Beispielen, was etwas zu einer historischen Zäsur macht und wovon es abhängt, ob wir ein bestimmtes Datum als Zäsur empfinden.
   ☞ Mindmap als Konzept für einen Kurzvortrag

Info S. 9 f.
Materialien S. 13 ff.
(M 5, M 6, M 7)

2. Erläutern Sie die Begriffe „Struktur", „Prozess", „Ereignis", „Handlung".
   ☞ Synopse, in der Sie diese Begriffe charakterisieren und gegenüberstellen als Visualisierung für einen Kurzvortrag

Info S. 9 f.
Materialien S. 13 ff.
(M 5, M 6, M 7)

3. Erläutern Sie das Zusammenwirken von „Struktur", „Prozess", „Ereignis", „Handlung" an einem konkreten Beispiel.
   ☞ Strukturskizze oder Concept-Map

Materialien S. 15 f.
(M 8)

4. Stellen Sie am Beispiel des Hitlerattentats ein spekulatives Gedankenexperiment vor.
   ☞ Kommentierte Stichwortliste als Grundlage für einen mündlichen Vortrag

Info S. 8 f.
Materialien S. 11
(M 1)

5. Charakterisieren Sie ein Datum/Ereignis als historischen Wendepunkt. Zeigen Sie dessen Bedeutung, indem Sie Kontinuitäten und Veränderungen gegenüberstellen. Wenn Sie wollen, spekulieren Sie kontrolliert, was geschehen wäre, wenn „Ihr" Ereignis nicht eingetreten wäre.
   ☞ Ausformulierter Essay

Info S. 7
Materialien S. 12 f.
(M 3, M 4)

6. Perspektive und Wahrheit: Erörtern Sie die These, Geschichte sei vor allem eine Frage der Perspektive.
   ☞ Thesenpapier als Grundlage für ein Kreisgespräch

Info S. 7
Materialien S. 12 f.
(M 3, M 4)

7. Erörtern Sie die Frage, ob es so etwas wie „historische Wahrheit" geben kann. Arbeiten Sie dazu in Kleingruppen die Kernaussagen der Texte M 3 und M 4 heraus.
   ☞ Kommentierte Stichwortliste für eine geleitete Diskussion im Kurs

Theorie in der Geschichtswissenschaft

Aristoteles
(384–322 v. Chr.)

Georg Wilhelm Friedrich Hegel
(1770–1831)

Jacob Burckhardt
(1818–1897)

Karl Marx
(1818–1883)

Francis Fukuyama
(geb. 1952)

- **Hat die Geschichte Sinn?**
- **Hat sie ein Ziel?**
- **Welchen Gesetzen folgt der Gang der Geschichte?**

Das sind die großen, im Allgemeinen als geschichtsphilosophisch bezeichneten Fragen, die die Menschen schon seit der Antike immer wieder beschäftigen.
Doch auch derjenige, der gar nicht so weit gehen möchte, auf diese großen Fragen Antworten zu finden, wird sich in der Regel nicht mit einer Aneinanderreihung von Ereignissen begnügen. Er wird sich auf die Suche nach den Zusammenhängen aufmachen, nach Ursache und Wirkung. Denn die grundlegende Frage ist nicht nur, was passiert ist, sondern warum etwas so gekommen ist und nicht anders.

1. Suche nach Auffälligkeiten, Mustern, Kausalitäten

Jede Interpretation rekonstruiert die Realität, zeichnet ein bestimmtes Bild der Wirklichkeit und ist damit schon Theorie. Theorie (von griech. theoria = Betrachtung) meint die begriffliche Erfassung und Beschreibung von etwas, weitergehend wird damit ein System wissenschaftlich begründeter Aussagen bezeichnet. Und meist liegen einer Interpretation allgemeinere Annahmen zugrunde, die über den Einzelfall hinausgehen. Ausgangspunkt theoretischer Überlegungen sind in der Regel empirisch (aus der Erfahrung gewonnen, von griech. empeiros = erfahren, kundig) festgestellte Regelmäßigkeiten. So fassen Historiker ähnliche Sachverhalte, Erscheinungsformen und Verläufe in Typologien zusammen. Bei den politischen Revolutionen werden beispielsweise „bürgerliche" von „proletarischen" Revolutionen unterschieden.
Auf der Suche nach allgemeinen Regeln, die in der Geschichte wirken, spielen auch andere Wissenschaften eine Rolle. So hat die Sozialpsychologie den Grundsatz formuliert, dass Gruppenbildungen häufig mit Abgrenzungen von Fremdgruppen und teilweise aggressivem Verhalten nach außen einhergehen. Dieses Phänomen lässt sich in der Geschichte bei der Bildung von Nationalstaaten oft beobachten.
Schließlich versuchen Historiker, in ihrer Geschichtsinterpretation bzw. „Erzählung" auch das Signum (lat. signum = Zeichen), d. h. das Wesentliche einer Epoche „auf den Punkt zu bringen". So haben viele Historiker die deutsche Geschichte bis 1945 als einen Sonderweg beschrieben, der sich von der Entwicklung Nordamerikas und der anderen westeuropäischen Staaten fatal unterschieden habe (s. S. 31).

Großerzählung/ Meistererzählung: Unter Großerzählung (grand narrative) versteht man eine zusammenhängende, meist mehrere Entwicklungsstränge sinnhaft zusammenfassende und unter einem bestimmten Leitmotiv stehende erzählerische Darstellung. Diese perspektivische „Großinterpretation" wird Meisterzählung (master narrative) genannt, wenn sie prägend auf andere geschichtswissenschaftliche Darstellungen wirkt, die die Perspektive der Meistererzählung übernehmen. Meistererzählungen bestimmen auch die geschichtliche Wahrnehmung der Öffentlichkeit. Die Geschichte Deutschlands bis 1945 als die Geschichte eines „Sonderwegs" ist z. B. eine solche Meistererzählung.

2. Geschichte ist keine Gesetzeswissenschaft

Doch wie weit tragen die auf empirisch festgestellten Mustern beruhenden theoretischen Schlüsse? Kann man aus der Geschichte für die Zukunft lernen? Lässt sich der weitere Gang der Geschichte gar prognostizieren? Der Historiker Jacob Burckhardt (1818–1897) schrieb in seinen „Weltgeschichtlichen Betrachtungen" über die alte Formel „historia vitae magistra" (lat. „Geschichte als Lehrmeisterin des Lebens"): „Wir wollen durch Erfahrung nicht sowohl klug (für ein andermal) als weise (für immer) werden". Aus der Geschichte lässt sich nichts oder nur wenig lernen, was unverändert auf die Gegenwart anwendbar wäre. Das komplexe Geflecht aus Strukturen, Prozessen und kontingenten (also möglichen, aber nicht vorherbestimmten) Ereignissen, das zu einem bestimmten Zeitpunkt an einem bestimmten Ort anzutreffen ist, wird nicht zu späterer Zeit ein zweites Mal in exakt gleicher Konstellation nochmals gegeben sein. Obwohl Vergleiche reizvoll sind und ähnliche Situationen immer wieder auftauchen, verbieten sich aus diesem Grund einfache Analogieschlüsse (von griech. analogia = Verhältnis, Ähnlichkeit). Im Analogieschluss wird bei einer Übereinstimmung zweier Dinge in einigen Punkten auch auf Gleichheit in anderen Punkten geschlossen, von einer geschichtlichen Situation auf die Gegenwart oder die Zukunft. Entsprechend groß ist die Zahl der Kritiker, die sich gegen die Auffassung wehren, die Geschichte nur als Experimentierkasten zu verstehen, der Daten bereitstellt, aus dem ausschließlich allgemeine Regeln und Wirkprinzipien gewonnen werden können. Die Bestrebungen, die Geschichtswissenschaft in Anlehnung an die Naturwissenschaften als eine nomologische Wissenschaft (von griech. nomos = Gesetz, Ordnung), also als eine Gesetzeswissenschaft zu etablieren, sind gescheitert. Geschichte positioniert sich als Wissenschaft vielmehr zwischen dem nomologischen Verständnis der Naturwissenschaften und der bloßen Aneinanderreihung von Personen, Ereignissen und Handlungen. Es lassen sich, und so ist Jacob Burckhardt zu verstehen, bei allen Einschränkungen durchaus allgemeine Einsichten gewinnen.

3. Theorien begrenzter Reichweite und „große Entwürfe"

Jede Theoriebildung in der Geschichte muss sich mit Unschärfen, Abweichungen vom Idealtypus abfinden. Theorien in der Geschichtswissenschaft haben eine begrenzte Reichweite, sind nur gültig für ein bestimmtes Land, eine bestimmte Kultur, eine bestimmte Epoche.
Besonders ambitioniert sind Vorstellungen und Konzepte, die Aussagen über den Gesamtverlauf der Geschichte machen. So gab es, vor allem auch in der Antike, Auffassungen, die von einem zyklischen, d. h. immer wieder an seinen Ursprung zurückkehrenden Verlauf der Geschichte ausgehen.
Dem stehen teleologische (griech. telos = Ziel) Geschichtsauffassungen entgegen, für die Geschichte auf ein bestimmtes Ziel zustrebt. So sahen Christen im Mittelalter die Geschichte als eine Heilsgeschichte, die auf das Jüngste Gericht zustrebe. In der Aufklärung formulierte der deutsche Philosoph Georg Wilhelm Friedrich Hegel (1770–1831) die Theorie des „Weltgeistes". Hegel ging davon aus, dass die Vernunft den Gang der Welt beherrsche und der vernünftige Gang der Geschichte zur Verwirklichung allgemeiner Freiheit führe. Auch Karl Marx propagierte einen gesetzmäßigen und zielgerichteten Verlauf, der auf die Verwirklichung einer klassenlosen Gesellschaft hinführe. Auch wenn wir von „Fortschritt" in der Geschichte sprechen, gehen wir davon aus, dass wir uns auf einem Weg des vielleicht von Rückschlägen bedrohten, aber insgesamt stetigen Voranschreitens hin zu einer besseren Zukunft befinden. Die Zukunft, so die Fortschrittsoptimisten, wird eine bessere sein als die Vergangenheit, und die Geschichte wird sich auf Dauer diesem unumkehrbaren Trend nicht entziehen können. Anfang der 1990er-Jahre propagierte sogar der US-Amerikaner Francis Fukuyama (geb. 1952) unter dem Eindruck des Zusammenbruchs der Sowjetunion und des Ostblocks das „Ende der Geschichte", das Ende aller weltpolitischen Widersprüche und den endgültigen Sieg von Demokratie und Marktwirtschaft.

Kreislauf der Verfassungen: Auf der Basis der Überlegungen der Philosophen Platon und Aristoteles formulierte der griechische Geschichtsschreiber Polybios (um 200–120 v. Chr.) die Auffassung, dass sechs Verfassungsformen in einem festen Schema aufeinander folgen. Er unterscheidet drei „gute" Verfassungsformen (Monarchie, Aristokratie, Demokratie) und deren „Verfallsformen" (Tyrannis, Oligarchie, Ochlokratie). Laut Polybios degeneriert nach einer gewissen Zeit die Monarchie durch Machtmissbrauch zur Tyrannis, die wiederum von der Aristokratie, der „Herrschaft der Besten", gestürzt wird. Aber auch sie ist nicht von Dauer und wird von der Oligarchie, der „Herrschaft der Wenigen", ersetzt. Die Abfolge endet schließlich mit der Ochlokratie, der „Herrschaft des Pöbels", die durch einen Monarchen beendet wird, der ordnend die Macht an sich reißt. Ein neuer Zyklus beginnt. Die Überlegungen von Polybios wurden später unter anderen von Cicero (105–43 v. Chr.) und Niccolò Machiavelli (1469–1527 n. Chr.) aufgenommen.

Fortschrittsdenken als Beispiel für eine teleologische Geschichtsauffassung: „American Progress" (Gemälde von John Gast, um 1872)

Krise – Kategorie des Wandels

Fotomontage: Sitzung des Weltsicherheitsrates, in der Mitte Weltkugel mit Krisenherden

Krise

Heute bezeichnen wir viele Situationen als Krise. Manche Länder sind „krisengeschüttelt". Journalisten berichten von „Krisenherden" der Weltpolitik, an denen unter Umständen bald ein bewaffneter Konflikt ausbrechen könnte. In einigen Staaten sind „Regierungskrisen" an der Tagesordnung. Wahlen offenbaren die „Krise der Volksparteien". Europa kämpft mit der „Finanzkrise" und bemüht sich, dass daraus nicht eine allgemeine „Wirtschaftskrise" oder gar eine „Krise Europas" wird. Künstler haben „Schaffenskrisen". Zwischen dreißig und fünfzig droht manchem die „Midlife Crisis". Und auch in anderen Lebensphasen befindet sich der Einzelne manchmal in einer „Sinn- oder Lebenskrise", die er überwinden muss.

1. Krisen in der Geschichte

Der Begriff

In unserem heutigen Verständnis bezeichnet Krise allgemein eine schwierige Situation, die den Höhe- oder Wendepunkt einer gefährlichen Entwicklung darstellt. Doch der Begriff Krise (von griech. krisis = Entscheidung, entscheidende Wendung) meint in seiner ursprünglichen Bedeutung nicht unbedingt etwas Negatives. Er bezeichnet das Nahen eines potenziellen Wendepunktes, des Momentes der Entscheidung, die Zuspitzung einer Situation. So sprach und spricht man in der Medizin davon, dass eine Krankheit ihre kritische Phase erreicht, wenn es um Leben oder Tod geht, um Verschlechterung oder Genesung.

An der Schwelle zu einer neuen Epoche: Der Kämpfer für Menschenrechte und für die amerikanische Unabhängigkeit Thomas Paine (1737–1809) veröffentlichte eine Reihe seiner Schriften unter dem Titel „The American Crisis". In Frankreich sprach der Schriftsteller und Aufklärer Denis Diderot (1713–1784) am Vorabend der Französischen Revolution von einer Entscheidung zwischen Knechtschaft und Freiheit: „Nous touchons à une crise, qui aboutira à l'esclavage ou à la liberté".

Das Nahen eines potentiellen Wendepunktes. Im 17. Jahrhundert weitete sich die Verwendung des Begriffes auf die Politik und die Geschichte aus. Spannungsreiche außenpolitische Situationen, eine militärische Lage vor kriegsentscheidenden Schlachten oder die Phase im Vorfeld einer Revolution, wenn es darum geht, ob das alte politische Herrschaftsgebilde mitsamt seiner inneren Ausgestaltung und seinen Prinzipien überlebt oder nicht, werden als Krisen bezeichnet. Die Bedeutung kann dabei so hoch veranschlagt werden, dass sich in der Krise eine neue Epoche oder gar eine „welthistorische Letztentscheidung" (Reinhart Koselleck) ankündigt. Oft denkt man bei Krise an eine Zeit des beschleunigten Wandels, die von den Beteiligten, die in dieser „kritischen Situation" in die eine oder andere Richtung lenken wollen, rasches Handeln erfordert. Doch generell kann sich der Begriff sowohl auf kurzfristige Situationen als auch auf langfristige Übergangszeiten beziehen.

Die Bedrohung eines bisherigen Zustandes. Da Krise das Nahen eines potenziellen Wendepunktes ankündigt, weist dieser Begriff auch auf eine fundamentale Störung des bisherigen Systems hin. Häufig ist der Begriff deshalb negativ besetzt. Es geht also weniger um das Zusteuern auf einen (wertneutralen) Wendepunkt, als vielmehr um die Gefahr einer dauerhaft negativen Entwicklung, um die drohende Katastrophe (von griech. katastrophé = Umkehr, Wendung zum Niedergang), das drohende Unglück. Auch in der Politikwissenschaft wird Krise als Bedrohung des bisherigen Zustands gesehen. In der internationalen Politik kündigt die Krise einen drohenden militärischen Konflikt an.
Krise, im Sinne einer bedrohlichen Störung des bisherigen Zustandes, wird von Historikern oft benutzt: „Krise und Untergang der römischen Republik" lautet der Titel eines Buches des Althistorikers Karl Christ. Es ist die Rede von der „Krise der feudalen Gesellschaft" im 17. Jahrhundert, der „Krise der Weimarer Republik", von „Aufstieg und Krise der deutschen Sozialdemokratie", von der „Krise der Demokratie", der „Krise des Fortschritts" oder gar der „Krise der Moderne", um nur einige wenige Buchtitel zu nennen.

Wesen der Krise. Beiden Begriffsbedeutungen ist also der drohende Zusammenbruch des Alten und das potenziell Neue gemeinsam. Es handelt sich dabei aber nicht um einen „Zerfall" oder einen von vornherein festgelegten „Übergang". Die prinzipielle Offenheit des Ausgangs macht das Wesen der Krise aus.

Wirtschaftskrisen

Erst durch seine wirtschaftliche Bedeutung fand der Begriff Krise die große Verbreitung, die wir heute kennen. Von Wirtschaftskrisen ist erst seit dem 18./19. Jahrhundert die Rede. Alte Bezeichnungen wie „Störung" oder „Stockung" wurden durch den Begriff „Krise" abgelöst. Es war die Rede von Handels-, Geld- oder Produktionskrise.

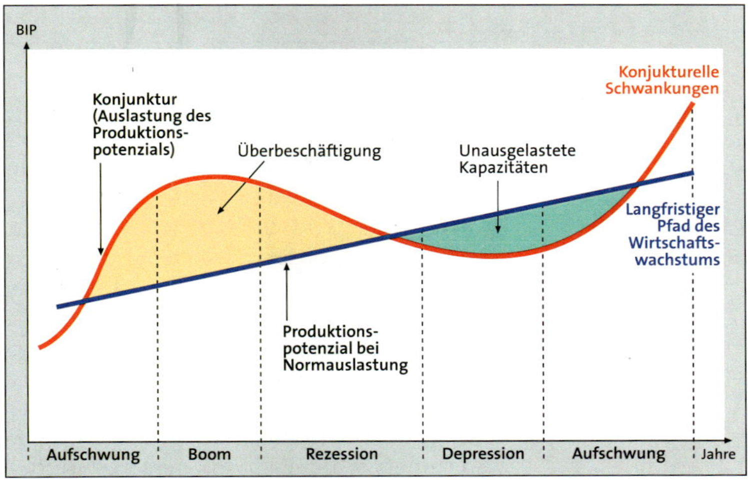

Letztere, so definierte der Brockhaus 1849, ist eine Krise, die hervorgerufen wird durch „Zurückbleiben der Konsumtion und Vorauseilen des Angebots, sodass die in zu großer Menge erzeugte Ware keine Abnehmer findet".

Konjunkturentwicklung. Liegt ein länger andauernder Rückgang der Wirtschaftstätigkeit vor, so spricht man von einer Wirtschaftskrise. Wirtschaftskrisen sind keine Seltenheit, denn marktwirtschaftliche Systeme sind durch konjunkturelle Schwankungen gekennzeichnet. Phasen des Aufschwungs wechseln sich ab mit Phasen der Stagnation, in denen die Wirtschaftstätigkeit (in der Regel gemessen durch das Bruttoinlandsprodukt) nicht mehr zunimmt, und Phasen, in denen die Wirtschaftstätigkeit zurückgeht. Man spricht dann von einer Rezession, wenn es sich nur um eine begrenzte zyklische Abwärtsbewegung im Konjunkturverlauf handelt. Wenn der Rückgang der Wirtschaftstätigkeit lang anhaltend ist oder die Wirtschaftskräfte gar selbstzerstörerische Wirkung entfalten, spricht man von einer Depression. Das marktwirtschaftliche System scheint dabei nie im Gleichgewicht zu sein.

Produktionsrückgang, Wohlstandseinbußen, Entlassungen, Firmenschließungen sind Zeichen einer Wirtschaftskrise. Wirtschaftskrisen müssen nicht dramatisch verlaufen. Sie können kurz, leicht, auf einzelne Volkswirtschaften oder gar Branchen beschränkt sein. Sie können aber auch katastrophale, lang anhaltende und weltumspannende Ausmaße annehmen.

Beispiele in der Geschichte. Eine bedeutende Wirtschaftskrise in der Zeit seit dem 19. Jahrhundert war zum Beispiel die „Gründerkrise", die von 1873 bis in die 1890er-Jahre dauerte. Der „Gründerboom" der ersten Jahre nach Gründung des Deutschen Kaiser-

Börsencrash an der Wall Street in New York (24. Oktober 1929)

reichs führte zu einer Überhitzung der Konjunktur, der ein spürbarer Rückgang der Wirtschaftstätigkeit folgte. Erschwert wurde die Krise dadurch, dass sie mit einem Konjunktureinbruch in anderen industrialisierten Ländern zusammenfiel. Weltweite Wirtschaftskrisen wurden durch das kapitalistische System für die Menschen zu einer ständig wiederkehrenden Erfahrung.
Den markantesten Einbruch im 20. Jahrhundert erlitt die Weltwirtschaft in der Weltwirtschaftskrise, der „Great Depression" ab 1929. Auch hier ging eine Phase stark zunehmender Wirtschaftstätigkeit und ausgesprochener wirtschaftlicher Prosperität (Wohlstand, von lat. prosperitas = Gedeihen) voraus. Eine Überproduktion von Agrar- und Konsumgütern sowie spekulative Preissteigerungen an den Aktienmärkten zeigten jedoch, dass die Entwicklung nicht in gleicher Weise weiterlaufen konnte.
Ein Börsencrash an der New Yorker Börse, bei dem alle Anleger aus Furcht vor einem weiteren Wertverfall schnell ihre Aktien und andere Wertpapiere verkaufen wollten und damit den Wertverfall nur noch beschleunigten, markierte den Beginn einer schwerwiegenden Wirtschaftskrise. Zunächst betraf diese nur die amerikanische Volkswirtschaft. Doch durch die internationale wirtschaftliche Verflechtung wuchs sich die Krise zu einer Weltwirtschaftskrise mit weitreichenden Folgen aus.

Marktwirtschaft und Krise. Wachstumsschwankungen und ökonomische Krisen gehören offensichtlich zum kapitalistisch-marktwirtschaftlichen System dazu. In ihren Folgen werden sie in der Regel sehr negativ beurteilt. Die Wirtschaftswissenschaftler haben sich deshalb bemüht, Strategien zu entwickeln, wie diese Krisen zu vermeiden sind und ein möglichst gleichmäßiges Wirtschaftswachstum ohne allzu große Konjunkturausschläge zu erreichen ist.
Manche Wirtschaftswissenschaftler wie z. B. Joseph Schumpeter (1883–1950) sehen jedoch die Krise auch als etwas Positives: Sie sei Ausdruck einer „schöpferischen Zerstörung, bei der das Alte (z. B. bestimmte Produktionsweisen) sich als nicht mehr tragfähig erweise und durch Neues verdrängt werde.

2. Die Untersuchung von Krisen

Wenn man sich mit Krisen in der Geschichte beschäftigt, so steht die Frage nach den Krisensymptomen und deren Ursachen an erster Stelle:
- Was bedroht also das bisherige System?
- Woran kann man die Bedrohung erkennen?
- Was sind die Ursachen dieser Bedrohung?
- Wer würde von einer Beibehaltung der alten Zustände, wer von einer Veränderung profitieren?

Interessant ist auch die Frage nach den Möglichkeiten zur Abwendung der Krise: Wodurch könnte man den alten Zustand stabilisieren – durch Gewalt, durch „defensive Modernisierung"?
Und schließlich kann man sich fragen, wohin die Krise führt, auf welche Entscheidungsoptionen die Situation hinsteuert.
Ebenfalls interessant ist die Frage, ob und inwieweit die Zeitgenossen selbst die Krise wahrgenommen und in dem Bewusstsein gelebt haben, auf einen Umbruch hinzusteuern.

MATERIALIEN

M 1 Der Geschichtstheoretiker und Begriffsforscher Reinhart Koselleck über den Begriff Krise

[…] „Krisis" gehört zu den Grundbegriffen, d. h. zu den nicht ersetzbaren Begriffen der griechischen Sprache. Abgeleitet aus „krino" – scheiden, auswählen, entscheiden, beurteilen […], sich messen, streiten, kämpfen – zielte „Krisis" auf eine endgültige, unwiderrufliche Entscheidung. Der Begriff implizierte zugespitzte Alternativen, die keine Revision mehr zuließen: Erfolg oder Scheitern, Recht oder Unrecht, Leben oder Tod, schließlich Heil oder Verdammnis.

Im Kampf der Mächte ging es […] um kriegsentscheidende Schlachten […].

In der hippokratischen[1] Schule ging es um die kritische Phase einer Krankheit, in der der Kampf zwischen Tod oder Leben endgültig ausgetragen wurde, in der die Entscheidung fällig, aber noch nicht gefallen war.

Im Bereich der Politik – so bei Aristoteles[2] – ging es um die Rechtswahrung oder -findung, an der mitzuwirken alle Bürger berufen waren, aber auch um politische Entscheidungen, die allesamt das erforderliche rechte Urteil voraussetzen sollten.

Innerhalb der Theologie, so seit dem Neuen Testament, gewinnt „Krisis", „Judicium", beide Begriffe aus der Rechtssprache übernommen, eine neue, gewissermaßen unüberbietbare Bedeutung: das Gericht Gottes. Sei es, dass „Krisis" das Jüngste Gericht am Ende der Zeiten meint; sei es, dass dieses Gericht durch Christi Erscheinen, durch das Licht, das er dieser Welt brachte, allen Gläubigen schon zu ihren Lebzeiten gegenwärtig sei.

Der Begriff erfasste also potenziell alle Entscheidungslagen des inneren und des äußeren Lebens, des einzelnen Menschen und seiner Gemeinschaft. Immer handelte es sich um endgültige Alternativen, über die ein angemessenes Urteil gefällt werden musste […].

(Reinhart Koselleck, Begriffsgeschichten – Studien zur Semantik und Pragmatik der politischen und sozialen Sprache, Frankfurt/M. (Suhrkamp) 2006, S. 203f.)

---

[1] Hippokrates von Kos (um 460 – um 370 v. Chr.) gilt als der berühmteste Arzt der Antike und Begründer der Medizin als Wissenschaft.

[2] Aristoteles (384 – 322 v. Chr.), griechischer Philosoph.

M 2 Der Historiker Rudolf Vierhaus in einem Geschichtslexikon über Krisen

K. sind Prozesse, deren Anfänge, Höhepunkte, Ende prinzipiell datierbar sind. Niedergangs-, Auflösungs-, Verfallsprozesse sind keine K., wohl aber können ihnen sich steigernde K. vorangegangen sein. K. sind prinzipiell offene Prozesse; ihre Geschwindigkeit, ihr Ausgang sind nicht zwangsläufig, ihr Ablauf und ihr Wendepunkt selten so deutlich erkennbar wie in einem Krankheitsprozess. Der medizinische K.-Begriff – von griech. *krisis* – bezeichnet eine „kritische" Phase, in der es sich entscheidet, ob im Krankheitsverlauf eine Wendung zum Besseren oder zum Exitus [Tod] eintritt.

Von K. kann gesprochen werden, wenn zuvor bestehende stabile und funktionierende Zustände sich aufzulösen beginnen, erodieren, dysfunktional werden und die eingetretenen Störungen nicht mit hergebrachten Mitteln überwunden werden können, sondern eine *renovatio*, eine Reform, eine Revolution erforderlich wird und erfolgt; geschieht dies nicht, handelt es sich nicht (mehr) nur um eine K. Kennzeichen von K. ist, dass es in ihrem Prozess Alternativen gibt, Phasen und Konstellationen, in denen sich entscheidet, ob sie überwunden werden können. […]

Sehr unterschiedliche Prozesse sind in der Geschichte als K. erfahren und unterschiedlich gedeutet worden. Als K. wurden sowohl zeitlich und räumlich begrenzte als auch globale Prozesse bezeichnet […]. Nicht alle großen K. lassen sich hinreichend als „beschleunigte Prozesse" kennzeichnen. Auch sich aufstauende, verzögerte, behinderte Prozesse können sich zu K. entwickeln oder sind vorübergehende K.-Erscheinungen ohne Veränderungswirkung. Am ehesten können politische, auch ökonomische K., zumal in modernen, hoch entwickelten Gesellschaften, als „Entscheidungsprozesse unter Zeitdruck" (K.W. Deutsch) charakterisiert werden. Soziale oder gar Kultur-K. vollziehen sich langfristig, werden oft erst spät als solche erkannt und noch später überwunden, nie jedoch im Sinne einer Rückkehr zu vorhergehenden Zuständen. Es geschieht nicht selten, dass der K.-Charakter gerade langfristiger Veränderungsprozesse, in die viele Menschen und Lebensbereiche involviert waren, nachträglich von der historischen Forschung unterschiedlich interpretiert, infrage gestellt oder überhaupt bestritten wird. Vielfach wird wohl Teilabschnitten oder -ausschnitten dieser Prozesse K.-Charakter zugesprochen, nicht jedoch dem übergreifenden Gesamtprozess. So ist gegen die allerdings sehr pauschale Rede von der „K. des späten Mittelalters" unter Hinweis auf Kontinuitäten, die Lebendigkeit religiösen Lebens und kirchliche Reformansätze Einspruch erhoben worden.

Ebenso gegen den Begriff einer *General Crisis of the 17th Century*, so sehr er geeignet erscheint, die tiefe, allgemeine Unruhe dieser Zeit in Europa, die in äußeren und Bürgerkriegen, Aufständen, religiösen Unterdrückungen, Ständekämpfen, sozialen Auseinandersetzungen, in Traditions- und Autoritätskritik, Mentalitätswandel und Ausbildung eines „politischen" Bewusstseins Ausdruck fand [...], auf den Begriff zu bringen. Die revolutionsgeschichtliche Schule in Frankreich, die die These der Einheit der zur Revolution von 1789 führenden Entwicklung vertrat, hat es lange hartnäckig abgelehnt, von einer K. des *Ancien Régime* zu sprechen [...].
[Auch kann man ...] fragen, ob die Geschichte Europas seit der Mitte des 19. Jh. nicht als Geschichte der kleinen und großen, begrenzten oder sich selber reproduzierenden oder infizierten K. geschrieben werden sollte, nachdem die optimistische Annahme eines stetigen und *à la longue* unaufhaltsamen Fortschritts der Menschheit erschüttert ist.

(Rudolf Vierhaus, Krisen; in: Stefan Jordan (Hg.), Lexikon Geschichtswissenschaft – Hundert Grundbegriffe, Stuttgart (Reclam) 2002, S. 193–197)

M 3 Reinhart Koselleck über Wirtschaftskrisen

[...] Hinter den ökonomischen Krisenmodellen steht die Gleichgewichtsmetaphorik des 18. Jahrhunderts [...]. Krisen tauchen, grob gesprochen, immer dann auf, wenn das Gleichgewicht zwischen Angebot und Nachfrage, zwischen Produktion und Konsumption, zwischen Geldumlauf und Warenumlauf so gestört wird, dass Rezessionen, Rückschritte allenthalben sichtbar werden. Zugleich aber lehrt die bisherige Erfahrung, dass auf eine Krise stets eine allgemeine Produktivitätssteigerung folgte. Das Paradox dieser Krisenlehre scheint darin zu bestehen, dass ein Gleichgewicht nur eingehalten bzw. wiedergewonnen werden kann, wenn sich die Produktivität weiterhin steigert und nicht etwa stagniert: denn dann scheint der Rückgang unentrinnbar zu sein. Insofern ist dieses Modell bisher auf den Fortschritt angewiesen, ohne den es nicht empirisch einlösbar wäre. Wie Molinari, ein Konjunkturtheoretiker des 19. Jahrhunderts, sagte: „Jeder kleine oder große Fortschritt besitzt seine Krise".
Dass Krisen die Generatoren des Fortschritts seien, dieses semantische Modell scheint mir bisher nur im Bereich der Ökonomie, der Naturwissenschaften, der Technik und der Industrie eingelöst worden zu sein. Ich erspare mir, für die Anwendung des Modells auf die gesamte Geschichte der Menschheit Zitate zu bringen. Ihre Zahl ist unübersehbar. Nur ein Beleg stehe für alle ein: „Out of every crisis mankind rises with some greater share of knowledge, higher decency [Anständigkeit], purer purpose". Dies die Worte von Franklin D. Roosevelt[1] kurz vor seinem Tode. Von der semantischen Option her muss die Frage gestellt werden, ob „Fortschritt" der Leitbegriff für „Krise" ist [...].

(Reinhart Koselleck, a. a. O., S. 211 f.)

[1] Franklin D. Roosevelt war 1933–1945 US-Präsident. Er wurde durch seine Politik des „New Deal" berühmt, mit der er die Weltwirtschaftskrise der 1930er-Jahre bekämpfen wollte.

M 4 Reinhart Koselleck: Krisenhafte Entwicklung der Weltgeschichte von Weitem betrachtet

[...] In christlicher und in nichtchristlicher Bedeutung indiziert „Krisis" in jedem Fall einen anwachsenden Zeitdruck, dem die Menschheit auf diesem Globus nicht zu entrinnen scheint.
Deshalb sei [...] eine temporale Hypothese angeboten, die durchaus nicht neu ist. Betrachtet man von heute aus die bisherige Geschichte der Menschheit, so lässt sie sich durch drei exponentielle Zeitkurven darstellen:
Gemessen an den fünf Milliarden Jahren, seitdem unser Globus mit einer festen Erdrinde überzogen wurde, ist die eine Milliarde Jahre organischen Lebens eine kurze Zeitspanne, aber noch viel kürzer ist die Zeitspanne der 10 Millionen Jahre des zu vermutenden menschenartigen Wesens, von dem erst seit zwei Millionen Jahren selbst fabrizierte Werkzeuge nachweisbar sind.
Die zweite exponentielle Zeitkurve lässt sich in die zwei Millionen Jahre einzeichnen, seitdem der Mensch sich durch selbst gefertigte Werkzeuge auszeichnet. Die ersten Dokumente gleichsam genuiner Kunst liegen 30 000 Jahre zurück, die Entstehung von Ackerbau und Viehzucht rund 10 000 Jahre. Und gemessen an den zwei Millionen Jahren eigener Produktivität sind die rund 6 000 Jahre einer städtischen Hochkultur, seit der es schriftliche Überlieferungssignale gibt, eine kurze Zeitspanne, und noch viel später erst erfolgt die Reflexion in Philosophie, Dichtung und Geschichtsschreibung.
Die dritte exponentielle Zeitkurve zeichnet sich ab, wenn man von der Selbstorganisation stadtartiger Hochkulturen ausgeht, die erst 6 000 Jahre zurückliegt. An deren vergleichsweise kontinuierlicher Geschichte gemessen, hat sich die moderne Industriegesellschaft, die auf Wissenschaft und Technik gründet, erst seit rund 300 Jahren entfaltet. Die Kurve der Beschleunigung sei nur an drei Datenreihen demonstriert: Die Kommunikation des Nachrichtenwesens hat sich in einer Weise beschleunigt, dass die temporale Identität

von Ereignis und Nachricht darüber potenziell hergestellt ist. Aber auch die Beschleunigung des Verkehrs hat sich etwa verzehnfacht, seitdem die naturgegebenen Hilfsmittel, der Wind, das Wasser und die Tiere durch technische Instrumente der Dampfmaschine, der elektrischen Maschinen und der Verbrennungsmotoren abgelöst worden sind. Die Beschleunigung der Kommunikationsmittel hat den Globus zu einem Raumschiff zusammenschrumpfen lassen. Gleichzeitig erfolgt die Bevölkerungsvermehrung in einer analogen exponentiellen Zeitkurve: Von rund einer halben Milliarde im 17. Jahrhundert steigt seitdem die Weltbevölkerung, trotz aller Massenvernichtungen, an auf 2½ Milliarden Menschen in der Mitte des 20. Jahrhunderts, um zu dessen Ende bereits die Achtmilliardengrenze zu erreichen.

Die drei exponentiellen Zeitkurven mögen als Zahlenspielerei abgetan werden. Aber es zeichnet sich offenbar eine Grenze ab, die durch keinen technischen und wissenschaftlichen Fortschritt mehr überschritten werden kann. Hinzu kommt, dass sich in der gleichen exponentiellen Zeitkurve die Kraft zur Selbstzerstörung der autonomen Menschheit vervielfacht hat.

(Reinhart Koselleck, a. a. O., S. 215 f.)

Arbeitsanregungen: Theorie in der Geschichtswissenschaft

Info S. 19

1. Erläutern Sie den Begriff „master narrative". Recherchieren Sie Beispiele für geschichtliche „Meistererzählungen" und stellen Sie solche Beispiele vor.
   ☞ Kommentierte Stichwortliste als inhaltliches Konzept für Kurzvorträge, die im Plenum zur Diskussion gestellt werden

Info S. 19f.

2. Grenzen Sie die Geschichtswissenschaft von „nomologischen" Wissenschaften wie den Naturwissenschaften ab, indem Sie die charakteristischen Merkmale des Gegenstands Geschichte, daraus resultierende Besonderheiten des wissenschaftlichen Umgehens mit Geschichte sowie die grundlegenden Merkmale des spezifischen Erkenntnisprozesses beschreiben und erläutern, wie sich Geschichte als Wissenschaft im Vergleich zu anderen Wissenschaften positioniert.
   ☞ Strukturskizze als Grundlage für ein Kreisgespräch

Info S. 19f.

3. Erörtern Sie, inwieweit die Geschichtswissenschaft überhaupt einen Nutzen hat.
   ☞ Thesenpapier als Grundlage für eine Diskussion, ein Rededuell oder als Konzept für eine ausformulierte schriftliche Erörterung

Arbeitsanregungen: Krise – Kategorie des Wandels

Info S. 22
Materialien S. 25 (M 1), S. 25f. (M 2), S. 26f. (M 4)

1. Beschreiben Sie zentrale charakteristische Wesensmerkmale des Begriffs Krise als historisch-politische Kategorie in der Geschichte.
   ☞ Mindmap als Grundlage für einen Kurzvortrag

Info S. 22–24
Materialien S. 25 (M 1), S. 25f. (M 2), S. 26 (M 3)

2. Erörtern Sie, inwieweit und wie die Begriffe „Krise", „Zerfall" und „Fortschritt" zusammenhängen.
   ☞ Statement als Basis für ein Kursgespräch

Info S. 22ff.
Materialien S. 26 (M 3)

3. Beschreiben Sie strukturiert auf der Basis des Frageschemas zur Untersuchung von Krisen den Typus Wirtschaftskrise.
   ☞ Kommentierte Stichwortliste für einen Kurzvortrag

Materialien S. 26f. (M 4)

4. Fassen Sie die Ausführungen des Historikers Koselleck zusammen und erörtern Sie ausgehend von seinen Überlegungen die Frage, ob wir heute in einem krisenhaften Zeitalter leben.
   ☞ Thesenpapiere oder ausformulierte Statements als Basis für ein Kreisgespräch zu dem Thema

Theorien zur Modernisierung

Modernisierung

Theorien zur Modernisierung unternehmen den Versuch, die Art und Weise sowie die Zielrichtung des gesellschaftlichen Wandels seit dem Ende des Mittelalters und besonders seit dem 18. Jahrhundert in Europa und anderswo zu beschreiben und zu erklären.

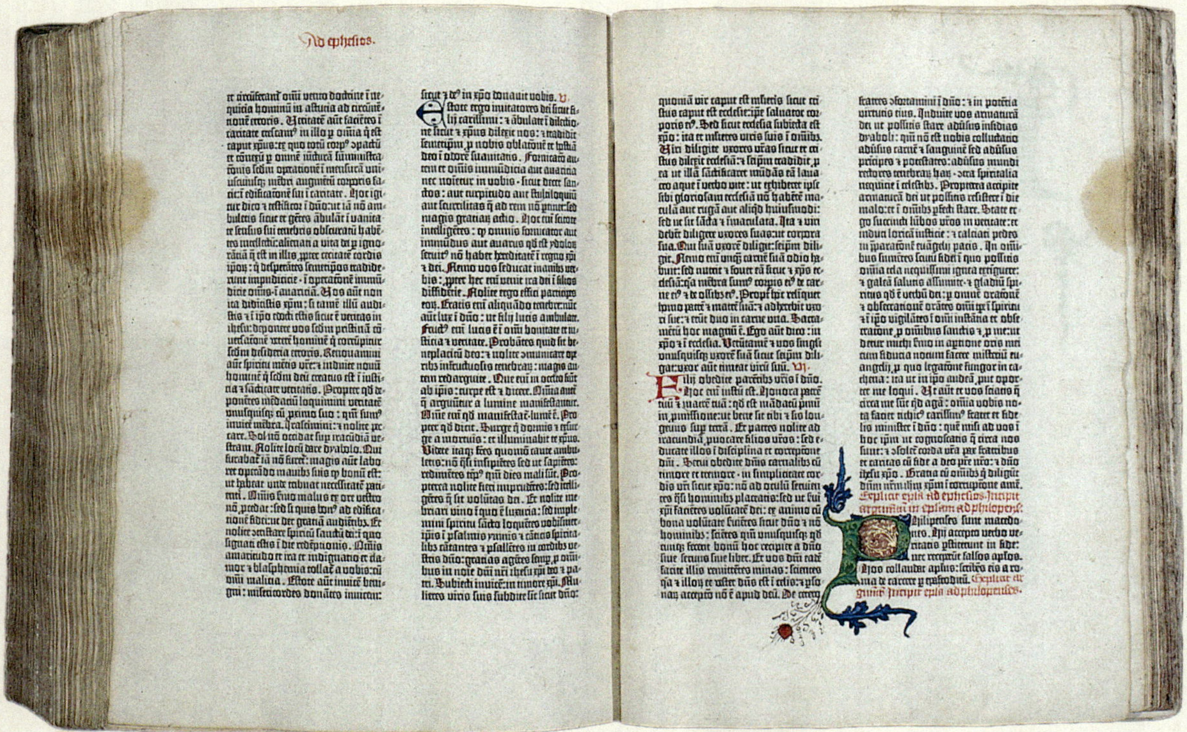

Eine Gutenberg-Bibel: Die Erfindung des Buchdrucks durch Johannes Gutenberg um 1450 löste eine „Medienrevolution" aus.

Kaufhaus Rudolph Hertzog in Berlin (Ansichtskarte um 1900)

Großstadt (Berlin), Gemälde um 1914 von Hugo Krayn (1885–1919)

1. Begriffe: Modernisierung und Moderne

Historiker und Sozialwissenschaftler verbinden mit den Begriffen „Modernisierung" und „Moderne" in der Regel etwas anderes als unser Alltagsverständnis. Wenn jemand sagt, etwas sei „modern" oder werde gerade „modernisiert", so ist gemeint, dass etwas zeitgemäß, auf dem neuesten Stand sei oder gerade darauf getrimmt werde. „Modern" in diesem Sinne hat oft auch etwas mit „Mode", also eher kurzfristigen und schnell vergänglichen Erscheinungen, zu tun.
Dagegen sprechen Wissenschaftler von epochalen Prozessen, in denen sich Gesellschaften durch Wandel in vielen Bereichen in Richtung einer „modernen" Gesellschaft verändert haben. Dabei schwingt die Idee des Fortschritts, das sog. Fortschrittsparadigma mit, das eine mehr oder weniger zielgerichtete Entwicklung menschlicher Gesellschaften zu Demokratie und Pluralismus, Marktwirtschaft und wirtschaftlichem Wohlstand postuliert.

2. Die Doppelrevolutionen des 18. Jahrhunderts und der westliche Weg in die Moderne

Pariser Weltausstellung im Jahre 1900: Der Elektrizitätspalast als Symbol der Moderne

Durchbruch zur Moderne um 1900. Was ist nun eine „moderne" Gesellschaft oder – kürzer – die „Moderne"? In den Geschichts- und Sozialwissenschaften wird in der Regel die Zeit seit dem Durchbruch der Industriegesellschaft in den westlichen Staaten, d. h. in den beiden Jahrzehnten vor dem Ersten Weltkrieg, als „Moderne" bezeichnet. Die tief greifenden Wandlungsprozesse – die gewaltigen technischen Fortschritte, ein lang anhaltendes Wirtschaftswachstum, die Urbanisierung, aber auch ein tief greifender Wandel in Familien- und Sozialstrukturen, ja selbst in Kunst und Architektur – sprechen für die Sichtweise, dass sich in dem Zeitraum um 1900 die Gesellschaft grundlegend verändert hat.

Die „Doppelrevolution" am Ende des 18. Jahrhunderts. Die entscheidenden Anstöße zu diesem Wandel erfolgten noch ein Jahrhundert früher: Sie gingen Ende des 18. Jahrhunderts von den Anfängen der Industriellen Revolution in England aus. Bahnbrechende Erfindungen in der Textilindustrie, im Energiesektor und im Verkehrswesen brachten erst England, einige Jahrzehnte später die west- und mitteleuropäischen Länder auf den Weg in eine neue Gesellschaft, die die „Vormoderne" hinter sich ließ. Dazu kamen politische Veränderungen, die den Weg zu Mit- und Selbstbestimmung immer breiterer Schichten des Volkes ebneten. Auslöser waren die Amerikanische und die Französische Revolution. Da die politischen und sozialökonomischen Veränderungen nahezu zeitgleich vonstatten gingen, spricht man auch von der „Doppelrevolution" Ende des 18. Jahrhunderts, die die Tür zur „Moderne" geöffnet hat.

Modernisierungstheorien. Nach dem Ende des Zweiten Weltkriegs wurde dieser „westliche Weg" der mehr oder weniger parallelen Durchsetzung von politischer Demokratie und liberaler Marktwirtschaft immer mehr als „Normalweg" in die Moderne gesehen. Vor allem amerikanische Sozialwissenschaftler und Soziologen untersuchten die Zusammenhänge im Rahmen der sog. Modernisierungstheorien genauer und sie empfahlen den „westlichen Weg" auch den Entwicklungs- bzw. Schwellenländern zur Nachahmung.

Das Beispiel Deutschland. Auch in Deutschland übernahmen Historiker und Sozialwissenschaftler vielfach den Ansatz der Modernisierungstheorien. Dabei mussten sie aber feststellen, dass die jüngere deutsche Geschichte diesem Muster der Modernisierung nur teilweise entsprach: Deutschland hatte zwar ökonomisch eine rasante Entwicklung durchgemacht, war in politischer Hinsicht aber dem westlichen Vorbild zunehmender Demokratisierung im 19. und 20. Jahrhundert gerade nicht gefolgt; am Ende stand die Katastrophe des Nationalsozialismus.
Die Entwicklung Deutschlands ist deshalb von manchen Historikern als „Sonderweg" interpretiert worden, der endgültig erst mit der Wiedervereinigung 1989/90 beendet war. Gegen die Vorstellung eines Sonderwegs kann man allerdings einwenden, dass wahrscheinlich jedes Land eigene Wege in die Moderne einschlägt und es keinen „Normalweg" gibt.

Osteuropa nach dem Ende des Kommunismus. Das westliche Muster der Entwicklung, wie es in den Modernisierungstheorien zum Ausdruck kommt, erhielt nach dem Zusammenbruch des Kommunismus in Osteuropa 1989/90 noch einmal Auftrieb: Die ehemals kommunistischen Staaten strebten überwiegend „zurück nach Europa" und entschieden sich deshalb dafür, parallel marktwirtschaftliche Systeme und eine demokratische Zivilgesellschaft nach westlichem Vorbild aufzubauen.

Kritik an den Modernisierungstheorien. Seit Langem gibt es jedoch auch Kritik unterschiedlicher Art an den Implikationen der Modernisierungstheorien: Dazu zählen einerseits Zweifel, dass das westliche Vorbild der Modernisierung für Länder mit ganz anderen Entwicklungsvoraussetzungen überhaupt geeignet ist. Noch grundsätzlicher fällt zum anderen die Kritik von radikalen Wachstums- und Globalisierungsgegnern aus, die mit verschiedenen Argumenten vor einer weltweiten Ausdehnung des modernen Kapitalismus warnen.

Porträt Kaiser Wilhelms II. (Gemälde von Max Koner, 1890): In seiner Person verkörperte sich der Widerspruch zwischen einerseits rückwärtsgewandten politisch-gesellschaftlichen Vorstellungen und andererseits Offenheit für wirtschaftlich-technischen Fortschritt, der das Kaiserreich prägte.

Moderne Innenstadt von Tokio

3. Die Grundlegung der modernen Welt im 15. und 16. Jahrhundert

Die Modernisierungstheorien konzentrieren den Blick auf die Entstehung der Moderne im Kern auf den Zeitraum der letzten 200 bis 250 Jahre. Eine solche Fokussierung ist jedoch nicht unproblematisch, weil viele Veränderungen gerade in der europäischen Geschichte länger zurückliegende Wurzeln haben.

„Sattelzeit" 16. Jahrhundert. Besonders die Zeit von der Krise des Spätmittelalters im 14. Jahrhundert bis zu den gewaltigen Veränderungen im 15. und 16. Jahrhundert haben viele Historiker dazu gebracht, diese Zeit als Keimzelle der Moderne näher zu untersuchen. Vieles spricht dafür, dass die späteren Umwälzungen, die im 18. Jahrhundert begannen und bis heute nachwirken, ohne die Vorbereitung im 15./16. Jahrhundert undenkbar gewesen wären. So erscheint diese Zeit als eine Periode des Übergangs – als „Sattelzeit" (vgl. M5) der modernen Welt.
Soziologen und Historiker haben die tief greifenden Wandlungen dieser Zeit nicht nur beschrieben (M4, M5), sondern sind auch den Ursachen der großen Veränderungsprozesse nachgegangen (M6–M8). Dabei wird deutlich, dass die Neuerungen dieser Zeit wiederum auf frühere Entwicklungen zurückgehen: So nutzte die italienische Renaissance das Vorbild der Antike; andere Prozesse gehen auf mittelalterliche Ursprünge zurück. So erscheint sogar das europäische Mittelalter, das lange als Zeit der Stagnation, als „dunkle" oder „statische" Epoche erschienen war, in einem anderen Licht.

Florenz – Zentrum der Renaissance: Die Domkuppel aus dem 15. Jahrhundert galt als Wunderwerk der Technik.

Europa und die Entstehung der Moderne. Eine solche Betrachtungsweise führt schließlich zu der Frage, warum die grundlegenden Veränderungen, die schließlich in die Moderne führten, offensichtlich gerade von Europa ihren Ausgang nahmen. Welche Spezifika der europäischen Welt waren es, die den Keim der Moderne in sich trugen?

Perspektiven dieses Buches. Dieses Buch öffnet eine Reihe von Perspektiven: Das Wahlpflichtmodul (S. 41 ff.) beschäftigt sich mit der Grundlegung der modernen Welt von den Krisen des Spätmittelalters bis ins 16. Jahrhundert. Das Wahlmodul zur Krise der römischen Republik nimmt die Antike in den Blick. Und das Wahlmodul zur Weltwirtschaftskrise 1929–1932 schließlich befasst sich mit der tiefsten Krise, die die moderne Industriegesellschaft in ihrer Geschichte bis heute erlebte.

MATERIALIEN

Modernisierungstheorien

M 1 Thomas Mergel über die Herkunft der Modernisierungstheorie

*Thomas Mergel (*1960), deutscher Historiker und Professor für Europäische Geschichte des 20. Jahrhunderts an der Humboldt-Universität zu Berlin.*

Als ein sozialwissenschaftlicher Schlüsselbegriff ist „Modernisierung" recht jung. Er kam in den 1950er-Jahren in den USA auf und beschrieb einen synchronen Vorgang, der, so das Verständnis, nicht nur beobachtet, sondern auch befördert werden konnte: die soziale und politische Entwicklung der sogenannten „unterentwickelten" Länder. „Modernisierung" diente dabei als „politisch korrektere" Alternative zum Begriff der „Entwicklung", meinte aber im Grunde dasselbe: die aufholende Angleichung an den optimalen Entwicklungsstand, worunter man gemeinhin die USA verstand. Die mehrdimensionale vergleichende Analyse von Indikatoren wie Alphabetisierungsrate, Wachstumsquoten, Verstädterung, Wahlrecht oder Pro-Kopf-Ausgaben im Gesundheitswesen sollte den Stand und die Fortschritte einzelner Länder im Prozess der Modernisierung erhellen und besonders wirkmächtige Faktoren herauspräparieren. Im Zentrum stand dabei der postulierte Zusammenhang von Marktwirtschaft und Demokratie, also das, was im Kalten Krieg den Westen vom Osten unterschied. Dass sich wirtschaftliches Wachstum und Demokratie gegenseitig stützten, war einer der Glaubenssätze der frühen Modernisierungstheorien. Von Anfang an wurde dieser Sichtweise vorgeworfen, dass sie ethnozentrisch argumentiere und den spezifischen Entwicklungsweg der westlichen Länder als den einzig richtigen und möglichen exportieren wolle. […]

Im Zentrum der Beschäftigung stand der *politische Strukturwandel* im Sinne der Herstellung einer Massenlegitimationsbasis, der gerechteren Verteilung von Gütern und Chancen sowie der erhöhten Steuerungsmöglichkeiten von Politik. Die zweite Dimension war die der *ökonomischen* Entwicklung, die durch Industrialisierung, Wirtschaftswachstum, Arbeitsteilung, den sozialstrukturellen Wandel von „geschlossenen" zu „offenen" Verbänden, soziale Mobilität und technische Rationalisierung gekennzeichnet sein sollte. Drittens kamen Wandlungen der *kulturellen* Systeme zur Sprache, wie die Öffnung des Bildungssystems und der breitere Zugang zu Kommunikationssystemen, Säkularisierung, Wertorientierungen. Schließlich wurden auch – sehr am Rande – Wandlungen des subjektiven *psychischen* Haushaltes als Bestandteil eines großen Modernisierungsprozesses in den Blick genommen. Diese vier Dimensionen wurden in ihrer Interdependenz betrachtet, wobei der Zusammenhang von ökonomischer und politischer Modernisierung immer im Vordergrund stand.

Als sich historisch arbeitende Politologen der Theorie annahmen, wich die aktuell-pragmatische Ausrichtung sehr schnell einer *Historisierung*. Eine der klassischen Definitionen für dieses Verständnis hat Reinhard Bendix geliefert: „Modernisierung ist […] ein bestimmter Typ des sozialen Wandels, der im 18. Jahrhundert eingesetzt hat, er besteht im wirtschaftlichen und politischen Fortschritt einiger Pioniergesellschaften und den darauf folgenden Wandlungsprozessen der Nachzügler." Aus einer synchronen Theorie der strukturellen Anpassung wurde so eine historische Verlaufstheorie.

(Thomas Mergel, Geht es weiterhin voran? Die Modernisierungstheorie auf dem Weg zu einer Theorie der Moderne; in: Ders./Thomas Welskopp (Hg.), Geschichte zwischen Kultur und Gesellschaft – Beiträge zur Theoriedebatte, München (C. H. Beck) 1997, S. 204 ff.)

M 2 Jürgen Osterhammel über Differenzierungen des Begriffs der Moderne

*Jürgen Osterhammel (*1952), deutscher Historiker, seit 1999 Inhaber des Lehrstuhls für Neuere und Neueste Geschichte an der Universität Konstanz. Am Ende seiner Weltgeschichte des 19. Jahrhunderts äußert er sich wie folgt:*

Einen wichtigen Fortschritt hat das Theorieprogramm der „Vielfalt der Moderne" („multiple modernities") gebracht, das der große Soziologe Shmuel Noah Eisenstadt seit dem Jahr 2000 propagiert. Die Differenzierungen innerhalb der Moderne treten Eisenstadt zufolge hauptsächlich im 20. Jahrhundert auf. Im 19. Jahrhundert beobachtet er vor allem eine Divergenz zwischen europäischen und nordamerikanischen Pfaden in die Moderne, die in seiner Sicht keinesfalls einen homogenen „Westen" bildet, während er innerhalb der nichtokzidentalen Welt nur in Japan eine charakteristische Ausprägung von Moderne zu erkennen vermag. In der Tat ist es schwierig, für die Zeit zwischen etwa 1800 und 1900 eigenständige und unverwechselbare indische, chinesische, nahöstlich-islamische oder afrikanische Wege in die Moderne zu finden, die dem hegemonialen westeuropäischen Moderne-Modell Eigenes entgegensetzten. Solche Differenzierungen begannen sich erst nach der Jahrhundertwende bemerkbar zu machen, anfangs eher ideengeschichtlich als strukturell. […]

Was will man unter „Moderne" *primär* verstehen? Den Beginn eines langfristigen Wachstums der Pro-Kopf-Einkommen; eine rationale, rechenhafte Lebensführung; den Übergang von der Stände- zur Klassengesellschaft; die Ausweitung politischer Partizipation; die Verrechtlichung von Herrschaftsverhältnissen und gesellschaftlichem Umgang; die Entwicklung von Zerstörungskapazitäten neuartiger Dimension; die Umorientierung der Künste von der Nachahmung der Tradition zur kreativen Zerstörung ästhetischer Normen? Es gibt kein Konzept von Moderne, das alle diese Aspekte (und andere) in neutraler Ausgewogenheit umfassen würde, und eine bloße Liste von Merkmalen bliebe unbefriedigend. Moderne Konzepte setzen stets Prioritäten und reihen, selbst wenn sie nicht monothematisch sind, die verschiedenen Aspekte von Modernität. Sie übersehen auch in aller Regel nicht, dass nur in wenigen historischen Fällen die verschiedenen Aspekte in Harmonie miteinander auftraten. Es genügt, einen Pionier der Moderne wie Frankreich genauer zu betrachten, um auf Beispiele für Diskrepanzen und Verzögerungen zu stoßen. Die französischen Aufklärungsphilosophen waren in ihrem Jahrhundert die „modernste" Gruppe von Denkern weltweit, und die Französische Revolution, vor allem in ihrer Frühphase vor der Hinrichtung des Königs und dem Beginn des Terrors, gilt vielen Historikern und Theoretikern bis heute als eine besonders wichtige Quelle von politischer Modernität. Auf der anderen Seite war Frankreich ein Land, in dem sich außerhalb von Paris und wenigen anderen großen Städten bis weit in das 19. Jahrhundert hinein archaische Gesellschaftsformationen hielten, wie sie gleichzeitig in England, den Niederlanden oder Südwestdeutschland viel seltener anzutreffen waren. Auch dauerte es volle neunzig Jahre nach dem Beginn der Großen Revolution, bis Frankreich in der Politik zu bürgerlich-demokratischen Verhältnissen fand. Die ideengeschichtliche „Geburt" der Moderne setzte sich erst über langwierige Prozesse in Institutionen und Mentalitäten um, die den Moderne-Definitionen der Gesellschaftstheorie nahekommen. Auch hat die Erfahrung des 19. und erst recht des 20. Jahrhunderts gezeigt, dass ökonomische Modernität mit politisch autoritären Verhältnissen einhergehen kann; darauf beruhen bis heute maßgebliche Interpretationen des Deutschen Kaiserreichs.

(Jürgen Osterhammel, Die Verwandlung der Welt – Eine Geschichte des 19. Jahrhunderts, München (C. H. Beck) [5]2010, S. 1281–1284)

Modernisierungsschub um 1800

M 3 Hans-Ulrich Thamer über die Zeitenwende 1800 und die Konsequenzen für das Verständnis der Moderne

Hans-Ulrich Thamer (1943), deutscher Historiker, Professor für Neuere und Neueste Geschichte an der Westfälischen Wilhelms-Universität in Münster.*

Friedrich von Ancillon, preußischer Minister und Prinzenerzieher, beschrieb 1828 eine Erfahrung, die viele seiner Zeitgenossen teilten und die sie beunruhigte: „Alles ist beweglich geworden oder wird beweglich gemacht; und in der Absicht […], alles zu vervollkommnen, wird alles infrage gezogen, bezweifelt und geht einer allgemeinen Umwandlung entgegen." Die Welt war in Bewegung geraten, und die Richtung wie die Ursachen dieser permanenten Veränderung hatten andere Beobachter der Zeit schon sehr viel deutlicher (und polemischer) ausgemacht. Für den kurmärkischen Gutsherren Friedrich August Ludwig von der Marwitz, einen konservativen Widersacher Hardenbergs, war es die „Revolutionierung des Vaterlandes", „der Krieg der Besitzlosen gegen das Eigentum, der Industrie gegen den Ackerbau, des Beweglichen gegen das Stabile, des krassen Materialismus gegen die von Gott eingeführte Ordnung, des Nutzens gegen das Recht, des Individuums gegen die Familie, des Wissens und eingebildeten Talents gegen Tugend und ehrenwerten Charakter". […]

Revolution und Umbruch als göttliche Strafe für den Abfall von der gottgewollten Tradition, das war eine verbreitete konservative Reaktion auf die vielfältigen und dramatischen Veränderungen um 1800, […] die alle Teil jener „Entzauberung" der Welt waren, mit der Max Weber den Beginn der Moderne charakterisiert hat. Seither ist der Begriff der Moderne zu einem universalen Leitbild geworden, ist die Politik der Modernisierung zum Kriterium für moderne Herrschaft und deren Legitimation geworden. […]

Modernisierung ist […] zu einem Schlüsselbegriff für die „Große Erzählung" einer universalen und linearen Fortschrittsgeschichte geworden. Der Begriff soll den einmaligen Vorgang eines ungeheuer schnellen ökonomischen, sozialen, kulturellen und politischen Wandels beschreiben, der sich in den letzten zweihundert Jahren, seit der Doppelrevolution des späten 18. Jahrhunderts, nämlich der industriellen und der politisch-demokratischen Revolution, in einem kumulativen und sich wechselseitig verstärkenden Prozess zunächst in der atlantischen, westeuropäischen, dann in den übrigen europäischen Zonen und schließlich in der ganzen Welt mit einer charakteristischen Phasenverschiebung vollzogen hat. Als Merkmale dieses Prozesses des sozialen Wandels gelten […]: Bevölkerungsentwicklung bzw. -vermehrung durch das Sinken der Mortalität; Industrialisierung, Mechanisierung, Kommerzialisierung; Rückgang des Agrarsektors, Urbanisierung, Mobilisierung; wirtschaftliches Wachstum, technologische Innovationen, Ansteigen der Produktivität und des Masseneinkommens; schließlich im kulturellen Bereich Alphabetisierung, Säkularisierung und Verwissenschaftlichung und last but not least im politisch-institutionellen Bereich der Ausbau des zentralisierenden Verwaltungsstaates, der sich zugleich als Nationalstaat ausbildet und verfestigt, schließlich auch der Ausbau zum sozialen Interventionsstaat, der seine Tätigkeit immer mehr ausdehnt und in das Leben der Einzelnen stärker eingreift; der Wandel in der Rekrutierung der sozialen und politischen Eliten, die nicht mehr nach Prinzipien der Erblichkeit und Zuschreibung, sondern nach Leistung und Besitz erfolgt; die Zunahme der politischen Partizipation und die Einbeziehung der Massen in die Politik, was eine neue Form der Legitimität und des Konsenses herstellt; der Übergang von der ständischen zu bürgerlichen Gesellschaft. […]

Dass diese neue Zeit, die wir seit dem 20. Jahrhundert als Moderne bezeichnen, nicht nur eine Geschichte eines unendlichen, linearen Fortschritts darstellt, sondern auch eine Verlustgeschichte bedeutet, war für die Anhänger der alten Ordnung ohnehin klar; der Kommentar von Marwitz verdeutlicht dies. Seit den Katastrophen des 20. Jahrhunderts wurden die Ambivalenzen und Schattenseiten des Modernisierungsprozesses überdeutlich. Nicht nur das Nebeneinander von technisch-zivilisatorischer Moderne und Barbarei als Merkmal der deutschen Gesellschaft im Zivilisationsbruch des Holocaust wurde und wird als Extremfall für die Widersprüche der Moderne sichtbar; auch hat die endgültige Durchsetzung einer modernen Industriegesellschaft das Bewusstsein für die damit verbundene Auflösung der alten Lebensformen und traditionaler Bindungen verstärkt, hat die Sorge um die Labilität der Moderne wachsen lassen. Diese und anderen Erfahrungen haben in der wissenschaftlichen Diskussion dazu geführt, dass man von dem allzu fortschrittsoptimistischen Begriff der Modernisierung Abschied nimmt und dem offeneren, zur Selbstkritik und zu größerer Reflexivität neigenden Begriff der Moderne den Vorzug gibt.

(Hans-Ulrich Thamer, in: Westfalens Aufbruch in die Moderne (Ausstellungskatalog), Westfälisches Museum für Kunst und Kulturgeschichte, Münster 2002, S. 125ff.)

M 4 Günter Vogler über Europas Aufbruch in die Neuzeit

Günter Vogler (geb. 1933) war bis 1996 Professor für Geschichte der Frühen Neuzeit an der Humboldt-Universität Berlin.

In dieser Darstellung wird die Geschichte Europas vom Ende des 15. bis zur Mitte des 17. Jahrhunderts verfolgt und als Aufbruch in die Neuzeit interpretiert. Was „Aufbruch" meint, könnte mit dem Modewort Modernisierung umschrieben werden. Aber dieses Etikett kann jede Zeit beanspruchen. Aufbruch soll insofern aussagen, dass ein Weg eingeschlagen und ein Stück weit begangen wird. Wenn am Terminus „Neuzeit" festgehalten wird, dann geschieht das nicht, weil er sich als ideale Kennzeichnung anbietet, sondern weil er eingeführt ist und bisher nicht durch eine sinnvollere Begrifflichkeit ersetzt wurde.

Bis heute ist strittig, welche generelle Entwicklungsrichtung in der Vielfalt der auszumachenden Prozesse sich abzeichnet. Ein Konsens dürfte am ehesten möglich sein, wenn die Epoche vom Ende des 15. bis zum Ende des 18. Jahrhunderts als Umbruchs- und Übergangszeit beschrieben wird. Ihre hauptsächliche Tendenz wurde von der Intensivierung gesellschaftlicher und politischer Prozesse bestimmt. Angesichts funda-

Nikolaus Kopernikus (1473–1543): Seine Forschungen veränderten das Bild des Sonnensystems.

mentaler Herausforderungen erfuhren alle Bereiche unauffällige oder abrupte Wandlungen: Staat und Gesellschaft, Politik und Wirtschaft, Kirche und Religion, Kultur und Wissenschaft, Welt- und Menschenbild erlebten Transformationen in unterschiedlicher Intensität, in unterschiedlichem Tempo und in unterschiedlichen Dimensionen. Sie waren das Resultat menschlicher Arbeit, politischer Aktionen, sozialer Bewegungen und kultureller Anstrengungen, das Ergebnis reformerischer Tätigkeit und revolutionärer Umbrüche. In allem widerspiegelt sich eine bemerkenswerte Dynamik und das Ringen um alternative Möglichkeiten gesellschaftlicher Gestaltung.

Der Weg vom Mittelalter in die Neuzeit verlief indes nicht geradlinig. Aufbruch und Neuerung kollidierten mit Beharren und Tradition. Der Wandel wurde schubweise bewirkt, er signalisierte einen Beginn, noch nicht einen Abschluss. Er vollzog sich in kleinen und großen Schritten. Konflikte waren auszutragen, Hindernisse zu überwinden, Rückschläge keine Ausnahme. Tendenziell führte dieser Weg aus der feudalen in die bürgerliche Welt.

Der Titel „Europas Aufbruch in die Neuzeit" spricht diese Prozesse an. Ein Aufbruch signalisiert noch keine Ankunft, und die Neuzeit umschließt mehrere Jahrhunderte. Auch ist eine solche Charakterisierung nur aus der Retrospektive möglich. Von den Zeitgenossen war nicht zu erwarten, dass sie Veränderungen in ihrer Lebenswelt als Aufbruch in eine neue Zeit wahrnahmen, wenngleich manches Phänomen schon so gedeutet wurde und Ahnungen aufkeimten, in einer neuen Zeit zu leben.

(Günter Vogler, Europas Aufbruch in die Neuzeit 1500–1650, Handbuch der Geschichte Europas, Bd. V, Stuttgart (Ulmer) 2003, S. 44)

Seite aus Kopernikus' Abhandlung über die Bewegung der Gestirne (De revolutionibus orbium coelestium)

M 5 Heinz Schilling über das 16. Jahrhundert als „Sattelzeit"

Heinz Schilling (geb. 1942) war bis 2010 Professor für Europäische Geschichte der Frühen Neuzeit an der Humboldt-Universität/Berlin.

Obwohl die Welt vor 1800 fremd anmutet, war das lange 16. Jahrhundert auch gesellschaftsgeschichtlich eine „Vorsattelzeit" auf dem Weg zur Schwellenzeit der Moderne im ausgehenden 18. Jahrhundert. Begriff und Realität der „Arbeit" erhielten jetzt neue Formen; damit wurde eine Bresche geschlagen in die feudale Werte- und Standeshierarchie:

Dann nichts ist also schwer und scharff,
Das nicht die Arbeit underwarff.
Nichts mag kaum sein so ungelegen,
Welchs nicht die Arbeit bringt zuwegen
Die Arbeit hat die Berg durchgraben,
Und das Thal inn die höh erhaben,
Hats Land mitt Stätten wonhaft gmacht,
Vnd die Ström zwischen Damm gebracht.

In diesen Versen des Straßburger Literaten und Doctor Juris Johannes Fischart (1546–1590) ist der Geist des Auf- und Umbruchs auf die Arbeit bezogen. Eine bürgerliche Kategorie, die unausgesprochen der Muße (otium) und dem im – bürgerlich-wirtschaftlichen Sinne – Nichtstun des Adels, der Prälaten und Mönche entgegengestellt wird.

Vor allem die Reformatoren Luther und Calvin entwickelten die spätmittelalterlichen Ansätze zu einer neuzeitlichen Arbeits- und Berufsethik fort, die mentalitäts- und sozialgeschichtlich den weiteren Weg in die Modernität wiesen. […]

Indem Arbeits- und individuelles Leistungsethos über den Stand des Stadtbürgertums hinaus Geltung erlangten und auch der Adel, teils gewollt, teils gezwungen, nicht mehr ausschließlich – wie Hutten es programmatisch forderte – im „Familienstand", sondern „anderswo … nach der Quelle des Adels" suchte, war das 16. Jahrhundert auch in der Wertehierarchie ein *bürgerliches Jahrhundert.* […]

Denselben Übergangscharakter hatten die Impulse des

16. Jahrhunderts für die Entwicklung der modernen Ehe und Familie. Luther, der selbst Frau und Kinder hatte, wurde nicht müde, die Notwendigkeit der Liebe zwischen den Ehepartnern und zu den Kindern zu betonen. Gegenüber den ökonomischen Elementen des „ganzen Hauses", die nicht verloren gingen, trat die modern-individualistische Innerlichkeit in den Vordergrund. Trotz ihres sakralen Charakters war das nicht prinzipiell anders bei der katholischen Ehe, dann das Tridentiner Ehedekret[1] betonte ausdrücklich, dass die Ehe von den beiden Eheleuten in freier wechselseitiger Anerkennung und Liebe begründet werde.

Auch die Stellung der Frauen wurde sowohl bei den Katholiken wie bei den Protestanten aufgewertet, durch die mit Macht einsetzende Marienverehrung bei den einen, bei den anderen durch die von Pastoren und Presbyterien unermüdlich geforderte „companionable marriage", was fast schon so etwas wie eine Partnerschaftsehe ist. [...]

Eine gesellschaftliche Modernisierung schien sich schließlich auch anzukündigen durch die verbreitete soziale Mobilität sowie durch gewisse klassenmäßige Züge im Aufbau der Gesellschaft, die seit dem 15. Jahrhundert gegenüber der standesmäßigen Gliederung an Bedeutung gewannen. Es sind viele Beispiele bekannt für den Sprung aus Handwerker-, bisweilen auch Bauernfamilien in die höchste Spitze des politischen Regiments, was in der Regel in derselben oder in der folgenden Generation auch die Erhebung in den Adelsstand brachte. Motor dieser Mobilität waren der frühmoderne Staat und die Fürstenmacht, die ja auf bürgerliche Räte setzen musste, um den widerspenstigen Adel zu zähmen. Medium des Aufstiegs waren Professionalisierung und gelehrte Bildung, die der Adel noch mit Skepsis betrachtete, während sich das gelehrte Bürgertum sozial emportragen ließ.

Damit schien aber der geburtsständische Aufbau der Gesellschaft ins Wanken zu geraten. Ein weiterer Stoß drohte ihm von den sozialen Auswirkungen der wirtschaftlichen Expansion. Der Frühkapitalismus und die kommerzielle Revolution mit ihrer ökonomischen Dynamik führten dazu, dass es für die Lebenschancen und für die gesellschaftliche Position einzelner und sozialer Gruppen immer wichtiger wurde, welche Stellung sie im gewerblichen Produktionsprozess oder zum Markt einnahmen. Ökonomische Zusammenhänge überlagerten rechtliche und statusmäßige Ordnungen, die klassenmäßige Gliederung trat neben die ständische.

(Heinz Schilling, Aufbruch und Krise – Deutschland 1517–1648 (Siedler Deutsche Geschichte), Berlin (Siedler), durchges. Aufl. 1994, S. 362ff.)

[1] Tridentiner Ehedekret: Dekret des Konzils von Trient, s. S. 115f.

Warum entstand die Moderne in Europa?

M 6 David S. Landes über Unterschiede zwischen der europäischen, islamischen und chinesischen Kultur

David S. Landes (1924–2013) war ein international bekannter amerikanischer Wirtschaftshistoriker.

Wir können uns hier nicht jede nichteuropäische Gesellschaft oder Kultur anschauen, aber zwei verdienen es, dass wir uns einen Augenblick lang näher mit ihnen befassen.

Der erste der beiden Kulturzusammenhänge, der islamische, nahm anfänglich das Wissen der Völker, die er unterwarf, auf und entwickelte es weiter. [...] Der Islam war [im Zeitraum von etwa 750 bis 1100 und länger] der Lehrmeister Europas.

Dann lief etwas schief. Die islamische Wissenschaft wurde von religiösen Eiferern als Häresie [Ketzertum] gebrandmarkt und erlag dem Druck der Theologie, die spirituellen Konformismus forderte. [...]

Die einzige Zivilisation, die den europäischen Leistungen den Rang hätte ablaufen können, war die chinesische. Dafür scheinen zumindest die historischen Daten zu sprechen. Man schaue sich die lange Liste chinesischer Erfindungen an: der Schubkarren, der Steigbügel, das Kummet (damit das Pferd sich beim Ziehen nicht erdrosselt), der Kompass, das Papier, der Buchdruck, das Schießpulver, das Porzellan. Und doch bleibt im Hinblick auf Wissenschaft und Technik China ein Mysterium [...].

Das Geheimnis liegt in dem Versäumnis Chinas, sein Potential zu aktualisieren. Allgemein wird von der Annahme ausgegangen, theoretisches Wissen und Verfahrenstechnik wirkten zusammen und verstärkten einander; sei ein überlegenes Verfahren erst einmal bekannt, dann müsse es doch zwangsläufig die älteren Methoden verdrängen. Die chinesische Industriegeschichte bietet jedoch Beispiele dafür, dass Techniken in Vergessenheit gerieten oder sich zurückentwickelten. Wie wir sahen, ging es mit der Uhrmacherei rückwärts statt vorwärts. So wurde auch die Maschine zum Spinnen von Hanf nie für die Baumwollspinnerei genutzt, die keinerlei Mechanisierung erfuhr. Und den Schmelzprozess auf Kohle/Koks-Basis gab man zusammen mit der gesamten Eisenverhüttung wieder auf. Warum?

[...] Die Sinologen haben dafür mehrere Erklärungen in Vorschlag gebracht. Die überzeugendsten zielen alle in die gleiche Richtung:

- Das Fehlen eines freien Marktes und institutionell verankerter Eigentumsrechte. Der chinesische Staat mischte sich ständig in private Unternehmungen ein – übernahm lukrative Geschäfte in eigene Regie, verbot andere, manipulierte Preise, erzwang Bestechungsgelder, beschnitt private Bereicherungschancen. […]

- Das allgemeine Wertesystem der Gesellschaft. Ein führender Sozialhistoriker (Geschichtssoziologe) sieht im Geschlechterverhältnis ein wesentliches Hemmnis: Die weitgehende Beschränkung der Frauen auf die häusliche Sphäre machte es zum Beispiel unmöglich, Textilmaschinen gewinnbringend im Rahmen von Fabriken einzusetzen. In diesem Punkte unterschied sich China markant von Europa und Japan, wo die Frauen freien Zugang zum öffentlichen Raum hatten und wo häufig von ihnen erwartet wurde, dass sie außerhalb des Hauses arbeiteten, um ihre Mitgift zusammenzubringen oder zum Unterhalt der Familie beizutragen.
- Der große ungarisch-deutsch-französische Sinologe Étienne Balázs legt den Akzent auf den Gesamtrahmen. Er betrachtet das Scheitern der technischen Entwicklung in China als Moment eines umfassenden Musters totalitärer Herrschaft. Er […] sieht den Mangel an Freiheit, das erdrückende Gewicht, das dem Herkommen, der Einigkeit, der angeblich höheren Weisheit der Altvorderen beigemessen wird. […]

Wie immer die Mischung von Faktoren auch aussah, heraus kam jedenfalls ein eigenartiges Muster aus versprengten Initiativen und sisyphushaften Rückschlägen – ein Stück aufwärts und dann wieder hinunter –, als liege die Gesellschaft unter einem großen seidenen Baldachin begraben. […] Den Europäern waren solche Eingriffe und Störungen weit fremder. Sie traten vielmehr während dieser Jahrhunderte [des hohen und späten Mittelalters] in eine aufregende Welt der Innovation und des Wettstreits ein, durch die etablierte Interessen in die Schranken gewiesen und die konservativen Kräfte erschüttert wurden. Die Veränderungen hatten kumulativen Charakter; Neuartiges verbreitete sich rasch [der Autor nennt u. a. Wasserrad und Wassermühlen, die mechanische Uhr und den Buchdruck]. Ein neuer Sinn für Fortschritt trat an die Stelle der alten, kraftlos gewordenen Autoritätsgläubigkeit. Dieses berauschende Gefühl von Freiheit erfasste (infizierte) sämtliche Bereiche. Das waren die Jahre der häretischen Entwicklungen in der Kirche, jener vom Volk ausgehenden Bewegungen, die, wie wir im Rückblick sehen können, die Spaltung der Kirche durch die Reformation vorwegnahmen.

(David S. Landes, Wohlstand und Armut der Nationen – Warum die einen reich und die anderen arm sind, aus dem Amerikanischen von Ulrich Enderwitz, Monika Noll und Rolf Schubert, Berlin (Siedler) 1999, S. 70ff.)

M 7 Heinrich August Winkler über die Bedeutung der Trennung von geistlicher und weltlicher Gewalt

Heinrich August Winkler (geb. 1938) lehrte bis 2007 an der Berliner Humboldt-Universität. Er gehört zu den bekanntesten deutschen Historikern der Gegenwart.

Die christliche Unterscheidung von göttlichen und irdischen Gesetzen, zu der es keine Entsprechung im gleichfalls monotheistischen Islam gibt, ermöglichte letztlich die Säkularisierung der Welt und die Emanzipation des Menschen – eine weltgeschichtliche Wirkung, die freilich erst nach schweren Kämpfen, beginnend mit innerkirchlichen Auseinandersetzungen, eintreten konnte.

Nur in einem Teil Europas hat sich die Unterscheidung der Sphären von Gott und Kaiser in einer institutionellen Gewaltenteilung niedergeschlagen. Die Teilung des römischen Reiches in einen west- und einen oströmischen Teil im Jahr 395 nach Christus hatte die Langzeitfolge, dass es über Jahrhunderte hinweg bis zur Eroberung von Konstantinopel, der Hauptstadt des oströmischen oder byzantinischen Reiches, im Jahr 1453 durch die Türken zwei Kaiser, aber nur einen Papst, den Bischof von Rom, gab. Nur im Bereich der Westkirche vollzog sich im 12. Jahrhundert jene ansatzweise Trennung von „imperium“ bzw. „regnum“ und „sacerdotium“, das heißt zwischen weltlichen Herrschern und Papsttum, die für die Entwicklung des Westens schlechthin konstitutiv wurde. Wo die geistliche Macht der weltlichen untergeordnet blieb, wie in den Ländern des orthodoxen Christentums, fehlte ein entscheidendes Merkmal des Westens: sein „dualistischer Geist“, von dem der Historiker Otto Hintze 1931 gesprochen hat.

Ohne die Ausdifferenzierung von geistlicher und weltlicher Gewalt, wie sie etwa im Wormser Konkordat 1122 Gestalt annahm, hätte sich schwerlich der innerweltliche Dualismus entwickeln können, der den Kern korporativer und individueller Freiheit in sich barg […]. Das aber heißt nichts Geringeres, als dass der Dualismus, wie er sich im hohen Mittelalter herausformte, die Gründungskonstellation und die Grundstruktur des Westens war: Ohne Dualismus kein Pluralismus, kein Individualismus, keine Zivilgesellschaft und auch nicht die von Max Weber herausgearbeitete, aller Lebensbereich erfassende okzidentale Rationalität.

Die großen Emanzipationsbewegungen des Westens, vom Humanismus und der Renaissance über die Reformation bis hin zur Aufklärung und den atlantischen Revolutionen des späten 18. Jahrhunderts mitsamt ihren Folgerevolutionen, trugen, auch wenn sie sich dessen oft nicht bewusst waren, das Erbe des „dualistischen Geistes“ des christlichen Mittelalters in sich.

(Heinrich August Winkler, Geschichte des Westens, Bd. IV: Die Zeit der Gegenwart, München (Beck) 2015, S. 582f.)

M 8 Jürgen Kocka über Max Webers Analyse des westlichen Kapitalismus

Jürgen Kocka (geb. 1941) zählt zu den international bekannten deutschen Historikern der Gegenwart. In seinem Buch „Geschichte des Kapitalismus" schreibt er über den deutschen Soziologen Max Weber (1864–1920), der in seinen Werken eine bis heute als klassisch geltende Analyse von Entstehung und Funktionsweisen des modernen Kapitalismus entwickelt hat.

Max Weber behandelte das Thema Kapitalismus im Kontext einer umfassenden Geschichte der okzidentalen Modernisierung. […]

Scharf arbeitete Weber die Eigenarten des kapitalistischen Wirtschaftshandelns mit seiner Orientierung am Tausch und an Marktpreisen heraus, die er als Ergebnis von Machtkämpfen und -kompromissen verstand. Er betonte die „formale rechnungsmäßige Rationalität" des kapitalistischen Wirtschaftens. Diese sah er vor allem durch die Struktur des kapitalistischen Unternehmens gewährleistet, dessen Trennung vom Haushalt der Wirtschaftssubjekte, systematisch zweckrationale Organisation als Herrschaftsverband und langfristige Rentabilitätsorientierung er betonte. Zur systematisch-zweckrationalen Organisation des Unternehmens rechnete er Arbeitsteilung und Arbeitsverbindung, formell freie Arbeit von Arbeitern ohne Produktionsmittelbesitz und deren Unterordnung unter die Betriebsdisziplin, d. h. unter die Anordnungsbefugnisse der letztlich durch Kapitalbesitz legitimierten Unternehmer und Manager. Er arbeitete heraus, dass die effektive Leitung eines kapitalistischen Unternehmens einerseits Geld-, Kredit- und Kapitalmärkte voraussetzte. Andererseits hielt er eine spezifische Wirtschaftsgesinnung für unabdingbar. […] Eine wichtige Quelle dieses „Geistes des Kapitalismus" sah Weber in der calvinistisch-puritanischen Ethik[1] seit dem 16. Jahrhundert […].

Auch an Weber ist viel Kritik geübt worden. Seine These vom Zusammenhang zwischen der Ethik des Puritanischen Protestantismus und dem Geist des Kapitalismus ist empirisch immer wieder infrage gestellt und stark relativiert worden […]. Weber saß bei der Beurteilung der Kapitalismusfähigkeit nichtwestlicher Zivilisationen, etwa der islamischen Gesellschaften, manchem Vorurteil auf und fußte auf einem Forschungsstand, der nach einem Jahrhundert selbstredend überholt ist. Doch seine Analysen gehören bis heute zum Besten, was über den Kapitalismus jemals geschrieben worden ist.

(Jürgen Kocka, Geschichte des Kapitalismus, München (Beck) 2013, S. 12ff.)

---

[1] Weber analysierte besonders die Wirkung der Prädestinationslehre in der protestantischen Theologie Calvins (s. S. 114 in diesem Buch): Wirtschaftlicher Erfolg erschien in den Augen der Calvinisten als ein Zeichen für das Auserwähltsein eines Menschen durch Gott. Calvinisten bemühten sich deshalb darum, im diesseitigen Leben durch persönlichen Verzicht und Askese die Grundlagen z. B. für Investitionen und den Erfolg ihrer Unternehmungen zu legen.
Weber wies darauf hin, dass gläubige Calvinisten bzw. Puritaner besonders in der frühkapitalistischen Wirtschaft in Holland, England und den USA eine wichtige Rolle als Unternehmer spielten.

Arbeitsanregungen: Theorien zur Modernisierung

Info S. 30ff.
Materialien S. 33f.
(M1 und M2)

Erläutern Sie die Begriffe „Moderne“ und „Modernisierung“ und nennen Sie wesentliche Kennzeichen der sog. Modernisierungstheorien.
☞ Stichwortliste

Materialien S. 34f.
(M3)

Analysieren Sie das Material M3, indem Sie Merkmale der historischen Umbruchsituation um 1800 herausarbeiten und Bezüge zum Ansatz der Modernisierungstheorien herstellen.
☞ Schriftliches Statement

Info S. 32
Materialien S. 35f.
(M4 und M5)

Geben Sie die Argumentation der Autoren in M4 und M5 wieder und erörtern Sie, inwieweit die Epochenbeschreibungen der Autoren den Definitionen des Modernisierungskonzepts entsprechen.
☞ Thesenpapier

Info S. 32
Materialien S. 37ff.
(M6–M8)

Formulieren Sie die den Texten M6–M8 zugrunde liegenden Fragestellungen und stellen Sie die Kernaussagen der Autoren dazu zusammen.
☞ Strukturskizze als Grundlage eines Kreisgesprächs

Info S. 31
Materialien S. 33ff.
(M2 und M3)

Benennen Sie einige Einwände gegen die Modernisierungstheorien und diskutieren Sie deren Stichhaltigkeit in einer offenen Diskussionsrunde.
☞ Statement als Grundlage für eine Diskussionsrunde

Die Krise des späten Mittelalters und die Reformation

1. Das späte Mittelalter – eine Krisenepoche?

Pesttote werden abtransportiert (Fresko von 1481 aus einem Zyklus mit Szenen der Pestepidemie).

Was bedeutet „Spätmittelalter"?

Kernmodul, S. 21 ff.

Thema, S. 74 ff.

Wenn man heute von „Krisen" oder Krisenerscheinungen spricht, denken die meisten Menschen an wirtschaftliche Probleme oder Umbrüche, die in der Regel wenige Jahre dauern. Auch wenn von „tiefen Krisen" die Rede ist – etwa von der Weltwirtschaftskrise der Jahre 1929–1932 –, sind Umbruchsituationen gemeint, die zwar bedeutende Ausmaße hatten, aber doch von vorübergehender Dauer waren.
Ganz anders ist es, wenn Historiker von der „Krise des Spätmittelalters" sprechen: Sie meinen eine lang dauernde Umbruchsituation, eine Krisen*epoche*, die das Leben mehrerer Generationen prägte. Diskussionen unter Historikern zeigten allerdings, dass auch solche Epochenbeschreibungen durchaus auch „hinterfragt" werden und Bewertungen sich ändern können.
Ähnliches gilt für die sog. Epochengrenzen oder Epocheneinschnitte, wie sie in Geschichtsbüchern beschrieben werden. Wenn heute von der Zeit des „späten Mittelalters" die Rede ist, können deshalb unterschiedliche Zeiträume gemeint sein:

- die Zeit von der Mitte des 13. Jahrhunderts bis zum sog. „Beginn der Neuzeit", also um das Jahr 1500: das Ende der Dynastie der Stauferkaiser um 1250 spricht z. B. für diese Epocheneinteilung;
- oder – in einem etwas engeren Sinne – nur das 14. und 15. Jahrhundert, wofür längerfristige wirtschaftliche und soziale Trends sprechen;
- oder das 14. und die erste Hälfte des 15. Jahrhunderts, weil sich seit 1450 bereits viele Veränderungen und Umbrüche zeigen, die längerfristige geschichtliche Wirkungen hatten.

In den Kapiteln dieses Buches wird vorzugsweise die dritte Variante zugrunde gelegt.

1347/48: Der Schwarze Tod in Europa

Im Jahre 1346 brach in der von Mongolen belagerten Hafenstadt Caffa (heute: Feodosia) auf der Krim die Pest aus. Die Stadt am Schwarzen Meer lag an der sog. Seidenstraße, der seit altersher bestehenden Handelsverbindung zwischen Europa und Asien. Venezianische und genuesische Händler besaßen hier Handelskontore, und über genuesische Schiffe scheint die Pest 1347 nach Messina/Sizilien gekommen zu sein.
Der Pestausbruch war der erste größere der Art in Europa seit 800 Jahren. Schnell zeigte sich, dass die Ausmaße des „Schwarzen Todes", wie die Seuche aufgrund des äußeren Erscheinungsbildes der Betroffenen bald genannt wurde, verheerend waren. Die Pest erreichte Anfang 1348 die Hafenstädte Norditaliens, außerdem Marseille und Barcelona. Im Frühjahr war Florenz betroffen, schon im Juni Regionen in Mitteleuropa, 1349 England und Schottland. Über Skandinavien erfasste sie bis 1352 schließlich Moskau und Kiew.
Die Opferzahlen waren gewaltig: Zeitgenössischen Berichten zufolge starben in Florenz durch die Pest 60 % der Bevölkerung, in Siena zählte man angeblich 80 000, in Pisa 25 000 Tote; in Lübeck wurde auf dem Höhepunkt der Seuche von 1500 Toten täglich gesprochen. In Genua soll nicht einmal ein Siebtel der Bevölkerung die Pest überlebt haben. Sizilien und Apulien im Süden der italienischen Halbinsel schienen „fast menschenleer".
Gleich ob die zeitgenössischen Zahlen und Berichte immer glaubhaft bzw. exakt genug sind – sicher ist, dass der „Schwarze Tod" die Bevölkerung des Kontinents um etwa ein Drittel dezimierte: von wahrscheinlich 73 Millionen Menschen um das Jahr 1300 auf reichlich 50 Millionen 1350 und 45 Millionen im Jahr 1400. Der „Schwarze Tod" war dafür nicht die einzige, aber die bei Weitem wichtigste Ursache.
Die Ursachen der Pest blieben für die Menschen des 14. Jahrhunderts im Dunkeln. Heute wissen wir, dass die Infektion über Flöhe von Ratten, aber auch von Hunden und Katzen, auf den Menschen übertragen wird (Beulenpest). Im fortgeschrittenen Stadium ist auch eine Tröpfcheninfektion von Mensch zu Mensch möglich (Lungenpest).

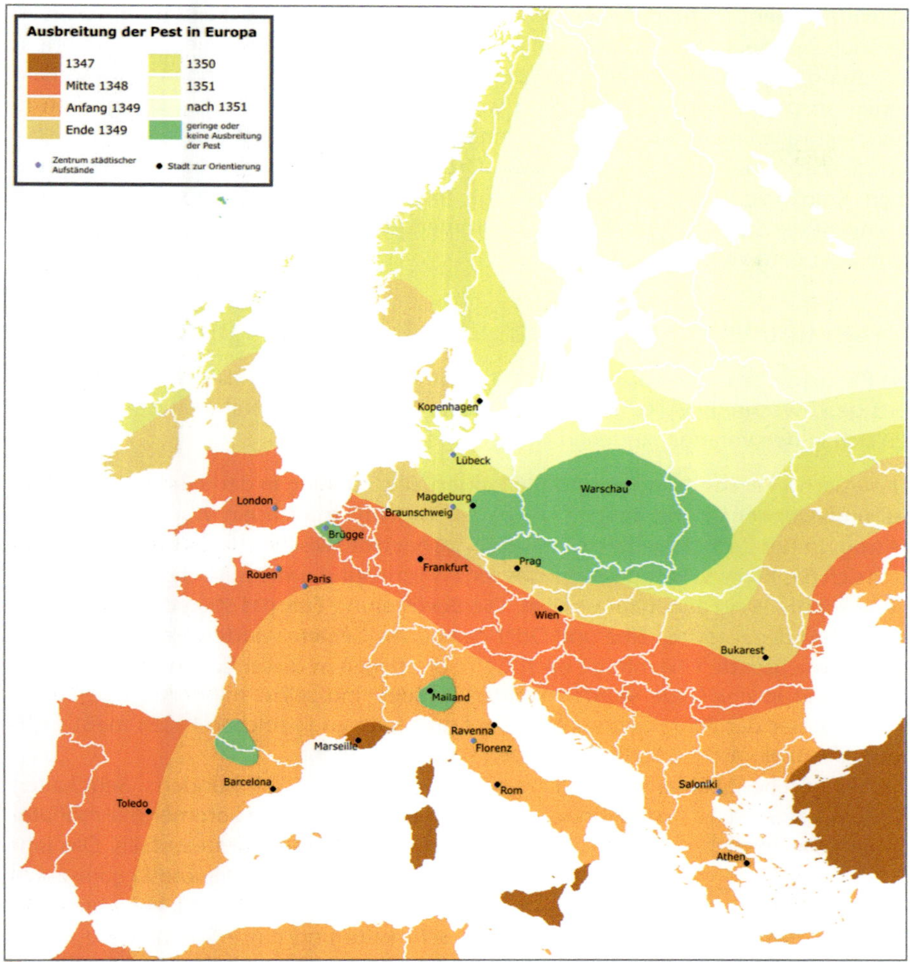

Die Pest in Europa

Dass die Seuche, deren Ursache die Ärzte nicht wirklich zu erklären, geschweige denn zu heilen wussten, als göttliches Strafgericht aufgefasst wurde, ist nicht verwunderlich. Ein Arzt in Italien schrieb den Ausbruch der Krankheit einer ungünstigen Planetenkonstellation zu, die dazu führe, dass giftige Ausdünstungen aus den Meeren aufs Land getrieben würden und buchstäblich die Luft „verpesteten".

Totentanz: Darstellung in der Nikolaikirche in Tallinn/Estland (Wandgemälde von Bernt Notke, Fragment; ein großes Wandgemälde des Künstlers befand sich in der Lübecker Marienkirche, bei einem Luftangriff auf die Kirche im Zweiten Weltkrieg zerstört)

Thema, S. 52ff.

Schlimme, meist mörderische Folgen hatte es, wenn Sündenböcke für den Ausbruch der tödlichen Seuche gesucht wurden: Immer beliebter wurde es, den Juden Brunnenvergiftung oder Hostienschändung nachzusagen: Blutige Verfolgungen und Mordaktionen an der jüdischen Bevölkerung waren die Folge, die von den Obrigkeiten in manchen Fällen nicht nur geduldet, sondern geradezu ausgelöst wurden.
Wo die Pest wütete, konnte die soziale Ordnung schnell vollständig zusammenbrechen: Kranke wurden nicht mehr versorgt, Tote nicht bestattet, Amtsträger verließen aus Angst die Stadt; das Gefühl von Zusammengehörigkeit und Gemeinschaft bekam Risse oder ging verloren.

Krisen und Wandel der spätmittelalterlichen Agrargesellschaft

Die Pandemie des „Schwarzen Todes" traf auf eine in vielen Landstrichen Europas bereits geschwächte Bevölkerung: Ernteausfälle, Teuerung und Naturkatastrophen hatten sich in den vorangegangenen Jahrzehnten gehäuft.

Klimatische Veränderungen und die Folgen. Die Situation in den 1340er-Jahren war Teil umfassender Veränderungen, zu denen wesentlich auch ein Wandel des Klimas beitrug. In der Zeit des Hohen Mittelalters, d.h. etwa zwischen 1000 bis 1300, zeichnete sich das Klima in Europa durch das sog. Wärmeoptimum aus. In England beispielsweise konnte Wein angebaut werden. Die Bevölkerung Europas stieg deutlich an, die Besiedlung der zwischen Elbe und Oder gelegenen Gebiete wurde vorangetrieben.
Mit der wachsenden Nachfrage nach Getreide stiegen in dieser Epoche die Getreidepreise, und in der Folge wurden Wälder gerodet und selbst minderwertige Böden wurden unter den Pflug genommen. Die Erträge waren in solchen Fällen meist nicht hoch, die ökologischen Schäden wurden schnell sichtbar.
Der klimatische Wechsel begann kurz nach Beginn des 14. Jahrhunderts: Sehr kalten Wintern – die Ostsee fror mehrfach zu – folgten überaus nasse Sommer mit monatelangem Dauerregen und der Folge großer Ernteschäden und Ernteausfälle. Das Jahr 1316 brachte Hungersnöte in ganz Europa. Zwischen 1340 und 1347 waren z.T. sehr kalte und nasse Sommer die Regel; der Sommer 1347 dürfte der kälteste der letzten 700 Jahre gewesen sein. Für das Jahr 1342 sind verheerende Überschwemmungen und Erdbeben belegt. Auch 1348 erschütterte ein Erdbeben Italien.
Nach dem Abklingen der großen Pestwellen gab es 1362 Sturmfluten an der Nordsee, in deren Folge Sylt und Föhr vom Festland getrennt wurden und auch in England ganze Hafenstädte in den Fluten verschwanden. Zu den unmittelbaren Folgen der Katastrophen zählten Ernteausfälle, Tierseuchen und Teuerung, die besonders die Ärmsten traf.

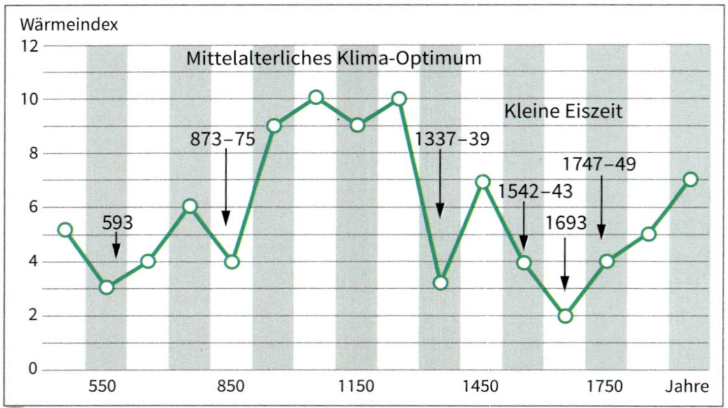

Klimaverlauf und Heuschreckeneinfälle in Mitteleuropa

(Nach: Josef H. Reichholf, Eine kurze Naturgeschichte des letzten Jahrtausends. Frankfurt/M. (S. Fischer) [4]2007, S. 105)

Wirtschaftliche und gesellschaftliche Konsequenzen. Naturkatastrophen, klimatische Veränderungen und die Auswirkungen des „Schwarzen Todes" verstärkten sich gegenseitig und führten zu tiefen Brüchen in Gesellschaft und Wirtschaft. Besonders der dramatische Bevölkerungsrückgang hatte Auswirkungen in allen Bereichen des mittelalterlichen Lebens. Auf dem Lande wurden die Folgen in den sog. Wüstungen sichtbar, also verlassenen Dörfern und landwirtschaftlichen Flächen, deren Bewirtschaftung einfach aufgegeben wurde und die mit der Zeit verödeten. In England wurden Äcker vielfach in Schafweiden umgewandelt.

Kirchenruine der Wüstung Winnefeld in Niedersachsen/Landkreis Northeim (2013)

Der dramatische Bevölkerungsrückgang führte nach der Mitte des 14. Jahrhunderts zu einem dauerhaften Rückgang der Getreidepreise; dagegen blieben die Preise für gewerbliche Produkte relativ stabil. In der Folge verschlechterten sich die Einkommensverhältnisse der ländlichen Produzenten, der Herren wie der Bauern.

Grundherren. Weltliche Grundherren, in erster Linie der niedere Adel, und geistliche Grundherren, also Bischöfe und Klöster, klagten neben ihren Einnahmeverlusten auch über die Abwanderung bisher abhängiger Bauern und anderer Arbeitskräfte, die in den Städten bessere Zukunftschancen für sich sahen. Manche Grundherren mussten Geld- oder Naturalabgaben, die sie von ihren Bauern einzogen, herabsetzen, um diese zum Bleiben zu bewegen. Das verschlechterte die Einkommenssituation der Grundherren noch weiter.
Östlich der Elbe kam es allerdings auch zu dem – gegenteiligen – Versuch der Grundherren, den Druck auf die ländliche Bevölkerung zu verstärken und deren Freiheit weiter einzuschränken. Daraus entwickelte sich im Laufe der Zeit der Typus der Gutsherrschaft, der die ländliche Bevölkerung bis ins beginnende 19. Jahrhundert in einer der Leibeigenschaft vergleichbaren Form der Abhängigkeit hielt.
Nicht wenige Angehörige des niederen Adels suchten Auswege aus ihrer Situation, indem sie sich Gruppen von Raubrittern anschlossen, die ihren Lebensunterhalt bevorzugt durch Überfälle auf Warentransporte von Kaufleuten aufbesserten.

Bauern und ländliche Unterschichten. In der Lebenssituation der bäuerlichen und unterbäuerlichen Bevölkerung auf dem Lande gab es viele Abstufungen und regionale Unterschiede. Relativ günstig war die wirtschaftliche Lage der Bauern, die eine Herabsetzung von Abgaben erreichen oder bessere Hofstellen übernehmen konnten – die Drohung, andernfalls in die Stadt abzuwandern, konnte dabei durchaus hilfreich sein. Andererseits konnten Unsicherheit und Druck durch grundherrliche Belastungen, willkürliche Steuererhebungen, Amtsmissbrauch von Geistlichen und andere Umstände auch so groß werden, dass sie sich in Aufständen entluden. Das war z. B. in den Bauernaufständen in Frankreich („Jacquerien") seit der zweiten Hälfte des 14. Jahrhunderts der Fall.
Für die Angehörigen der bäuerlichen wie unterbäuerlichen Schichten ergaben sich z. T. auch neue Chancen, wenn sie in der Umgebung wirtschaftlich aufstrebender Städte lebten.

Stadtentwicklung und Handel im Spätmittelalter

Die Krisen des 14. Jahrhunderts scheinen die Städte insgesamt weniger stark getroffen und in ihrer Entwicklung gehemmt zu haben als das Land. Zwar gab es Städte, wie z. B. das im hohen Mittelalter bedeutende Regensburg, die einen sichtbaren Niedergang durchmachten; nicht wenige Städte erlebten aber schon bald nach dem Höhepunkt des „Schwarzen Todes“ um 1350 auch Anzeichen wirtschaftlichen Aufschwungs und neuer Blüte. Dazu trugen verschiedene Faktoren bei.

Bevölkerungsentwicklung in den Städten. Viele der durch die Pest entvölkerten Städte konnten die Bevölkerungsverluste durch Zuzüge vom Land bald wieder ausgleichen. Viele Städte praktizierten – wie wir heute formulieren würden – relativ „liberale“ Zuzugsregelungen, z.B. Frankfurt a.M., Hamburg oder Lüneburg, die pro Jahr die vergleichsweise hohe Zahl von über 100 Neubürgeraufnahmen verzeichneten.
Generell war der Zuzug in die Stadt für viele Menschen eine Chance, der auf dem Land vorherrschenden Unfreiheit oder Abhängigkeit zu entkommen: Sie profitierten von dem Grundsatz „Stadtluft macht frei“, der – wenn auch mit gewissen Einschränkungen – Hörige nach „Jahr und Tag“ des Aufenthalts in der Stadt von Abhängigkeiten und Verpflichtungen gegenüber ihrem früheren Herrn befreite. Allerdings bedeutete das keineswegs, dass alle, die vom Land in die Stadt zogen, volles Bürgerrecht erwarben. Die Mehrzahl der städtischen Einwohnerschaft bestand aus „Beisassen“, die zwar zu den städtischen Lasten herangezogen wurden, aber keine irgendwie geartete politische Mitsprache hatten (siehe weiter unten). In der Stadt Konstanz beispielsweise waren nur 30 % der Einwohner Bürger mit vollen Rechten.

Gewerbeaufschwung. Die rasche Überwindung der Krisenerscheinungen in den Städten wurde durch den wirtschaftlichen Aufschwung in einigen Branchen entscheidend gefördert. Von großer Bedeutung war die Entwicklung im Textilgewerbe. International führend waren die Städte in Oberitalien und in Flandern; einigen süddeutschen Städten, besonders Augsburg und Ulm, gelang es nach 1370, in die Domäne der Konkurrenz einzubrechen. Sie waren führend in der Barchentweberei – Barchent war ein Mischgewebe aus Leinen und Baumwolle, das sich in standardisierten Produktionsverfahren kostengünstig herstellen ließ und sich großer Nachfrage erfreute. Köln entwickelte sich zur selben Zeit zum Zentrum der Seidenherstellung nördlich der Alpen, konnte aber mit den oberitalienischen Städten nicht mithalten.
Als zukunftsweisende Produktionsform erwies sich das Verlagssystem, das sich in der Textilherstellung mehr und mehr durchsetzte. Das bedeutete, dass der Herstellungsprozess in viele Teiloperationen zerlegt wurde und wichtige Arbeitsgänge (Weben, Spinnen) von Heimarbeiterinnen und Heimarbeitern ausgeführt wurden, die größtenteils auf dem Lande arbeiteten. Sie standen in Abhängigkeit ihrer finanzkräftigen Auftraggeber (Kaufleute, Händler). Vorreiter waren auch hier die oberitalienischen Städte, die ihren Reichtum auf Wolle und Seide gründeten.
Zeichen guter Konjunktur gab es auch in anderen Wirtschaftszweigen, darunter im Bergbau und in der Metallgewinnung. Lüneburg, das seit 1257 ein Privileg für Salzhandel und Lagerung besaß, machte auch in Zeiten der wirtschaftlichen Depression gute Geschäfte mit der Salzgewinnung.

Holstentor in Lübeck

Fernhandel. Ein mächtiger Wirtschaftsfaktor war nach wie vor die schon im 12. Jahrhundert entstandene Hanse, der bedeutendste Städtebund des hohen und späten Mittelalters. Auf ihrem Höhepunkt gehörten dem lockeren Bündnis etwa 200 Handelsstädte an. Mächtigste und reichste Stadt war Lübeck; hier fanden seit 1356 die meisten Hansetage statt, auf denen die Mitglieder über ihre gemeinsamen Angelegenheiten berieten. In der zweiten Hälfte des 14. Jahrhunderts war das Städtebündnis nach einem siegreichen Krieg gegen den dänischen König auf dem Höhepunkt seiner Macht angelangt: Im Frieden von Stralsund 1370 musste der dänische König alle Hanseprivilegien und besonders die Durchfahrt durch den dänischen Sund bestätigen.
Insgesamt war das Bündnis der Hansestädte aber dem wachsenden Druck nicht mehr gewachsen, der vom Ausbau der Landesherrschaft ausging: im Norden und Osten Deutschlands untersagten Territorialfürsten ihren Städten (im Binnenland) die Mitgliedschaft in der Hanse.

Haupthandelsrouten der Hanse

Städtische Revolten (und Zunftkämpfe). Innerhalb der Städte spitzten sich die Auseinandersetzungen in der zweiten Hälfte des 14. Jahrhunderts vielerorts zu. Am bekanntesten sind die Kämpfe zwischen Patriziern, also dem alten Stadtadel, und den Zünften, d.h. den genossenschaftlich zusammengeschlossenen Handwerksmeistern. Letztere strebten eine Beteiligung am Stadtregiment bzw. im Rat der Stadt an, die ihnen bis dahin häufig vorenthalten worden war.

Es gab aber auch Revolten der unteren Schichten: Zu den bekanntesten gehört der der Aufstand der Ciompi in Florenz 1378. Die Ciompi, in der Textilherstellung beschäftigte und schlecht bezahlte Lohnarbeiter, forderten neben besserer Entlohnung vor allem eine Art Koalitionsrecht, das ihnen die Durchsetzung ihrer Forderungen ermöglicht hätte. Der Aufstand brach nach wenigen Wochen zusammen.

Thema, S. 67 ff.

Politische Bedeutung der Städte. Die Bedeutung der Städte – der Hansestädte im Norden, der süddeutschen Städte wie der Kommunen in Oberitalien – lag aber keineswegs allein in ihrer wirtschaftlichen Rolle. Inmitten der Feudalgesellschaft, die auf zahlreiche Abhängigkeiten und Unfreiheit der Mehrzahl der Menschen gegründet war und in der weiter feudale Leitbilder dominierten, repräsentierten die Städte und ihre Bürger einen ganz neuen Anspruch auf Freiheit und Selbstständigkeit. Mit ihren wirtschaftlichen Erfolgen standen sie für Werte wie Leistung und Fortschritt.

So wurden Städte und Stadtkultur zu Vorboten eines neuen, bürgerlichen Zeitalters, auch wenn nicht alle Städte ihre Unabhängigkeit gegen die Ansprüche der mächtiger werdenden Territorialfürsten behaupten konnten.

Rolandsfigur in Bremen (errichtet 1404). Die Rolandstatuen in vielen Städten waren Symbol für städtische Freiheit und Marktrechte.

Das Heilige Römische Reich in den Krisen des Spätmittelalters

Geschichte und Krisen des Reiches im Spätmittelalter lassen sich an den Grabstätten der römisch-deutschen Könige ablesen: Die Herrscher des Heiligen Römischen Reiches fanden ihre letzte Ruhestätte in Pisa, Palermo, Wien, München, Speyer und im heutigen Rumänien und Ungarn. Das Reich hatte kein politisches Zentrum und seit dem Ende der Stauferherrschaft Mitte des 13. Jahrhunderts stammten die Herrscher aus wechselnden Dynastien. Mehrfach kam es zu umstrittenen Doppelwahlen der deutschen Könige, eine Kaiserkrönung durch den Papst in Rom gab es erst wieder im Jahr 1312 – mehr als sechs Jahrzehnte nach der Absetzung Friedrichs II., des letzten Stauferkaisers.

Thema, S. 52ff.

Karl IV. (1346–1378). Auch in der Mitte des 14. Jahrhunderts kam es zu jahrelangen erbitterten Auseinandersetzungen um die Besetzung des Throns: Noch zu Lebzeiten Ludwigs IV. von Bayern (Wittelsbacher Dynastie) wurde mit Karl IV. aus der Luxemburger Dynastie 1346 ein Gegenkönig gewählt.
Letzterer setzte sich schließlich durch; dabei schreckte er vor fragwürdigen Mitteln und schweren Verbrechen nicht zurück: Er unternahm nichts gegen die in vielen Reichsstädten nach dem Ausbruch der Pest inszenierten Pogrome gegen die Juden, obwohl diese eigentlich dem Schutz des Königs unterstellt waren und dafür hohe Steuern zahlten. Im Gegenteil unterstützte Karl vielfach die Stadträte in ihrem Vorgehen und profitierte selbst von der Beschlagnahme jüdischer Besitztümer. Durch die Unterstützung der Judenpogrome hoffte Karl nicht zuletzt, die Stadträte in seinem Kampf um die Königskrone dauerhaft auf seine Seite zu bringen.

Goldene Bulle

Goldene Bulle (1356). Karl, der im Jahre 1355 in Rom auch zum Kaiser gekrönt wurde, gelang es aber in den Folgejahren, die politischen Verhältnisse des Reiches trotz der vielfältigen äußeren Krisenumstände zu festigen. Im Jahr 1356 erließ er die sog. Goldene Bulle, eine Art Grundgesetz des Reiches, in dem unter anderem die Regeln für die Wahl des römisch-deutschen Königs festgeschrieben wurden.
Das Wahlrecht wurde endgültig dem Kollegium der Kurfürsten zugewiesen. Ihm gehörten neben drei geistlichen – den Erzbischöfen von Mainz, Köln und Trier – vier weltliche Kurfürsten an: der Pfalzgraf bei Rhein, der König von Böhmen, der Herzog von Sachsen (Wittenberg) und der Markgraf von Brandenburg. Festgelegt wurde auch, dass das Wahlrecht nach dem Ableben eines weltlichen Kurfürsten auf dessen Sohn überging, womit das dynastische Erbrecht in den weltlichen Kurfürstentümern gestärkt wurde.
Bei der Festlegung der Kurstimmen gingen zwei Dynastien leer aus, die in der Vergangenheit schon Könige gestellt hatten: die bayerischen Wittelsbacher und die Habsburger. Mit dem Erbe der böhmischen Krone Jahrzehnte später gewannen Letztere aber ihren Einfluss im Kurfürstengremium zurück – und stellten schließlich bis zum Ende des Alten Reiches 1806 die römisch-deutschen Könige und Kaiser.

Wahlmonarchie und Schwächung der Zentralgewalt. Obwohl die Verhältnisse im Reich mit den Regelungen der Goldenen Bulle klarer und eindeutiger wurden, war das Reich insgesamt nicht gestärkt: Mit der Bestätigung des Prinzips der Wahlmonarchie gewannen die ständischen Gewalten auf Kosten der Zentralgewalt: Die Kurfürsten sicherten sich weitgehende Rechte (Zölle, Münzen, Bergrecht und das sog. Judenregal); ihre Untertanen konnten im Regelfall nicht einmal an Reichsgerichte appellieren, sondern waren auf die Gerichtsbarkeit in den Kurfürstentümem angewiesen. Auch die nicht im Kurfürstenkollegium vertretenen Fürsten waren auf Sicherung und Ausbau der Macht in ihren Territorien bedacht.
Wie sehr die Zentralgewalt des Reiches geschwächt war, zeigte sich deutlich unter Karls IV. Sohn und Nachfolger Wenzel (1378–1400 König, †1419). Wenzel konzentrierte sich hauptsächlich auf sein ererbtes Königreich Böhmen und vernachlässigte die Aufgaben im Reich, von dessen Kernzonen er sich weitgehend fernhielt. Die Kurfürsten – genauer gesagt: die vier rheinischen Kurfürsten – regierten im Jahr 1400 mit der Absetzung Wenzels und bekräftigten auf diese Weise ihren Anspruch, in Krisenzeiten die Geschicke des Reichs in die Hand zu nehmen.
Im Jahre 1410 kam es erneut zur Doppelwahl eines Königs, die nur deshalb ohne größere Folgen blieb, weil einer der beiden Gewählten wenige Monate später verstarb; der neue Herrscher, Sigismund aus der Dynastie der Luxemburger, war in den ersten Jahren seiner Herrschaft intensiv durch die Folgen der Kirchenspaltung (Schisma) und die Hussitenbewegung in Böhmen gebunden (s. u.): Aus der religiösen Reformbewegung wurde ein sozialer Aufstand, der in den 1420er-Jahren in die Hussitenkriege in Böhmen mündete.

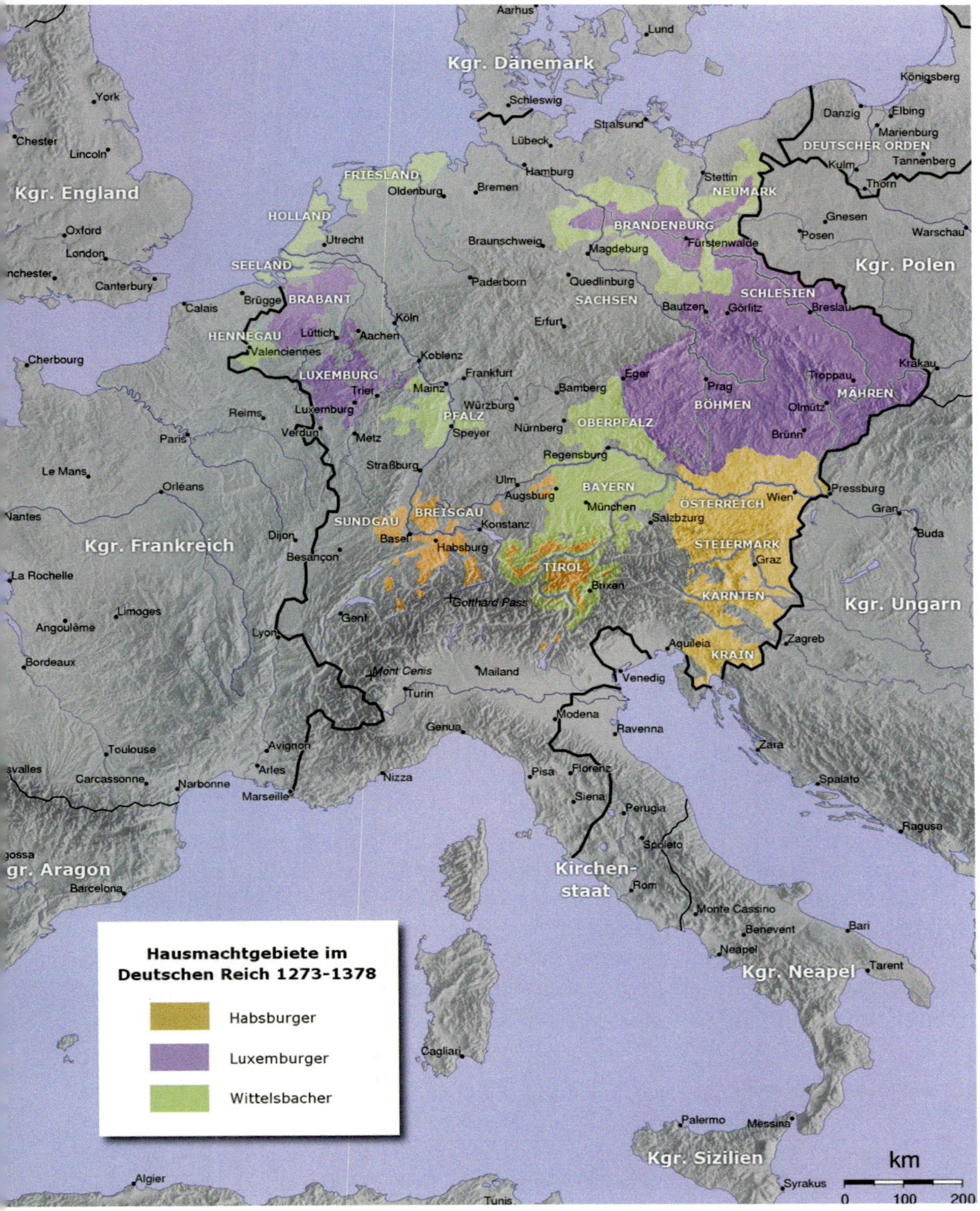

Die Luxemburger Dynastie. In den letzten Jahren seiner Herrschaft betrat Sigismund, der seit 1433 auch die Kaiserwürde trug, den Boden des Reiches gar nicht mehr. Dabei wurde die Reformbedürftigkeit des Reiches, besonders im Falle äußerer Bedrohungen, unübersehbar.

Auch im Innern wurde die Rechtsunsicherheit durch eine Vielzahl von Fehden, Überfällen und anderen gewaltsamen Auseinandersetzungen immer größer. Eine Modernisierung der staatlichen Strukturen war überfällig. Sichtbar wurde das auch in Flugschriften wie der „Reformatio Sigismundi".

Mit dem Tode Sigismunds 1437 erlosch die Dynastie der Luxemburger im Mannesstamm. Seit 1438 bis zum Ende des Alten Reiches stammten die römisch-deutschen Könige (mit einer Ausnahme) aus dem Hause Habsburg: zunächst Albrecht II. (1438 gewählt), dann Friedrich III. (1440).

Das abendländische Schisma und die Krise der Kirche

Residenz der Päpste in Avignon

Im Zuge machtpolitischer Auseinandersetzungen zwischen dem Papsttum und dem französischen König nahm Letzterer Papst Bonifaz im Jahre 1303 gefangen. Dessen Nachfolger Clemens V. zog es vor, seine Residenz gleich in der Nähe des französischen Königs zu nehmen, und verlegte den Sitz das Papstes nach Avignon – auch die nächsten Päpste folgten dem Beispiel. Das südfranzösische Städtchen, das mit der Anwesenheit der großen Zahl kirchlicher Würdenträger einen raschen Aufschwung erlebte, wurde so für über 70 Jahre Sitz der Päpste.
Seit 1378 gab es in der lateinischen Kirche zwei, kurzzeitig sogar drei Päpste, die um ihre Anerkennung rangen: Es begann das große abendländische Schisma – mit Päpsten in Rom und Avignon –, das erst mit dem Konstanzer Konzil (1414–1418) endete. Die offensichtliche Krise der Kirche stärkte die Anhänger der Idee, dass nicht dem Papst, sondern einem Konzil, der Versammlung der Bischöfe und Kardinäle, die oberste Autorität der Christenheit zustehe. Während des Basler Konzils (1431–1449) konnten die Päpste jedoch ihren Anspruch auf die Führung der Christenheit behaupten und ihre Stellung für Jahrzehnte festigen.

Ruf nach einer Kirchenreform. Die Reform der Kirche „an Haupt und Gliedern“, wie sie inzwischen überall gefordert wurde, stand jedoch aus: Nicht nur die weitgehende Verweltlichung des Papsttums stand in der Kritik, sondern der gesamte Klerus. Die hochdotierten Ämter in Bistümern und Klöstern dienten der Versorgung des höheren Adels; bei der Besetzung spielte die Qualifikation für das geistliche Amt keine große Rolle. Die Päpste wiederum profitierten vom faktischen Verkauf kirchlicher Ämter und allerlei Ausnahmegenehmigungen, wenn z. B. Bewerber gleich mehrere Pfründen – das mit dem jeweiligen Amt verbundene Sachgut – anstrebten.

Der niedere Klerus. Die einfachen Kleriker, also die Geistlichen in Dorfkirchen oder in den Städten, waren meist wenig gebildet und schlecht bezahlt. Zu ihren Aufgaben gehörten Messelesen und Begräbnisse, nicht unbedingt die Predigt, d. h. die Erklärung und Verbreitung der christlichen Lehre. Die meisten Geistlichen waren von sehr bescheidenen Pfründen abhängig, die irgendwann zum Zwecke des Seelenheils ihrer Stifter eingerichtet worden waren. Solche Pfründe konnte auch in Naturalabgaben der Gläubigen – Eier oder Käse, die zu bestimmten Zeiten abzuliefern bzw. einzutreiben waren – bestehen. Das hieß, dass viele Angehörige des niederen Klerus auf weitere Einkünfte angewiesen waren; nicht wenige betrieben z. B. Gastwirtschaften.

Pfründe: ursprünglich Schenkungen, die den dauerhaften Unterhalt eines kirchlichen oder weltlichen Amtsträgers sichern sollten.

Geißler im Spätmittelalter (Holzstich)

Neue Formen der Frömmigkeit. Die Missstände in der Kirche provozierten zwar Kritik an Kirche und Klerus, aber keine Abwendung der Menschen vom Glauben. Zeiten von Seuchen oder Naturkatastrophen begünstigten offenbar auch neue Formen der Frömmigkeit. So zogen besonders in der Zeit des „Schwarzen Todes" sog. Geißler (Flagellanten) durch die Lande, die öffentliche Selbstgeißelung (Auspeitschung) als Buße für begangene Sünden propagierten. Auf dem Höhepunkt der Bewegung im Jahr 1349 wurde die Geißelung durch Papst Clemens VI. verboten.

In anderer Weise übten Reformer wie John Wyclif am Ende des 14. oder Jan Hus zu Beginn des 15. Jahrhunderts Kritik an der Amtskirche und forderten eine tief greifende Erneuerung des Glaubens. Jan Hus endete, als Ketzer verurteilt, während des Konstanzer Konzils 1415 auf dem Scheiterhaufen. Sein Tod führte zu den Hussitenkriegen in Böhmen.

Thema, S. 117ff.

Arbeitsanregungen zum Infotext

Info S. 42–51

1. Erstellen Sie eine Stichwortliste oder eine Mindmap, in der Sie überblicksartig einige Krisenerscheinungen des späten Mittelalters festhalten und Verbindungslinien zwischen ihnen aufzeigen.
   ☞ Mindmap oder Stichwortliste

Info S. 44–47

2. Erläutern Sie, welche Konsequenzen die Krisen auf dem Lande und in den Städten hatten, und ziehen Sie Vergleiche.
   ☞ Lernplakat als Grundlage für ein Kreisgespräch

Info S. 43

3. Analysieren und interpretieren Sie das Bild „Totentanz" auf S. 43. Nutzen Sie dazu die methodischen Hinweise auf den Seiten 194f.
   ☞ Schriftliche Analyse

Info S. 48f.

4. Stellen Sie Bedeutung und Konsequenzen der Goldenen Bulle für die Entwicklung des Heiligen Römischen Reiches im Spätmittelalter dar.
   ☞ Concept Map als Grundlage für einen Vortrag

Info S. 49

5. Gehen Sie von der Karte auf S. 49 aus und erläutern Sie einige Probleme in der Regierung des Reiches in der Zeit des späten Mittelalters.
   ☞ Kurzvortrag

Judenverfolgungen im späten Mittelalter

Trotz verschiedener Verfolgungen und Benachteiligungen konnten die Juden aufs Ganze gesehen nach den Gräueln während des ersten Kreuzzugs im Europa des 12. und 13. Jahrhunderts relativ ruhig leben. Dies änderte sich ab dem Ende des 13. Jahrhunderts, als die Macht des Kaisers als Schutzherr immer mehr abnahm und Missernten, Hungersnöte und Seuchen wie die große Pestepidemie Mitte des 14. Jahrhunderts auftraten. In dieser Situation wurden alte Vorurteile wiederbelebt und es kam zu neuen Verfolgungswellen.
Durch diesen Umgang mit den Fremden innerhalb der eigenen Gemeinschaft konnte die christliche Bevölkerung innere Konflikte kompensieren; ein klassisches Beispiel für die Funktion eines Sündenbocks.

- **Welche Vorwürfe wurden den Juden gegenüber im spätmittelalterlichen Europa erhoben?**
- **Welche Vorurteile den Juden gegenüber wurden mit diesen Vorwürfen aufgegriffen?**
- **Gibt es Muster, die das Vorgehen der Christen während der Verfolgungen aufweist?**
- **In welchem Zusammenhang stehen die Judenverfolgungen mit den allgemeinen Krisenphänomenen des späten Mittelalters?**

Jüdin aus Worms mit dem vorgeschriebenen gelben Fleck am Mantel

Gestalten Sie eine Stafettenpräsentation zum Thema Judenverfolgung im Spätmittelalter und stellen Sie Ihre Ergebnisse im Plenum zur Diskussion.

Empfehlungen, wie Sie die Stafettenpräsentation und die anschließende Plenumsdiskussion vorbereiten können:

1. Finden Sie sich in Arbeitsgruppen Ihrer Wahl zusammen.
2. Entscheiden Sie sich innerhalb Ihrer Arbeitsgruppe für diejenige Leitfrage, die Sie im Rahmen der Stafettenpräsentation vorstellen möchten.
3. Werten Sie in Ihrer Arbeitsgruppe arbeitsteilig die Materialien in Bezug auf die Leitfragen aus. Folgen Sie für die fachgerechte Analyse und Interpretation der unterschiedlichen Materialgattungen den Arbeitsschritten der Basismethode „Sprachliche historische Quellen interpretieren" (s. S. 189–191) sowie der Methode „Bildquellen interpretieren" (s. S. 194/95).
4. Sichern Sie Ihre Analyse- und Interpretationsergebnisse auf Stichwortzetteln oder Karteikarten.
5. Entwerfen Sie auf der Basis aller Ihrer Arbeitsergebnisse die Stafettenpräsentation. Legen Sie dabei fest, wer welchen Teil der Präsentation übernimmt und wie die Präsentation optisch angemessen unterstützt werden kann.
6. Entscheiden Sie gemeinsam in Ihrer Arbeitsgruppe, durch wen Sie Ihre Ergebnisse im Plenum zur Diskussion stellen möchten.

Sachinformation: Zum Leben der Juden im Mittelalter

Im Hochmittelalter lebten die Juden in erster Linie in den größeren Städten, deren Versorgung mit Rohstoffen, Getreide, Vieh, Kleidung und Metallen zu einem guten Teil ebenfalls in den Händen jüdischer Kaufleute lag. In diese Städte waren sie mit ihren Wohnungen integriert, denn zu dieser Zeit lebten sie nicht in abgeschlossenen Ghettos, wie dies ab dem späten Mittelalter der Fall war, sondern in eigenen Vierteln, wie auch andere Bevölkerungsgruppen, „so dass man geradezu von einer ‚concivilitas' im Verhältnis zu den Christen sprechen kann." (Friedrich Battenberg).

In den jüdischen Gemeinden gab es ein reichhaltiges und vielfältiges Gemeindeleben. Dieses Leben wurde geprägt durch die Familie, in der die Werte und Gebräuche des Judentums gelebt und weitergegeben wurden. Dies geschah vor allem durch die Gestaltung des Sabbats, der der Ruhe und dem Lob Gottes diente. Ein weiterer wesentlicher Bestandteil des frommen jüdischen Lebens war das Gebet in der Synagoge. Diese war das Zentrum des religiösen Lebens und der gesamten Gemeinde. Innerhalb ihres Viertels konnten die Juden ihr Leben weitgehend eigenständig organisieren. Sie konnten sich eigene Gesetze geben und ihre internen Streitfälle untereinander regeln. Die Rabbiner als oberste Richter übernahmen oft auch die Aufgabe des „Judenmeisters", der die jüdische Gemeinde gegenüber dem Stadtherren oder dem Rat der Stadt vertrat. Eine besondere Stellung genossen die Juden allerdings insofern, als dass sie als gesamte Gemeinde unter dem Schutz eines Stadtherrn oder sogar als „Kammerknechte" im Reich insgesamt unter dem Schutz des Kaisers standen. Dadurch wurden sie von ihren städtischen Mitbewohnern getrennt. Zugleich versuchten die Kaiser und Könige, die Juden als Gegengewicht gegen die Bemühungen ihrer Untertanen einzusetzen, sich von der Vorherrschaft der Stadtherren zu befreien.

Die Juden im Zeitalter der Kreuzzüge. Schon dieser enge Bezug zu Kaiser und Reich machte die Juden zu einer besonderen Gruppe in der sich entwickelnden Stadtgesellschaft. Verschärft wurde das Problem dadurch, dass die Juden selbst sich als das auserwählte Volk betrachteten und aus diesem Grund den Kontakt zu ihrer Umwelt einschränkten. So blieben sie, auch wenn sie in vielerlei Weise mit ihrer christlichen Umwelt verbunden waren, doch stets Fremde, auf die immer wieder mit Argwohn geschaut wurde. Aus diesem Argwohn wurden immer dann grausame Verfolgungen und Pogrome, wenn die Zeiten unruhiger und die Verhältnisse instabiler wurden. Dies war ohne Zweifel der Fall im Zeitalter der Kreuzzüge, die die gesamte Christenheit in Aufruhr versetzten. In diesem Zusammenhang wurden alle Vorurteile den Juden gegenüber lebendig, vor allem in Bezug auf ihre wirtschaftliche Stellung, wobei aus dem geschätzten Fachmann in Finanzdingen umstandslos der gewissenlose Wucherer wurde, der die Christen bis aufs Blut ausplünderte. Als Konsequenz der Verfolgungen begannen die Päpste, sich stärker für die Juden einzusetzen. Sie erließen Bullen, in denen sie den Juden die ungestörte Ausübung ihrer Religion garantierten und sie unter ihren Schutz nahmen. Zur gleichen Zeit wurden allerdings im Kirchenrecht Bestimmungen erlassen, die die Juden weiter in die Isolation trieben. So wurde z.B. auf dem IV. Laterankonzil festgelegt, dass sich die Juden besonders kennzeichnen mussten, u.a. durch den Judenhut. Darüber hinaus wurde die Lehre von der „ewigen Knechtschaft" der Juden, die sie als Schuldige am Tode Jesu nach christlicher Vorstellung erdulden mussten, weiter verschärft. So formulierte Thomas v. Aquin die Vorstellung, dass alles Gut der Juden ihren Fürsten gehöre, da sie ja deren Knechte seien. Die Fürsten müssten nur dafür sorgen, dass den Juden das Nötigste zum Leben bleibe. Im Laufe der Zeit wurden die Juden dann geradezu „zum frei verfügbaren Handels- und Nutzobjekt" (Hiltrud Wallenborn), weil ihre Schutzherren ihre Ansprüche an sie gegen Abgaben an Dritte weiterverleihen konnten.

Ritualmordvorwürfe und Verfolgungen im späten Mittelalter. Trotz dieser Verfolgungen und Benachteiligungen konnten die Juden aufs Ganze gesehen im Deutschen Reich während des 12. und 13. Jahrhunderts relativ ruhig leben. Dies änderte sich ab dem Ende des 13. Jahrhunderts, als die Macht des Kaisers als Schutzherr immer mehr abnahm und Missernten, Hungersnöte und Seuchen wie die große Pestepedemie Mitte des 14. Jahrhunderts auftraten. In dieser Situation wurden alle Vorurteile wiederbelebt, verstärkt durch Vorwürfe des Ritualmords, der Hostienschändung und der Brunnenvergiftung. Dahinter stand auch die Vorstellung, dass die Juden als „Christusmörder" auch weiterhin Unheil über die Christen bringen wollten und durch die angebliche Opferung kleiner Jungen bei den Ritualmorden die

Ermordung Jesu wiederholten. Weiterhin wurde in diesem Zusammenhang auch von der „Verstocktheit" der Juden gesprochen, die dadurch deutlich wurde, dass sie sich weigerten, Christus als Messias anzuerkennen. Verschärft wurde der negative Blick auf die Juden zudem noch durch die Vorstellung der ihnen zugeschriebenen Niedertracht und Heimtücke, die oft das Ergebnis von Verständnislosigkeit dem jüdischen Leben gegenüber war. Diese Vorwürfe führten zu strikt formalisierten Gerichtsverfahren, in denen die Juden unter der Folter dann die vermeintlichen Verbrechen gestanden und grausam hingerichtet wurden. Die meisten Verfolgungen wurden also nicht spontan aufgrund einer augenblicklichen Notlage durchgeführt, sondern ganz systematisch. Dies war möglich, weil die Juden als Feindbild dienten, das sich auf der Grundlage lange vorhandener Stereotype gebildet hatte.

MATERIALIEN

M 1 Die Cortes von Toro verlangen von König Heinrich II. von Kastilien einschränkende Gesetze für die Juden (10. September 1371)

Die Cortes waren die historischen Ständeversammlungen im mittelalterlichen Spanien und Portugal; die Stadt Toro liegt in der Region Kastilien-Leon.

[Die Cortes] haben folgende Petition[1] an uns gerichtet: Aufgrund der großen Freiheit und Macht, die den Feinden des Glaubens, vor allem aber den Juden, in unserem gesamten Königreich, sowohl an unserm Hof als auch in den Häusern der Reichen, Landedelleute, Ritter und Adeligen in unserem Königreich, verliehen worden seien und aufgrund der hohen Ämter und Ehrenstellen, die sie innehätten, müssten alle Christen ihnen gehorchen, sie fürchten und ihnen die größtmögliche Ehrerbietung erweisen, und zwar in solcher Art und Weise, dass alle Stadträte, Dörfer und Orte unseres Königreiches und jede einzelne Person Gefangene der Juden und ihnen unterworfen seien. Dies liege zum einen an den hohen Positionen und Ehrenstellen, die ihnen an unserem Hof und in den Häusern der Großen unseres Reiches übertragen würden, zum anderen an den Steuern und Ämtern, die sie in den Händen hätten, wodurch die genannten Juden, da sie ein übles und unverschämtes Volk seien, Feinde Gottes und der gesamten Christenheit, mit großer Frechheit viel Unheil und Verderben anrichteten. Dies habe dazu geführt, dass unser gesamtes Königreich oder zumindest sein größter Teil von den genannten Juden zerstört und mit den Füßen getreten worden sei und dass sie dadurch die Christen und unseren christlichen Glauben verächtlich gemacht hätten. Da es unser Wille gewesen sei, dass diese üble Gesellschaft in unserem Königreich lebe, sollten wir in unserer Güte anordnen, dass sie gekennzeichnet und getrennt von den Christen lebten, wie es Gott verlange und die Gesetze und Verordnungen es vorschrieben. Sie sollten Kennzeichen tragen, wie sie sie auch in anderen Königreichen trügen, durch die sie sich von den Christen unterschieden, so dass sie keine Möglichkeit hätten, so großes Übel und so großen Schaden anzurichten, wie sie es bisher getan hätten. Außerdem sollten sie weder an unserem Hof noch bei irgendeinem anderen Herrn, Ritter oder Adeligen in unserem Reich irgendwelche Ämter innehaben und nicht zu Pächtern unserer Steuereinnahmen ernannt werden, da sie dadurch mit ihrer Falschheit viel Unheil und Verderben anrichteten. Auch sollten sie keine schönen und kostbaren Kleider tragen, wie sie es tun, und nicht auf Maultieren reiten, damit man sie von den Christen unterscheiden könne. Und da sie leben müssten, um Zeugnis abzulegen vom Tod unseres Herrn Jesus Christus, sollten sie – so wie in den übrigen Ländern, in denen man sie dulde, auch lebten und ihr Auskommen hätten – in ihren gewohnten Berufen leben und ihr Auskommen haben, aber nicht auf andere Weise. Darüber hinaus sollten wir in unserer Güte anordnen, dass kein Jude oder Moslem einen christlichen Namen annehmen dürfe und dass diejenigen, die bereits einen christlichen Namen besäßen, diesen sofort ändern müssten.

Hierauf antworten wir: Dass Juden und Moslems keine christlichen Namen haben sollen, dient der Ehre Gottes und ist in unserem Sinne. Daher soll von nun an und in Zukunft kein Jude oder Moslem es wagen, sich einen christlichen Namen zu geben, und es soll auch sonst niemand wagen, sie bei einem christlichen Namen zu nennen, bei Strafe des Verlustes unserer Gnade und bei den Strafen, die die Gesetze vorsehen. Auch dass die genannten Juden gekennzeichnet einhergehen sollen, damit sie sich von den Christen unterscheiden, dient der Ehre Gottes und ist in unserem Sinne, und so ordnen wir an, dass sie ein Kennzeichen tragen, wie wir es ihnen zu tragen befehlen. In Bezug auf alles andere, was die genannte Petition enthält, halten wir es für gut, dass sie leben, wie sie zur Zeit unserer königlichen Vorgänger und des Königs Alfons, unseres Vaters, gelebt haben.

(Zit. nach: Julius H. Schoeps/Hiltrud Wallenborn (Hg.), Juden in Europa – Ihre Geschichte in Quellen, Bd. 1: Von den Anfängen bis zum Ende des Mittelalters, Darmstadt (WBG) 2001, S. 255/56)

[1] Petition: Bittschrift

M 2 Die Stadtobrigkeiten von Toledo erlassen ein Gesetz über die „Reinheit des Blutes" (1449)

Wir, Pedro Samiento, der Oberkämmerer unseres Herrn König und seines Kronrats, sein Verwaltungsbeamter und Oberbürgermeister der überaus bedeutenden und treuen Stadt Toledo, und die Bürgermeister, Stadtgouverneure, Granden, Adeligen und Einwohner, die Gemeinde und das Volk der genannten Stadt Toledo [...] verkünden und erklären: Es ist sowohl nach kirchlichem als auch nach weltlichem Recht offenkundig, dass von Juden abstammende Conversos[1], die ja in Bezug auf den Glauben an unseren Herrn und Retter Christus verdächtig sind, weil sie ihn häufig durch leichtfertiges Judaisieren[2] bespeien, weder öffentliche Ämter noch öffentliche oder private Pfründen[3], durch die sie den guten Altchristen Unrecht, Beleidigungen und Übeltaten zufügen könnten, innehaben noch als Zeugen gegen sie auftreten dürfen. Aus diesem Grund haben diese genannte Stadt und ihre Einwohner von König Alfons ruhmreichen Angedenkens das Privileg erhalten, dass solche Conversos bei großen und schweren Strafen die genannten Ämter und Pfründen nicht innehaben dürfen. Bei dem weitaus größten Teil der Conversos dieser Stadt, die von den Juden abstammen, scheint es sich nun aber ganz offensichtlich um Personen zu handeln, die in Bezug auf den heiligen katholischen Glauben im Verdacht stehen, schwerwiegende Irrtümer gegen die Artikel dieses Glaubens zu unterhalten und zu bekennen, indem sie an den Riten und Zeremonien des alten Gesetzes festhalten und behaupten, dass unser Retter und Erlöser Jesus Christus ein Gehenkter aus ihrem eigenen Geschlecht sei, den die Christen als Gott anbeteten, und indem sie außerdem sagen, dass sie einen Gott und eine Göttin im Himmel hätten. Außerdem schächten[4] die genannten Conversos am Gründonnerstag, während in der heiligen Kirche von Toledo das allerheiligste Öl und Chrisma[5] geweiht und der Leib unseres Erlösers im heiligen Grab ausgestellt wird, Lämmer, essen sie und bringen im Zuge ihrer jüdischen Riten noch andere Opfer dar. [...]

Solche Schädigungen, Übel und Kriege haben die Juden, die Feinde unseres heiligen katholischen Glaubens, seit der Passion unseres Retters Jesus Christus bis heute immer verursacht, angestiftet und ins Werk gesetzt. Und die Juden, die früher in dieser Stadt lebten, haben, wie die alten Chroniken beweisen, als diese Stadt von den Mauren, unseren Feinden eingeschlossen war, mit Tarif, ihrem Anführer, nach dem Tod des Königs Don Rodrigo[6], einen Vertrag geschlossen, ihm die genannte Stadt und die Christen, die in ihr wohnten, verkauft, und den erwähnten Mauren Einlass gewährt. Und aus dieser Vereinbarung und Übereinkunft ergibt sich, dass 306 Altchristen dieser Stadt mit dem Schwert niedergemetzelt wurden und darüber hinaus noch mehr als 106, die man mit Gewalt aus der Hauptkirche und der Kirche Santa Leocardia herausgeholt, gefangengenommen und, Männer ebenso wie Frauen, Kinder wie Erwachsene, verhaftet hatte.

Folglich haben die erwähnten Conversos, die von den Juden abstammen, auch so gehandelt und handeln täglich so, die Conversos, die durch große List und Betrug Unsummen an Gold- und Silbermünzen unseres Herrn Königs, die aus seinen Steuern, Zinsen und Rechten stammen, erworben, an sich genommen und geraubt haben. So haben sie bekanntermaßen zahlreiche edle Frauen und Männer und Edelleute vernichtet und zugrunde gerichtet und haben folglich alle alten Anwesen und den Besitz der Altchristen dieser Stadt, ihrer Umgebung und Jurisdiktion sowie des gesamten Königreichs Kastilien unterdrückt, zerstört, beraubt und zerrüttet. Außerdem ist in der Zeit, in der sie öffentliche Ämter dieser Stadt innehatten und das Regiment und die Regierung über sie ausgeübt haben, der größte Teil der erwähnten Stadt entvölkert und zerstört worden. Das Land und die Ämter der Eigentümer dieser Stadt gingen verloren und wurden entfremdet, während auf der anderen Seite alles Geld, das aus Steuern und von den Eigentümern der Stadt stammte für ihren eigenen Gewinn und Nutzen verwendet wurde. So wurden alle Güter und Ehre des Vaterlandes zerstört und vernichtet, und sie haben sich zu unseren Herren gemacht, um den heiligen katholischen Glauben und die Altchristen, die an ihn glauben, zu vernichten. Dies wird auch dadurch bestätigt, dass in der Stadt und bei ihren Bürgern und Einwohnern bekannt ist, dass die erwähnten Conversos in dieser Stadt sich vor kurzer Zeit erhoben, sich alle versammelt und bewaffnet haben und, wie allgemein bekannt ist, ihre Unternehmungen mit der Absicht und dem Vorsatz begonnen haben, alle Altchristen dieser Stadt und mit ihnen auch mich, den erwähnten Pedro Samiento, den Ersten und Vornehmsten von ihnen, zu ruinieren und zu

vernichten, uns aus der erwähnten Stadt zu vertreiben, sich ihrer zu bemächtigen und sie den Feinden dieser Stadt auszuliefern. [...]
Daher beschließen wir, erklären zu müssen und zu erklären, [...] dass alle diese Conversos, die, in welcher Form auch immer, von dem verderbten Geschlecht der Juden abstammen, sowohl aufgrund des kirchlichen und weltlichen Rechts, das bezüglich der oben genannten Dinge gegen sie entscheidet, als auch aufgrund des oben genannten Privilegs, das dieser Stadt von dem erwähnten Herrn König [...] Don Alfonso [...] und auch von den anderen Herren Königen [...] gegeben und durch seine Hoheit beeidigt und bestätigt wurde, ebenso auch aufgrund ihrer Ketzerei und der übrigen oben erwähnten Vergehen, Beleidigungen, Aufstände und Verbrechen, die sie bis zum heutigen Tage begangen haben, wie das Recht es vorsieht, für ehrlos, ungeeignet, unfähig und unwürdig gehalten werden, in dieser Stadt Toledo, in ihrem Gebiet und ihrer Jurisdiktion irgendein öffentliches Amt oder eine öffentliche oder private Pfründe innezuhaben, wodurch sie in die Lage versetzt würden, Herrschaft über die Altchristen, die dem heiligen katholischen Glauben an unseren Herrn Jesus Christus anhängen, auszuüben und ihnen Schaden oder Unrecht zuzufügen. Ebenso sollen sie für unwürdig, ungeeignet und unfähig gehalten werden, als öffentliche Notare oder als Zeugen, vor allem in dieser Stadt, Zeugnis abzulegen und Urkunden auszustellen.

(Zit. nach: Julius H. Schoeps/Hiltrud Wallenborn (Hg.), a. a. O., S. 278–280)

---

[1] Conversos: Als Conversos wurden in Spanien zum Christentum übergetretene Juden und deren Nachkommen bezeichnet.
[2] Judaisieren: jüdisch machen, unter jüdischen Einfluss bringen
[3] Pfründe: mit Einkünften verbundenes Kirchenamt
[4] schächten: rituelles Schlachten von koscheren Tieren
[5] Chrisma: geweihtes Salböl
[6] König Don Rodrigo: Gemeint ist der westgotische König Roderich, 710–711.

M 3 Bericht des Chasdai Crescas über die Pogrome des Jahres 1391

Chasdai Crescas, geb. um 1340, gest. um 1410 in Saragossa, war ein spanisch-jüdischer Gelehrter und Religionsphilosoph.

Wenn ich euch hier alle die zahlreichen Leiden mitteilen wollte, die uns betroffen haben, so würdet ihr bei dem Gedanken an sie staunen. Ich will euch darum nur in Kürze den mit Giftkraut und Wermut besetzten Tisch unseres Unglücks herrichten und euch die Tatsache, wie sie in Wirklichkeit stattgefunden, mitteilen, auf dass ihr euch an der Bitterkeit unseres Wermuts sättigt und von dem Wein unserer Betrübnis trinkt. Da ich aber glaube, dass euch die Sache bereits mitgeteilt worden ist, so will ich sie so kurz wie möglich der Reihe nach beschreiben und folgendermaßen beginnen: Am Neumondstag des verhängnisvollen Monats Tamus des Jahres 5151[1] spannte der Herr die Bogen der Feinde gegen die Gemeinde Sevilla, welche zahlreich war an Volk; denn es waren daselbst 6000 bis 7000 Familienväter, und jene zerstörten durch Feuer ihre Tore und töten daselbst eine große Menge des Volkes; der größte Teil wechselte jedoch den Glauben. Viele von ihnen, sowohl von den Kindern als auch von den Frauen, verkaufte man an die Moslems, sodass die von den Juden bewohnten Straßen nunmehr leer standen, nachdem viele von ihnen, den göttlichen Namen heiligend, den Tod erlitten, aber auch viele den heiligen Bund gebrochen hatten.
Von da an erstreckte sich das Feuer und verzehrte alle Zedern des Libanons[2] in der heiligen Stadt der Gemeinde Cordoba. Auch hier traten viele über, und die Gemeinde ward verödet.
Und am Tage des Jammers und der Züchtigung, an dem die Leiden sich verdoppelten, dem 17. Tamus, ergoss sich der Zorn des Herrn über die heilige Stadt, von welcher die Lehre ausging und das Wort Gottes, nämlich die Gemeinde Toledo, und man erschlug in dem Tempel des Herrn die Priester und die Gelehrten. Daselbst heiligten öffentlich den göttlichen Namen die Rabbiner, die Nachkommen des biederen und ausgezeichneten Rabbi Ascher[3], gesegneten Angedenkens, samt ihren Kindern und Schülern. Indes traten auch hier viele über, die nicht ihr Seelenheil zu retten imstande waren.
Schon um dieser drei Gemeinden willen erzitterte das Land, abgesehen von den anderen in ihrer Nähe, deren Anzahl sich auf 70 Städte beläuft. Und bei alledem schwebten wir hier in der größten Gefahr und mussten nachts und tags auf unserer Hut sein. Am 7. des Monats Ab[4] zerstörte das Heer schonungslos die Gemeinde Valencia, in welcher sich an tausend Familienväter befanden, und daselbst starben, den Namen Gottes heiligend, an 250 Männer, die anderen flohen ins Gebirge, von denen einige sich retteten, die meisten aber übertraten.
Von da breitete sich die Plage aus über die Gemeinden des herrlichen Majorca, welches am Gestade des Meeres gelegen ist. Am Neumondstag des Elul[5] kamen die Wüteriche dorthin, entweihten, plünderten und beraubten sie und ließen sie zurück einem Netz gleich, in dem keine Fische sind. Es starben, den göttlichen Namen heiligend, an 300 Personen, und an 800 retteten sich in das königliche Kastell; die Übrigen aber ließen sich taufen.

An dem darauffolgenden Sabbat ergoss der Herr gleich Feuer seinen Grimm, zerstörte sein Heiligtum und entweihte die Krone seiner Lehre, nämlich die Gemeinde Barcelona, die an jenem Tag vernichtet wurde; dort belief sich die Anzahl der Ermordeten auf 250 Seelen. Der übrige Teil der Gemeinde floh in das Kastell, wo er gerettet wurde. Die Feinde plünderten jedoch alle von Juden bewohnten Straßen und zündeten in einigen von ihnen Feuer an. Die Obrigkeit der Provinz hatte bei dieser Freveltat die Hand nicht mit im Spiel; vielmehr ging ihr Bestreben dahin, die Juden mit all ihrer Macht zu schützen, und man reichte daselbst den Juden Speise und Trank und schickte sich sogar an, die frevelhaften Menschen zu bestrafen, als sich der wütende Pöbel im Volk in großer Menge gegen die Angesehenen im Lande erhob und gegen die Juden, welche im Kastell waren, mit Bogen und Wurfgeschossen kämpfte und sie dort im Namen Gottes heiligten, befand sich mein einziger Sohn, der Bräutigam war und den ich als ein fehlerfreies Lamm zum Opfer dargebracht habe. Unter ihnen waren auch viele, die sich selbst schlachteten, und andere, die sich vom Turm hinabstürzten und sich schon, bevor sie die halbe Höhe des Turms erreicht hatten, die Glieder gebrochen hatten. Viele kamen auch hervor und heiligten den Namen Gottes auf offener Straße. Alle anderen aber traten über, und nur wenige retteten sich in die Städte der Fürsten; ihre Namen könnte ein Kind verzeichnen. Indes waren dies gerade die Angeseheneren. Somit gibt es durch unserer Sünden Menge heute niemand mehr in Barcelona, der noch den Namen Jude führt.

Auch in der Stadt Lerida starben viele; die anderen traten über. Retten konnten sich nur wenige.

In der Stadt Gerona, wo Gesetzeskunde und Demut sich vereint fanden, heiligten die dortigen Rabbiner öffentlich den Namen Gottes, und nur wenige ließen sich taufen. Der größte Teil der Gemeinde rettete sich in die Häuser der Bürger und ist heute in dem Kastell.

Kurz, in dem Reich Valencia blieb kein Jude übrig, den einen Ort ausgenommen, welcher Murviedro heißt. Auch in dem Gebiet Kataloniens blieb kein Jude übrig außer in den Städten der Fürsten und Verwalter, die an keinem Ort Hand an sie legten.

Für uns aber, die wir uns jetzt in dem ganzen Land Aragon befinden, gibt es keine Störung und keine Klage mehr, da Gott sich unser erbarmt und an allen diesen Ortschaften nach kräftiger Fürsprache einen Überrest von uns erhalten hat; obwohl uns durch Verteilung unserer ganzen Habe nichts geblieben ist als unser Leib. Trotzdem erfüllt Furcht unser Herz, und unsere Augen sind zu dem Vater im Himmel emporgerichtet, auf dass er uns gnädig sei und uns heile von unseren Schmerzen und unsere Füße nicht wanken lasse. Also sei sein Wille! Amen!

(Chasdai Crescas, Schreiben an die jüdische Gemeinde in Avignon; zit. nach: Julius H. Schoeps/Hiltrud Wallenborn (Hg.), a. a. O., S. 256–258)

1 Neumondstag des Monats Tamus des Jahres 5151: Juni/Juli 1391
2 Zedern des Libanons: Damit sind jüdische Gelehrte gemeint.
3 Rabbi Ascher: Ascher ben Jechiel (um 1250 – 1327), einer der bedeutendsten Talmudgelehrten
4 7. des Monats Ab: Juli/August 1391
5 Neumondstag des Elul: August/September 1391

M 4 Friedrich Closener: Die Judenverfolgung in Straßburg (1349)

Friedrich Closener, dessen genaues Geburts- und Todesjahr unbekannt sind, verfasste in der zweiten Hälfte des 14. Jahrhunderts eine auf Deutsch geschriebene Chronik, in der er die Welt- und Reichsgeschichte mit derjenigen seiner Heimatstadt Straßburg verband.

Man zählte das Jahr 1349: Am Tag der heiligen Apponia[1], der auf einen Montag fiel, wurden die drei Männer, die Bürgermeister in Straßburg waren – Herr Goße Sturm, Herr Kunz von Wintertur und Herr Peter Swarber –, alle drei vertrieben, und das kam so:

Die Stadt hatte Geld von den Juden geliehen, die Rückzahlung für einen festen Termin zugesichert und ihnen dafür Schutzbriefe gegeben. Es bestand auch die gesetzliche Vereinbarung, dass derjenige, der bei ihnen Geld lieh, dafür höhere Zinsen zahlen musste, als wenn er von einem Christen geliehen hätte. Darauf verließen sich die Juden und wurden so hochmütig, dass sie niemandem entgegenkommen wollten, und wer mit ihnen zu tun hatte, konnte kaum eine Übereinkunft mit ihnen erzielen. Darum wurden sie von vielen verhasst. Außerdem fiel die Beschuldigung auf die Juden, dass sie die Brunnen und das Wasser vergiftet hätten. Darüber murrte das gemeine Volk und verlangte, man solle sie verbrennen. Dies wollte der Rat nicht zulassen, es sei denn, dass man ihm beweisen könne, dass die Beschuldigung wahr sei, oder dass die Juden es selbst zugäben. Daraufhin verhaftete man eine Reihe von ihnen und folterte sie so sehr mit Daumenschrauben, dass sie drei oder vier andere Dinge, deren sie schuldig waren, gestanden, wofür man sie räderte. Sie gestanden jedoch nie, der Vergiftung schuldig zu sein. Nachdem man eine Zeitlang so mit ihnen verfahren war, sperrte man die Juden in die Judengasse und stellte bewaffnete Leute als Wächter auf, denn man fürchtete, dass, wenn man sie überfiele oder ein Gerichtsverfahren gegen sie eröffnete, (die Menge) in ihre Häuser eindringen oder anderen Schaden anrichten würde. Auch wollte man ihrer umso sicherer sein, gleichgültig, was man noch über sie beschließen würde. Deshalb bewachte man sie.

Nachdem man sie eine Zeit lang so bewacht hatte, war das gemeine Volk sehr über sie ergrimmt und hätte es gern gesehen, dass man sie tötete. Davor schützten sie die Bürgermeister und der Rat und wollten sie nicht dem Tod ausliefern, es sei denn, dass sie sie mit Recht verurteilen konnten. Sie wollten nämlich nicht dem Schutzbrief zuwiderhandeln, den die Juden von der Stadt hatten.

Das wollte das gemeine Volk nicht gelten lassen, und sie sprachen heimlich zueinander, die drei Bürgermeister müssten Geld von den Juden genommen haben, dass sie sie so gegen jedermanns Willen schützten, und sie wollten nicht zugestehen, dass die Bürgermeister dies nur um der Gerechtigkeit willen täten. [...]

Am Dienstag setzte man den Rat ab und wählte einen neuen Rat. [...] Am Freitag setzte man die Juden gefangen, und am Samstag verbrannte man die Juden. Es waren wohl an die zweitausend. Diejenigen aber, die sich taufen lassen wollten, ließ man leben. Es wurden auch viele kleine Kinder gegen den Willen ihrer Mütter und Väter aus dem Feuer genommen und getauft. Was man den Juden schuldig war, war nun nichtig, und es wurden alle Pfänder und Schuldbriefe, die sie besaßen, zurückgegeben. Das bare Geld, das sie besaßen, nahm der Rat und teilte es unter die Zünfte nach Markzahl[2] auf. Das war auch das Gift, das die Juden tötete.

(Friedrich Closener, Straßburger deutsche Chronik zum Jahr 1349; zit. nach: Julius H. Schoeps/Hiltrud Wallenborn (Hg.), a. a. O., S. 199/200)

---

[1] Tag der heiligen Appolonia: 9. Februar 1349
[2] nach Markzahl: anteilsmäßig

M 5 Schedel'sche Weltchronik: Die Überlieferung vom Ritualmord an Simon von Trient (1475)

Hartmann von Schedel (1440–1514) leitete ein Autorenkollegium von Nürnberger Humanisten, das eine als Schedel'sche Weltchronik bekannte Darstellung der gesamten Weltgeschichte verfasste, die zu den berühmtesten Chroniken des späten Mittelalters zählte. Die hier wiedergegebene Überlieferung bezieht sich auf eine Behauptung, die trotz zahlreicher Beschuldigungen und umfangreicher gerichtlicher Untersuchungen nie bewiesen wurde.

Am 21. März ist das selige Kindlein Simon in der Stadt Trient von den Juden getötet und ein Märtyrer Christi geworden. Als die dortigen Juden Ostern nach ihren Sitten begehen wollten, aber kein christliches Blut zur Herstellung ihres ungesäuerten Brotes zur Verfügung hatten, da stahlen sie das Kind. Und das ereignete sich so: Während die Eltern fort waren, ging am dritten Tag vor Ostern der jüdische Verräter Tobias zur Vesperzeit zu dem Kind, das nicht einmal zehn Monate alt war, redete ihm gut zu und trug es in das Haus des Juden Samuel. Als nun die Nacht hineinbrach, trafen sich Samuel, Tobias, Vitali, Moses, Israel und Mayer vor der Synagoge und freuten sich sehr über das Vergießen christlichen Blutes. Sie entblößten das Kind und schnürten ihm den Hals ab, damit es nicht schreien konnte. Dann schnitten sie ihm manche Körperglieder ab und stachen es mit spitzen Gegenständen, während sie es an Armen und Beinen festhielten [...]. Und als sie nun das Blut auf so grausame Weise gesammelt hatten, da begannen sie einen Lobgesang auf ihren Gott und fingen an, über das Kind zu spotten [...]. Darüber starb das unschuldige Kind. Die Juden gingen zum Nachtmahl und aßen ungesäuertes Brot mit dem Blut des Kindes zur Schande unseres Heilands Jesus Christus und warfen den Leichnam in einen Bach nahe bei ihrem Haus. Die armen Eltern suchten ihr Kind und fanden es drei Tage später bei dem Bach. Als diese Tat nun an den edlen Juristen Johann van Salis aus Brixen, dem obersten Pfleger jener Gegend, gelangte, wurden alle Juden auf sein Geheiß hin gefangen und unter der Folter verhört, damit sie aussagten, auf welche Weise sie diese Missetat begangen hätten. Und daraufhin wurden sie als gefährliche Strafe alle ausgetilgt.

(Hartmann von Schedel, Schedelsche Weltchronik. Kolorierte Gesamtausgabe 1493 (Faksimile), Blatt CCLIIII verso; zit. nach: B. Kuhn/H. Schmenk/A. Windus (Hg.), Historica et Didactica – Fortbildung Geschichte, Bd. 2: Europäische Perspektiven im Geschichtsunterricht, St. Ingbert 2011, S. 92)

M 6 **Schedel'sche Weltchronik: Darstellung der Ritualmordbeschuldigung**

M 7 **Schedel'sche Weltchronik: Die Verbrennung der jüdischen Gemeinde in Deggendorf, 1337**

M 8 **Miniatur in einem lateinischen Gebetbuch, 13. Jh.**

Methode

Bildquellen interpretieren

A. Bildquellen

Bildquellen sind wie andere Quellen auch eine nach bestimmten Interessen gestaltete Darstellung der Wirklichkeit. Dementsprechend müssen sie auch wie andere Quellen in einem methodischen Gang entschlüsselt und gedeutet werden. Die Bildinterpretation wird dabei in einem dreistufigen Verfahren durchgeführt, das sich auf den Kunsthistoriker Erwin Panofsky (1892–1968) zurückführen lässt: Bildbeschreibung, Bildanalyse und Bildinterpretation im engeren Sinne als zusammenfassende Deutung im historischen Kontext.

B. Schritte der Interpretation von Bildern – Darstellung der Ritualmordlegende

1. Schritt – Leitfragen festlegen:	Klären Sie zu Beginn Ihr Frageinteresse: Welche Frage(n) wollen Sie beantworten; z. B. im vorliegenden Fall: *Welche Vorurteile und Vorwürfe den Juden gegenüber werden im vorliegenden Bild deutlich?*
2. Schritt – Analyse: **– Beschreibung und Klärung äußerer Merkmale …**	Holzschnitt: Erzeugung einer Grafik durch einen Holzstock, wurde vor allem zur Illustration von Büchern benutzt. Bildautor unbekannt, Bild ist Bestandteil einer Chronik. Darstellung eines Ritualmordes, der 1485 in Trient geschehen sein soll. Anlass und Zielgruppe genauer ausführen: Darstellung eines „sensationellen Falles"
– Bildbeschreibung und -erläuterung	Im Zentrum des Bildes befindet sich …; an der Darstellung fällt auf, dass … Im Vordergrund ist zu erkennen, dass …; bei der Gestaltung des Hintergrundes fällt auf, …; am Bildrand ist zu sehen, …; hinsichtlich der Bildkomposition ist festzuhalten, … Als Gestaltungsmittel kommen … zum Einsatz. Zur Größe ist anzumerken, … Als Besonderheit fällt auf … (hier z. B. Hinweis auf die stereotype Physiognomie einiger Juden – Hakennase, gebeugte Haltung, lange Bärte – sowie auf besondere für die Juden typische Kleidungsstücke – Judenhut, Judenzeichen)
3. Schritt – Interpretation im engeren Sinne:	Der Bildautor verfolgte mit diesem Bild die folgende(n) Absicht(en): … Als zentrale Botschaft soll vermittelt werden, … Als zeittypische Deutungsmuster werden … verwendet. In Bezug auf die „historische Wahrheit" ist hinsichtlich des vorliegenden Bildes festzuhalten, dass … Die gewählten bildlichen Darstellungsmittel erreichen ihre Wirkungsabsicht, weil … oder verfehlen diese aus folgenden Gründen: …
Zusammenfassendes Resümee	Auf der Grundlage der Ergebnisse in den Bereichen Analyse und Interpretation im engeren Sinne kann mit Blick auf die Leitfrage(n) Folgendes gesagt werden: …

Die ökonomische Krise des Spätmittelalters

Die Grafik verdeutlicht, welch tiefen Einschnitt die Pestwelle der Jahre 1348/49 für die Bevölkerungsentwicklung in Deutschland bedeutete und wie lange es dauerte, bis sich Deutschland demografisch von dieser Katastrophe wieder erholt hat. Die Allgegenwart des Todes führte zu einer tiefgreifenden Verunsicherung der Menschen und zu höchst unterschiedlichen Bewältigungsstrategien, die von einer bewussten Hinwendung zum Genuss bis zur radikalen Weltabgewandtheit reichten. Nicht weniger tiefgreifend als diese Krise des Bewusstseins waren aber die wirtschaftlichen Folgen der Seuchenwellen. Der Tod von etwa einem Drittel der Bevölkerung konnte weder die Produktion noch den Konsum unbeeinflusst lassen. Mit einer gewissen zeitlichen Verzögerung löste die Pestwelle somit eine langanhaltende wirtschaftliche Depression aus.

- **Welche konkreten wirtschaftlichen Folgen hatte die Pestwelle der Jahre 1348/49?**
- **Wer waren die Gewinner bzw. Verlierer dieses wirtschaftlichen Wandels?**
- **Inwiefern erwies sich die Krise auch als Motor des ökonomischen Wandels?**

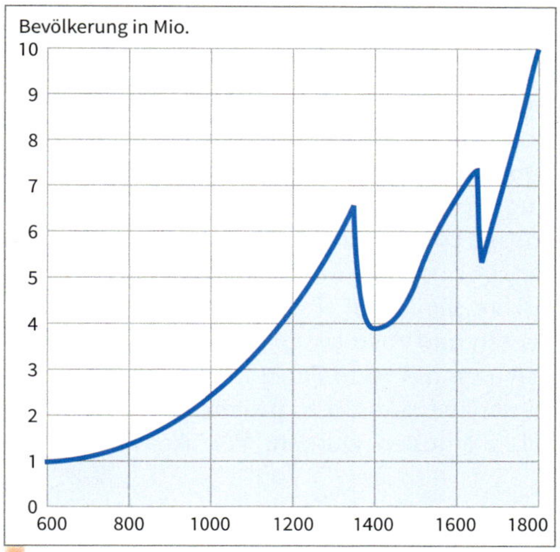

Bevölkerungszahl Westdeutschlands von 600–1800

(Nach F.-W. Henning, Das vorindustrielle Deutschland 800–1800, Paderborn 1974, S. 19)

Gestalten Sie eine kleine Wandzeitung, in der Sie drei Facetten der ökonomischen Krise beschreiben und als Ergebnis eines Kreisgesprächs zusammenfassende Antworten auf die drei Leitfragen formulieren, die sich aus diesen konkreten Fallbeispielen sowie dem Historikertext schlussfolgern lassen.

Empfehlungen, wie Sie eine solche Wandzeitung erstellen können:

1. Entscheiden Sie sich für eines der drei Fallbeispiele.
2. Interpretieren Sie zusammen mit einer Partnerin oder einem Partner die jeweils zugehörigen Materialien (Materialien zu den Folgen für das Leben in der Stadt, für die Grundherrschaft sowie zur Währungskrise).
   Wenden Sie dazu die Arbeitsschritte der Basismethode „Sprachliche historische Quellen interpretieren (s. S. 189 ff.) sowie die Methode „Statistisches Material interpretieren" (s. S. 62) an.
3. Formulieren Sie auf der Grundlage Ihrer Interpretationsergebnisse und eventueller weiterer Recherchen einen Vorschlag für einen Wandzeitungsbeitrag zu dem ausgewählten Krisenphänomen.
4. Präsentieren Sie Ihre Vorschläge für die Wandzeitung und stellen Sie sie im Plenum zur Diskussion.
5. Setzen Sie sich nach der Präsentation der Fälle in neuen Gruppen zusammen und beantworten Sie auf der Grundlage des Historikertextes (M 7) die dritte Leitfrage.
   Formulieren Sie jeder für sich in Thesenform auf Karteikarten solche Antworten, die Sie persönlich im Kreisgespräch einbringen möchten.
6. Halten Sie auf der Wandzeitung als Ergebnis des Kreisgespräches solche Antworten auf die dritte Leitfrage fest, die an den konkreten Fallbeispielen belegbar bzw. nachvollziehbar sind.

Methode

Statistisches Material interpretieren

A. Statistisches Material

Statistiken können unterschiedlich aussehen – etwa die Form einer Zahlenreihe haben, einer Tabelle, eines Schaubildes oder Diagramms. Aber alle haben einen großen Vorteil: Sie bündeln viele Informationen auf engem Raum. Komplizierte Sachverhalte, etwa langfristige Entwicklungen, lassen sich anschaulich darstellen. Dennoch kann die Auswertung dieser Daten sehr riskant sein. Zum einen darf man sich von dem nüchternen und zuverlässigen Eindruck nicht täuschen lassen, den das reine Zahlenmaterial auf den ersten Blick hinterlässt. Stets ist zu prüfen, ob die Daten auch sorgfältig erhoben wurden. Vor allem historische Daten sind oft nur mühsam zu ermitteln, Lücken oder Unsicherheiten sind an der Tagesordnung. Zum anderen liefern die reinen Daten fast nie Ursachen oder Hintergründe mit; sie stehen also in der Gefahr, zu vereinfachen oder zu verallgemeinern.

Vor einfachen Schlussfolgerungen muss man sich hüten. Statistiken können wertvolle Hinweise geben, aber nicht immer erlauben sie einfache Antworten auf anspruchsvolle Fragestellungen. So wichtig das berechnete Material also ist, so wichtig sind auch die sorgfältige Analyse und Interpretation dieser Daten.

B. Arbeitsschritte der Interpretation statistischer Materialien

1. Schritt – Leitfrage(n) festlegen:	Klären Sie zu Beginn Ihr Frageinteresse: Welche Frage(n) wollen Sie beantworten? *Z. B. im vorliegenden Fall: Welche wirtschaftlichen Folgen der Pestwelle lassen die Statistiken erkennen?*
2. Schritt – Formale und inhaltliche Analyse des Datenmaterials:	• Fundstelle des Materials nennen. • Fachbegriffe benutzen, z. B. Überschrift, (Vor-)Spalte, (Kopf-)Zeile, absolute/prozentuale/relative Zahlen, Indexwerte, Balken-/Säulen-/Kreisdiagramm, Schaubild, Koordinatensystem. • Unbedingt auf die Maßeinheiten achten: Was bezeichnen sie genau (Legende beachten)? • Welche Daten werden wie aufeinander bezogen (z. B. Jahreszahlen und Bevölkerungszahl)? • Den Gegenstand des statistischen Materials richtig eingrenzen (etwa die Zeit, die Region). • Erkennbare Tendenzen und/oder auffällige Besonderheiten im Datenmaterial herausarbeiten (etwa langfristige Zu- oder Abnahmen, Zahlensprünge, Hoch- oder Tiefpunkte). • Aussagen des Materials im Rückgriff auf Kenntnisse erklären, Grundaussage herausarbeiten. • Auffälligkeiten im Zusammenhang beschreiben und im Rückgriff auf Kenntnisse erläutern. • Ablesbare Entwicklungen, Strukturen und Zusammenhänge beschreiben. • Hinweis: Es kann manchmal hilfreich sein, das Datenmaterial grafisch in einer anderen Form darzustellen und so besser zu veranschaulichen (z. B. Diagramme, Kurven).
3. Schritt – Interpretation der Daten:	• Gesicherte Schlussfolgerungen ziehen. • Erörtern, auf welche tatsächlichen und ursächlichen Zusammenhänge das Datenmaterial hinweisen könnte. • Klar benennen, welche Rückschlüsse durch die vorliegenden Daten nur in Form von eher hypothetischen Aussagen festgehalten werden können. • Ergebnisse in Bezug auf die Leitfrage(n) zusammenfassen und dabei zwischen gesicherten und eher wahrscheinlichen bzw. hypothetischen Erkenntnissen unterscheiden. • Offene bzw. weiterführende Fragen notieren und mithilfe anderer Quellen oder Materialien zu klären versuchen.

MATERIALIEN

M 1 Die Folgen der Agrarkrise für das Leben in den Städten

Der Augsburger Burkhard Zink (1396–1474) berichtet in seiner Chronik über die Gründung seiner Familie im Jahre 1420:

Und als wir nun Hochzeit miteinander gehabt hatten, da war ich nicht sicher, was ich machen sollte; denn ich hatte nichts. Ich hatte nicht mehr die Huld meines Herrn, die ich verloren hatte, da es ihm leid war, dass ich mein Weib genommen und ihn nicht um Rat gefragt hatte, und so wollte er mir weder raten noch helfen. Deshalb wusste ich nicht, was ich anfangen sollte. Doch war mein Weib lieb, und ich war gern bei ihr, und so besprach ich mich mit meiner Hausfrau. Sie war mir noch hold, tröstete mich und sagte: „Mein Burkhard, gehab dich wohl und verzage nicht. Lass uns einander helfen, dann werden wir wohl unser Auskommen finden. Ich will am Rad spinnen und will alle vier Wochen wohl vier Pfund Wolle aufspinnen, das sind 32 Pfennige." Und da meine Frau so trostreich war, fasste ich auch Mut und dachte: Ich kann doch ein wenig schreiben, ich will sehen, ob ich einen Pfaffen haben kann, der mir zu schreiben gibt. Wie wenig du dann auch verdienst, so verdient deine Frau 32 Pfennige, vielleicht geht es gut, dass wir unser Auskommen haben. [...] Und mein Weib und ich saßen zusammen, und ich schrieb und sie spann und wir erzielten oft drei Pfund Pfennige (1 Pfund = 60 Pfennige) in einer Woche. Doch wir saßen oft beieinander die ganze Nacht. Und es ging uns ganz gut und wir erwirtschafteten, was wir brauchten. Denn man muss wissen, als wir heirateten, da gab es ein großes Sterben, das im Herbst 1420 anfing, und es starben viele und alle Dinge waren sehr billig. Ein Scheffel [ca. 150 kg] Roggen kostete ein Pfund Pfennige und ein Scheffel Brotgetreide 75 Pfennige. [...] Ein Pfund Fleisch kostete einen Pfennig [...] und auch Wein war sehr billig: Ein Maß Neckar oder Frankenwein kostete zwei bis drei Pfennige, [...] die allerbesten fünf Pfennige [...]. Holz gab es für 27 bis 36 Pfennige das Fuder[1]. Es war jedermann reich, wer nur leben sollte, aber es starben sehr viele in der Stadt und auf dem Land. [...]

(Die Chronik des Burkhard Zink; übers. nach: Die Chroniken der deutschen Städte, Bd. V., Leipzig 1866, S. 128–130)

[1] Fuder: Volumenmaß für Flüssigkeiten und feste Stoffe, je nach Region etwa 800–1800 Liter

M 2 Preis und Lohnentwicklung in Göttingen im 15. und 16. Jahrhundert

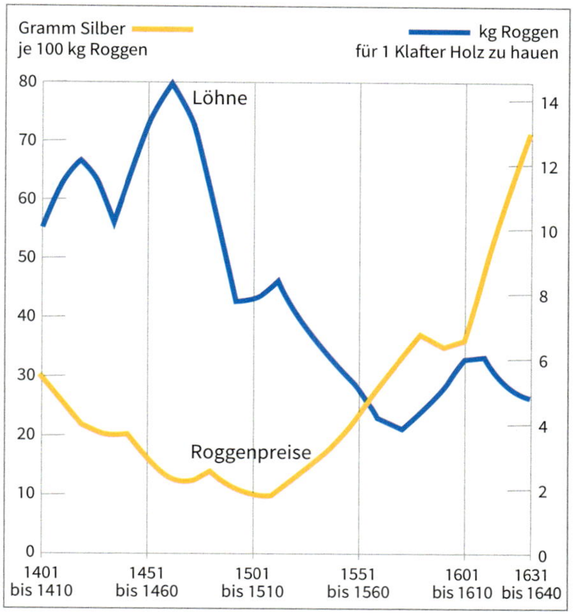

(Nach: W. Abel, Agrarkrisen und Agrarkonjunktur, Hamburg und Berlin 1978, S. 64)

M 3 Die Agrarkrise aus der Sicht eines Zeitgenossen (1444)

Der Vogt (Verwalter) von Dirschau (südlich von Danzig an der Weichsel) schreibt an den Hochmeister des Deutschen Ordens, dessen wirtschaftliche Basis (Getreideanbau) durch die Krise besonders in Mitleidenschaft gezogen wurde:

[...] Ritter und Knechte haben ausgesetzt[1] von der Städte wegen, dass sie große Schäden und Verderbnis von kaufen und verkaufen haben so nämlichen, dass sie und ihre armen Leute das Getreide und alle ihre Waren mit dem wohlfeilsten[2] geben und verkaufen müssen, und alle Dinge, die sie wieder haben sollen, mit dem teuersten wieder kaufen müssen, also Bier, Salz, Schuhe, Eisen [...]. Und auch von den Dienstboten, also von Knechten und von Maiden, dass sie allzu groß Lohn nehmen und je länger je höher und mehr. Das kommt davon, also sie erkennen, dass die Leute von dem Land in die Städte ziehen [...]. So klagen sie auch wohl, wenn es zu wandeln stünde, von den Leuten außer dem Lande, also aus Polen und aus Pommern hier in das Land ziehen und mit solcher Ware, wie ihre und Eure armen Leute hier im Lande auch haben, in allen Städten die Märkte überfüllen, sodass sie und Eure armen Leute ihre Waren stets mehr feiler geben müssen [...]. Auch klagen sie um den Aust[3], dass sie damit also hoch oberschatzet[4] werden, also um den Lohn von dem Morgen und auch von dem Zehnten [...]. Auch sind sie begehrende, dass es gewandelt möchte werden, dass kein Bauer von seinem Herrn noch von seinem Junker ziehen soll, er hätte denn seines Herrn oder seines Junkers Brief, dass er in Freundschaft und mit Bewilligung von ihm gezogen, und dass so ein jeder Herr oder Junker einen solchen Bauern nicht aufnehmen soll, er sehe denn seines vorigen Herrn Brief. [...]

(Zit. nach: Wilhelm Abel, Agrarkrisen und Agrarkonjunktur, Hamburg ³1978, S. 72f.)

---

[1] aussetzen: klagen
[2] wohlfeil: billig, günstig
[3] Aust: Ernte
[4] hoch oberschatzet: zu hoch besteuert

M 4 1474 – Jahresausgaben eines Ritters

Es handelt sich um einen durchschnittlichen ritterlichen Haushalt in Sachsen, der insgesamt 21 Personen (Handwerker, Bedienstete im Haushalt und in der Wirtschaft) entlohnen musste. Von Interesse sind v.a. die Ausgabenanteile. Zum Vergleich: Der erlaubte Kleideraufwand einer Bürgersfrau nach der zeitgleichen Kleiderordnung der Stadt Regensburg entsprach dem Wert von etwa 1 000 Doppelzentner Roggen.

	Geld der Zeit (Schock neue Groschen)	Roggenäquivalente (ausgedrückt in Doppelzentner Roggen)
Löhne	62 1/2	592
Inventar	13	123
Vieh	12	113
Nahrung	27	256
Kleidung	44	417
Zusammen	158 1/2	1501

(Zit. nach: Wilhelm Abel: Geschichte der deutschen Landwirtschaft, (Ulmer) Stuttgart ²1967, S. 135

M 5 Der Augsburger Chronist Burkhard Zink über die Währungskrise

Ferner, als man zählte nach Christi, unseres lieben Herrn, Geburt 1459 Jahre, da einigten sich die Herren von Bayern, nämlich Herzog Ludwig von Landshut, Herzog Albrecht und sein Sohn, Herzog Hans, und Herzog Siegmund von München miteinander wegen der Münze, weil es im Münzwesen große Verwirrung gab, wie anschließend dargestellt.

Also ließen die Herren eine gemeinsame Münze schlagen, nachdem die Öttinger[1] verboten waren, und ließen schlagen 7 Schillinge für 1 Pfund, das zu je 30 Pfennige für einen Schilling. Und man muss wissen, als die Öttinger schließlich verboten waren – die waren sehr schlecht und hatten kaum Silber in sich –, da, sagt man, hätte man jene schlechten Öttinger ungeprägt – sodass also noch keine Prägung darauf geschlagen war – in vollen Fässern nach München in die Münze gebracht und Münchener Pfennige darauf geschlagen. Und es wurde dermaßen viel von jener schlechten Münze geschlagen, dass man sehr bald nur 8 Schillinge für 1 Pfund gab. Und die Münze wurde je länger je schlechter, und man münzte auch je länger je mehr und eifriger, und man gab 12 Schillinge für 1 Pfund. Auch unser Herr, der Kaiser, schlug dieselbe Münze in gleicher Weise. Und es gab von den Münzen so viel überall im Land, dass sie niemand gern nehmen wollte; und vielerorts konnte man weder Brot, noch Wein, noch andere Esswaren zu kaufen finden. Arme Leute mussten beinahe verhungern. Wenn ein armer Mann einen ganzen Tag arbeitete für 10 oder 12 Pfennige, so konnte er nicht Brot im Wert von einem einzigen Pfennig dafür kaufen. [...]
Ferner muss man wissen, dass die Kaufleute aus Augsburg, die damals in Wien waren, [...] sich alles, was man ihnen schuldete, mit dieser Münze bezahlen lassen mussten[2]. Also kauften sie reichlich guten Osterwein für das Geld und brachten 50 große Fässer her nach Augsburg, von denen einige 22 Eimer[3] fassten, die meisten Fässer fassten an die 17 und 18 Eimer. Und sie kauften etliche Pferde in Wien, die brachten sie auch her, und so ließen sie jene Pfennige alle in Österreich und brachten Wein und andere Dinge, daraus sie gute Pfennige erzielen konnten.

(Die Chronik des Burkhard Zink; übers. nach: Die Chroniken der deutschen Städte, Bd. V., Leipzig 1866, S. 111f.)

---

[1] Öttinger: Gemeint sind die sogenannten „Schwarzpfennige" des Grafen von Öttingen-Flochberg, die seit 1457 in Umlauf gebracht worden waren. Mit ihrer Ausgabe hatte die Münzverschlechterung begonnen.
[2] mit dieser Münze bezahlen lassen: Der Kaiser bestand darauf, dass die von ihm geschlagenen Münzen als Zahlungsmittel akzeptiert wurden.
[3] Eimer: ein Eimer = 60 Liter

M 6 Silberfeingewicht des Pfennigs in Augsburg und München 1400–1800

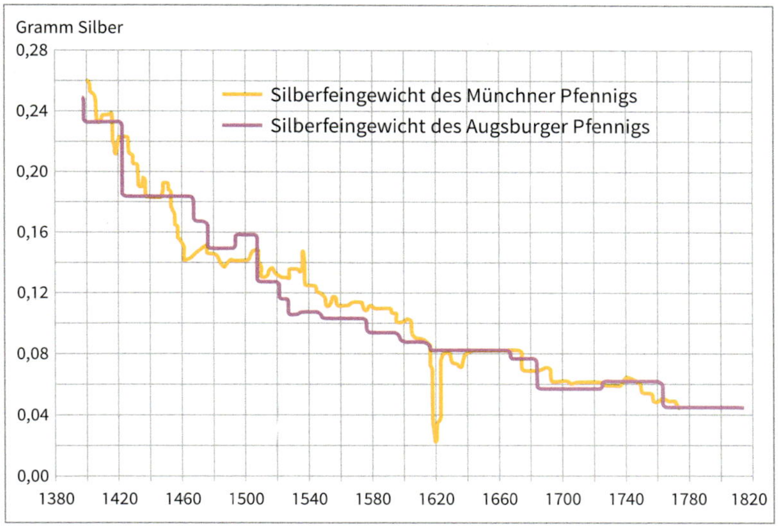

(Nach: Rainer Metz, Geld, Währung und Preisentwicklung, Frankfurt/M. (Knapp) 1990, S. 144 und 172)

M 7 Der Historiker Peter Moraw über die Agrarkrise (1989)

Zahlreich, vielfältig und weitverbreitet waren Krisenzeichen in der deutschen Landwirtschaft spätestens von der zweiten Hälfte des 14. Jahrhunderts an, ganz im Westen schon wesentlich früher, wahrscheinlich vor 1300. Sie fügten sich zu einer Depression, Stagnation oder Kontraktion zusammen und mochten sich gegenseitig steigern: aufgegebene Fluren, verlassene Höfe, entvölkerte oder geschrumpfte Weiler und Dörfer, Rückgang des Getreidebaus, Wachstum der Wälder, langfristiger Verfall der Getreidepreise zumindest im Vergleich zu den Betriebskosten und den Preisen städtischer Produkte, Verminderung der grundherrlichen Einkünfte und des Wertes landwirtschaftlich genutzter Böden. Die seltenen positiven Merkmale bäuerlicher Wirtschaften in diesem Zeitalter sind vielfach in der Nähe dichter Städtelandschaften aufzufinden. Zumal am Niederrhein gelang es, die Agrarerzeugung besser bezahlten höheren Ansprüchen anzupassen. Im Ganzen veränderte die Depression die spätmittelalterliche Wirtschaftsstruktur nicht grundsätzlich, führte aber zu beträchtlichen Verschiebungen innerhalb dieses Gefüges. Der Anteil des Bodens an der gesamten Wertschöpfung sank, während die Anteile des Kapitals und der Arbeit zunahmen. Darin macht sich wohl ein wenn auch schmerzhafter Modernisierungsvorgang bemerkbar. In ähnlicher Weise kann man einen Teil des ländlichen Depressionsphänomens – die Abwanderung in die Städte – auch als Rationalisierung verstehen. Es wurden Dörfer und Fluren aufgegeben, die in unrentable Grenzbereiche vorgetrieben worden waren. Aus kleinen Siedlungen zog man in größere Dörfer, und aus einer Anzahl von Dörfern wurden die Bewohner in nahe Städte umgesiedelt, die gestärkt werden sollten. So verweisen verhältnismäßig einheitliche Vorgänge nicht auf einheitliche Ursachen. Die beiden wichtigsten Merkmale der Agrardepression waren die Aufgabe von Siedlungen und Fluren, also das Entstehen von Wüstungen, und der Preisverfall des Getreides. […]

Am Wüstungsproblem zeigt sich, dass die Folgen der Depression je nach den sozialen Verhältnissen der Betroffenen ganz unterschiedlich sein konnten. Viele kleine Grundherren waren Leidtragende, während offenbar so mancher Bauer infolge des Menschenmangels und des Überangebots an Hofstellen Abgabenbedingungen und Rechtslage verbesserte. Neuverleihungen wurden mit Zinsermäßigungen oder Freijahren verbunden. Seltener war das Umgekehrte, der Versuch, dem Abgabenschwund und der Landflucht durch die Verschärfung des Untertanenverhältnisses zu begegnen. […]

Kaum weniger kompliziert als die Frage nach den Wüstungen und ihren Begleitumständen ist die Frage nach dem Getreidepreis. Getreide war das einzige Grundnahrungsmittel. Die Nachfrage entsprach recht genau dem Ernährungsbedarf der jeweiligen Bevölkerung. Die Rolle des Getreidepreises als Konjunkturbarometer ist nicht unumstritten – vor allem wegen der starken Einwirkung der Witterung auf die Ernte –, doch bisher ist kein anderer Indikator an seine Stelle getreten. Es geht dabei stets um die wenigen überlieferten lokalen Preisnachrichten, die zum Ausgleich der Geldentwertung und komplizierter Münzverhältnisse auf den Edelmetallwert umgerechnet werden. Unter solchen Voraussetzungen ist dreierlei einigermaßen zuverlässig zu erkennen. Erstens: Von ungefähr 1370 bis ungefähr 1470 fielen aufs Große gesehen die Getreidepreise. Zweitens: Dieses Absinken war von Jahr zu Jahr von scharfen Preisausschlägen nach oben und unten begleitet, die dem konkreten Ernteergebnis entsprachen. Drittens: Der Preisverfall setzte wohl infolge von Marktstörungen erst um 1370, also nicht vor dem Ende derjenigen Periode ein, die man als Übergangsphase vom Zeitalter des Wachstums zum *Zeitalter* der Depression verstehen kann. Bei allen drei Punkten handelt es sich um Durchschnittsfeststellungen. Städtenahe Gegenden wie diejenige des niederländischen Süd-Limburg wiesen dauernd ein stabiles Preisniveau auf.

Für die langfristige Entwicklung der Getreidepreise sind Stagnation und Schrumpfung der Bevölkerungszahl als maßgebliche Ursachen anzunehmen. Durch den Verzicht auf schlechte Böden und die Vergrößerung der Betriebseinheiten stieg offensichtlich die marktbezogene Produktion. So kam es für eine immer von neuem reduzierte Bevölkerung trotz eines absoluten Rückgangs der Produktion häufig zu einem Überangebot an Getreide. Dementsprechend reagierten die Preise. [...] Ein Preisverfall dürfte sich auf dem Lande je nach der Marktverflechtung der Betroffenen sehr verschieden ausgewirkt haben. Größere Bauern, die auf dem Markt verkauften, erlitten in Jahren niedriger Preise starke Einnahmeverluste, erst recht wenn sie hohe Löhne zu zahlen genötigt waren. Kleinere Bauern, die im Wesentlichen zur Selbstversorgung produzierten oder gar Nahrungsmittel hinzukauften, waren wenig betroffen oder sahen sich begünstigt. Für das Marktgeschehen ist auch diejenige Getreidequote zu beachten, die als Abgabe an die Herrschaft geflossen und von ihr weiterverkauft worden ist; leider weiß man darüber sehr wenig. Jedenfalls wurde immer mehr Getreide vom Markt erfasst; es diente auch der Spekulation und den immer planvoller betriebenen Versorgungsmaßnahmen der größeren Städte. Sie kauften alles im Umland Erreichbare auf und pflegten durch Ausfuhrverbote, Bevorratung in Kornhäusern und Kontrolle der Bäcker ihre Interessen.

(Peter Moraw, Von offener Verfassung zu gestalteter Verdichtung – Das Reich im späten Mittelalter 1250–1490, Frankfurt/M. 1989, S. 268–273)

Die Krise erfasst die Stadt – Fallanalyse am Beispiel der „Großen Braunschweiger Schicht" von 1374/75

Immer wieder kam es in spätmittelalterlichen Städten zu Aufständen und Revolten. Die Anlässe hierfür konnten vielfältig sein, doch werden die tieferliegenden Ursachen zumeist in den spätmittelalterlichen Krisenphänomenen gesehen. Zu den am häufigsten von solchen Unruhen erschütterten deutschen Städten zählt Braunschweig.

Braunschweig war im 14. Jahrhundert mit einer Einwohnerzahl von mehr als 15 000 eine der größten deutschen Städte. Regiert wurde Braunschweig von einem „Gemeinen Rat", dem nur Patrizier angehören konnten. In der zweiten Hälfte des 14. Jahrhunderts geriet die Stadt in eine schwere ökonomische Krise, bedingt durch die Folgen der Pest, vor allem aber durch die Beteiligung an kostspieligen militärischen Auseinandersetzungen, die zu einer wachsenden Verschuldung der Stadt führten. Um diese zurückzuzahlen, versuchte der Rat eine zusätzliche Steuer auf Korn einzuführen, was aber auf scharfe Proteste der Zünfte stieß. Dies führte am 17. April 1374 zum Ausbruch schwerer Unruhen (in Braunschweig „Große Schicht" genannt), die in der Vertreibung des patrizischen Rates und sogar der Ermordung einzelner Ratsmitglieder gipfelten. Verlauf und Lösung dieser innerstädtischen Krise können möglicherweise in vielerlei Hinsicht als typisch gelten.

Zeitgenössisches Flugblatt zu einer städtischen Revolte

- **Wie verlief der Aufstand und wie wurde der Konflikt schließlich beigelegt?**
- **Welche tieferliegenden Ursachen hatte der Aufstand?**
- **Zeigen sich in dem Partizipationsstreben der Zünfte frühdemokratische Züge?**
- **Inwiefern können die Auseinandersetzungen in Braunschweig als typisch für das Spätmittelalter gelten?**

Halten Sie einen foliengestützten Gruppenvortrag, der die vier Leitfragen zum Thema hat.

Empfehlungen, wie Sie den Vortrag fach- und sachgerecht vorbereiten können:

1. Verschaffen Sie sich zunächst anhand der Quelle M 1 einen Überblick über die Ereignisse bzw. die von den Beteiligten vertretenen Interessen. Beantworten Sie auf dieser Grundlage die erste Leitfrage.
2. Analysieren Sie unter Anwendung der Basismethode „Sprachliche historische Quellen interpretieren" (s. S. 189 ff.) und unter Berücksichtigung der Begleittexte zu den einzelnen Materialien arbeitsteilig M 2 bis M 5. Formulieren Sie auf dieser Grundlage Antworten auf die zweite und dritte Leitfrage.
3. Erarbeiten Sie mithilfe des Darstellungstextes M 6, inwiefern diese Auseinandersetzung als typisch für das Spätmittlalter gelten kann

MATERIALIEN

M 1 Der Aufstand nach einer Lübecker Chronik

Im Jahre 1374 war in der Stadt Braunschweig der Teufel los und hetzte das Volk gegen den Rat. Ein Teil der Ratsherren wurde totgeschlagen, ein Teil gefangengenommen und geköpft, ein Teil aus der Stadt vertrieben. Wem von den Ratsherren, ihren Kindern und ihrem Geschlecht es gelang, die Stadt zu verlassen, der war am besten dran. Das führerlose Volk lief in die Weinkeller, zerschlug die Fässer und ließ den Wein auf die Erde laufen. Sie führten den Bürgermeister Tue von dem Damme unter schmählicher Misshandlung vor die Stadt, liefen dann in sein Haus und nahmen, was sie fanden, sie legten Feuer an das Haus, dass es bis auf den Erdboden niederbrannte, dann schlugen sie Herrn Tue den Kopf ab. Zu all diesen lästerlichen Missetaten setzten sie aus allen Zünften einen neuen Rat ein, so wie es ihnen behagte. Das Allerschlimmste war, dass sie an die Zünfte aller Städte Briefe sandten, in denen sie ihr Recht dartun wollten und klagten, dass sie zu hart behandelt und beschatzt[1] worden wären, was sie nicht mehr hätten ertragen können. Mit diesen Sendschreiben reizten sie das Volk anderer Städte gegen ihren Rat auf, was schwer zu dulden war. Um dieser und anderer Untaten willen wurden sie aus der Hanse der Kaufleute ausgeschlossen, man durfte ihre Waren weder kaufen noch verkaufen. Sie blieben bis ins siebente Jahr außerhalb der Hanse.

(Chroniken deutscher Städte, Lübeck I, S. 549; zit. nach: W. Lautemann/ M. Schlanke (Hg.), Geschichte in Quellen, Bd. 2: Mittelalter, München (bsv) 1970, S. 747, übers. v. J. Bühler)

[1] beschatzt: besteuert

Allegorie zur „Großen Schicht" von 1374 aus dem Schichtbuch Hermann Botes, 1514

M 2 Schreiben der aus Braunschweig vertriebenen Mitglieder des Stadtrates an die Stadträte anderer Städte

Dem Rat von Braunschweig war Geld nötig wegen Krieges und Fehde [...]. Deswegen hatte der gesamte Rat einen klugen Gedanken und wollte eine Bestimmung festsetzen mit der Zustimmung der Gemeinde und der Ämter um des allgemeinen Nutzens willen auf die folgende Weise: Der Rat lud vor sich die Meister aller Ämter und Gilden, und der Bürgermeister sprach: [...] Wer Getreide in die Stadt führen wolle, der soll für den braunschweigischen Scheffel einen braunschweigischen Pfennig geben. Das haben sie [nämlich der Rat] über sich selbst gesetzt und über diejenigen, die Höfe und Zehnten und Getreiderenten haben, und so müssen auch die Abgabe entrichten Ritter und Knappen, Geistliche, Gäste und Bauern, und das belastet nicht die Gemeinde [...]. [Die Amtsmeister] schieden freundlich von dem Rat. Und sofort, als sie hinweggingen, da entstand sogleich der Aufruhr der Gemeinde und der Ämter. [...] Darum nahmen sie den gesamten Rat in allen fünf Weichbilden[1] gefangen und schlugen aus dem Rat vorsätzlich Brun von Ghustede und Hans von Ghotinghe mit Äxten und mit Schwertern tot und plünderten da ihre Häuser [...].

(Zit. nach: Gerhard Theuerkauf, Einführung in die Interpretation historischer Quellen – Schwerpunkt Mittelalter, Paderborn 1997, S. 135)

[1] Weichbilden: Stadtteile

M 3 Schreiben der Meister der Braunschweiger Bäckerzunft an Zunftmeister in anderen Städten

Darum wisset, liebe Freunde, dass unsere [Gilde] und alle Gilden und die Gemeinde zu Braunschweig über die Maßen sehr beschwert und bedrückt waren von dem Rat daselbst, sodass sie uns und anderen Gilden und der Gemeinde große Gewalttat oft und häufig erwiesen und uns in vielen unserer Angelegenheiten nicht Recht gewährten. Auch fanden wir und die Gemeinde schlechte Verwaltung bei dem Rat; denn sie hatten manches Jahr viel Gut empfangen durch Steuern und aus den Renten der Stadt und hatten dennoch die Stadt in große Schulden gebracht. [...] Über all diese Punkte hinaus hatte der Rat nun zuletzt auf alle Gilden und die Gemeinde beschlossen und gesetzt neue Abgaben und neue Leistungen, die man geben sollte von Tuchen, von Getreide, von Häusern, von Wein, von Bier, von Kühen und anderem Vieh, von mancherlei Kaufmannsware und von anderen Dingen, was vorher nicht gewesen war. Dies war gegen die Freiheit der Stadt, der Gilden und der ganzen Gemeinde und hätte dem Land, dem Kaufmann, den Gästen und Bürgern zu großem Schaden gereichen können [...].

(Zit. nach: Gerhard Theuerkauf, a. a. O., S. 135)

M 4 Auswirkungen der „Schicht" auf das Stadtrecht von Braunschweig

Vorschriften, die 1374/75 ins Stadtrecht eingefügt wurden:

§ 143: Kritik am Rat steht unter Strafe.

§ 144: Wenn es nachts Geschrei (Alarm) gibt, soll jedes Weichbild[1] in Waffen auf dem Markt erscheinen und auf die Befehle des Rats warten.

§ 145: Bei einem Feldzug soll jedes Weichbild so lange bei der Fahne bleiben, wie der Rat wünscht.

§ 146: Wenn nachts Feuer entsteht, soll niemand von den Nachbar-Weichbildern hinlaufen.

§ 147: Bei einem Feldzug soll niemand vorzeitig davonlaufen.

§ 148: Wer dem Rat den Gehorsam verweigert, wird bestraft.

§ 149: Kritik an Ratsdienern und -beauftragten wird bestraft.

§ 150: Wenn es tagsüber Geschrei (Alarm) gibt, soll jeder Pferdebesitzer sein Pferd zur Verfügung stellen.

§ 151: Das gleiche gilt für jeden, der ein Gespann besitzt.[2]

§ 153: Niemand darf ohne Licht des Nachts auf die Straße.

§ 154: Nächtlicher Holzdiebstahl wird bestraft.

(Zit. nach: Richard Barth, Argumentation und Selbstverständnis der Bürgeropposition in städtischen Auseinandersetzungen des Spätmittelalters, Köln (Böhlau) ²1976, S. 168)

[1] Weichbild: Stadtteil

[2] § 152 stammt aus einer älteren Fassung.

M 5 Beschluss der Hansestädte, Braunschweig auszuschließen, 24. Juni 1375

Fürsten, Herren, Städten, Rittern und Knechten, Landen und Leuten ist wohl offenbar und kund, dass die Braunschweiger übel an den ehrbaren Leuten in ihrem Rat gehandelt haben, dass sie sie unschuldig, ohne Gericht oder Verhandlung getötet, ihre Freunde vertrieben, geächtet und beschatzt[1] haben und beiden, den Toten und ihren lebendigen Verwandten, ihr Gut unrechtmäßigerweise genommen haben, und als die Gemeinschaft der Seestädte deswegen mit ihnen Tagungen zu halten begehrte, da versprachen sie dreimal zu kommen und hielten ihr Versprechen nicht; als sie dann zuletzt in Lüneburg mit den Städten verhandelten, weigerten sie sich, Recht für Unrecht zu tun. Da sie nun immer noch in ihrer Verstocktheit beharren, an ihrer Untat festhalten und nicht die Absicht haben, Sühne zu geben, so haben die Städte der deutschen Hanse mit Einwilligung der anderen Städte, die zu ihrem Rechte gehören, einträchtig beschlossen, dass sie die Braunschweiger aus der Hanse und den Rechten und Freiheiten des Kaufmanns stoßen wollen, also dass kein Kaufmann in England, Flandern, Dänemark, Norwegen, Nowgorod oder sonst irgendeiner Stadt, die im Recht des Kaufmanns steht, Gemeinschaft oder irgendwelchen Handel mit den Braunschweigern haben soll, weder zu Lande noch zu Wasser, weder im Zuführen noch im Fortbringen bei Verlust von Ehre und Gut. Auch soll man niemandem gestatten, ihnen Waren zu bringen oder fortzuführen, wenn man es hindern kann. Ferner sollen weder die Braunschweiger noch ihre Waren in irgendeiner Stadt, die im Recht des Kaufmanns steht, Geleit oder Sicherheit haben. In welcher solcher Stadt die Verwandten der Toten oder wen dies sonst angeht, leben, da soll man die, die mit Rat und Tat bei dem Mord geholfen haben, nach der Höchststrafe richten.

Alle diese geschriebenen Bestimmungen sollen solange gelten, bis die Braunschweiger für ihre Missetaten so viel Sühne getan haben, als redlich und möglich ist.

(Hanserezesse II, S. 106; zit. nach: Lautemann/Schlenke (Hg.), a. a. O., S. 747, übers. v. J. Bühler)

[1] beschatzen: besteuern, hier im Sinne von erpressen, abpressen

Bitte um Wiederaufnahme in die Hanse: „Braunschweig demütigt sich vor der Hansa" (kolorierter Holzschnitt nach einer Zeichnung von Adolf Erhardt, um 1850)

M 6 Der Historiker Peter Moraw über Unruhen in der spätmittelalterlichen Stadt (1989)

Das stark verdichtete politische, soziale und wirtschaftliche Leben zumal in den mittleren und großen Städten war ein günstiger Nährboden für Konflikte ganz verschiedener Art. Im Hochmittelalter hatte die Auseinandersetzung mit dem Stadtherrn im Vordergrund gestanden. Die spätmittelalterlichen Konflikte fanden ihren Schwerpunkt in der mündiger gewordenen Stadt selbst. Gleichwohl blieben auswärtige Mächte – vom König abwärts – je nach der Verfassungszuordnung und dem inneren Gefüge der Stadt beteiligt. Entscheidend war freilich jetzt dieses Gefüge selbst.
Zum Verständnis des politischen Gegeneinanders in der Stadt sind drei Grundgedanken hilfreich. Erstens: Die Stadtverfassung war nicht anpassungsfähig genug, um sich rechtzeitig auf wirtschaftlich-soziale Veränderungen in der Stadt einzustellen. Das führende Gremium, der Rat – teilweise auch noch das ältere Schöffenkollegium –, war vornehmlich durch Selbstergänzung in den erblichen Besitz eines kleinen Kreises bevorrechtigter Familien gelangt. Diese stellten nach einiger Zeit nicht mehr die ökonomisch führenden und dynamischen Kräfte der Stadt dar, behaupteten jedoch die Macht. Zweitens: Die Auseinandersetzung mit dem Problem der Veränderbarkeit der Machtelite war ein langfristiger Vorgang. Dazu gehörten Perioden relativer Stabilität und problematischer Labilität ebenso wie Versuche friedlicher und gewaltsamer Konfliktlösung. Unruhen waren demnach nur Höhepunkte im langdauernden Prozess der städtischen Herrschaftsumbildung. Vieles, vom Anspruch breiter Gruppen bis zum politischen Ehrgeiz von Einzelpersonen, hatte innerhalb, aber auch außerhalb der Stadt daran teil; mehrere Motive konnten sich verflechten. Drittens: Weil jede Stadt in allen diesen Hinsichten ein Individuum war, gab es keine stadtübergreifenden Konfliktbewegungen, besonders keine „revolutionäre" Solidarität über die Mauern hinaus. Auch die Ergebnisse der Herrschaftsumbildung waren von Stadt zu Stadt anders. Es handelte sich eben um politische Auseinandersetzungen, eventuell mit sozialen Aspekten, aber nicht um Sozialkonflikte im neueren Sinne. Übergreifend wurde im Laufe der Zeit allein das defensive Verhalten der alten Führungsgruppen. Innerhalb der Städtebünde vereinbarte und praktizierte man wechselseitige Unterstützung gegen die jeweiligen Neuerer. Dies geschah im Schwäbischen Städtebund und besonders intensiv in der Hanse. So brach eine gegen Stettin verhängte „Verhansung"[1] den Widerstand der Gemeinde, die die 1418 vom Hansetag beschlossene Aufstellung einer Tafel hinnehmen musste, die ein Aufruhrverbot verkündete.
Die Anzahl derjenigen städtischen Konflikte, die sich bis zur gewaltsamen Unruhe gesteigert haben, ist groß. Es waren mehrere Hundert in sicherlich mehr als hundert Städten. Einige wenig deutliche Auseinandersetzungen bald nach 1250 in Köln, Dortmund, Soest, Wetzlar und Basel machten den Anfang. Klarer sichtbar wird der gewaltsame, teilweise noch durch die Auseinandersetzung mit dem Stadtherrn verursachte Konflikt von den achtziger Jahren des 13. Jahrhunderts an, zumal in Erfurt (1283), Rostock (1286), Braunschweig und Magdeburg (1293). Von den vielen Städten, in denen es im 14. Jahrhundert Revolten gegeben hat, lassen sich hier nur einige nennen: Straßburg (1308), Metz (1326), Breslau (1333), Zürich (1336), Nürnberg (1348), Frankfurt am Main (1364) und Lübeck (1380). Mehrfach in Konflikte verwickelte Städte waren unter anderen: Aachen, Köln, Braunschweig, Konstanz, Ulm und Augsburg. Das Reichsgebiet war in seiner ganzen Ausdehnung betroffen. Darunter befanden sich auch nicht wenige Kommunen, die, wie Görlitz oder Bautzen, als Territorialstädte weniger Bewegungsfreiheit genossen als Reichsstädte und Freie Städte. Augsburg, Regensburg, Ulm, aber auch Köln erlebten innerstädtische Auseinandersetzungen bei Versuchen aus dem Stadtadel, es den oberitalienischen Städten gleichzutun und eine diktaturähnliche Signorie[2] zu errichten. Basel, Straßburg und Köln hatten sich mit besonders starken, inzwischen den landgesessenen Rittern nahegerückten Stadtadelsgruppen auseinanderzusetzen, Lüneburg und Reval mit der Stadtgeistlichkeit in sogenannten Pfaffenkriegen. Auch im 15. Jahrhundert ereigneten sich zahlreiche gewaltsame Konflikte.

(Peter Moraw, Von offener Verfassung zu gestalteter Verdichtung – Das Reich im späten Mittelalter 1250–1490, Frankfurt/M. (Ullstein) 1989, S. 288 f.)

---

[1] Verhansung: Ausschluss aus der Hanse
[2] Signorie: Regierungsform oberitalienischer Städte mit einem dominanten Adelsrat an der Spitze (ital. Signoria)

Die „Reformatio Sigismundi" – eine Streitschrift für die Reform von Reich und Kirche

Im Jahre 1439 schrieb ein bis heute unbekannter Verfasser eine bemerkenswerte Streitschrift, in der die Missstände im Heiligen Römischen Reich angeprangert und leidenschaftlich Reformen gefordert werden. Von der Schrift sind fünf verschiedene Fassungen und 17 Handschriften erhalten – was schon für eine bemerkenswerte Wirkung und Verbreitung spricht. Nach der Erfindung des Buchdrucks erlebte sie in den Jahren zwischen 1476 und 1522 acht Druckauflagen.

Die Schrift, anscheinend während des Basler Konzils entstanden, erschien in deutscher Sprache (auch wenn sie meist in der lateinischen Übersetzung des Titels) zitiert wird. Im Titel selbst, „Reformation Kaiser Siegmunds", wird ein Kaiser bemüht – offensichtlich in Anspielung auf den 1437 verstorbenen Kaiser Sigismund, den letzten Herrscher aus der Luxemburger Dynastie im Heiligen Römischen Reich.

- **Wie stellt die Streitschrift die Zustände im Heiligen Römischen Reich dar?**
- **Welche Ziele verfolgte der Verfasser und was bedeutete „Reformation" für ihn?**
- **Wie ist die Streitschrift heute zu bewerten?**

Entwerfen Sie ein Poster, das die vom Verfasser der Streitschrift beschriebenen Missstände auflistet und die geforderte Abhilfe beschreibt. Diskutieren Sie in Ihrem Kurs, was damals „reformatio" bedeutete, und bewerten Sie Absichten und Ziele des Verfassers!

Vorschlag zum Vorgehen:

1. Lesen Sie individuell den Auszug aus der Streitschrift M 1.
2. Sammeln Sie in einem gemeinsamen Kursgespräch zunächst wesentliche Aspekte, indem Sie die vom Verfasser benannten Missstände und die von ihm angesprochenen Gruppen benennen. Erarbeiten Sie dann in Partnerarbeit zu diesen Aspekten (Stichpunkten) Formulierungen für das Poster, in dem Sie
   a) auf die Beschreibung der Missstände und
   b) auf die in der Streitschrift vorgeschlagene Abhilfe eingehen.
3. Erörtern Sie im Kursgespräch den Bedeutungsinhalt des Begriffes „reformatio"; ziehen Sie dazu auch M 2a–c heran. Bewerten Sie in einer abschließenden Diskussionsrunde Absichten und Ziele der Denkschrift.

Tipp: Sie können parallel zu Ihrer Erarbeitung des Posters eine Kleingruppe mit einer Internetrecherche zur Entstehung und Verbreitung der Streitschrift beauftragen.

MATERIALIEN

M 1 Die Reformation Kaiser Sigismunds

[…] Gerechtigkeit leidet Not, nichts steht in seiner rechten Ordnung. Darum entzieht uns Gott seine Gnade und das mit Recht, denn wir verachten seine Gebote, und was er geboten hat, das wird leicht genommen und ohne alle Gerechtigkeit. Aber eines soll man wissen, es kann nicht mehr so weiter gehen, außer man hat eine rechte Ordnung des geistlichen und weltlichen Standes. […]

Wie aber soll diese Ordnung aussehen? Es weiß manch geistlicher oder weltlicher Herr genau, wie sich unser Herr, der Kaiser Sigismund, beklagt hat über die Kurfürsten, weil sie dem Heiligen Reich feste Plätze und Zölle entzogen haben, sodass das Reich davon geschwächt worden ist. Die Ursache dafür liegt darin, dass die Könige diese [an die Kurfürsten] verpfändet und auch sonst zu große Zugeständnisse an diese gemacht haben, sodass sie kaum mehr über Einkünfte aus dem Reich verfügen, infolgedessen auch nicht mehr in der Lage sind, das Reich ausreichend zu verwalten.

Alle sollen nach kaiserlicher Ermahnung die zum Reichsgebiet gehörigen Teile zurückgeben, wo sie sich auch finden, bei den Kurfürsten oder anderswo. […]

Was aber kann ein König ordnen? Krieg vermag er nicht zu beenden, da die Beteiligten nicht so gehorsam sind, wie sie sein sollten. Weiterhin sehen alle Reichsstädte darauf, dass sie keinem Herrn untertan sind; das sehen sie als ihre wichtigste Aufgabe an; an diesen Bestrebungen krankt das Reich fortwährend. Es ist soweit gekommen, dass überhaupt kein König mehr gewünscht wird. Man will sich Freiheiten herausnehmen, die nur dem Haupt des Reiches zustehen. Dieweil die Katze schläft, regieren die Mäuse. […]

Vom Papst, der alle Dinge in der Hand hat, war verordnet, dass beide, die Ritterschaft und die Reichsstädte, das Reich vor allen Einfällen, die dem Reich oder den heiligen Kirchen Schaden zufügen könnten, schützen sollten. Das ist der Grund für ihre Vorrechte. Wenn es sich fände, dass sich Ritterschaft oder Städte nicht an das hielten, was sie geschworen haben, soll man sie daran erinnern, dass sie ihrer Rechte verlustig gehen können. […]

Man muss auch wissen, dass ein Übel in den Städten und auch auf dem Lande entstanden ist: Es will jedermann Gewerbe treiben, mehr als ihm zusteht. Einer ist Weinhändler und verkauft trotzdem Salz oder Tuche. Ein anderer ist Schneider, stellt aber auch Tuche her; einer ist Schuhmacher und gerbt auch Leder. Man sehe sich alle Handwerke an! […]

Wollt ihr hören, was Kaiserrecht gebietet? Und unsere Vorfahren sind keine Narren gewesen. Das Handwerk ist dazu gedacht, dass jeder sein täglich Brot damit verdienen soll. Niemand soll anderen in dessen Handwerk eingreifen. So findet jedermann sein Auskommen. Das Handwerk, das jemand angenommen hat, das möge er ausführen, kein anderes. Darauf zu achten, gebieten wir allen Reichsstädten bei einer Strafe von 40 Mark Goldes bei Übertretungen. Niemand soll dem anderen sein täglich Brot wegnehmen. Die Strafzahlung fällt dem Reich zu. […]

Man soll auch dieses wissen: Die Kaufleute, die übers Meer nach Venedig oder anderswohin fahren, die […] machen einen Anschlag, wie es ihnen nützet, und bereden sich, dass man zu Wien weiß, was hier der Kaufpreis ist, und sagen, ihnen sei es übel auf dem Meer ergangen. Nehmen Gewinn wider alles Recht.

Um das zu verhindern, soll man an allen Meerhäfen ein Reichssiegel haben und alle Kaufmannsware, die da verkauft wird, prüfen, jede für sich, ob sie rechte Ware sei. […] Und die Ware soll in ein Kaufhaus gebracht werden und da bleiben, bis ein Bürgermeister und zwei Ratsherren sie begutachten. Preise und Qualität der Waren sollen durch öffentlichen Anschlag bekannt gemacht werden und für jedermann gleich sein, ob reich oder arm. So bleibt der Kaufmann ehrenhaft, versündigt sich nicht gegen Gott und arme Leute werden nicht betrogen.

Es gibt auch immer mehr große Gesellschaften, die sich zusammentun und Handel treiben. Gleich ob die Geschäfte gut oder schlecht gehen, richten sie es so ein, dass sie nicht verlieren. Sie verlieren niemals. Sie treiben allerlei Possen, die den Städten und Ländern nicht bekommen. Man soll darauf achten, dass nirgends solche Gesellschaften gegründet werden, weder von Adligen noch von Bürgern. Wo sie aber bestehen, so soll jedermann ohne jede Bestrafung erlaubt sein, sie zu berauben, bis sie zerstört sind. […]

Nun merkt, wie es mit Zwang und Bann nach kaiserlicher Ordnung stehen soll. Die Fürsten, die Landesherren sind, die haben teilweise wohl kaiserliche Rechte inne. Aber viele Grafen, freie Ritter und andere Edelleute üben auch solche Rechte aus, machen Leute leibeigen und nehmen Steuern von ihnen, obwohl sie schon für Holz und Feld Abgaben zahlen müssen.

Es ist eine ungeheure Sache, dass man in der heiligen Christenheit öffentlich sagen muss, dass es ein großes Unrecht ist, das passiert, und dass einer vor Gott die Stirn hat, einem Menschen zu sagen: „Du bist mein eigen". Bedenkt doch, dass Gott diesen Menschen durch seine Leiden erlöst und befreit hat, und niemand soll sich auf Erden über den andern erheben. […]

Auch ist es leider dazu gekommen, dass Geistliche Eigenleute nehmen […]. Die Klöster und die Leute, die

Geistliche heißen, sollten ihre geistlichen Aufgaben wahrnehmen. Nun nehmen sie sich der weltlichen Dinge an; sie wissen vor Reichtum nicht was sie tun sollen, sie verletzen ihre Regeln. [...]

Auf dem Lande gibt es viele gute Äcker, Wiesen und Höfe, die sind mit Zinsen [Abgaben] schwer belastet. Zu den Höfen gehören Haus, Weide, Wald und Äcker, die der Bauer mit seinem Vieh nutzen kann. Dafür zahlt er ohnehin schon Abgaben. Nun erhöht man noch die Abgaben: man entzieht ihnen die Waldungen und nimmt ihnen ohne Erbarmen die Weide weg. Man plündert sie förmlich aus, obwohl man von ihrer Arbeit lebt.

Weder Holz [Wald] noch Weideland dürfen den Bauern entzogen werden, es sei denn, sie verzichten freiwillig darauf. [...] Diesen Missbrauch soll man abschaffen, denn er ist wider Gott und alles Recht.

(Übertragung aus dem Mittelhochdeutschen teilweise in Anlehnung an: Deutsche Geschichte in Quellen und Darstellungen, hrsg. von Rainer A. Müller, Bd. 2: Spätmittelalter 1250–1495, Stuttgart (Reclam) 2000, S. 403ff.)

M 2 Historiker über den Begriff der „reformatio"

a) Malte Prietzel

Das Wort „Reform" suggeriert das, was wir heute damit meinen, nämlich eine zielgerichtete Veränderung gesellschaftlicher und politischer Zustände, bei der bewusst Neues geschaffen wird. Im 15. Jahrhundert meinte „Reform des Reichs" jedoch (wie jede *reformatio*) „Wiederherstellung", nämlich den Versuch, die alten, guten Zustände wiederherzustellen. Die Reformen des 15. Jahrhunderts bezogen ihre Leitbilder also aus der Vergangenheit. Der Grundton gerade der Reformschriften ist nach heutiger Auffassung daher ein konservativer. Dass bei den Bemühungen um Veränderungen in der Reichsstruktur etwas Neues herauskam, war so nicht beabsichtigt. Das Wort „Reichsreform", aus unserer Sicht benutzt, greift also zu weit.

(Malte Prietzel, Das Heilige Römische Reich im Spätmittelalter, Darmstadt (WBG) 2004, S. 114)

b) Luise Schorn-Schütte

Den Zeitgenossen aber war die Berufung auf die alte Ordnung die zentrale Legitimation, die jede Forderung nach Wandel brauchte. Und für sie war diese Forderung deshalb fern aller Revolution, verstanden als Ablösung des Bestehenden. [...] Die zeitgenössische Absicht, Veränderungen durch Wiederherstellung der verfälschten Vergangenheit zu erreichen, ist ja nur gemessen an den Wertmaßstäben des zwanzigsten Jahrhunderts reaktionär. „Reformatio als regeneratio" – so formulierte es Erasmus v. Rotterdam, der Zeitgenosse.

(Luise Schorn-Schütte, Die Reformation – Vorgeschichte, Verlauf, Wirkung, München (Beck) [5]2011, S. 26)

c) Ernst Schulin

[...] das Mittelalter hatte unseren Revolutionsbegriff nicht, obwohl es tatsächlich Veränderungen gab, die etwas Revolutionäres hatten: etwa die Verfassungskämpfe der Stadtkommunen, die Hussitenbewegung, die Bauernaufstände des 14. und 15. Jahrhunderts. All das wurde begriffen und proklamiert entweder als Aufruhr (seditio, rebellio), also als Vergehen gegen die anerkannte Gesamtordnung und damit als Vergehen gegen Gottes Gebot – vorzugsweise, wenn die Sache misslang –, oder als Widerstand gegen unrechtmäßig handelnde Herrschergewalt, also als Wiederherstellung des guten alten Rechts. [...] Auch die kirchlichen Neuerungen wurden als Wiederherstellungen aufgefasst, Wiederherstellungen nach erkannten Abweichungen vom wahren heilsgeschichtlichen Weg. Man nannte es *re*formatio – ein Begriff, der dann auch, neben *re*novatio, für weltlich-verfassungsmäßige Neuerungswünsche üblich wurde. [...]

Das Wort *revolutio, rivoluzione* war nach dem abfälligen Gebrauch durch die Kirchenväter abgesunken zu „Aufwiegelung, Wirren", und so braucht es Machiavelli, dabei übrigens typischerweise niemals für Umwälzungen, die Erfolg gehabt haben.

Auch das revolutionsähnlichste Ereignis des späteren 16. Jahrhundert, nämlich die Erhebung der Niederlande gegen Spanien, nannte man nicht Revolution und sah es auch nicht als eine solche in unserem Sinne an, sondern vielmehr wie im Mittelalter als Bewahrung alter Rechte und als Ausübung des gesetzlichen Widerstandsrechtes.

Kurz danach, zu Beginn des 17. Jahrhunderts, fand aber das Wort Revolution von neuem Eingang in den Wortschatz der Politiker. [...] 1543 erschien das Hauptwerk von Kopernikus: „De revolutionibus orbium coelestium", d.h. über die regelmäßigen Rundbewegungen der Gestirne, und man spekulierte nun darüber, wie man die vielen politischen und religiösen Veränderungen der Welt mit den Bewegungen der Gestirne in Verbindung bringen könnte [...].

Im Laufe des [17.] Jahrhunderts zog man das Wort Revolution dann immer mehr von den Gestirnen auf die Erde herab und trennte es immer mehr von ihnen. Aus der kosmischen Macht wird mehr und mehr etwas Weltliches: die geschichtliche Notwendigkeit, die staatlich-gesellschaftliche Berechtigung des Umschwungs.

(Ernst Schulin, Die Französische Revolution, München (Beck) [2]1989, S. 15ff.)

Das Spätmittelalter: Zeitalter der Krisen oder Epoche des Umbruchs?

Tod, Hunger, Krieg und Pest ziehen über das Land und kommen als Gottes Strafe über die Menschen. So wie der zeitgenössische Künstler Albrecht Dürer sahen lange Zeit auch Historiker die Epoche des Spätmittelalters. Zu offensichtlich schienen die krisenhaften Symptome im Gefolge der großen Pestwelle von 1348/49, die oft noch sehr lange nachwirkten. Erst in jüngerer Zeit wurde die Etikettierung dieser Zeit als Krise von Historikern in Zweifel gezogen.

- **Lässt sich das Spätmittelalter wirklich als eine Zeit der Krisen deuten oder handelt es sich um eine Epoche des Umbruchs?**

Die vier apokalyptischen Reiter
(Albrecht Dürer, 1498)

Präsentieren Sie auf Positionsplakaten fachwissenschaftliche Positionen und ihre Begründungen, die in der fachlichen Diskussion vertreten werden, und vergleichen Sie mit Blick auf die Leitfrage die Auffassungen im Kursgespräch.

Vorschläge, wie sie eine anschauliche Präsentation erstellen und sich auf das Kursgespräch inhaltlich vorbereiten können:

1. Lesen Sie in Einzelarbeit die Textauszüge M 1 – M 4 kursorisch durch. Entscheiden Sie, zu welchem der vier Darstellungstexte Sie zusammen mit Mitschülerinnen bzw. Mitschülern in Dreier- oder Vierergruppen ein Positionspapier erarbeiten möchten.

2. Analysieren Sie in Ihrer Kleingruppe den ausgewählten Text. Wenden Sie dabei den Arbeitsschritt 2 der Basismethode „Historische Darstellungen analysieren und sich kritisch mit ihnen auseinandersetzen" an.
   → Tipps zur Vorgehensweise:
   - Jeder liest den Text und skizziert die Kernaussagen und die zentralen Argumente.
   - Stellen Sie sich Ihre Analyseergebnisse gegenseitig vor. Vergleichen Sie Ihre Arbeitsergebnisse und nehmen Sie notwendige inhaltliche Ergänzungen und Korrekturen vor.
   - Formulieren Sie gemeinsam ein Positionsplakat, das die Sichtweise Ihres Autors sachlich differenziert und anschaulich zusammenfasst.

3. Finden Sie sich anschließend in Expertengruppen zusammen und tauschen Sie sich über Ihre Ergebnisse aus. Vergleichen Sie diese und tragen Sie Ihre Ergebnisse auf dem Plakat ein. Markieren Sie ggf. Unterschiede in den Positionen durch verschiedene Farben.

4. Stellen Sie Ihre Plakate im Plenum vor und diskutieren Sie diese im Kursgespräch.

MATERIALIEN

M 1 Ferdinand Seibt (1987): Gesellschaft in Bewegung

Krise bedeutet also nicht einfach das Aufhören von Expansion; aber ohne Zweifel waren die natürlichen Grenzen des Wachstums zu Anfang des 14. Jh.s in weiten Regionen erreicht, die gerade dem abendländischen Europa die langfristige Dynamik ermöglicht hatten, und nun verzehrte sich eine auf solche Weise über lange Zeit hin dynamisierte, expansionsgewohnte Gesellschaft in inneren Rivalitäten. Die Zeichen der Krise, den Verlust einer vorangegangenen Einheit, empfand man bereits, ehe die große Pest seit 1347 durch Europa ging. Immer noch aus der Gedankenwelt einer solchen Einheit, wie sehr sie auch der Rückblick schon für die Zeitgenossen des 14. Jh.s verklärt haben mochte, hielt man sogar gelegentlich die Pest für eine Folge der Krise. [...] Das Bild dieser Krise wäre aber völlig einseitig im herkömmlichen Sinn, wollte man nicht auch die neuen Kräfte berücksichtigen, die sich zur selben Zeit entfalteten, trotz des ungeheuren Bevölkerungsverlustes durch die Pest. Im wirtschaftlichen Bereich ergab sich neben dem Abstieg alter der Aufstieg neuer Produktionszweige, oft mit Ortsverlagerungen und dem Wechsel von Konsumgewohnheiten. In der Technik führte das zur Entwicklung großer wasser- und windgetriebener Kraftmaschinen für die Bearbeitung von Holz und Eisen, zur Blech-, Draht- und Papierherstellung, zu Verbesserungen im Bergbau. Der Handel brachte die Expansion neuer Fernstraßen über Land und See. Im politischen Raum führte die Entwicklung zum Aufstieg von Parvenüs in den italienischen Stadtstaaten, im Herzogtum Burgund, in den republikanischen Kräften der Schweizer Eidgenossenschaft. Im intellektuellen Leben führte die krisenhafte Entwicklung der Kräfte zu großräumigen Bewegungen, zu Gründungswellen von Universitäten, die im 13. Jh. Westeuropa erfüllten, in der Mitte des 14. Jh.s auch Mitteleuropa. Ein solcher „Frühling im Mittelalter“ ist längst konstatiert worden. Er stellte den älteren Krisenbegriff infrage, aber er ist wohl vereinbar mit dem Verständnis der vorangehenden gesellschaftlichen Expansion. Man muss ihn also in die rechte Vorstellung vom Auf- und Umbruch jener Zeit miteinbeziehen. Auf diese Art erweist sich die spätmittelalterliche Krise nicht schlechthin als Niedergang, sondern als innergesellschaftliche Bewegung von besonderer Kraft und Tiefe. [...]

(Ferdinand Seibt, Von der Konsolidierung unserer Kultur zur Entfaltung Europas; in: Theodor Schieder (Hg.), Handbuch der Europäischen Geschichte, Bd. 2, Stuttgart (Klett-Cotta) 1988, S. 35)

M 2 Hartmut Boockmann (1987): Die Problematik der Quellenlage

Diese Zeit konnte vor allem deshalb als eine Periode der Krisen und beschleunigten Entwicklungen verstanden werden, weil nach gewöhnlichem Verständnis um 1500 ja das Mittelalter zu Ende ging. So schien sich eine Zeit des Niedergangs und der Katastrophen unmittelbar vor den heftigen Konvulsionen im 16. Jahrhundert, aus denen die Neuzeit geboren wurde, fast von selbst zu verstehen.

Solche Erklärungen sind in dem Maße fragwürdig geworden, wie die moderne Forschung die traditionelle Einteilung der Zeitalter aufgelöst hat und ihnen allenfalls einen relativen Wert für die Erklärung geschichtlichen Wandels zubilligt. In weiten Bereichen des Lebens hat sich dort, wo wir traditionell – und in Grenzen vernünftig – die Scheide zwischen Mittelalter und Neuzeit ansetzen, wenig geändert. Wirklich grundlegende Wandlungen finden sich zum Beispiel in der Agrarverfassung und in der landwirtschaftlichen Produktion um 1100 und dann wieder um 1800. Wie groß die Bedeutung des Bauernkrieges für die deutsche Geschichte des frühen 16. Jahrhunderts auch gewesen ist: die Strukturen von Landwirtschaft, Agrarverfassung und Bauerntum hat er nicht verändert.

Umso deutlicher glaubt man seit einigen Jahrzehnten grundlegende Wandlungen der wirtschaftlichen Konjunkturen im späten 14. und dann wieder im frühen 16. Jahrhundert zu erkennen. Nach der Mitte des 14. Jahrhunderts, also nach der großen Pestwelle, begann jene spätmittelalterliche Agrarkrisis, die durch den säkularen Tiefstand der Getreidepreise und durch die hohen Löhne in den Städten charakterisiert wird. Sie dauerte bis ins frühe 16. Jahrhundert. Lässt sich von hier aus eine allgemeine Krise erklären?

Die Agrarkrisis hatte nicht nur für Land- und Stadtbewohner ganz unterschiedliche Folgen. Auch auf dem Lande konnte man unter ihr leiden oder von ihr profitieren – je nach dem Maße, in dem man am Marktverkehr teilnahm, je nach den Dimensionen des eigenen Betriebes. Und auch in den Städten herrschte nicht für alle das „goldene Zeitalter der Lohnarbeit“. Doch sieht man deutlich, dass die für die städtische Wirtschaft so günstigen niedrigen Getreidepreise auch den Armen zugute kamen. Jetzt wurden die großen Getreidespeicher errichtet, die in vielen Städten heute noch sichtbar sind. Sie erlaubten es, in den Städten Hungersnöte durch gehortetes und im Notfall verbilligt abgegebenes Getreide zu lindern. Während die ländliche Bevölkerung den immer wieder auftretenden Missernten bis ins 19. Jahrhundert, bis zur Einführung der Kartoffel als eines zweiten Grundnahrungsmittels, im extremen Falle hilflos ausgeliefert war,

konnte der Hungertod in den Städten nun als besiegt gelten. Das aber würde zu einer allgemeinen Krise ebenso wenig passen wie der Reichtum, der in den Städten so offensichtlich wuchs und sich nicht nur in den Händen weniger konzentrierte. [...]
Als eine allgemeine, alle wichtigen Lebensgebiete umfassende Krise ist denn die Agrarkrisis in aller Regel auch nicht verstanden worden. [...]
Die Zahl der uns bekannten sozialen Unruhen auf dem Lande wie in den Städten nimmt seit dem 14. Jahrhundert langsam zu. Auch hier bleibt offen, ob das mit einem Wachstum der Sache oder nicht vielmehr den Nachrichten von ihr zu tun hat. Die Erregtheit und Erregbarkeit „der Zeit" ist im Hinblick auf das spätere Mittelalter nicht selten konstatiert worden. Aber wer ist die Zeit? Wie gewinnt der Historiker die Sicherheit, einzelne, voneinander isolierte Aufstände, die den Zeitgenossen nicht als etwas miteinander Zusammenhängendes bewusst wurden, die also auch schwerlich in Wechselwirkungen miteinander standen, nachträglich zu verknüpfen und insgesamt zum Ausdruck eines Zeitgeistes zu erklären? Und muss man nicht eine entsprechende Frage an die Agrarkrise richten? Wo liegt die Legitimation dafür, aus Getreidepreisen, die sich von Jahr zu Jahr wandelten, mithilfe von statistischen Manipulationen, vor allem durch das Einebnen der oberen und unteren Werte, einen Trend für eineinhalb Jahrhunderte zu rekonstruieren, der den Zeitgenossen nicht bekannt sein konnte und der sie infolgedessen auch nicht in ihrem Handeln bestimmen konnte? [...]
Dennoch lassen sich generelle Bewegungen fassen. Schon die Quellen liefern entsprechende Urteile – wenn freilich auch nicht einfach die Zeugnisse eines „Zeitgeistes". Diese Zeugnisse bedürfen vielmehr der Quellenkritik. Man darf sie nicht überschätzen. [...]
Die zeitgenössischen Quellen überliefern dort, wo sie höchst erwünschte Generalaussagen zu bieten scheinen, in Wirklichkeit doch nur subjektive Meinungen.

(Hartmut Boockmann, Stauferzeit und spätes Mittelalter – Deutschland 1215–1517, Berlin (Siedler) 1987, S. 237–241)

M 3 Peter Moraw (1989): Regionale Unterschiede

Von ungefähr 1350 an – ganz im Westen schon seit dem ausgehenden 13. Jahrhundert, im Osten aber erst um 1370 oder noch später – setzte sich ein Wandel in der „Großwetterlage" des deutschen Spätmittelalters durch. Eine wenig problematische Wachstumsperiode ging zu Ende, und es begannen schwierige Jahrzehnte: Zeiten ohne viel Zugewinn, der Krise, des Stillstands oder Rückschritts, der Not und Unsicherheit, ja der Katastrophen, aber auch des Wandels und der Erneuerung, hie und da sogar der stürmischen Fortentwicklung. Das Zeitalter der Krise und Wandlung war weniger einheitlich als das vorausgegangene des Wachstums, sodass sich Gemeinsames über das wirtschaftliche, soziale und geistige Leben in Stadt und Land nur noch schwer feststellen lässt.
Unter demselben Vorbehalt stehen die Begriffe der Krise und der Wandlung selbst. Sie verlieren an Wert und Präzision, wenn man sie auf längerfristige Entwicklungen statt wie gewohnt auf kurzzeitige Umschwünge anwendet. Gleichwohl ist das Reden von Krise und Wandlung unentbehrlich, will man das Wesen der Veränderung treffend kennzeichnen. Es sollte aus ihnen nur nicht abgeleitet werden, die zahlreichen, verschiedenartigen Erscheinungen hätten einen festen Zusammenhang oder gar eine gemeinsame Ursache gehabt.
Es charakterisiert die Mittelposition der deutschen Geschichte, dass größere Klarheit über ihre Krise und ihren Wandel erst dann bestehen wird, wenn mehr Einsicht in die Verhältnisse Europas gewonnen ist. Denn Deutschland bestand um 1350 – wie davor und danach – sowohl aus westeuropäisch-gereiften als auch aus osteuropäisch-jüngeren Bereichen. Der allgemeinste Befund über die Ursache des Wandels vom Wachstum zum Stillstand besagt, dass die Europäer an die natürlichen Grenzen des Ausbaus und der Weiterentwicklung stießen. Das Bevölkerungswachstum verlangsamte sich im Westen des Kontinents früher als im Osten, im Rheinland wohl zwei Generationen eher als in Böhmen oder Schlesien. So trafen die schwere Hungersnot von 1315 bis 1317 und die dreißig Jahre später um sich greifende Pest wohl auf eine hier schon stagnierende und dort sich noch vermehrende Bevölkerung und wirkten sich unterschiedlich aus.
Daher empfiehlt es sich, von ungefähr 1300 bis ungefähr 1370 eine Übergangszeit anzunehmen, die sehr uneinheitlich beschaffen war. In dieser Periode dürfte es im Westen des Reiches wesentlich mehr harte Krisenjahre gegeben haben als im Osten. Die darauf folgende Phase, das Jahrhundert zwischen 1370 und 1470, erscheint insofern einheitlicher, als negative Momente von langer und von kurzer Dauer in die gleiche Richtung gewirkt haben. Aber auch in dieser Periode blieben erhebliche Unterschiede bestehen. Stadt und Dorf verhielten sich nicht gleich, nicht einmal große und kleine Städte. Ähnliches lässt sich über die politische Organisation sagen. Während der lokale, kleine Adel vielfach destabilisiert wurde und das Gesamtreich angesichts seiner geringen „Abschöpfungsquote" wenig berührt zu sein schien, war das werdende Territorium als das dichteste staatliche Gebilde in gegensätzlicher Weise mit Krise und Wandel verknüpft. Auch in seiner Entwicklung sind Phasen des Stillstands zu beobachten, zumal in der zweiten Hälfte des 14. Jahrhunderts; auf lange Sicht aber war die Lan-

desherrschaft eher Nutznießer des Zeitalters, weil sie wegen der Vielfalt ihrer Hilfsmittel am Ende den relativ geringsten Schaden davontrug und damit ihre Gegenspieler überholte.

Besonders gut erkennbar sind die Zeichen von Krise und Wandlung bei der Bevölkerungsentwicklung und beim ländlichen Wirtschaften. Die politischen, religiösen und geistigen Krisen des Zeitalters, die sich von einer vermehrten Erregbarkeit über Reformforderungen in Kirche und Reich zu Konflikten, Ausschreitungen und Massenverbrechen steigern konnten, zeigten sich am deutlichsten in der Stadt.

(Peter Moraw, Von offener Verfassung zu gestalteter Verdichtung – Das Reich im späten Mittelalter 1250–1490, Frankfurt/M. (Ullstein) 1989, S. 263f.)

M 4 Frank Rexroth (2012): Krise und Aufbruch

Lange Zeit hat man das späte Mittelalter deshalb in so düsteren Farben gemalt, weil man es an idealisierten Zuständen davor und danach maß – aus nationalistischer Perspektive an der glorifizierten Stauferzeit[1], unter protestantischem Blickwinkel an der Reformation. In der Tat gibt es Anzeichen dafür, dass die Rahmenbedingungen menschlichen Wirtschaftens und Zusammenlebens gegenüber dem hohen Mittelalter schwieriger geworden waren. Schon den Zeitgenossen schien Europa um das Jahr 1300 mit seinen ungefähr 70 Millionen Einwohnern überbevölkert zu sein; 15 Millionen davon dürften in den deutschen Landen gelebt haben. Eine der schwersten Hungerkrisen, die der Kontinent je erlebt hat, leitete in den Jahren 1315–1317 eine demographische Stagnationsphase ein. In den Jahren 1348–1350 reduzierte dann die seit der Spätantike verschwundene Pest die Bevölkerungszahl schlagartig (in den Städten um ca. 30 Prozent), wenngleich nicht dauerhaft: Schon im folgenden Jahrhundert scheint das alte Niveau wieder erreicht worden zu sein. [...]

Die Theorie von einer „Krise des Spätmittelalters“ war für Deutschland insbesondere auf agrargeschichtliche Veränderungen im Zeitalter der Pest gegründet worden [...]. An ihr ist in den vergangenen Jahren viel Kritik geübt worden: Dass im Spätmittelalter so viele Ansiedlungen aufgegeben wurden (sog. Wüstungen), sei wenigstens teilweise auf ganz normale wirtschaftliche Konzentrations- und Intensivierungsprozesse zurückzuführen; die Schere, die sich vorübergehend zwischen den niedrigen Preisen für agrarische und den hohen für gewerbliche Produkte bzw. Löhne auftat, habe sich keineswegs gravierend auf die Gesamtwirtschaft ausgewirkt; Ursache für den Anstieg der Preise mochte die qualitative Verbesserung der Ware sein; Grund für den steigenden gewerblichen Lohn sei die Umstellung vormals üblicher Naturalleistungen auf reine Geldleistung gewesen. Die „goldene Zeit des (gewerblichen) Lohnarbeiters“ (W. Abel) nennt das Spätmittelalter heute niemand mehr, zu deutlich sind die Anzeichen für das Elend des städtischen Lohnarbeiterproletariats [...].

Es ist dennoch völlig angemessen, von einer Krise der spätmittelalterlichen Gesellschaft zu sprechen, ja „das Epochengefühl des Spätmittelalters war wohl weitgehend ein Krisenbewusstsein“ (F. Graus). Dies hängt mit den tief greifenden sozialen Umschichtungen zusammen, die durch die Pest angestoßen wurden. Das große Sterben weckte die Bereitschaft der Überlebenden, ihre gewohnte Umgebung zu verlassen und sich an neuen Orten neu zu vergemeinschaften. In schwierigen und konfliktreichen Prozessen kam es im Zuge dieses Mobilitätsschubes zu einer Vielzahl neuer institutioneller Absicherungen der sozialen Welt – angefangen von den Versuchen, Ortsbildung, Preise und Konsumverhalten gesetzlich zu regeln, bis zu einer neuen Ordnungswut im Umgang mit den Armen, den Handwerksgesellen, mit Luxus, mit Prostitution und alltäglicher Gewalt. [...]

Konstitutiv für die Mentalitäten in Stadt und Land war, dass die Sorge für das Seelenheil der Menschen von der mittlerweise gänzlich auf Rom zentrierten Klerikerkirche monopolisiert wurde. Doch waren die Laien niemals bereit, diesen Anspruch gänzlich zu akzeptieren; wo dies doch der Fall war, wie bei den Hussiten seit ca. 1420, verstörte solche Kritik die Menschen und schuf eine Endzeit-Atmosphäre, wie sie nicht einmal während der Pest geherrscht hatte. Wichtiger aber ist, dass in der allgegenwärtigen Kritik an Papst, Prälaten und Priestern implizit die Vorstellung von einer ständeübergreifenden, metaphysisch begründbaren Gleichheit der Menschen zum Ausdruck kam und dass diese Sicht in die sozialen Utopien aufgenommen wurde. Der Tod imponierte den Menschen des 15. Jahrhunderts, weil er – im Unterschied zu monarchischen Päpsten und geheiligten Majestäten – die Menschen tatsächlich gleich behandelt. In populären Totentänzen inszenierte man diese Anschauung.

Als prägend für die Mentalitäten sollte sich auch der Widerspruch zwischen dem Überherrschungsanspruch der landesherrlichen bzw. städtischen Obrigkeiten und dem Ideal der Selbstregulierung in Gilden und Gemeinden auswirken. Freilich darf man hinter den ca. 60 bäuerlichen und etwa 200 städtischen Unruhen des Spätmittelalters keine demokratischen Freiheitsbewegungen sehen.

(Frank Rexroth, Deutsche Geschichte im Mittelalter, München ³2012, S. 97–100)

[1] Staufer: Adelsgeschlecht, das im 12. und 13. Jh. zahlreiche bedeutende Könige und Kaiser hervorbrachte

2. Zeit des Umbruchs: Europa nach 1450

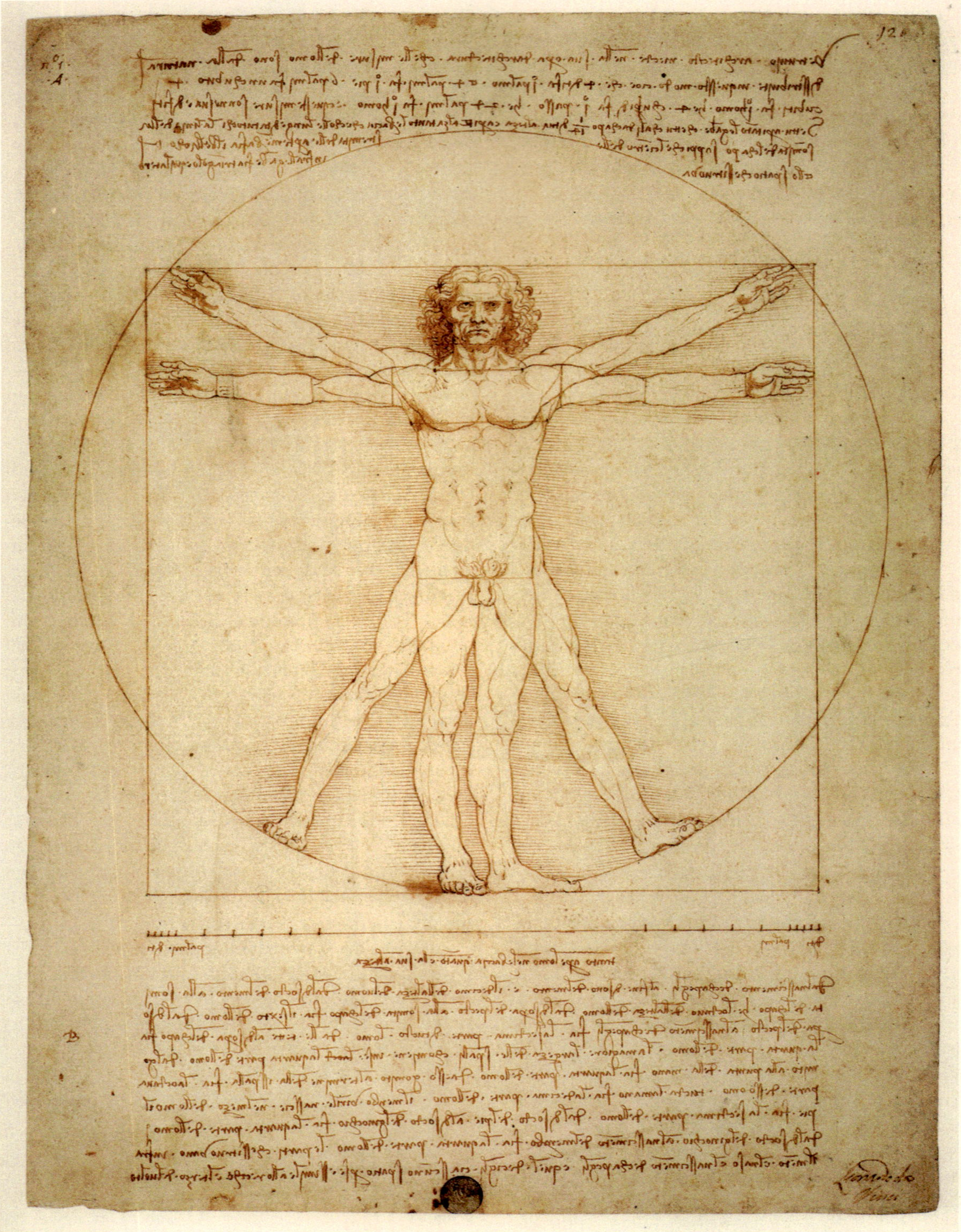

Leonardo da Vinci: Proportionsstudie zum Menschen (1492)

1453: Die osmanische Expansion und das Ende von Byzanz

Die Hagia Sophia, im 6. Jahrhundert errichtet, war Krönungskirche der byzantinischen Kaiser und Kathedrale des Patriarchen von Konstantinopel; nach der Eroberung Konstantinopels wurde sie zur Hauptmoschee der Osmanen. In den 1930er-Jahren des 20. Jahrhunderts – in der Regierungszeit Atatürks – folgte die Umwandlung in ein Museum.

In den letzten Maitagen des Jahres 1453 wurde Konstantinopel, die Hauptstadt des Byzantinischen Reiches, von osmanischen Truppen erobert. Der Fall Konstantinopels besiegelte das Ende des Byzantinischen (oströmischen) Reiches, das seit der Teilung des Römischen Reiches im Jahre 395 die Traditionen der Antike fortgesetzt hatte und zum Mittelpunkt des griechisch-orthodoxen Christentums geworden war.
Konstantinopel hatte wegen seiner geografischen Lage und seiner starken Befestigungsmauern lange als uneinnehmbar gegolten. 1453 aber hatte der türkische Herrscher Mehmet II. den Angriff des osmanischen Heeres mit äußerster Präzision vorbereitet: Die osmanischen Truppen besaßen eine zehnfache Überlegenheit gegenüber den Verteidigern; entscheidend war schließlich der Einsatz von Artillerie; die von den Geschützen abgefeuerten Stein- oder Eisenkugeln durchlöcherten die meterdicken Stadtmauern und verschafften den Eroberern Zugang zur Stadt. Mit dem Einsatz der

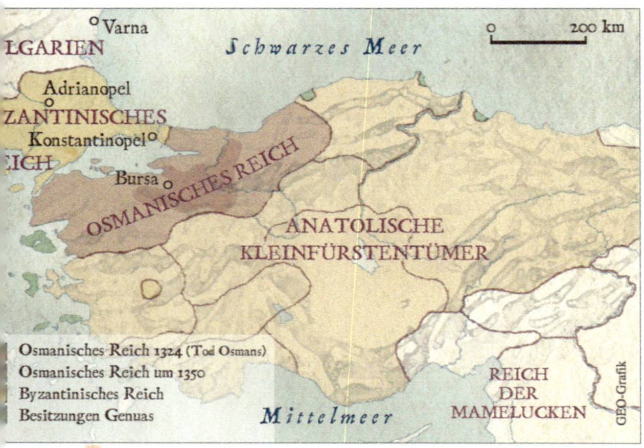

Das Osmanische Reich im 14. Jahrhundert

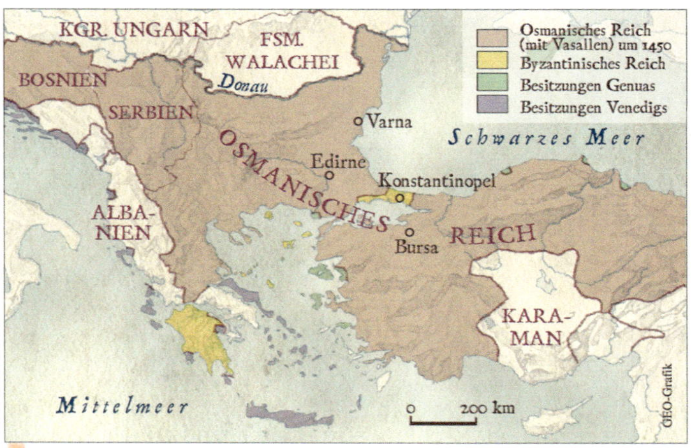

Das Osmanische Reich im 15. Jahrhundert

Kreuzigungsdarstellung um 1560: Auf dem Bild sind neben römischen Legionären türkische Soldaten unter der Standarte mit drei Halbmonden zu sehen.

modernen Artillerie bediente sich der türkische Herrscher einer von den Christen entwickelten Waffentechnik, die schon seit dem 14. Jahrhundert eingesetzt wurde.

Der Aufstieg des islamischen Reiches der Türken unter Führung der Dynastie der Osmanen hatte etwa 150 Jahre vorher in Kleinasien begonnen. Seit dem Ende des 14. Jahrhunderts waren Makedonien (Nordgriechenland) und Bulgarien in der Hand der Türken. Der Besitz der Meerenge der Dardanellen sicherte einen ungehinderten Zugang zum Balkan und bereitete die weitere Ausdehnung des Reiches im 15. und 16. Jahrhundert vor. Bei nüchterner Betrachtung war der Fall Konsantinopels daher längst zu erwarten gewesen.

Reaktionen im übrigen Europa. Der Fall Konstantinopels im Jahr 1453 wurde dennoch in der westlichen Christenheit als Katastrophe und tiefer Einschnitt empfunden. Vielen gläubigen Christen in Europa erschien das Geschehen im äußersten Südosten Europas weniger als ein machtpolitisches Ringen, sondern als eine Art „Endkampf zwischen Christ und Antichrist, zwischen den Kräften der Finsternis und den himmlischen Heerscharen" (H. Schilling).

Der Humanist Enea Silvio Piccolomini (der spätere Papst Pius II.) bezeichnete den Verlust Konstantinopels als größte Schmach der Christenheit. Die Türken geißelte er als asiatische Barbaren, „verhurt in allen Sorten der Unzucht", und rief zum „gerechten Krieg" gegen die Ungläubigen auf. Gleichzeitig beschwor Piccolomini ein bis dahin unbekanntes Bild der Einheit und Zusammengehörigkeit des christlichen Europa, wenn er beklagte, dass die Christen diesmal nicht in fremden Erdteilen, sondern „in unserem eigenen Haus, in unserer Heimat [...] geschlagen und zu Boden geworfen" worden seien.

Die „Türkengefahr" wurde – selbst unter den Bedingungen einer äußerst beschränkten öffentlichen Information und Kommunikation – zum Kristallisationspunkt aller Ängste

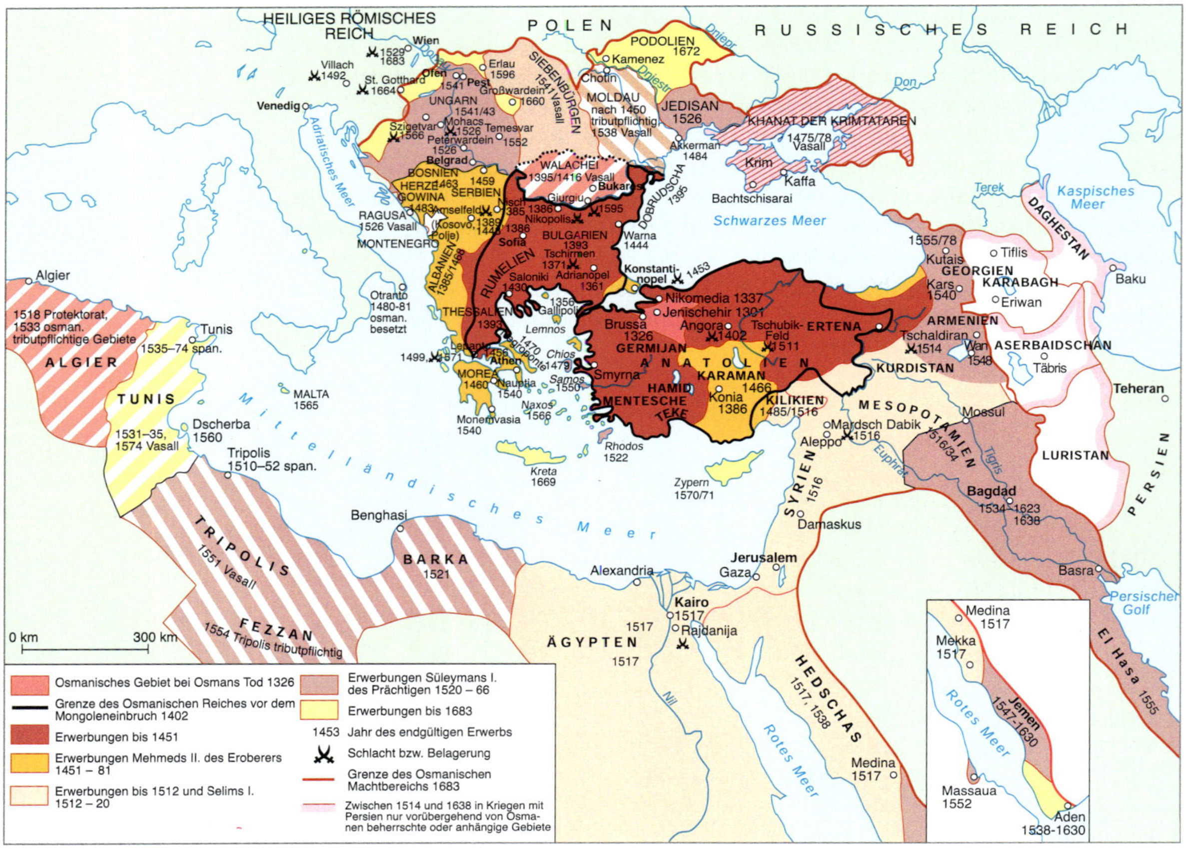

und Vorstellungen einer äußeren Bedrohung in der lateinischen Christenheit. Die Erfindung des Buchdrucks um 1450 erlaubte die Herstellung und Verbreitung von „Türkendrucken“, die die Gefahr weiter ausmalten und vergrößerten. Zu dem von Piccolomini und anderen gewünschten Kreuzzug gegen die Türken kam es aber nicht.

Heinrich der Seefahrer

Neue Horizonte: Die iberische Halbinsel

Das Ende von Byzanz und der Sieg der Osmanen zerschnitt die lange genutzten Handelswege des übrigen Europa nach Osten, ins Innere Asiens und bis nach Indien und China.

Portugal. In den Ländern der lateinischen Christenheit begann die Suche nach anderen Verbindungen zu den Reichen und Reichtümern des Ostens. Den Anfang machte Portugal: Heinrich der Seefahrer (1394–1460), Sohn des portugiesischen Königs Joao I. und bekannter Mathematiker und Astronom, gründete eine „Nautische Akademie“ und ließ seine Schiffe – vor allem den neu entwickelten Schiffstyp der Karavelle – vom äußersten Südwesten der portugiesischen Küsten in See stechen, um zunächst die westafrikanischen Küsten zu erkunden. Heinrich wollte über den Seeweg Verbindung zu dem christlichen Königreich im ostafrikanischen Abessinien aufnehmen; zu Lebzeiten Heinrichs kamen die portugiesischen Schiffe bis zum heutigen Sierra Leone.
Durch die immer bessere Kenntnis der Küste Afrikas erreichten portugiesische Schiffe nach Heinrichs Tod den Seeweg nach Indien. 1497/98 umsegelte Vasco da Gama das Kap der Guten Hoffnung und erreichte die Küste Indiens, von der er mit einer großen Ladung wertvoller Gewürze nach Europa zurückkehren konnte.

Spanien. Auch der gebürtige Genueser Christoph Kolumbus wollte den Seeweg nach Indien erkunden – allerdings in Richtung Westen, da er von der Kugelgestalt der Erde ausging. Auch Kolumbus wandte sich mit seinem Vorhaben zunächst an den portugiesischen König, erhielt dort aber eine Absage. Erfolgreicher war er schließlich bei den Herrschern Spaniens, in deren Auftrag er im August 1492 die Expedition begann, mit der er den Seeweg nach Indien auf der Westroute, also über den Atlantik, erkunden sollte.
Durch Heirat zwischen Königin Isabella von Kastilien und König Ferdinand von Aragon (*los Reyes Cathólicos* – die „Katholischen Könige“) im Jahr 1469 war im Süden Europas ein neuer mächtiger Staat – Spanien – entstanden, der in den Folgejahrzehnten eine wichtige Rolle in der europäischen Politik spielte.
1492 konnten die spanischen Herrscher den jahrhundertelangen Prozess der *Reconquista* (Rückeroberung) abschließen, d.h. der Zurückdrängung der Araber, die Teile der iberischen Halbinsel seit dem 8. Jahrhundert in Besitz hatten: Mit der Eroberung des maurischen Emirats Granada war der islamische Einfluss im Westen des Kontinents beseitigt – ganz im Gegensatz zur Situation in Südosteuropa.
Die *Reyes Cathólicos* unternahmen große Anstrengungen, um die Fundamente des vereinigten Königreichs zu festigen. Die überaus mächtige Inquisition verfolgte vor allem die sog. *Conversos*, zum Chris-

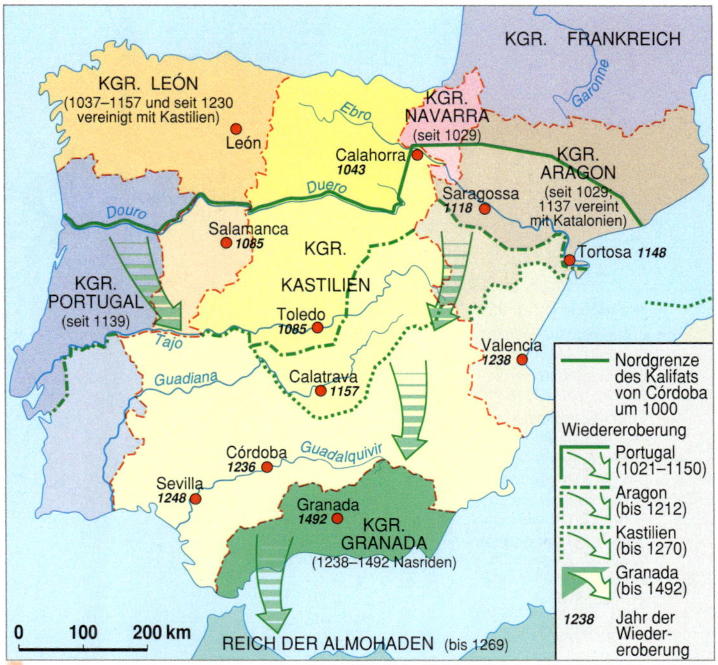

Spanien und der Verlauf der christlichen Reconquista

Kolumbus vor Ferdinand und Isabella

tentum konvertierte Juden, die verdächtigt wurden, insgeheim weiterhin ihrem alten Glauben anzuhängen und jüdische Riten zu praktizieren. Tausende wurden zum Tode verurteilt, ihr Vermögen eingezogen. Gemäß dem Grundsatz, dass die Einheit des Landes die Glaubenseinheit fordere, wurden die zahlreichen Juden wenige Monate nach dem Sieg über Granada durch königliches Edikt gezwungen, sich taufen zu lassen oder das Land zu verlassen. Das Edikt bedeutete das Ende des sephardischen (d. h.: iberischen) Judentums; viele Juden wanderten ins Osmanische Reich, nach Nordafrika, wenige auch in die Handelsstädte des nördlichen Europa aus. Auch die verbliebene maurische Bevölkerung wurde (1502) vor die Alternative gestellt, Spanien zu verlassen oder sich taufen zu lassen.

Die katholische Religion wurde so als Mittel eingesetzt, um die fehlende innere Einheit des Königreichs zu schaffen. Für die Duldung der Andersgläubigen, Muslime wie Juden, war damit kein Platz: Das in der maurischen Zeit über Jahrhunderte praktizierte Nebeneinander der drei Religionen war mit der *Reconquista* beendet.

Die Würdenträger der katholischen Kirche wurden eng durch den Staat kontrolliert. So entstand in Spanien früh eine Nationalkirche; reformatorische Ideen, wie sie bald in Mitteleuropa um sich griffen, hatten auf der iberischen Halbinsel keine Chance.

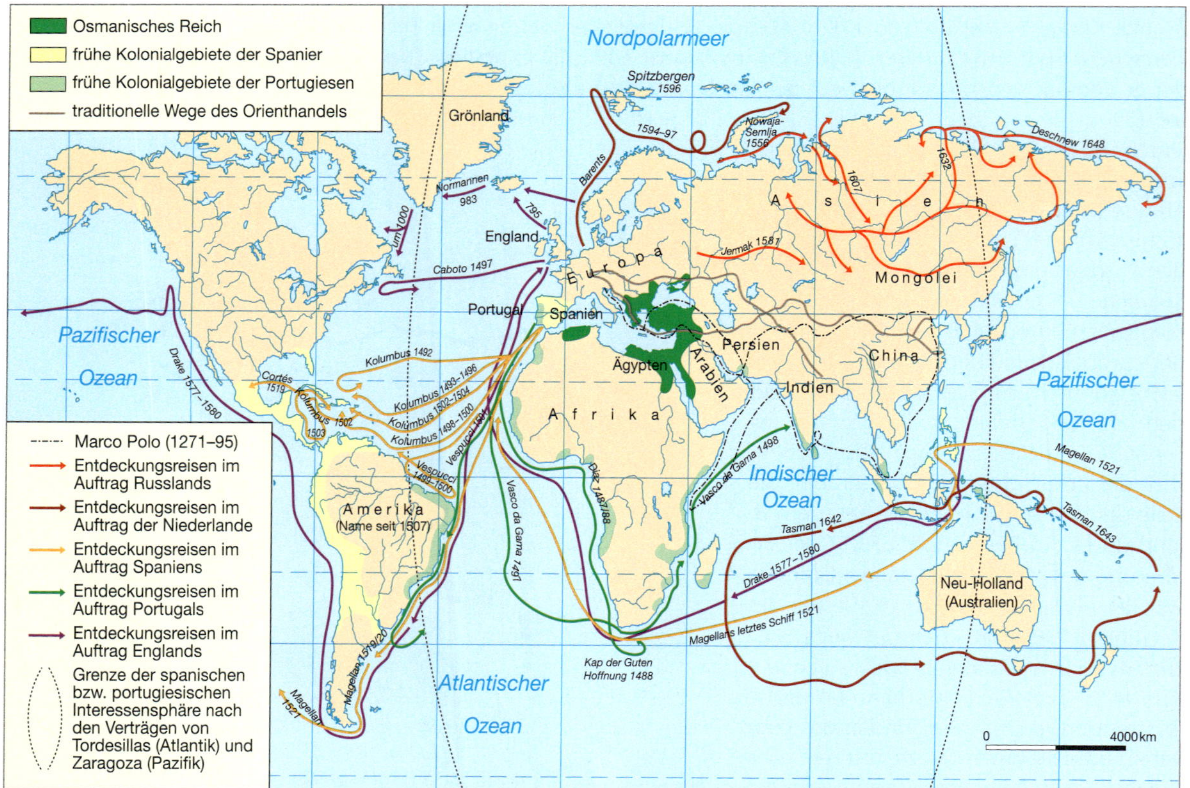

Europäische Entdeckungsreisen bis 1650

Die Finanzierung von Kolumbus' Projekt durch die *Reyes Cathólicos* passte in das Programm des gerade vereinigten Reiches und des neuen Machtanspruchs seiner Herrscher. Am 12. Oktober 1492 erreichten Kolumbus' Schiffe die Karibik. Damit war das erstrebte Ziel der Reise, Indien, zwar nicht erreicht, aber ein neuer Kontinent „entdeckt", der schon bald nach einem anderen Weltreisenden, Amerigo Vespucci, benannt wurde: Dieser erkundete seit 1499 im Auftrag der spanischen, dann der portugiesischen Krone den südlichen Teil des neuen Kontinents.
Der Name „Amerika" tauchte schon 1507 auf einer neuen Weltkarte auf. Und der Papst legte im Vertrag von Tordesillas (1494) eine Linie fest, die die künftigen Besitzverhältnisse zwischen den Erobererstaaten Spanien und Portugal abgrenzte.
Die Städte Norditaliens erlebten im 15. Jahrhundert einen bemerkenswerten Aufbruch geistig-kultureller Art: die Epoche der Renaissance. Sie war getragen von einem neuen Geist des Humanismus und Rationalismus, der zum Vorbild neuzeitlichen Denkens wurde. Das Denken und Handeln der Menschen sollte, so die Überzeugung der Vertreter des neuen Denkens, von Vorurteilen und Trugbildern aller Art befreit werden.

Rekonstruktion der Gutenberg-Druckerpresse

Neues Denken: Die Renaissance in Italien

Die Städte Norditaliens erlebten im 15. Jahrhundert einen bemerkenswerten Aufbruch geistig-kultureller Art: die Epoche der Renaissance. Sie war getragen von einem neuen Geist des Humanismus und Rationalismus, der zum Vorbild neuzeitlichen Denkens wurde. Das Denken und Handeln der Menschen sollte, so die Überzeugung der Vertreter des neuen Denkens, von Vorurteilen und Trugbildern aller Art befreit werden.

Humanismus. Der Humanismus war zunächst eine Bildungsbewegung, die „zu den Quellen" zurückstrebte. Zu den bekanntesten Vertretern des Humanismus nördlich der Alpen zählte Erasmus von Rotterdam (siehe Thema, S. 94 f.), der im Jahre 1516 eine Bibel in der griechischen Ursprungsfassung herausgab.

Die Bedeutung des Buchdrucks. Die Erfindung des Buchdrucks um 1450 ermöglichte eine rasante Verbreitung der von den Humanisten herausgegebenen Schriften. So konnten die neuen Ideen schnell mehr Menschen erreichen, besonders in den Städten und an den vielen neu gegründeten Universitäten. Die revolutionäre Erfindung des Buchdrucks förderte Anfang des 16. Jahrhunderts auch die überaus rasche Ausbreitung von Luthers Ideen.

Buchdruck: Die Erfindung des Buchdrucks durch Johannes Gutenberg in Mainz um 1450 löste eine „Medienrevolution" aus. Durch den Einsatz beweglicher metallischer Lettern und der Druckerpresse war eine Vervielfältigung von Schriften möglich, die bis dahin undenkbar war.
Bis zum Jahr 1500 dürften in Europa mindestens 30 000 Bücher mit 15–20 Millionen Exemplaren gedruckt worden sein.
Für die Universitäten wurde der Buchdruck schnell von großer Bedeutung, weil er die Verbreitung wissenschaftlicher Werke außerordentlich erleichterte.

Die Idee der „Wiedergeburt" der Antike. Die ersehnten Vorbilder für das neue Denken glaubten die Humanisten in der Antike zu finden: Die „Wiedergeburt" (ital. *rinascimento*, frz. *renaissance*) der Antike wurde deshalb zu ihrem erklärten Ziel. Mit dem Erbe der Stadtkultur in Italien, der nachwirkenden Tradition des römischen Rechts und mit den überall sichtbaren Relikten aus römischer Zeit lag die Wahl dieses Vorbilds im 14. und 15. Jahrhundert nahe.
Die Wiederbelebung der Antike setzte die genaue Kenntnis der antiken Schriftsteller voraus, deren Werke in der Zeit des Mittelalters großenteils verloren gegangen bzw. in Vergessenheit geraten waren. Deshalb setzte eine fieberhafte Suche nach antiken Manuskripten ein. Finder und Entdecker antiker Schriften konnten nicht selten mit großen Belohnungen rechnen.

Höhepunkt der Renaissance in Florenz. In der zweiten Hälfte des 15. Jahrhunderts erlebte besonders die Stadt Florenz einen Höhepunkt der Renaissance. Florenz war seiner Verfassung nach Republik, wurde faktisch aber über Jahrzehnte von der Familie der Medici regiert, die im Tuchgewerbe und im Bankgeschäft ihren sagenhaften Reichtum erworben hatte. Die Medici sorgten für einen glanzvollen Ausbau der Stadt nach antiken Vorbildern und betätigten sich als Mäzene für Kunst und Wissenschaft.
Bedeutsam für die Entwicklung des geistigen Lebens war die Gründung der Platonischen Akademie durch Cosimo de' Medici (1389–1464). Die Akademie zog die be-

Savonarola wird auf der Piazza della Signoria in Florenz als Ketzer verbrannt (Gemälde aus dem Jahr 1498, Maler unbekannt).

deutendsten Wissenschaftler und Philosophen der Zeit nach Florenz an; auch eine Reihe griechischer Gelehrter, die nach 1453 Konstantinopel verlassen hatten, kam so in die Stadt. In der berühmten Bibliothek der Medici wurden antike Manuskripte gesammelt und öffentlich zugänglich gemacht. Der Gipfelpunkt der Renaissancekultur in Florenz wurde unter Lorenzo de' Medici (1449–1492) erreicht.

Gegenreaktion. Die weltliche Prachtentfaltung, die die Zeit der Medici prägte, provozierte aber auch Gegenreaktionen. Als im Jahre 1494 französische Truppen Italien besetzten und Florenz kapitulieren musste, wurden die Medici vorübergehend aus der Stadt vertrieben. Der Florentiner Bußprediger Girolamo Savonarola, der die Machtentfaltung und Verweltlichung der Medicizeit aufs schärfste kritisiert hatte, errichtete für kurze Zeit eine Art theokratische Diktatur in der Stadt: Seine Vorstellungen von einer tugendhaften, christlichen Lebensführung ließ er mit Überwachungs- und Gewaltmitteln in der Stadt durchsetzen.

Philosophie der Renaissance. Die neuen Ideen ließen sich aber nicht dauerhaft zurückdrängen. Viele Vertreter der Renaissance entwickelten ein neues, stärker diesseitiges Verständnis des Menschen, dessen Individualität und Schöpferkraft betont wurden. In erster Linie zu nennen sind Pico della Mirandola, dessen wichtigstes Werk „Über die Würde des Menschen" 1496 in Florenz erschien. Im Jahre 1513 schrieb Niccolò Machiavelli, der selbst zeitweise im Dienst der Stadt gestanden hatte, sein berühmtes Werk *Il Principe* („Der Fürst"), in dem er eine gänzlich neue Form rationaler Politikbegründung, jenseits aller christlichen Wertvorstellungen, vornahm.

Thema, S. 97f.

Die wichtigsten Renaissance-Päpste:
- Alexander VI. (1492–1503) (Borgia)
- Julius II. (1503–1513) (Rovere)
- Leo X. (1513–1521) (Medici)
- Clemens VII. (1523–1534) (Medici)

Rom und die Päpste im 15. Jahrhundert. Die römischen Päpste verfolgten den Plan, auch Rom nach dem Vorbild der Städte Oberitaliens zu modernisieren. Die Stadt Rom war in den zurückliegenden Jahrzehnten der Krise und während des Schismas (s. S. 50f.) in jeder Hinsicht heruntergekommen; fast nichts erinnerte mehr an die Pracht und den Reichtum der antiken Zeit. Für 1450 rief der Papst ein „Jubeljahr" aus, in dem Zehntausende Pilger nach Rom gelockt werden und „Opfergaben" hinterlassen sollten. Papst Nikolaus V. ließ Tiberbrücken renovieren, Kirchen und Plätze ausschmücken. In der Verfolgung ihrer Ziele und in den politischen Wirren Italiens agierten die meisten römischen Päpste wie weltliche Fürsten. In Papstwahlen spielten Bestechungen, bei der Vergabe von kirchlichen Ämtern familiäre und andere Beziehungen eine große Rolle. Der vermutlich berüchtigtste Papst des ausgehenden 15. Jahrhunderts, Alexander VI. aus der Familie der Borgia, hatte schon als Kardinal ein riesiges Vermögen angehäuft, nutzte sein Amt zur Begünstigung seiner Kinder und ließ seine Geliebte auf einem Gemälde als Muttergottes darstellen.

Höhepunkt der Renaissance in Rom. Spätestens seit der Jahrhundertwende war es das erklärte Ziel der Päpste, Rom sichtbar zum Mittelpunkt der Welt zu machen und in der Konkurrenz der prächtigsten Bauwerke und Kunstsammlungen Florenz zu übertreffen. Nun fiel auch die Entscheidung, die alte Peterskirche, die Kaiser Konstantin im 4. Jahrhundert über dem mutmaßlichen Petrus-Grab hatte errichten lassen, abzureißen und durch einen prächtigen Neubau zu ersetzen.

Der Entwurf für die neue Kirche der Christenheit stammte von Donato Bramante, sein Nachfolger in der Bauleitung wurde Raffael, die Kuppel des Petersdoms wurde von Michelangelo geplant – die berühmtesten Künstler und Architekten der Zeit waren nun in Rom und arbeiteten im päpstlichen Auftrag.
Die Kosten der Verschönerung der Ewigen Stadt waren durch die laufenden Einnahmen der Kirche – den Kirchenzehnt und den in einigen Ländern erhobenen „Peterspfennig" – bei Weitem nicht zu decken. Aus dieser „Notlage" wurde der (schon seit der Zeit der Kreuzzüge praktizierte) „Ablasshandel" intensiviert, bei dem sog. Ablassbriefe zur Vergebung begangener Sünden – genauer zum Erlass von Strafen für begangene Sünden – verkauft wurden. Der schwungvoll betriebene Ablasshandel trug zur Kritik an der Kirche und zum Verfall geistlicher Autorität in ähnlicher Weise bei wie die zahllosen Berichte über Lebenswandel und moralische Verfehlungen der Kirchenführer.

Petersdom in Rom

Zentren des Frühkapitalismus

Oberitalien. Die Entwicklung der Renaissancekultur in Oberitalien ist ohne die wirtschaftliche Stärke der Städte kaum vorstellbar. Schon im 14. Jahrhundert hatte der Aufschwung, der auf Fernhandel und Bankgeschäften aller Art beruhte, begonnen. Eine wichtige Rolle spielten auch die Tuchherstellung und -verarbeitung. Italienische Kaufleute und Finanziers waren an den meisten großen, grenzüberschreitenden Geschäften der Zeit beteiligt; die Entwicklung der oberitalienischen Städte wurde zum Muster einer frühkapitalistischen Entwicklung, die bald Nachahmer nördlich der Alpen fand.
Ende des 15. Jahrhunderts bekamen allerdings die Städte die Auswirkungen der osmanischen Expansion zu spüren, besonders Venedig: Traditionelle Handelswege waren unterbrochen oder beeinträchtigt. Die langfristigen Folgen wurden aber erst später erkennbar. Im 16. Jahrhundert verlagerten sich die Zentren des Handels aufgrund der neuen Gegebenheiten nach der „Entdeckung" Amerikas in Richtung Spanien und schließlich auch an die Küsten der Nordsee.

Die Sprache der Wirtschaft: In den oberitalienischen Städten der Renaissance, deren Reichtum durch Handel und Bankgeschäfte entstand, wurde auch das entsprechende finanztechnische Instrumentarium, wie z. B. die doppelte kaufmännische Buchführung, entwickelt: Heutige Begriffe wie Diskont, Giro, Agio/Disagio haben ihre Wurzeln in der italienischen Renaissance.

Südwestdeutschland. Im deutschen Raum waren es lange Zeit die Städte im südwestdeutschen Raum, die von den Handelswegen nach Italien profitierten und Formen der frühkapitalistischen Wirtschaftsweise übernahmen. Der Erfolg der städtischen Wirtschaft in Oberdeutschland ruhte dabei, mit den oberitalienischen Städten durchaus vergleichbar, auf mehreren Standbeinen. Zu der einträglichen Barchentproduktion (s. S. 46) und den daran anknüpfenden Handel mit Textilprodukten kam das Engagement im Abbau von Edelmetallen und Erzen in der Region hinzu; ein drittes Standbein war das Geld- und Kreditgeschäft – das brachte die großen Familien- und Handelsunternehmen auch in enge Beziehungen zu den Fürstenhöfen.
Zu den bekanntesten Handelsgesellschaften in Süddeutschland gehörte die „Große Ravensburger Gesellschaft". Das Ravensburger Unternehmen, das zwischen 1380 und 1530 Geschäfte weit über die Grenzen Deutschlands abwickelte, war in der Art einer modernen Aktiengesellschaft organisiert.
Das größte und erfolgreichste Handelshaus der Zeit aber war fraglos das Familienunternehmen der Fugger in Augsburg. Als Jakob Fugger (der sog. Reiche, 1459–1525) in die elterliche Firma eintrat, hatte sich diese schon aus einer Weberei in ein bedeutendes Tuchhandelsunternehmen entwickelt. Jakob Fugger aber entwickelte das Geschäftsmodell viel weiter: Er ließ sein Kapital „arbeiten", kaufte Kupfer- und Silberminen in den Alpen und Karpaten und sogar in Übersee, sicherte sich ein europaweites Alaun- und Quecksilbermonopol und machte große Gewinne im Gewürzhandel. Zugleich wurde er Hof- und Staatsbankier deutscher und europäischer Fürstenhäuser (s. S. 89).

Die Hanse in Norddeutschland. Die Hansestädte im Norden waren auch im 15. und 16. Jahrhundert weiter ein bedeutender Wirtschaftsfaktor. Dennoch waren erste Zei-

Jakob Fugger (r.) mit Buchhalter in seinem Kontor

chen von Stagnation und Rückgang erkennbar: Handelspartner aus dem Ostseeraum zogen es immer häufiger vor, Geschäfte nicht mehr allein mit den Kaufleuten in deutschen Hansestädten zu machen, sondern direkt mit deren Lieferanten in Verbindung zu treten. 1441 mussten die Hansestädte den holländischen Konkurrenten die Ostsee öffnen. Auch in England verlor die Hanse 1446 ihre Privilegien.
Im Überseehandel seit dem 16. Jahrhundert konnten die meisten Hansestädte nicht mehr wie vorher mithalten. Innerhalb der Hanse verlor Lübeck seine führende Position allmählich an Hamburg.

Flandern und Holland. Während die Hanse sich allein auf den Warenhandel konzentrierte, gelang es den Hauptkonkurrenten im Westen, im heutigen Belgien und in den Niederlanden, Warenproduktion und Handel miteinander zu verzahnen – das erwies sich auf Dauer als das erfolgreichere Geschäftsmodell.
An der Kanalküste stieg am Ende des 15. Jahrhunderts Antwerpen zur führenden Metropole auf; die Stadt trat damit in die Fußstapfen von Brügge, dessen Hafen allmählich verlandete. Zwischen 1500 und 1560 verdoppelte sich die Bevölkerungszahl von Antwerpen von 45 000 auf 85 000 und zog damit weit an Brüssel, Gent und Brügge vorbei, obgleich auch deren Einwohnerzahl stieg.
Der Reichtum Antwerpens beruhte hauptsächlich auf dem Handel mit Textilien aus Flandern sowie aus England, aber auch auf dem Handel mit Waffen und Luxusgütern, die in der Region gefertigt wurden: Seide, Glas, Tapisserie. So entstand ein frühkapitalistisches Wirtschaftsmodell, das auf dem Zusammenspiel von Verlagssystem (s. S. 46) mit ländlichen Heimarbeitern, Werkstätten mit Lohnarbeitern in der Stadt und den großen Handelshäusern beruhte, die europaweit und teilweise auch in Übersee die Märkte erschlossen.
Ein ganz eigener Beitrag Antwerpens zum wirtschaftlichen Modernisierungsprozess der Zeit bestand in den Innovationen auf dem Gebiet von Geld und Kredit, die die Expansion des Handels wesentlich erleichterten: 1531 wurde in der Stadt eine Börse eingerichtet, wo nicht nur Waren gehandelt, Preise nach Angebot und Nachfrage gebildet, sondern auch ein lebhafter Handel mit Kreditpapieren (Wechsel, Schuldscheine) stattfand.
Der Handelswechsel selbst war älter und in den italienischen Städten schon im 13. Jahrhundert aufgekommen; er erleichterte den Zahlungsverkehr zwischen Kaufleuten in einer Zeit, in der ein Mangel an Zahlungsmitteln sonst die Geschäfte stark behinderte. Zur Absicherung der Kaufleute schuf man in Antwerpen eine Reihe handelsrechtlicher Regelungen nach spanischem und flämischem Recht.

Die Niederlande 1568–1648

Die Niederlande als Zentrum des Frühkapitalismus. Seit den 1550er-Jahren kam es zu einem offenen Konflikt zwischen Antwerpen und dem spanischen König Philipp II., bei dem religiöse Gründe im Zuge der Reformation eine wichtige Rolle spielten. Nach einer Belagerung Antwerpens schränkte Philipp die Freiheiten der Stadt stark ein. Die Folge waren ein wirtschaftlicher Einbruch und eine Verlagerung der Handelsströme nach Norden – nach Amsterdam, das für Jahrzehnte zur Handels- und Finanzmetropole Europas wurde.

Im nördlichen Teil der spanischen Niederlande, wozu Amsterdam gehörte, kam es zu einem jahrzehntelangen Freiheitskampf der – überwiegend protestantischen (calvinistische, s. unten, Seite 114) – Provinzen gegen den Machtanspruch des katholischen Herrschers, der mit der Unabhängigkeit der heutigen Niederlande endete (1579, endgültig 1648). Die nördlichen Niederlande wurden in der Folge zum Zentrum einer frühkapitalistischen Wirtschaft. Ganz anders als im übrigen Europa, wo 80 bis 90 Prozent der Bevölkerung auf dem Lande lebten, erreichte die Urbanisierung teilweise fast 50 Prozent.

Kaisertum und frühmoderne Staatlichkeit: Reich und Territorien um 1500

Im Jahre 1452 fand die letzte Krönung eines Kaisers des Heiligen Römischen Reiches durch einen Papst in Rom statt: Friedrich III. aus dem Hause Habsburg begab sich zwölf Jahre nach seiner Wahl zum König auf die beschwerliche Reise nach Rom. Das Kaisertum – also der Anspruch auf eine universale Herrschaft des Kaisers, die ihn über die anderen Könige hinaushob und gleichzeitig zum Beschützer der Christenheit machte – hatte aber schon lange an Glanz verloren.

Die Herrschaft Friedrichs III. Auf den ersten Blick schien die Regierungszeit Friedrichs III. schon wegen ihrer langen Dauer die Voraussetzungen zu erfüllen, um notwendige Reformen des Reiches durchzuführen und vor allem eine Stärkung der Zentralgewalt zu erreichen: Friedrich stand mehr als ein halbes Jahrhundert (1440–1493) an der Spitze des Reichs. Andererseits schien Friedrich selbst gar kein großes Interesse an der Krone des Reiches zu haben.

Erst zwei Jahre nach seiner Wahl verließ Friedrich erstmals seine Erblande und kam zur Krönung nach Aachen. Auf dem anschließenden Reichstag in Frankfurt verkündete Friedrich den überall im Reich ersehnten Landfrieden, der die zahllosen Fehden, Kriege und Übergriffe eindämmen sollte. Friedrich schaffte aber das alte Rechtsinstitut der Fehde, das vom Adel seit jeher als Mittel zur Durchsetzung legitimer Interessen verstanden wurde, keineswegs ab. Vielmehr band er die Rechtmäßigkeit der Fehde nur an die Voraussetzung eines vorher durchgeführten gerichtlichen Verfahrens. Immer noch fehlten jedoch geeignete und allseits anerkannte Einrichtungen, um Recht zu sprechen und ergangene Urteile durchzusetzen.

Fehde: gewaltsame Auseinandersetzung („Privatkrieg") zwischen einzelnen Adligen bzw. ihren Familien oder Sippen; die Fehde galt im Mittelalter als zulässiges Mittel zur Durchsetzung von Rechtsansprüchen zwischen Adligen.

Auch die Nachrichten vom Fall Konstantinopels 1453 und der militärischen Expansion der Osmanen ließen Reaktionen des Kaisers erwarten. Tatsächlich lud Friedrich die Stände des Reiches für den Mai 1454 zu einem *Gemeinen Tage* (Reichstag) nach Regensburg – persönlich aber erschien Friedrich gar nicht, verhindert durch innere Auseinandersetzungen in seinen Erblanden. Ein Jahr später, bei dem nach Wiener Neustadt einberufenen Gemeinen Tag, sperrten sich die meisten Reichsfürsten dann gegen ein Aufgebot für den Krieg gegen die Türken.

Erst seit den 1480er-Jahren kam es zu ersten Reformen und einer Annäherung zwischen Kaiser und Ständen: Friedrich erreichte die sofortige Wahl seines Sohnes Maximilian zum römischen König und konnte damit die Nachfolgefrage zu seinen Lebzeiten regeln; ein zehnjähriger Landfrieden wurde verkündet, der ein absolutes Fehdeverbot enthielt, und die Stände bewilligten die Erhebung einer Steuer zur Aufstellung und zum Unterhalt eines Reichsheeres.

Maximilian. Nach dem Tod Friedrichs III. (1493) führte Maximilian 1495 die begonnenen Reformen des Reiches wenigstens in Teilen weiter; den Anlass boten wiederum die äußere Bedrohung durch die Expansion des Osmanischen Reiches auf dem Balkan und kriegerische Verwicklungen mit Frankreich. Um die Beschlüsse durchzusetzen, musste Maximilian den Ständen aber neue Zugeständnisse machen.

Kaiser Maximilian

Reichsreform: Entscheidungen des Wormser Reichstags (1495). Im Zentrum der Beschlüsse stand der „Ewigen Landfrieden", mit dem das mittelalterliche Rechtsinstitut der Fehde endlich aufgehoben war. Um Streitigkeiten künftig zuverlässig auf dem Rechtswege entscheiden zu können, wurde das Reichskammergericht neu geschaffen. Durch den jetzt festgelegten Gerichtsort, zunächst in Frankfurt, in späteren Jahrhunderten u. a. in Wetzlar, handelte es sich um ein vom König (und dessen wechselnden Aufenthaltsorten) unabhängiges Gericht. Nur der Richter wurde vom Kaiser berufen, dagegen die „Urteiler" (Schöffen) von den Reichsständen bestimmt.
Zur Aufbringung der Kosten für das Reichskammergericht, zur Friedenswahrung im Reich und zur „Türkenabwehr" sollte der „Gemeine Pfennig", eine erste allgemeine Reichssteuer für alle Bewohner des Reiches, gestaffelt nach dem Vermögen erhoben werden. Die Erhebung der Steuer scheiterte allerdings; die vom Reich geführten Kriege wurden (weiter) durch Beiträge der einzelnen Reichsstände finanziert.

Stärkung der Territorialgewalten. Im Ergebnis des Wormser Reichstags wurde die Machtverteilung zwischen Kaiser und Reichsständen verfestigt. Die Reichsversammlungen, auf denen die Stände des Reichs berieten, waren kein Ersatz der Zentralgewalt, weil sie auch in Krisensituationen kaum zu gemeinsamen Beschlüssen gelangten, ja sich gegenseitig paralysierten. Nicht nur die Kurfürsten pochten auf ihre in der Goldenen Bulle nochmals bestätigten Rechte; auch die übrigen Fürsten hatten ein natürliches Interesse, die Herrschaft in ihren jeweiligen Ländern auszubauen – und damit fast automatisch die Zentralgewalt zu schwächen.
In den Jahrzehnten um die Jahrhundertwende kam es zu einem wirtschaftlichen Aufschwung, bei dem neben dem Fernhandel Bergbau und Montangewerbe eine große Rolle spielten. Auch der hier erwirtschaftete Reichtum kam in erster Linie den Landesherren zugute, die so Mittel für die Festigung und Modernisierung ihrer Landesherrschaft erhielten. So profitierten die sächsischen Territorialfürsten vom Aufschwung der mitteldeutschen Montanregion.
Insgesamt setzte sich in Deutschland „der frühmoderne Staat nicht auf der Ebene des Reiches, sondern in den Territorien, mit besonderer Ausprägung auch in den Reichsstädten durch" (H. Schilling). Das Heilige Römische Reich in der Mitte Europas schlug damit eine ganz andere Richtung ein als England und Frankreich, wo nach dem Hundertjährigen Krieg die territorialen und ständischen Sondergewalten geschwächt wurden und der Weg in Richtung Nationalstaat begann.

Karl V., das Reich und die Weltmacht der Habsburger

Karl V. (Porträt Tizians aus dem Jahr 1548)

Kaiser Karl V. Im Januar 1519 starb Kaiser Maximilian I., fünf Monate später stand mit der Wahl Karls V. fest, dass die Krone des Heiligen Römischen Reiches in der Dynastie der Habsburger verbleiben würde. Der auch vom Papst favorisierte aussichtsreichste Gegenkandidat, der französische König Franz I., war mit seiner Kandidatur gescheitert. Mit der Wahl Karls V., der seit 1516 auch König von Spanien war, entstand ein habsburgisches Weltreich: Zu Recht konnte Karl mit Blick auf die spanischen Länder in Übersee behaupten, dass in seinem Reich die Sonne nicht untergehe. Die seit Jahrzehnten konsequent betriebene Hausmachtpolitik der Habsburger hatte sich mit Karls Wahl ausgezahlt. Der Wahl des erst 19-jährigen Karl, der in den Niederlanden erzogen worden war und nur schlecht Deutsch verstand, waren Verhandlungen, Intrigen und massive finanzielle Transaktionen vorangegangen, um die Kurfürsten zur Stimmabgabe für den Habsburger Kandidaten zu bewegen. Die (Vor-) Finanzierung der Geschenke und Bestechungsgelder übernahm das Augsburger Bankhaus der Fugger, das damit seinen Einfluss nicht nur in Handel und Finanzwelt, sondern auch in der Politik weiter festigte. Mit seiner Wahl musste Karl eine sog. Wahlkapitulation unterzeichnen, d. h. einen umfangreichen Vertrag, in dem die Rechte der Kurfürsten und Stände nochmals bestätigt wurden.

Europäisches Mächtesystem. Die Konzentration der Macht im Hause Habsburg hatte Folgen für das europäische Mächtesystem: in erster Linie die Konkurrenz mit Frankreich, die die nächsten Jahrhunderte der europäischen Politik prägte.

Folgen für Deutschland. Karl V. blieb während der langen Zeit seiner Regierung, wie nicht anders zu erwarten, mit der Regelung der habsburgischen Hausmachtangelegenheiten, inneren Konflikten auf der iberischen Halbinsel, äußeren Kriegen mit Frankreich und dem Osmanischen Reich so sehr beschäftigt, dass er über Jahre keinen Fuß auf den Boden des Reiches setzte.
Die Einrichtung eines sog. Reichsregiments aus Vertretern des Kaisers und der Stände sollte einen Ausweg aus dem offensichtlichen Dilemma weisen, erwies sich aber – wie schon bei einem ersten Versuch im Jahre 1495 – letzten Endes nicht als wirkungsvoller Ersatz für die Präsenz des Kaisers. Auch deshalb ließ Karl V. im Jahre 1531 seinen Bruder Ferdinand zum Römischen König wählen, der während seiner Abwesenheit die Reichsangelegenheiten wahrnehmen sollte.

Hausmachtpolitik der Habsburger
Die Wahl Karls war letztlich Triumph und Bestätigung der habsburgischen Hausmachtpolitik, die Friedrich III. und Maximilian I. mit großer Konsequenz betrieben hatten.
Maximilians Heirat mit Maria von Burgund fügte den habsburgischen Besitzungen die Freigrafschaft Burgund und die Niederlande hinzu, also Gebiete, die zu den reichsten und am weitesten entwickelten Regionen des damaligen Europa zählten.
Im Jahre 1496 verheiratete Maximilian seinen Sohn Philipp mit Johanna, der Tochter der spanischen Könige Ferdinand und Isabella. Damit war der Grundstein für das habsburgische Weltreich gelegt: Philipps und Johannas Sohn Karl übernahm 1516 die Krone Spaniens und wurde drei Jahre später zum Kaiser des Heiligen Römischen Reiches gewählt.
Durch geschickte Erbverträge, die noch zu Friedrichs III. Zeiten geschlossen worden waren, fielen im Jahre 1526 auch die Kronen Böhmens und Ungarns an die Habsburger.

Das Reich Karls V.

Das Heilige Römische Reich Deutscher Nation. Während die Habsburger Herrscher durch Erweiterung ihrer Macht in alle Richtungen sozusagen aus dem Reich hinausdrängten, machten Verständnis und Wahrnehmung des Reiches im Innern einen allmählichen Wandel durch. Seit dem Ende des 15. Jahrhunderts sprach man vom Heiligen Römischen Reich *Deutscher Nation*, ergänzte also die alte Bezeichnung um einen

Folgende Formel findet sich seit 1521 am Ende aller Reichsgesetze etc.:
„Wir Carl der fünffte von Gottes Gnaden Römischer Kayser, zu allen Zeiten Mehrer des Reichs, König in Germanien, zu Castilien, Aragon, Leon, beyder Sicilien, Hierusalem, Hungarn, Dalmatien, Croatien, Navarra, Granaten, Tolleten, Valentz, Gallicien, Majorica, Hispalis, Sardinien, Corduba, Corsica, Murcien, Giennis, Algarbien, Algeziren, Gibraltar, der Canarischen und Indianischen Insulen und der Terrae firmae des Oceanischen Meeres etc. Ertz-Hertzog zu Oesterreich, Hertzog zu Burgundi, zu Lotterich, zu Braband, zu Steyer, zu Kerndten, zu Krain, zu Limburg, zu Lützenburg, zu Geldern, zu Calabrien, zu Athen, zu Neopatrien und Würtenberg etc. ..."

Zusatz, der einerseits die Abschwächung der alten Idee des (universalen) Kaisertums, andererseits erste Anfänge eines (nationalen) Eigenbewusstseins der deutschen Länder markierte. Das entsprach insbesondere dem gewachsenen Selbstbewusstsein und Gewicht der Territorialgewalten nördlich der Alpen.
Zu dem enger definierten Reich „deutscher Nation" wurden die Schweizer Eidgenossenschaft, die Niederlande und Reichsitalien nicht mehr hinzugezählt.

Verändertes Verständnis des Kaisertums. Schließlich lockerte sich die aus dem Mittelalter stammende Verbindung zwischen Kaisertum und Papsttum, das dem Letzteren auch die Entscheidung über die Verleihung der Kaiserwürde vorbehalten hatte. Zwar hielt Karl V. an der Idee eines universalen Kaisertums fest, der Bedeutungsinhalt aber änderte sich. Schon mit der Wahl 1519 nahm Karl den Titel „Erwählter Römischer Kaiser" an. Die spätere Krönung durch den Papst (1530) war nur noch Formsache – sie fand zudem unter Bedingungen statt, die für das Papsttum eher demütigend waren: Karls Truppen hatten 1527 Rom geplündert, und die Krönung musste auf Wunsch des Kaisers in Bologna stattfinden.
Die Nachfolger Karls V. verzichteten ganz auf eine Krönung durch den Papst und nahmen den Kaisertitel endgültig und mit Zustimmung der Kurfürsten bei der Wahl zum König an.

Arbeitsanregungen zum Infotext

Info S. 79 ff.

1. Begründen Sie nach der Lektüre des gesamten Kapitels kurz, warum die Zeit nach 1450 häufig als Zeit des Umbruchs oder des Übergangs zwischen Mittelalter und Neuzeit vorgestellt wird. Stellen Sie auch Bezüge zum Kernmodul „Modernisierung" her.
☞ Thesenpapier als Grundlage für ein Kurz-Statement

Info S. 79 f.

2. Erläutern Sie unter Nutzung der Karte auf S. 80 die Folgen der Eroberung von Konstantinopel durch die Osmanen.
☞ Stichwortliste

Info S. 81 f.

3. Stellen Sie wichtige Ereignisse der spanischen Geschichte des 15. Jahrhunderts dar und erläutern Sie dabei die Zusammenhänge zwischen innerer und äußerer Politik.
☞ Concept Map als Grundlage für einen Vortrag

Info S. 83 f.

4. Nennen Sie wichtige Aspekte der Renaissance in Italien und erklären Sie, warum die Idee der „Wiedergeburt" für die Anhänger der neuen Ideen von herausragender Bedeutung war.
☞ Schriftliches Statement

Info S. 85 ff.

5. Listen Sie die wichtigsten Zentren der städtischen Wirtschaftsentwicklung im 15./16. Jahrhundert auf und erklären Sie den Begriff des Frühkapitalismus.
☞ Thesenpapier

Info S. 87 f.

6. Benennen Sie die wesentlichen Aspekte der Reichsreform am Ende des 15. Jahrhunderts und erläutern Sie die historischen Hintergründe.
☞ Stichwortliste für einen Kurzvortrag

Info S. 88 f.

7. Erarbeiten Sie eine Mindmap zum Thema „Die habsburgischen Kaiser und das Reich". Diskutieren Sie in Ihrem Kurs die Frage, welche Vor- und Nachteile der dauerhafte Übergang der Kaiserwürde auf die Habsburger für die Entwicklung des Reiches hatte.
☞ Mindmap als Grundlage einer Diskussionsrunde

Ein neues Weltbild im Spiegel der Kunst

Florenz, 8. September 1504. In einer feierlichen Prozession soll eine gewaltige Statue an ihrem Bestimmungsort vor dem Palazzo Vecchio aufgestellt werden. In langjähriger Arbeit hatte der Künstler Michelangelo den fünf Meter hohen Koloss aus einem einzigen Marmorblock herausgearbeitet. Zahlreiche Menschen säumen die Straßen, um die völlig neuartige Darstellung des biblischen David zu bewundern. Nicht alle waren freilich begeistert: Jugendliche sollen die Statue auf ihrem Weg an ihren Bestimmungsort sogar mit Steinen beworfen haben. Offenbar erregte das neue Bild vom Menschen bei vielen Anstoß. Auch politisch war die Botschaft dieser Statue eindeutig: Sie war entstanden im Auftrag der florentinischen Wollweber, die sich einige Jahrzehnte zuvor gegen den Stadtadel durchgesetzt hatten. Die Parallelen zum Sieg Davids über den gigantischen Goliath sind überdeutlich. Stolz auf die eigene Leistung und die unterschwellige Warnung an den Adel wollten die Handwerker durch diese Auftragsarbeit zum Ausdruck gebracht sehen. Man sieht an diesem Beispiel, dass die Kunst der Renaissance nicht nur einen Umbruch in den künstlerischen Techniken mit sich brachte, sondern dass sie einen Wandel des Weltbildes und ein neues Selbstbewusstsein der Menschen widerspiegelte.

- **Unter welchen Bedingungen entstand Kunst in der Renaissance?**
- **Welcher Bildsprache bediente sich die Kunst der Renaissance?**
- **Welche Elemente des neuen Zeitgeistes werden in der Kunst sichtbar?**

Erstellen Sie PowerPoint-Präsentationen, in denen Sie am Beispiel jeweils eines Gemäldes die Leitfragen beantworten.

So können Sie die Präsentationen arbeitsteilig in Gruppen vorbereiten:

1. Entscheiden Sie sich, welche der vier Gemälde Sie in Gruppen bearbeiten möchten.
2. Analysieren Sie das Gemälde. Wenden Sie hierbei den zweiten Schritt der Basismethode „Bildquellen interpretieren" (S. 194 f.) an. Notieren Sie offene Fragen und Unklarheiten auf Karteikarten.
3. Recherchieren Sie anschließend in Lexika, Fachliteratur sowie im Internet zu den Künstlern sowie den Gemälden. Beantworten Sie auf dieser Grundlage die noch offenen Fragen und interpretieren Sie das Gemälde (3. Schritt der Basismethode).
4. Erstellen Sie die PowerPoint-Präsentation und bereiten Sie sich auf die Vorstellung im Plenum vor. Tipp: Gestalten Sie Ihre Präsentation und ihren Vortrag so, dass die übrigen Kursteilnehmer gut folgen können. Heben Sie dazu möglichst einzelne Bildelemente hervor und versehen Sie sie mit Randbemerkungen oder erklären Sie Details so, dass die anderen sich mithilfe der Abbildungen im Buch orientieren können usw.

MATERIALIEN

M 1 Raffael Santi (1483–1520): Die Schule von Athen

M 2 Sandro Botticelli (1445–1510): Die Geburt der Venus

M 3 Tomaso di Ser Cassai, genannt Masaccio (1401–1428): Die Dreifaltigkeit

Masaccio zählt zu den bedeutendsten italienischen Malern der Frührenaissance. Als Schüler Brunelleschis war er einer der ersten, die die mathematisch konstruierbare Zentralperspektive konsequent in seinen Gemälden umsetzte. Das hier abgebildete Fresco aus der Kirche Santa Maria Novella in Florenz beeindruckte gerade hierdurch zahlreiche Künstler und trug so zur Verbreitung der neuen Technik bei. So schrieb etwa der Maler und Kunsthistoriker Giorgio Vasari, der auch den Begriff Renaissance prägte, nach einem Besuch in dieser Kirche:

„Sehr schön ist auf diesem Bilde außer den Gestalten ein Tonnengewölbe, in Felder und Rosetten abgeteilt, welche in so richtiger Perspektive sich verjüngen, dass sie durch die Mauer hindurch in die Tiefe zurückzuweichen scheinen."

Die Übersetzung der italienischen Inschrift im unteren Teil lautet: „Ich war, was ihr seid und bin, was ihr sein werdet!"

M 4 Hans Holbein der Jüngere (1497/98–1543): Bildnis des Kaufmanns Georg Gisze

Der in Augsburg geborene Holbein porträtierte in London neben der königlichen Familie viele deutsche Kaufleute, so auch den Danziger Georg Gisze, dem offenbar besonders daran lag, mit den typischen Utensilien seines Berufes abgebildet zu werden. Auf dem Brief, den Gisze in Händen hält, steht: „Dem Ersamen Jorgen gisze to lunden in engelant mynem broder to handen".

Umbruch im Denken: Wie sich die Welt um 1500 in den Köpfen veränderte

Um die Wende vom 15. zum 16. Jahrhundert veränderte sich die Welt nicht nur durch abenteuerliche Fahrten über die Ozeane und die „Entdeckung" bisher unbekannter Länder; gleichzeitig vollzog sich eine Veränderung im Denken, die in Vielem Auswirkungen bis heute hat. Betroffen waren fast alle Bereiche: Religion und Glauben, Philosophie, Naturwissenschaft und Politik.

- **Worin bestanden die neuen Ansätze des Denkens um 1500?**
- **Welche Bedeutung kommt ihnen heute zu?**

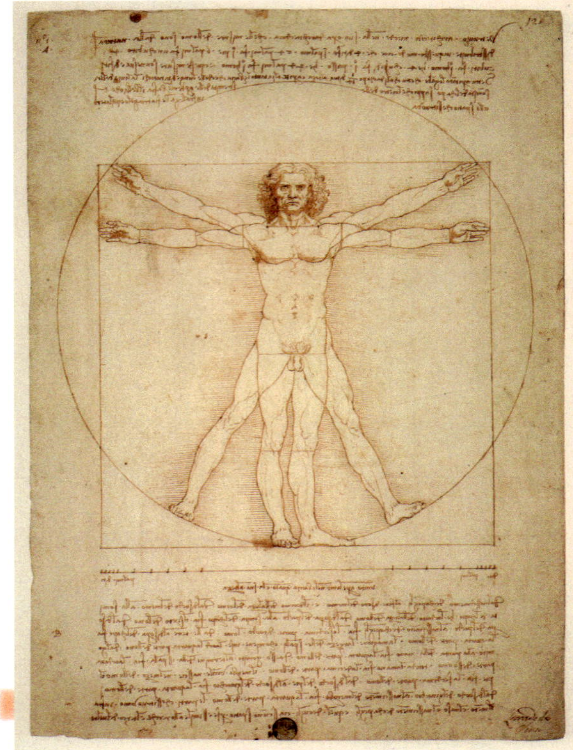

Leonardo da Vinci: Proportionsstudie zum Menschen (1492)

Entwerfen Sie Thesenpapiere zu den neuen Denkansätzen um 1500 und stellen Sie diese in Kurzvorträgen vor.

So können Sie an die Aufgabe herangehen:

1. Entscheiden Sie für sich, ob Sie sich mit dem Bereich „Religion und Glauben", „Philosophie des Menschen", „Naturwissenschaften" oder „Politik" befassen wollen und beschäftigen Sie sich dann näher mit einem der folgenden Texte.
2. Interpretieren Sie allein oder in kleinen Gruppen den von Ihnen ausgewählten Text und beantworten Sie die erste Leitfrage. Sammeln Sie zusätzliche Informationen zum Autor und zur Entstehung Ihrer Textquelle und ziehen Sie bei der Interpretation Ihres Textes auch die Basismethode „Sprachliche historische Quellen interpretieren" heran. Entwerfen Sie dann ein Thesenpapier, das die wesentlichen Aspekte in Stichwortform enthalten soll, als Grundlage für Ihren Kurzvortrag.
3. Halten Sie die Vorträge in Ihrem Kurs und stellen Sie sich den Nachfragen Ihrer Mitschülerinnen und Mitschüler.
4. Ziehen Sie in einem Kreisgespräch Vergleiche zwischen den Denkansätzen und diskutieren Sie die zweite Leitfrage.

MATERIALIEN

M 1 Erasmus von Rotterdam, Über das Lesen der Bibel (1516)

Erasmus von Rotterdam (1466–1536) gehörte zu den bedeutendsten Humanisten seiner Zeit. Er lebte und lehrte lange Zeit seines Lebens in Basel. In der Vorrede zum Neuen Testament, das er anhand wiedergefundener Manuskripte neu und erstmals vollständig in griechischer Sprache edierte, führte er aus:

Leidenschaftlich rücke ich von denen ab, die nicht wollen, dass die heiligen Schriften in die Volkssprache übertragen und auch von Laien gelesen werden, als ob Christus so verwickelt gelehrt hätte, dass er kaum von einer Handvoll Theologen verstanden werden könne, und als ob man die christliche Religion dadurch schützen könne, dass sie unbekannt bleibt. Es mag angehen, dass Könige ihre Geheimnisse verheimlichen, aber Christus will mit Nachdruck, dass seine Geheimnisse unter das Volk gebracht werden. Ich würde wünschen, dass alle Weiblein das Evangelium lesen, auch dass sie die Paulinischen Briefe lesen. Wären doch diese in die Sprache aller Völker übertragen, damit sie nicht nur von den Schotten und Iberern, sondern auch von den Türken und Sarazenen gelesen und verstanden werden könnten. […]

Warum beschränken wir den allen gemeinsamen Stand auf einige wenige? Das steht nämlich nicht mit der Tatsache im Einklang, dass die Taufe, durch die die erste Angelobung auf die Philosophie Christi vollzogen wird, in gleicher Weise allen Christen gemeinsam ist. Ebenso, dass alle übrigen Sakramente und schließlich auch der Lohn des ewigen Lebens in gleicher Weise allen zukommt; und nur die Lehre sollte auf diese wenigen verwiesen werden müssen, die das Volk heute Theologen und Mönche nennt. Von denen möchte ich aber sagen – sie machen zwar nur einen geringen Anteil an dem, was christliches Volk genannt wird, aus –, sie sollten doch in höherem Maße im Leben verwirklichen, was sie hören. Ich fürchte nämlich, man könnte unter den Theologen solche finden, die weit von ihrem Namen entfernt sind, das heißt, dass sie Irdisches, nicht Himmlisches reden; und unter den Mönchen solche, die die Armut Christi und die Verachtung der Welt mehr mit den Lippen bekennen, als dass sie sich von der Welt wirklich lösten. Der ist mir ein wahrer Theologe, der nicht mit künstlich zusammengedrechselten Syllogismen, sondern mit Herzenswärme, durch sein Antlitz, durch seine Augen, durch sein persönliches Leben lehrt, dass man den Reichtum verachten müsse, dass der Christ nicht auf den Schutz dieser Welt vertrauen solle, sondern sich ganz vom Himmel abhängig fühlen müsse; dass man kein Unrecht vergelten dürfe, dass man die Fluchenden segnen solle, dass man sich gute Verdienste um die erwerben müsse, die Schlimmes verdienen, dass man alle Guten wie die Glieder desselben Leibes lieben und gleicher Weise hegen müsse; dass die Bösen ertragen werden müssten, wenn man sie nicht bessern könne. Jene, die ihrer Habe beraubt, die von ihren Besitzungen vertrieben werden, die trauern, die seien selig und nicht zu bejammern; auch jetzt schon müssen die Frommen den Tod herbeisehnen, wo dieser doch nichts anderes ist als ein Übergang zum ewigen Leben. – Wenn einer dieses und ähnliches, vom Geiste Christi angetrieben, predigt, einschärft, dazu ermahnt, einlädt und ermuntert, der ist letzten Endes ein wahrer Theologe, und sei er auch ein Ackersmann oder Tuchweber. […]

Gelehrt zu sein, ist wenigen gegeben, aber niemandem ist es verboten, Christ zu sein, niemandem, fromm zu sein, und ich wage noch kühn hinzuzufügen: Niemandem ist es verboten, ein Theologe zu sein.

(Zit. nach: Ernst W. Zeeden, Europa vom ausgehenden Mittelalter bis zum Westfälischen Frieden 1648 (Studienbuch Geschichte – Darstellung und Quellen, Heft 5), Stuttgart (Klett-Cotta) 1981, S. 161 ff.)

M 2 Pico della Mirandola, Über die Würde des Menschen

Giovanni Pico della Mirandola (1463–1494) gehörte zu den bedeutendsten Gelehrten seiner Zeit. Der folgende Textauszug, der erst nach seinem Tode 1496 in Florenz veröffentlicht wurde, war ursprünglich als Einleitungsrede zu einer wissenschaftlichen Disputation in Rom gedacht, zu der Pico 900 theologische und philosophische Thesen formuliert hatte. Die Disputation konnte wegen eines päpstlichen Verbots nicht stattfinden, weil Pico nach Prüfung durch eine päpstliche Kommission in den Verdacht der Ketzerei geriet.

(a) Bereits hatte Gott-Vater, der höchste Baumeister, dieses irdische Haus der Gottheit, das wir jetzt sehen, diesen Tempel des Erhabensten, nach den Gesetzen einer verborgenen Weisheit errichtet. Das überirdische Gefilde hatte er mit Geistern geschmückt, die ätherischen Sphären hatte er mit ewigen Seelen belebt, die materiellen und fruchtbaren Teile der unteren Welt hatte er mit einer bunten Schar von Tieren angefüllt. Aber als er dieses Werk vollendet hatte, da wünschte der Baumeister, es möge jemand da sein, der die Vernunft eines so hohen Werkes nachdenklich erwäge, seine Schönheit liebe, seine Größe bewundere. Deswegen dachte er, nachdem bereits alle Dinge fertiggestellt waren, wie es Moses und der Timaeus bezeugen, zuletzt an die Schöpfung des Menschen. Nun befand sich aber unter den Archetypen in Wahrheit kein einziger, nach dem er einen neuen Sprössling hätte bilden sollen. Auch unter seinen Schätzen war nichts mehr da, was er seinem neuen Sohne hätte als Erbe schenken sollen, und unter den vielen Ruheplätzen des Weltkreises war kein einziger mehr vorhanden, auf dem jener Betrachter des Universums hätte Platz nehmen können. Alles war bereits voll, alles unter die höchsten, mittleren und untersten Ordnungen der Wesen verteilt.

b) Daher beschloss denn der höchste Künstler, dass derjenige, dem etwas Eigenes nicht mehr gegeben werden konnte, das als Gemeinbesitz haben sollte, was den Einzelwesen ein Eigenbesitz gewesen war. Daher ließ sich Gott den Menschen gefallen als ein Geschöpf, das kein deutlich unterscheidbares Bild besitzt, stellte ihn in die Mitte der Welt und sprach zu ihm: Wir haben dir keinen bestimmten Wohnsitz, noch ein eigenes Gesicht, noch irgendeine besondere Gabe verliehen, o Adam, damit du jeden beliebigen Wohnsitz, jedes beliebige Gesicht und alle Gaben, die du dir sicher wünschst, auch nach deinem Willen und nach deiner eigenen Meinung haben und besitzen mögest. Den übrigen Wesen ist ihre Natur durch die von uns vorgeschriebenen Gesetze bestimmt und wird dadurch in Schranken gehalten. Du bist durch keinerlei unüberwindliche Schranken gehemmt, sondern du sollst nach deinem eigenen freien Willen, in dessen Hand ich dein Geschick gelegt habe, sogar jene Natur dir selbst vorherbestimmen. Ich habe dich in die Mitte der Welt gesetzt, damit du von dort bequem um dich schaust, was es alles in dieser Welt gibt.

(c) Wir haben dich weder als einen Himmlischen noch als einen Irdischen, weder als einen Sterblichen noch einen Unsterblichen geschaffen, damit du als dein eigener, vollkommen frei und ehrenhalber schaltender Bildhauer und Dichter dir selbst die Form bestimmst, in der du zu leben wünschst. Es steht dir frei, in diese Unterwelt des Viehes zu entarten. Es steht dir ebenso frei, in die höhere Welt des Göttlichen dich durch den Entschluss deines eigenen Geistes zu erheben.

(d) Müssen wir darin nicht zugleich die höchste Freigebigkeit Gott-Vaters und das höchste Glück des Menschen bewundern? Des Menschen, dem es gegeben ist, das zu haben, was er wünscht, und das zu sein, was er will. Denn die Tiere, sobald sie geboren werden, tragen vom Mutterleibe an das mit sich, was sie später besitzen werden, wie Lucilius sagt. Die höchsten Geister aber sind von Anfang an oder bald darauf das gewesen, was sie in alle Ewigkeiten sein werden. In den Menschen aber hat der Vater gleich bei seiner Geburt die Samen aller Möglichkeiten und die Lebenskeime jeder Art hineingelegt. Welche er selbst davon pflegen wird, diejenigen werden heranwachsen und werden in ihm ihre Früchte bringen. Wenn er nur die des Wachsens pflegt, wird er nicht mehr denn eine Pflanze sein. Pflegt er nur die sinnlichen Keime, wird er gleich dem Tiere stumpf werden. Bei der Pflege der rationalen wird er als ein himmlisches Wesen hervorgehen. Bei der Pflege der intellektualen wird er ein Engel und Gottes Sohn sein. Und wenn er mit dem Lose keines Geschöpfes zufrieden sich in den Mittelpunkt seiner Ganzheit zurückziehen wird, dann wird er zu einem Geist mit Gott gebildet werden, in der einsamen Dunkelheit des Vaters, der über alles erhaben ist, wird er auch vor allen den Vorrang haben. Wer möchte nicht dies unser Chamäleon bewundern? Oder wer möchte überhaupt irgend etwas anderes mehr bewundern!

(Zit. nach: Karl Vorländer, Philosophie der Renaissance (Geschichte der Philosophie, III, bearb. v. Hinrich Knittermeyer und Eckhard Keßler), Reinbek (Rowohlt) 1965, S. 188 ff.)

M 3 Leonardo da Vinci, Philosophische Tagebücher

Leonardo da Vinci (1452–1519) gilt als Universalgenie der Renaissance: Er war in Mailand, Florenz, Rom sowie in Frankreich u. a. als Maler, Architekt, Ingenieur und Naturwissenschaftler tätig. In seinen Philosophischen Tagebüchern begründet er die wissenschaftliche Methode, die seinen Arbeiten zugrunde liegt.

[…] (b) Man sagt, dass die Erkenntnis, die von der Erfahrung erzeugt wird, rein handwerksmäßig sei, und nur diejenige wissenschaftlich, die im Geist entsteht und endet, und auf halbem Weg zwischen Wissenschaft und Handwerk diejenige, die aus der Wissenschaft entsteht und im Werk der Hände endet. Doch scheint mir, dass jene Wissenschaften eitel und voller Irrtümer sind, die nicht geboren wurden aus der Erfahrung, der Mutter jeder Gewissheit, oder nicht in einer bekannten Erfahrung enden, das heißt solche, bei denen weder Ursprung noch Mittelweg noch Ende durch irgendeinen der fünf Sinne hindurchgehen.

[…] die wahren Wissenschaften sind diejenigen, die dank der Erfahrung durch die Sinne gegangen sind, den Zungen der Zankenden Schweigen gebietend, und die ihre Erforscher nicht mit Träumen abspeisen, sondern immer, aufgrund von ersten, wahren und bekannten Prinzipien, Schritt für Schritt fortschreiten mit wahren Folgerungen bis zum Ende, wie dies in den ersten mathematischen Wissenschaften offenbar ist, das heißt bei Zahl und Maß, genannt Arithmetik und Geometrie … Hier wird man nicht herumstreiten, ob zweimal drei mehr oder weniger als sechs ausmachen, oder ob ein Dreieck weniger als zwei rechte Winkel hat, sondern mit ewigem Schweigen wird jeder Streit erstickt, und friedlich erfreuen sich [an diesen Wissenschaften] ihre Anhänger, was die lügnerischen, rein verstandesmäßigen Wissenschaften nicht erreichen können.

c) […] also, ihr Forscher, traut nicht den Autoren, die sich nur vermittels der Einbildungskraft zu Dolmetschern zwischen Natur und Mensch haben machen wollen, sondern einzig denen, die nicht aufgrund der Zeichen der Natur, vielmehr durch die Ergebnisse ihrer Versuche den Geist geübt haben.

Die Experimente täuschen jene, die nicht ihr Wesen kennen, denn oft sind solche, die gleich scheinen, von großer Mannigfaltigkeit, wie hier bewiesen wird.

(d) Die Erfahrung irrt nie, sondern es irren nur unsere Urteile, indem sie sich von ihr Dinge versprechen, die nicht in ihrer Macht sind.

Mit Unrecht beklagen sich die Menschen über die Erfahrung, die sie mit heftigen Vorwürfen beschuldigen, trügerisch zu sein. Doch mögen sie die Erfahrung in Ruhe lassen; richtet solche Klagen gegen eure Unwissenheit, die euch soweit führt, dass ihr euch von dieser Erfahrung in euren eitlen und törichten Wünschen Dinge versprecht, die nicht in ihrer Macht liegen, und dann behauptet, sie sei trügerisch.

Mit Unrecht beklagen sich die Menschen über die unschuldige Erfahrung, sie trügerischer und falscher Beweisführung bezichtigend.

(e) Die Erfahrung, Dolmetsch zwischen der erfinderischen Natur und der menschlichen Art, lehrt uns: was diese Natur unter den Sterblichen, von der Notwendigkeit gezwungen, schafft, kann sie nicht anders hervorbringen als so, wie das Gesetz, ihr Steuer, sie zu wirken lehrt.

(Zit. nach: Karl Vorländer, a. a. O., S. 244 f.)

M 4 Niccolò Machiavelli, Der Fürst (1513)

Niccolò Machiavelli (1469–1527) war zeitweise als Sekretär des Rats von Florenz tätig. Nach der Rückkehr der Medici an die Spitze der Stadt 1513 verlor er sein Amt. Im selben Jahr schrieb er sein berühmtestes Werk Il Principe (Der Fürst).

15. Kapitel

Viele haben sich Republiken und Fürstentümer ausgemalt, von deren Existenz man nie etwas gesehen noch vernommen hat. Denn zwischen dem Leben, wie es ist und wie es sein sollte, ist ein so gewaltiger Unterschied, dass, wer das, was man tut, aufgibt für das, was man tun sollte, eher seinen Untergang als seine Erhaltung bewirkt; ein Mensch, der immer nur das Gute tun wollte, muss zugrunde gehen unter so vielen, die nicht gut sind. Daher muss ein Fürst, der sich behaupten will, auch imstande sein, nicht gut zu handeln und das Gute zu tun und zu lassen, wie es die Umstände erfordern.

Ich lasse also die Fantasien über den Fürsten beiseite und rede von dem Tatsächlichen. Hier ist zunächst zu sagen, dass allen Menschen und vor allem den Fürsten, weil sie am höchsten stehen, wenn von ihnen die Rede ist, gewisse Eigenschaften zugesprochen werden, die ihnen Lob oder Tadel eintragen. […]

17. Kapitel

Daran knüpft sich eine Streitfrage: ob es besser sei, geliebt zu werden als gefürchtet, oder umgekehrt. Die Antwort lautet, dass es am besten wäre, geliebt und gefürchtet zu sein; da es aber schwer ist, beides zu vereinigen, ist es weit sicherer, gefürchtet zu sein als geliebt, wenn man schon auf eins verzichten muss. Denn von den Menschen lässt sich im allgemeinen so viel sagen, dass sie undankbar, wankelmütig und heuchlerisch sind, voll Angst vor Gefahr, voll Gier nach Gewinn. Solange sie von dir Vorteil ziehen, sind sie dein mit Leib und Seele: sie sind bereit, dir ihr Blut, ihre Habe, ihr Leben, ihre Kinder zu opfern, solange die Not fern ist. Kommt sie aber heran, so empören sie sich. Ein Fürst, der sich ganz auf ihre Versprechungen verlassen und keinerlei anderweitige Vorkehrungen getroffen hat, ist verloren. Denn wer Freunde durch Geld und nicht durch großherzige Gesinnung gewinnt, erwirbt sie, ohne sie zu besitzen, und kann in der Zeit der Not nicht auf sie zählen. Auch scheuen die Menschen sich weniger, einen Fürsten zu verletzen, der beliebt, als einen, der gefürchtet ist. Denn das Band der Liebe ist die Dankbarkeit, und da die Menschen schlecht sind, zerreißen sie es bei jeder Gelegenheit um ihres eignen Vorteils willen; das Band der Furcht aber ist die Angst vor Strafe, die den Menschen nie verlässt. Doch muss ein Fürst, der sich gefürchtet machen will, darauf achten, dass er, wenn schon nicht Liebe, so doch keinen Hass erwirbt. Denn man kann sehr wohl gefürchtet sein, ohne gehasst zu werden. Das wird ihm stets gelingen, wenn er das Eigentum und die Frauen seiner Bürger und Untertanen nicht anrührt. Und wenn er auch genötigt wäre, das Blut eines Untertanen zu vergießen, mag er es ruhig tun, wenn er hier ausreichende Rechtfertigung und offenbaren Grund dazu hat – nur an seinen Besitz darf er nicht rühren. Denn die Menschen vergessen schneller den Tod ihres Vaters als den Verlust des väterlichen Erbes. Ferner fehlt es nie an Gelegenheiten, sich fremden Besitz anzueignen, und wer einmal angefangen hat, vom Raube zu leben, findet immer einen Anlass dazu. Umgekehrt sind die Gelegenheiten zum Blutvergießen seltener und kehren nicht so leicht wieder, ist aber der Fürst zugleich Feldherr und hat eine Menge Soldaten in Zucht zu halten, dann darf er erst recht den Ruf der Grausamkeit nicht scheuen. […]

18. Kapitel

Wie rühmlich es für einen Fürsten ist, die Treue zu

halten und redlich, ohne Falsch, zu leben, sieht jeder ein. Nichtsdestoweniger lehrt die Erfahrung, dass gerade in unsern Tagen die Fürsten Großes ausgerichtet haben, die es mit der Treue nicht genau nahmen und es verstanden, durch List die Menschen zu umgarnen; und schließlich haben sie die Oberhand gewonnen über die, welche es mit der Rechtlichkeit hielten. Man muss nämlich wissen, dass es zweierlei Waffen gibt: die des Rechtes und die der Gewalt. Jene sind dem Menschen eigentümlich, diese den Tieren. Aber da die ersten oft nicht ausreichen, muss man gelegentlich zu den andern greifen. Deshalb muss ein Fürst verstehen, gleicherweise die Rolle des Tieres und des Menschen durchzuführen. [...]

Man muss also Fuchs sein, um die Schlingen zu kennen, und Löwe, um die Wölfe zu schrecken. Diejenigen, die sich einfach nach dem Löwen richten, verstehen ihre Sache schlecht. Ein kluger Fürst kann und darf demnach sein Wort nicht halten, wenn er dadurch sich selbst schaden würde oder wenn die Gründe weggefallen sind, die ihn bestimmten, es zu geben. Wenn alle Menschen gut wären, wäre diese Vorschrift nicht gut; da sie aber schlecht sind und dir die Treue nicht halten würden, brauchst du sie ihnen auch nicht zu halten. [...]

Ich will von den Beispielen eines nicht unerwähnt lassen. Papst Alexander VI. tat und sann nichts weiter, als die Menschen zu betrügen, und stets fand er eine Gelegenheit dazu. Kein Mensch hat je seine Versprechungen so nachdrücklich beteuert, so feierlich beschworen und so leicht gebrochen; nichtsdestoweniger gelangen ihm alle seine Betrügereien nach Wunsch, weil er die Welt von dieser Seite vorzüglich kannte. Es ist also nicht nötig, dass ein Fürst alle aufgezählten Tugenden besitzt, wohl aber, dass er sie zu besitzen scheint. Ja, ich wage zu behaupten, dass sie schädlich sind, wenn man sie besitzt und stets ausübt, und nützlich, wenn man sie zur Schau trägt. So muss der Fürst Milde, Treue, Menschlichkeit, Redlichkeit und Frömmigkeit zur Schau tragen und besitzen, aber wenn es nötig ist, imstande sein, sie in ihr Gegenteil zu verkehren.

(Niccolò Machiavelli, Der Fürst, aus dem Italienischen übertragen von Ernst Merian-Genast, Stuttgart (Reclam) 1961, S. 95ff.)

Geschichte digital – Weltkarten und Weltbild im späten Mittelalter und der Frühen Neuzeit

Karten stellen immer nur einen Ausschnitt der Wirklichkeit dar. Was sie enthalten, ist abhängig von dem, was der Kartograf weiß oder nicht weiß, und von seinem Weltbild. Karten geben deshalb nicht nur eine physische Realität wieder, sondern sie können auch noch höchst unterschiedliche weitere Informationen liefern. Diese können sich auf politische Grenzen beziehen, auf die Bevölkerung, auf Umwelteinflüsse und vieles mehr. So vermitteln Karten vielfältige Perspektiven in Bezug auf die Welt, in der wir leben, und können damit ein vertieftes Verständnis der Welt ermöglichen.

- **Was erzählt die Ebstorfer Weltkarte über die geografische Weltvorstellung des Mittelalters?**
- **Welche Bedeutung hat das christlich geprägte Weltbild des europäischen Mittelalters für den Aufbau und die Gestaltung historischer Weltkarten dieser Zeit?**
- **Wie unterscheiden sich Weltkarten der Frühen Neuzeit von denjenigen des Mittelalters?**
- **Welche Rolle spielen neue Erkenntnisse für die Form und Gestaltung frühneuzeitlicher Weltkarten?**

Halten Sie einen internetbasierten Expertenvortrag, in dem Sie anschaulich präsentieren, in welcher Weise im Mittelalter und in der Frühen Neuzeit die geografisch bekannte Welt dargestellt wird. Berücksichtigen Sie dabei auch, welche Bedeutung das christlich geprägte Weltbild für die Kartengestaltung hat.

Empfehlungen, wie Sie die Präsentation vorbereiten können:

1. Bilden Sie kleine Arbeitsteams, in denen Sie die Präsentation Ihres Vortrags erarbeiten.
2. Lesen Sie die Sachinformation zum Thema historische Karten aufmerksam durch und notieren Sie zentrale Informationen, die Sie dort zu den vier Leitfragen finden.
3. Recherchieren Sie im Internet zu den drei angegebenen Karten.
   ➧ **Tipps zum Vorgehen bei der Recherche:**
   a) Als Ausgangspunkt der Recherche bieten sich die jeweiligen Einträge in Wikipedia an.
   b) Zum Einstieg in die anspruchsvollere Interpretation der Ebstorfer Weltkarte bieten sich folgende spezielle Zugänge an: die Seiten der Universität Lüneburg (http://www2.leuphana.de/ebskart/) und die Seiten der Universität Potsdam (www.unipotsdam.de/u/germanistik/mediaevistik/Weltkarten.pdf).
4. Orientieren Sie sich bei der inhaltlichen Auswertung an dem empfohlenen Arbeitsschritten der Methode „Historische Karten recherchieren und verstehen“ (s. S. 101).
5. Notieren Sie Ihre Rechercheergebnisse in Stichwortform auf Karteikarten.
6. Entwerfen Sie auf dieser Grundlage ein Präsentationskonzept (Entscheidung für zentrales internetgestütztes Bildmaterial, erläuternde Begleitkommentare). Verabreden Sie, wie Sie das gesamte Team in die Präsentation einbinden können.
   Hinweis: Eine solche Präsentation müssen sie mehrfach „durchspielen“. Unter Umständen müssen Sie dabei auch noch mehrfach Korrekturen vornehmen, ehe Ihre Präsentation gut läuft und im gesamten Kurs präsentabel ist.

Sachinformation: Karten im späten Mittelalter und in der Frühen Neuzeit

Die Entstehung und die Form von Karten sind immer eng an das Wissen und das Weltbild einer bestimmten Zeit geknüpft. Wichtig sind auch die technischen Möglichkeiten, mit denen Karten hergestellt werden können. Dabei gab es im Mittelalter z. B. Probleme, die durchaus bekannte Kugelgestalt der Erde auf eine Fläche zu projizieren. Auch daraus erklären sich die nicht immer zutreffend angegebenen Größenverhältnisse auf Karten jener Zeit. Karten im Mittelalter dienten zudem nicht in erster Linie der geografischen Orientierung, sondern spiegelten vor allem die Weltvorstellung der damaligen Zeit wider. Diese war wesentlich durch den christlichen Glauben geprägt und deshalb entstammen entscheidende Elemente auf mittelalterlichen Karten auch der Bibel. So wurde z. B. auf mittelalterlichen Karten häufig auch das Paradies verzeichnet. In diesem Zusammenhang entschied auch nicht die reale geografische Lage eines Ortes über seine Position auf einer Weltkarte, sondern seine Bedeutung im Kontext der biblischen Heilgeschichte. Aus diesem Grunde steht Jerusalem als Ort der Leidensgeschichte Christi im Zentrum mittelalterlicher Karten.
Die mittelalterlichen Weltkarten wurden als „Mappae mundi" (wörtlich übersetzt „Tuch der Welt") bezeichnet und in der Regel in der Form des T-O-Schemas darstellt.

Erste gedruckte T-O-Karte 1472

Auf den T-O-Karten ist das Land komplett vom Meer umgeben. Das T, das hier als Mittelmeer verstanden wird, unterteilt die Landmasse in drei Kontinente: Asien, Europa und Afrika. In Anlehnung an antike Vorstellungen übertrifft die Landfläche deutlich diejenige des Meeres. Oft wurden die drei Kontinente auch mit den Namen der Söhne Noahs bezeichnet: Sem (Asien), Japhet (Europa) und Ham (Afrika). Auf detaillierteren Weltkarten wurden gewissermaßen alle Namen von Ländern, Bergen, Flüssen und Siedlungen aufgezählt, von denen man wusste. Als Quelle dieses Wissens dienten die Bibel, antike Schriftsteller und die Erzählungen und Berichte von Kaufleuten und Pilgern über fremde Länder, die oft durch Legenden ergänzt und fantastisch ausgeschmückt wurden.
Im Laufe des Mittelalters wuchs aber auch das reale geografische Wissen der Menschen. Dafür gab es verschiedene Gründe: Einerseits weitete sich der Handel immer mehr aus und verschaffte den Europäern Kenntnisse über Gebiete in Nord- und Osteuropa sowie über Nordafrika und den Vorderen Orient. In diesem Zusammenhang spielten auch die Kreuzzüge eine wichtige Rolle. Andererseits begaben sich die Europäer auf Pilgerreisen verschiedenster Art – nach Rom, Santiago de Compostella im Nordwesten Spaniens oder gar Jerusalem. Um diese Wege quer durch den Kontinent oder über das Meer zurückzulegen, benötigte man genauere Karten, die die Wege zeigten (Itinerare, Pilgerkarten) oder die genaue Navigation auf dem Meer ermöglichten (Portolane). Insgesamt verschafften sich die Menschen Europas bis zum Ende des Mittelalters so z. T. ansatzweise genauere, geografisch realistischere Kenntnisse.
Allerdings bezogen sich diese Kenntnisse in erster Linie auf Europa selbst und die in seiner Nähe liegenden Gebiete. Je weiter Gebiete von Europa entfernt waren, umso weniger wusste man von ihnen.
Dies änderte sich mit den Entdeckungsfahrten ab dem 15. Jahrhundert, wodurch die Europäer neue Kenntnisse über Afrika und den Fernen Osten sowie die neue Welt Amerika gewannen. Allerdings wurden diese Kenntnisse aus politischen und wirtschaftlichen Gründen oft geheim gehalten.

Methode

Historische Karten recherchieren, lesen und verstehen

Historische Karten sind im Gegensatz zu Geschichtskarten Karten aus einer vergangenen Zeit. Sie wirken auf uns oft fremd und sind ohne eine gründliche Kenntnis des historischen Hintergrunds auf den ersten Blick für uns weitgehend unverständlich. Die Verständnisschwierigkeiten werden umso größer, je weiter die dargestellten Zeiten und Räume von unserer modernen Welt entfernt sind. Dies gilt in besonderem Maße für Karten des Mittelalters, die ohne religiöse, politische und soziale Kenntnisse über das Weltbild des Mittelalters nicht entschlüsselt werden können. Sie zeigen eine Welt, wie es sie nicht mehr gibt, oft auch eine Welt, wie es sie in unseren Augen nie gegeben hat. Historische Geschichtskarten stellen somit eine Vergangenheit aus der Sicht des damaligen Denkens und kartografischen Wissensstandes dar. Somit sind sie der Gattung nichtsprachlicher historischer Quellen zuzurechnen. Wenn wir sie zum Sprechen bringen wollen, orientieren wir uns an dem methodischen Vorgehen im Umgang mit Quellen. Als Erschließungsverfahren ist eine **Vier-Schritt-Methode** hilfreich.

1. Schritt – Leitfrage(n) festlegen:
- Welche Untersuchungsfragen bestimmen die Recherche?
  - Was erzählt z. B. die Ebstorfer Weltkarte über die geografische Weltvorstellung?
  - Welche Bedeutung hat das christlich geprägte Weltbild des europäischen Mittelalters für den Aufbau und die Gestaltung historischer Weltkarten?

2. Schritt – Äußere formale Merkmale beschreiben und erläutern:
- Was ist das Thema?
- In welcher Zeit ist die Karte entstanden?
- Welcher Raum wird gezeigt?
- Aus welchem Kulturkreis stammt die Karte?
- Wer ist der Zeichner der Karte?

Hinweis: Dies kann nur insoweit geleistet werden, wie Informationen dazu vorliegen bzw. beschafft werden können (z. B. durch Legenden bzw. Erläuterungen zu den Karten oder aber durch zusätzliche Recherchen zu den historischen Zusammenhängen).

3. Schritt – Karte beschreiben und erläutern:
- Was genau ist im Einzelnen auf der Karte dargestellt?
- Was sind auffallende Besonderheiten?
- Welches vorhandene Sachwissen kann eingebracht werden, um die zentralen Kartenelemente zu erläutern, d. h. verständlicher zu machen?

Hinweis: Dies erfordert neben Zugreifen auf und Verwendung von bereits erworbenem Sachwissen über historische Sachverhalte und Hintergründe möglicherweise auch zusätzliche Recherchen in Lexika, Geschichtsbüchern oder auch im Internet.

4. Schritt – Gesamteinschätzungen formulieren:
- Welche belegbaren Antworten bzw. Schlussfolgerungen lassen sich mit Blick auf die gestellte(n) Leitfrage(n) formulieren?
- Stellen sich möglicherweise weitere Fragen, auf die die Karte keine Antworten liefert?

MATERIALIEN

M 1 Die Ebstdorfer Weltkarte

Erläuterungen zur Karte: Die Ebstorfer Weltkarte entstand um ca. 1300. Sie besaß einen Durchmesser von 3,50 m und bestand aus 30 zuszusammengenähten Pergamentblättern. Damit war sie nach dem heutigen Kenntnisstand die größte Mappa mundi des Mittelalters. Sie wurde wahrscheinlich an ihrem Fundort, dem Kloster Ebstorf in der Lüneburger Heide, hergestellt. Die Frage danach, wer der Zeichner ist, ist umstritten. Die Originalkarte verbrannte im Oktober 1943 bei einem Luftangriff auf Hannover.

M 2 Weltkarte des Hartmann Schedel, 1493

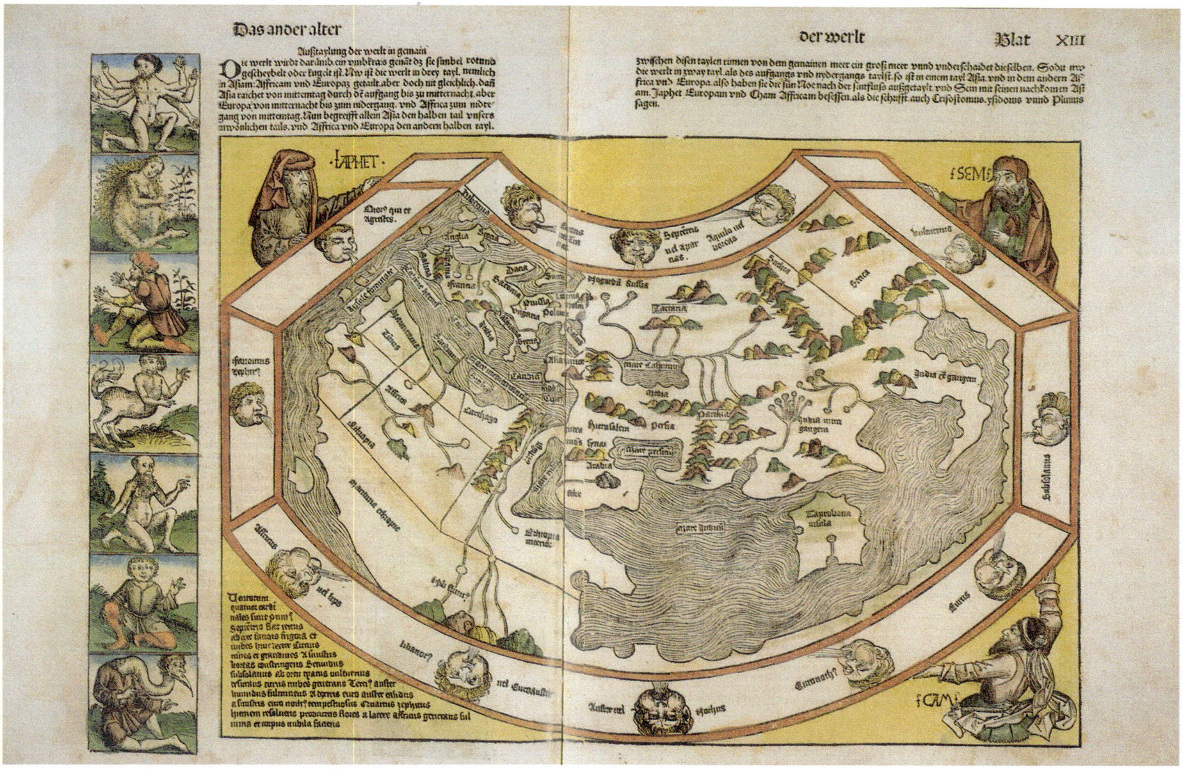

M 3 Weltkarte des Martin Waldseemüller, 1507

3. Die Reformation

Luther-Denkmal in Wittenberg

Ausgangssituation

Denken und Fühlen der Menschen im ausgehenden 15., beginnenden 16. Jahrhundert waren von einer tiefen Religiosität geprägt, einer innigen Frömmigkeit, verbunden mit der Suche nach Antworten auf die Frage nach einem Leben nach dem Tode. Gleichzeitig wuchs das Unbehagen an der Kirche, wie sie sich in der Zeit darstellte: Nicht mehr Kleriker allein, wie im hohen Mittelalter, sondern immer mehr Menschen kamen zu der Überzeugung, dass ein „Zurück" der Kirche, eine *reformatio* zu den Grundlagen des Christentums, notwendig sei. Sehr verbreitet war die Kritik unter Stadtbürgern und humanistisch gebildeten Intellektuellen und Künstlern, von denen nicht wenige die Verhältnisse in der Kirche mit Hohn und Spott anprangerten.
In Deutschland war die Kritik an der Kirche und besonders an den fernab die Institution Kirche lenkenden Päpsten besonders laut und ausgeprägt. Sogar vom weltlichen Herrscher, dem Kaiser, wurde erwartet, dass er sich der Missstände in der Kirche annahm. Dem Wormser Reichstag 1521 lagen mehr als 100 Beschwerden (die sog. *Gravamina der deutschen Nation*) über Klerus und Kurie vor; besonderes Missfallen erregte die Praxis der kirchlichen Gerichtsbarkeit.
So war es kein Zufall, dass die reformatorische Bewegung von Deutschland ausging. Bemerkenswert ist jedoch auf den ersten Blick, dass die Anfänge nicht in den entwickelteren Regionen des Reiches, etwa in den Städten Oberdeutschlands (Südwesten), sondern im Osten begannen.

Wittenberg und Luther

Stadtansicht Wittenberg um 1536

Das sächsische Wittenberg gehörte um 1500 mit seinen 2000 Einwohnern nicht zu den großen Städten des Reiches. Für die Zeitgenossen ohne weiteres erkennbar, zählte die Stadt an der Elbe – heute Sachsen-Anhalt – trotzdem zu den aufstrebenden Zentren im Osten, weil sich Kurfürst Friedrich der Weise nach der Teilung der Wettiner Herrscherdynastie (1485) für Wittenberg als seine neue Residenzstadt entschied (Dresden blieb Residenz der sog. albertinischen Linie).

Friedrich der Weise. Friedrich der Weise gehörte um die Jahrhundertwende zu den angesehensten Fürsten des Reiches. Da ihm bei der Teilung des Wettiner Herrscherhauses die sächsische Kurwürde zufiel, konnte er auch großen Einfluss auf die Geschicke des Reiches nehmen. Unter den deutschen Fürsten verkörperte er am ehesten das Bild eines tatkräftigen Renaissancefürsten: Offenheit für neue Ideen paarte sich mit dem Willen, fürstliche Macht auch nach außen zu repräsentieren.
Zielstrebig machte sich Friedrich der Weise daran, Wittenberg zu einem modernen Regierungssitz auszubauen, der sich in manchem an italienischen Vorbildern orientier-

te. Seit 1490 ließ Friedrich eine neue Brücke über die Elbe bauen und ein neues Residenzschloss errichten. Mit der Ausstattung des Schlosses beauftragte er namhafte Künstler; der 1504 zum Hofmaler ernannte Lucas Cranach gründete seine bald weit über die Grenzen der Stadt berühmte Malerwerkstatt.

Neugründung einer Universität. Zu Friedrichs Programm für die Entwicklung seiner Residenzstadt zählte auch die Gründung einer Universität (1502), die sich schnell zu einem bedeutenden Zentrum der Wissenschaft entwickelte: Bei den neu berufenen Professoren handelte es sich um kreative Köpfe, die fast ausnahmslos in der Gedankenwelt des Humanismus ausgebildet waren. Dementsprechend eilte der neugegründeten Universität ein besonderer Ruf voraus, der rasch eine für damalige Verhältnisse große Zahl von Studenten anzog.
In der Stadt entstanden auch schnell mehrere Verlage und Druckereien, die sich – die Möglichkeiten der modernen Technik des Buchdrucks nutzend – mit Erfolg der Veröffentlichung wissenschaftlicher Werke und der Verbreitung neuer Ideen widmeten.

Martin Luther (1526 von Lucas Cranach porträtiert)

Luther. 1512 wurde auch Martin Luther zum Professor für Theologie des Alten und Neuen Testaments (Bibelauslegung) in Wittenberg berufen. Der 1483 in Eisleben geborene Luther – eigentlich Martin Luder, er änderte erst 1517 seinen Namen selbst – hatte zuerst u. a. Jura studiert und war 1505 in den Augustiner-Bettelorden eingetreten. Erst nach seiner Priesterweihe im Jahre 1507 begann er, wie damals durchaus üblich, das Studium der Theologie, das er 1512 in Wittenberg mit dem Doktorgrad abschloss.
Auch nach seiner Ernennung zum Professor lebte Luther als Mönch weiter im Konvent der Augustiner in Wittenberg. In der Wittenberger Stadtkirche war er gleichzeitig als Prediger und Seelsorger tätig. Den Landesherrn, Friedrich den Weisen, lernte Luther persönlich nicht kennen, knüpfte aber enge Kontakte zum Hof in Wittenberg, besonders zu Georg Spalatin, dem Ratgeber und engen Vertrauten des Kurfürsten und Leiter der Schloss- und Universitätsbibliothek. Auch zu vielen Professorenkollegen der Universität unterhielt er enge Beziehungen.
In den ersten fünf Jahren in Wittenberg konzentrierte sich Luther voll und ganz auf seine Aufgabe in der theologischen Ausbildung der Studenten der Universität. In der genauen Auslegung des Evangeliums aber – darin wird schon das Neue in Luthers Theologie deutlich – näherte er sich dem urchristlichen Verständnis des Gotteswortes.

Der Ablassstreit und Luthers 95 Thesen

Thema, S. 121 ff.

Im Oktober 1517 wurde eine theologische Streitschrift des Wittenberger Mönchs und Bibelprofessors Martin Luther zum Auslöser einer Entwicklung, die bald ganz Deutschland und die lateinische Christenheit erschütterte. Den Anlass lieferte die Frage des kirchlichen Ablasses bzw. Ablasshandels.
Ablässe gab es in der katholischen Kirche seit dem hohen Mittelalter: Sie gehörten zur Buße, die den Menschen zur Vergebung von Sünden auferlegt wurde. Der Verkauf von Ablässen war ein für die Kirche einträgliches Geschäft, den Menschen versprach der Erwerb den Erlass zeitlicher Sündenstrafen, d. h. eine Befreiung für Strafen für begangene Sünden. Allmählich setzte sich auch die Ansicht durch, dass auch Verstorbene von Strafen im Fegefeuer befreit werden könnten, sofern für sie Ablassbriefe von Lebenden erworben würden.
Zu Beginn des 16. Jahrhunderts nahm der Handel mit Ablässen neue Dimensionen an. Er wurde zu einem wichtigen fiskalischen Instrument der Kirche, um zusätzliche Einnahmen zu generieren: Die Päpste der Renaissance nutzten die Einnahmen, um den Ausbau der Papstresidenz und den Neubau des Petersdoms voranzutreiben (s. S. 84 f.). Dieses lukrative Geschäft setzte allerdings, zumal nördlich der Alpen, die Einschaltung von Agenten („Zwischenhändlern") voraus, die den Verkauf der Briefe übernahmen.
Eine ganz besondere Situation ergab sich im mitteldeutschen Raum. Kurfürst Friedrich

der Weise hatte für seine Länder den Verkauf von Ablassbriefen verboten, um den unerwünschten Abfluss von Geldern zu verhindern. Anders sah es im benachbarten Brandenburg aus: Hier strebte der jüngere Bruder des Brandenburger Kurfürsten Joachim, Albrecht von Brandenburg, der bereits Bischof von Magdeburg war, die Wahl zum Mainzer Erzbischof an. Diese Wahl war ein Politikum, da sie einen erheblichen Macht- und Prestigezuwachs für das Haus Brandenburg mit sich brachte – auch in Konkurrenz zum sächsischen Kurfürsten.
Für die päpstliche Wahlbestätigung und die Ausnahmegenehmigung zur Übernahme von zwei Bistümern wurde eine hohe Geldzahlung an die päpstliche Kurie fällig. Zur Aufbringung der Summe machte Papst Leo Albrecht das Angebot, den Verkauf des sog. Petersablasses für einige Jahre in seinen Territorien zu übernehmen und dafür selbst 50 Prozent der Einnahmen zu kassieren.
Die Vorfinanzierung (insgesamt ging es um 50 000 Gulden) übernahm das Bankhaus Fugger (s. S. 85 f.), das seine in Ablassdingen erfahrenen Agenten den Ablasspredigern vor Ort zur Seite stellte. Im Auftrag Albrechts zog vor allem der Dominikanermönch Johann Tetzel durch die Lande: Um den Ablasshandel anzukurbeln, vereinfachten Tetzel und andere Verkäufer offensichtlich die Ablasslehre. Die Gläubigen entnahmen den Predigten, dass der Kauf von Ablassbriefen Sünden tilgen und die Himmelstür für Lebende wie für bereits Verstorbene direkt öffnen könne.
Von eben dieser Praxis – nicht jedoch von den fiskalischen Hintergründen – erhielt Luther Kenntnis, weil auch Untertanen des sächsischen Kurfürsten die Gelegenheit ergriffen, etwas für ihr Seelenheil durch einen Abstecher ins benachbarte Brandenburg zu tun, da der Verkauf in Kursachsen ja untersagt war.
Im Herbst 1517 verfasste Martin Luther seine 95 Thesen, in denen er die Ablasspraxis mit den Aussagen der Bibel zur Buße und Sündenvergebung verglich und zum Schluss kam, dass die Ablasspraxis im Widerspruch zu den Worten der Heiligen Schrift stand. Die Thesen waren von ihm als Grundlage einer wissenschaftlichen Disputation gedacht. Ob die Thesen wirklich an der Wittenberger Schlosskirche – vermutlich durch den Pedell der Kirche – angeschlagen wurden, wie lange in der Überlieferung erzählt, ist nicht ganz sicher, aber durchaus wahrscheinlich.
In jedem Fall traf Luther mit seinen Thesen offensichtlich den Nerv der Zeit: In Windeseile wurde der Inhalt der Thesen in ganz Deutschland bekannt. Schnell wurde die lateinische Fassung ins Deutsche übersetzt und in zahllosen Drucken verbreitet. Der Anstoß zu der Entwicklung, die wir heute Reformation nennen, war erfolgt.

Tür der Schlosskirche zu Wittenberg heute

Ketzer oder Reformator? – Luthers Weg bis zum Wormser Reichstag 1521

Mit den 95 Thesen hatte Luther die theologische Auseinandersetzung um die allseits gewünschte Reform der Kirche gesucht, war aber noch im Rahmen einer theologischen Auseinandersetzung verblieben. Auch die Autorität des Papstes wurde von Luther noch nicht grundsätzlich infrage gestellt. Schon mit seiner in Deutsch verfassten Schrift „Sermon von Ablass und Gnade", die im Frühjahr 1518 erschien, wurde der Rahmen jedoch größer, vor allem erreichte Luther jetzt einen größeren Bekanntheitsgrad, der auch die römische Kurie aufhorchen ließ.
Im Juni 1518 wurde in Rom der Ketzerprozess gegen Luther förmlich eröffnet. Die in solchen Fällen übliche Vorladung nach Rom wurde von Luthers Landesherrn, Friedrich dem Weisen, allerdings verhindert; so wurde Luther für den Herbst nach Augsburg zitiert, wo er am Rande des dort stattfindenden Reichstags, also auf deutschem Boden, von dem päpstlichen Gesandten Kardinal Cajetan, einem der führenden Theologen und Kirchenpolitiker der Zeit, verhört wurde. Cajetans Ziel – und wohl auch Friedrichs Erwartung – war, dass Luther „klein beigeben", also widerrufen würde.
Dazu kam es nicht: Während Cajetan sich auf die von Luther erwartete richtige Bibelauslegung gar nicht einließ, ging dieser noch einen Schritt weiter: Indem er auf seinem

Kirchenbann: Ausschluss aus der Kirche (Exkommunikation) – die schlimmste Strafe der mittelalterlichen Kirche. Dem Kirchenbann folgte normalerweise die Reichsacht; das bedeutete, dass der Geächtete von jedermann getötet werden durfte, d. h. vogelfrei war, ohne dass den Täter eine Strafe erwartete.

Standpunkt beharrte, dass nur das Bibelwort entscheidend für den Glauben sein könne, stellte er letztlich die päpstliche Lehrautorität infrage. Gleich nach dem Verhör brachte Luther in einer Appellation an den „besser zu unterrichtenden Papst" die Einberufung eines Konzils ins Gespräch. Luthers Anhänger machten die Appellation gezielt öffentlich bekannt und erregten so erst recht das Missfallen der Kurie. Zugleich sorgten sie auf diese Weise für ein weiteres Wachsen von Luthers Anhängerschaft.
Schon die Konzilsidee war mit dem Machtanspruch eines Renaissance-Papstes wie Leo X. schlechthin unvereinbar, sie hätte das Papsttum in die Schwächezeit des frühen 15. Jahrhunderts zurückgeführt. Dass es trotzdem nicht zur sofortigen Verkündung des Banns gegenüber Luther kam, lag daran, dass die Kurie die deutschen Kurfürsten, namentlich Friedrich den Weisen, nicht provozieren wollte: Bei der anstehenden Entscheidung über die Nachfolge Kaiser Maximilians hoffte der Papst die deutschen Kurfürsten auf seine Seite – gegen eine Wahl des Habsburgers Karl – zu ziehen.
Dieser Aufschub gab Luther Zeit, seine Lehre weiter zu entwickeln und bekanntzumachen. Das geschah zunächst durch eine sog. Disputation mit einem Kollegen, dem Theologieprofessor Johann Eck, in Leipzig (Juli 1519), vor allem aber durch die sog. Reformschriften, die Luther kurz nacheinander 1520 veröffentlichte. Die drei Schriften, in damals außerordentlich hohen Anfangsauflagen von mehreren Tausend Exemplaren gedruckt, bescherten der Person und den Ideen Luthers eine beispiellose öffentliche Aufmerksamkeit.
In der ersten Schrift, „An den christlichen Adel deutscher Nation", brachte Luther seine Kritik an Papsttum und Klerus dem deutschen Adel in deutscher Sprache nahe. Mit der zweiten (lateinisch abgefassten) Schrift, „Von der babylonischen Gefangenschaft der Kirche", richtete er sich an den Klerus: Hier schränkte Luther die Bedeutung der Sakramente ein, von denen er nur drei anerkannte. Die Ehe, so Luther, sei allein eine weltliche Institution, das angebliche Sakrament der Priesterweihe sei ein Lügengebilde, vom Papst – dem „Antichrist" – erfunden, um die Existenz eines Priesterstandes zu rechtfertigen. In der dritten Schrift schließlich, „Von der Freiheit eines Christenmenschen", umriss Luther die Grundzüge einer neuen Ethik.

Luther verbrennt die päpstliche Bulle (Lithografie von 1827)

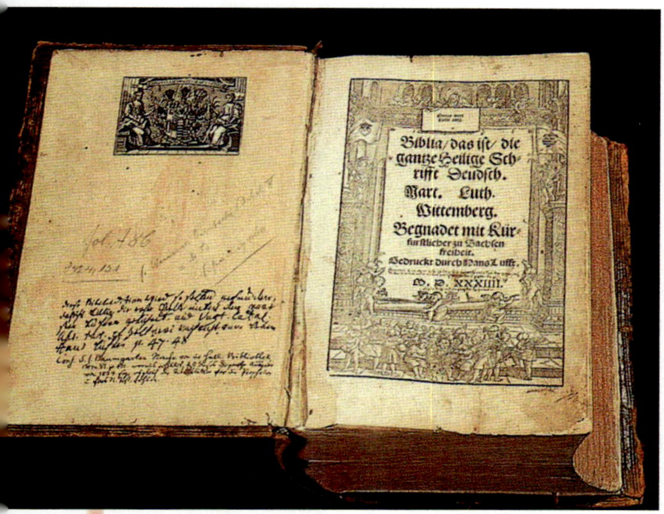

Die Lutherbibel: die erste vollständige Bibelübersetzung von Martin Luther, 1534; die Übersetzung des Neuen Testamentes ins Deutsche hatte Luther bereits 1522 fertiggestellt.

Luthers Arbeitszimmer auf der Wartburg

Mit diesen Schriften, und mehr noch mit der außerordentlichen öffentlichen Aufmerksamkeit, die Luther damit erreichte, war die von vielen noch gewünschte Verständigung mit der Papstkirche im Sinne einer Reform der Kirche unmöglich geworden: Die Brücken waren abgebrochen. Im Juli 1520 wurde die päpstliche Bannandrohungsbulle veröffentlicht. Luther reagierte Ende des Jahres, indem er einen Druck der Bulle und andere päpstliche Schriften öffentlich den Flammen übergab.
Entgegen der Regel, dass dem päpstlichen Bann die weltliche Acht folgen müsse, bestanden zahlreiche Reichsstände unter Führung Friedrichs des Weisen darauf, ein eigenes Verfahren vor den weltlichen Institutionen durchzuführen. Das entsprach dem tiefen Misstrauen, das die deutschen Stände der Kurie entgegenbrachten. So wurde Luther zum Reichstag nach Worms geladen, dem ersten, an dem der neugewählte Kaiser Karl V. teilnahm. Luther erhielt die Zusage freien Geleits, seine Reise nach Worms wurde zu einem Großereignis; von seinen Anhängern wurde er, wo er bei der Durchreise ankam, gefeiert.
Auch während seiner Vernehmung vor dem Kaiser am 18. April 1520 blieb Luther hartnäckig bei seiner Position, nur dann zu widerrufen, wenn ihm anhand der Bibelworte Irrtümer nachgewiesen würden: „Und so lange mein Gewissen durch die Worte Gottes gefangen ist, kann und will ich nichts widerrufen, weil es unsicher ist und die Seligkeit bedroht, etwas gegen das Gewissen zu tun. Gott helf mir. Amen." Luthers Anhänger machten daraus die berühmten Sätze „Hier stehe ich, ich kann nicht anders".
Mit Zustimmung der Mehrheit der Stände verhängte der Kaiser daraufhin im Wormser Edikt (1521) die Reichsacht gegen Luther; das schloss die Verpflichtung ein, Luthers Schriften zu vernichten. Während der Rückreise Luthers nach Sachsen ließ Friedrich der Weise eine Entführung vortäuschen und Luther auf die Wartburg bei Eisenach bringen. In der Anonymität – als „Junker Jörg" getarnt – und Abgeschiedenheit seines Aufenthalts dort unternahm Luther die Übersetzung des Neuen Testaments ins Deutsche.

Akteure und Schauplätze der reformatorischen Bewegung: 1521–1530

Nach Abschluss des Wormser Reichstages war schnell klar, dass die Bestimmungen des Wormser Edikts – schon wegen der öffentlichen Stimmung – sich flächendeckend in den deutschen Territorien nicht durchsetzen ließen. Im Gegenteil erlebte die reformatorische Bewegung eher einen weiteren Aufschwung, der mehrere Kristallisationskerne hatte.

Die Reformation in den Städten. Die Städte, besonders die Reichsstädte, nahmen bei der Ausbreitung der reformatorischen Ideen eine Vorreiter- und Schrittmacherrolle ein. In Nürnberg z. B. bekannten sich von Anfang an einflussreiche Persönlichkeiten wie Albrecht Dürer und Hans Sachs zu den Ideen Luthers. 1925 reformierte die Stadt das Kirchenwesen und schrieb die evangelische Predigt verbindlich vor.
Zu Zentren der Reformation wurden die oberdeutschen Städte, darunter Augsburg, Ulm, Konstanz und Straßburg. Im Norden schlossen sich die meisten Hansestädte der reformatorischen Bewegung an, darunter Lübeck, Hamburg, Bremen, Braunschweig, Wismar, Rostock und Danzig. Auch in Bischofssitzen wie Mainz oder Speyer begeisterten sich die Bürgergemeinden für die reformatorische Idee.
In vielen Städten gingen die reformatorischen Impulse weniger von den Stadtobrigkeiten als vom gemeinen Volk aus: Die hergebrachte kirchliche Ordnung wurde z. B. durch Laienpredigt oder Forderungen nach freier Pfarrerwahl und eigener Verwaltung des Kirchenzehnten durch die Gemeinde missachtet. Außerdem wurde das Eheverbot der Priester durchweg infrage gestellt.
Auch in Wittenberg, der Residenzstadt Friedrich des Weisen, kam es zu einer Volksbewegung, die reformatorische Forderungen erhob, den sog. Wittenberger Unruhen. Nach seiner Rückkehr nach Wittenberg (1522) trat Luther selbst den radikalen Forderungen entgegen; an der Regelung der Kultfragen und der Neugestaltung des Gottesdienstes wirkte er dagegen entscheidend mit. Ihm ging es darum, an seinen strengen Maßstäben in der Auslegung des Evangeliums festzuhalten.

Ulrich Zwingli

Zwingli und die Reformation in Zürich. In Zürich wurde die reformatorische Bewegung 1522 durch Huldrych (Ulrich) Zwingli (1484–1531), einen Schüler des Humanisten Erasmus von Rotterdam, eingeleitet. Zwinglis Kritik an der Kirche entzündete sich u. a. am Fastengebot, der Heiligenverehrung und an der Vorstellung des Fegefeuers; schnell stellte er auch die kirchliche Hierarchie infrage und forderte die Zulassung der Priesterehe. Zwingli wurde von der Züricher Stadtobrigkeit unterstützt, die in den reformatorischen Ideen eine Chance zur Befreiung von kirchlicher bzw. bischöflicher Bevormundung – in diesem Fall durch den Bischof von Konstanz – sah.
Zwingli betrachtete ähnlich wie Luther das Wort der Bibel als maßgebliche Richtschnur für den Glauben, zog daraus aber in einigen Punkten andere Konsequenzen. Für Zwingli, der Bürger- und Kirchengemeinde als Einheit sah, ergab sich für die Obrigkeit die Pflicht, die Verhältnisse nach christlichen Grundsätzen zu ordnen – und auch den christlichen Lebenswandel der Bürger zu überwachen. Eine Obrigkeit, die diesen Forderungen nicht entsprach, konnte in Zwinglis Vorstellungen sogar abgesetzt werden. Solche Vorstellungen wurden von Luther entschieden zurückgewiesen.

Franz von Sickingen

Reichsritter. Auch bei den Reichsrittern fanden die reformatorischen Ideen, insbesondere Luthers Schrift „An den christlichen Adel deutscher Nation", einen fruchtbaren Boden. Die Reichsritter waren seit dem Spätmittelalter durch die wirtschaftlichen Krisenerscheinungen auf dem Lande und die wachsende Bedeutung von Handel und Städten in ihrem Selbstverständnis und ihrer hergebrachten Lebensform bedroht. Äußeres Zeichen der neuen Zeit war das Fehdeverbot 1495 (s. S. 88).
Mit ihren meist kleinen Besitztümern stand der Ritteradel auch dem Bestreben der weltlichen und geistlichen Territorialherren, geschlossene Herrschaftsgebiete zu schaffen, im Wege. Dabei berief sich die Ritterschaft auf alte, angestammte Rechte und

kritisierte Übergriffe der Fürsten und die Verweltlichung der Kirche mit ihrem frühkapitalistischen Finanzgebaren gleichermaßen.
Die Gegnerschaft gegen einen geistlichen Territorialherren, den Erzbischof von Trier, führte 1522/23 zur Sickingen-Fehde, einem Krieg der verbündeten Ritter unter Führung Franz von Sickingens. Der Aufstand der Ritter im Gebiet des Mittel- und Oberrheins scheiterte jedoch an der gemeinsamen Gegnerschaft der Fürsten: Gegen Franz von Sickingen wurde 1522 die Reichsacht verhängt. Fürstliche Truppen belagerten die Burg Nanstein bei Landstuhl in der Pfalz, wohin sich das Ritterheer zurückgezogen hatte. Der Kampf endete mit der vollständigen Niederlage des Ritterheeres.

Thomas Müntzer

Bauernkrieg. Von weit größerer Bedeutung war der Bauernkrieg des Jahres 1525. Auch die Bauern, die sich wirtschaftlich zunehmend durch Dienste und Abgaben an ihre Grundherren belastet fühlten, verlangten die Wiederherstellung alten Rechts, wie sie es verstanden. Eine zusätzliche Legitimation ihrer Forderungen fanden sie nun in der Berufung auf die Bibel. Luthers Formulierung von der „Freiheit eines Christenmenschen“, die in erster Linie religiös gemeint war, wurde von den Bauern in einem sozialen Sinne verstanden.

Thema, S. 130 ff.

Die bäuerliche Bewegung begann in Oberschwaben, erfasste schnell Bayern, Tirol, Salzburg sowie Thüringen und Kursachsen. Im Frühjahr 1525 kam es zu Plünderungen von Schlössern und Klöstern in verschiedenen Landesteilen durch bewaffnete „Haufen“ der Bauern. Die bäuerliche Aufstandsbewegung wurde hier und da auch von adligen Führern wie Götz von Berlichingen geführt.
Radikaler als in anderen Regionen war die von Thomas Müntzer, einem charismatischen Theologen, geführte Aufstandsbewegung in Thüringen: Müntzer vertrat ein religiös begründetes sozialrevolutionäres Programm und forderte seine Anhänger auf, mit Gewalt gegen die bisherigen Herren ein göttliches Reich auf Erden zu schaffen.
In Oberschwaben fassten die berühmten „Zwölf Artikel“ (M 1, S. 131 f.) die Forderungen der bäuerlichen Aufstandsbewegung wirkungsvoll zusammen. Zu einer abgestimmten, gemeinsamen Strategie der Bauernbewegung kam es im Frühjahr 1525 aber nicht. Angesichts der zunehmenden Gewalt bezog Luther in seiner Schrift „Wider die räuberischen und mörderischen Rotten der Bauern“, die im April 1525 erschien, schroff Position gegen Forderungen und Vorgehen der Bauern.
Die bäuerlichen Aufstandsbewegungen wurden von den Truppen der Landesherren schnell gewaltsam erstickt, so in Württemberg und im Elsass im Mai 1525, wo bei Zabern 18 000 aufständische Bauern getötet wurden. In Thüringen, wo Müntzer die Führung übernommen hatte, wurden die Bauern in der Schlacht bei Frankenhausen vernichtend geschlagen; Thomas Müntzer wurden gefangengenommen und öffentlich hingerichtet.

Ein Fahnenträger der Bauern (zeitgenössischer Holzschnitt)

Schritte zur „Fürstenreformation“

Im Reichstagsabschied von Speyer (1526) erklärten die Stände, bis zur Klärung der religiösen Streitpunkte durch ein Konzil „für sich also zu leben, zu regieren und zu halten, wie ein jeder solches gegen Gott und kaiserliche Majestät hofft und vertraut zu verantworten“. Das war eine klare Absage an eine einheitliche und konsequente Durchführung des Wormser Edikts.

Reichs(tags)abschiede: In den Reichsabschieden wurden die vom Kaiser – bzw. seinem Vertreter – und den Reichsständen gefassten Beschlüsse zusammengefasst und vom Kaiser verkündet.

Nach dem Bauernkrieg und gestärkt durch den Reichstagsabschied von 1526 bekannten sich zunächst Kursachsen und Hessen offen zur Sache der Reformation. Die Landesfürsten begannen – ähnlich wie viele Reichsstädte – mit einer Neuordnung der kirchlichen Verhältnisse in ihren Territorien. Dafür gab es durchaus gute Gründe, denn nach den Ereignissen der zurückliegenden Jahre standen Klöster leer, die örtlichen Kirchen konnten ihre Aufgaben (Gottesdienst, karitative Aufgaben) oftmals gar nicht mehr wahrnehmen; viele Pfarrstellen waren nicht mehr besetzt.
So übernahmen die fürstlichen Obrigkeiten mehr und mehr Verantwortung für die kirchlichen Verhältnisse in ihren Territorien: Sie ließen durch Visitationen vor Ort die

Verhältnisse prüfen, sorgten für die Besetzung der Pfarrstellen und übernahmen die Kirchen- und Schulaufsicht. Der Kirchenbesitz wurde in den protestantischen Territorien durchweg säkularisiert, d.h. ging in den Besitz des Fürsten über oder wurde von diesem auch weiterverkauft. Dafür wurde in der Regel nun die Besoldung der Pfarrer vom Landesherrn übernommen; auch die Mittel für die Gründung der ersten protestantischen Universität, der Universität Marburg (1527), stammten aus der Beschlagnahme des früheren Kirchenbesitzes.

Philipp Melanchthon, seit 1518 Professor für Griechisch in Wittenberg (gemalt von Lucas Cranach d.Ä., 1543)

Luther. Für Luther, der 1522 auf eigenen Wunsch nach Wittenberg zurückkehrte, änderten sich die persönlichen Lebensumstände: 1525 heiratete er die ehemalige Nonne Katharina von Bora, mit der er sechs Kinder bekam.
In seinem Auftreten und seinen Schriften unterstützte Luther entschieden die sich abzeichnende Entwicklung in Richtung eines landeskirchlichen Regiments. In einer Vorrede zu einer von seinem Wittenberger Kollegen und Mitstreiter Philipp Melanchthon (1497–1560) verfassten Instruktion für die Durchführung von Visitationen wies er dem Kurfürsten sogar die Aufgabe eines „Notbischofs" zu, der damit in die inneren Angelegenheiten der Kirche regelnd eingreifen konnte. Auch in dem 1529 verfassten *Kleinen Katechismus*, der zur Grundlage der protestantischen Lehre und Erziehung wurde, erhielt die weltliche Obrigkeit diese ordnende Rolle zugewiesen.

Marburger Religionsgespräch. Beim Marburger Religionsgespräch 1529 kam es zu einem Treffen zwischen Zwingli und Luther. Die auch vom Organisator der Begegnung, Landgraf Philipp von Hessen, gewünschte Annäherung zwischen den beiden reformatorischen Strömungen gelang bei dem Gespräch jedoch nicht. Neben den unterschiedlichen Auffassungen zur Obrigkeit verhinderten vor allem theologische Unterschiede im Verständnis des Abendmahls eine Annäherung.

Protestation der evangelischen Reichsstände. Für die reformatorische Bewegung schien das nicht günstig; denn während des 2. Reichstags von Speyer (1529) hatten die altgläubigen Stände mit Unterstützung der kaiserlichen Beauftragten versucht, das Wormser Edikt wiederzubeleben und den Reichstagsabschied von 1526 (s. o.) aufzuheben. Dagegen wehrten sich sechs evangelische Fürsten und 14 Reichsstädte gemeinsam: Diese sog. Protestation gab schließlich der reformatorischen Bewegung ihren dauerhaften Namen.

Die Entwicklung zur konfessionellen Spaltung: 1530–1556

Der Augsburger Reichstag 1530. Kaiser Karl V. betrat erst neun Jahre nach dem Wormser Reichstag wieder deutschen Boden. In den Jahren zuvor war er in seinen Stammländern, in einem jahrelangen Krieg gegen Frankreich um die Oberherrschaft um Italien (1521–1526) und durch Kriege gegen das Osmanische Reich gebunden, dessen Truppen 1529 vor Wien erschienen.
Die Absicht des Kaisers war, auf dem neuen Reichstag in Augsburg 1530 die Einheit des Reiches wiederherzustellen, die durch die konfessionelle Spaltung inzwischen vielfach bedroht schien. Die protestantischen Reichsstände ihrerseits ließen unter Federführung Philipp Melanchthons eine gemäßigte Formulierung des neuen Bekenntnisses (*Confessio Augustana* – Augsburger Bekenntnis) erarbeiten, das einen Ausgleich mit den Altgläubigen ermöglichen sollte. Dieses Bekenntnis zog eine deutliche Trennungslinie gegenüber den inzwischen aufgetretenen radikalen Strömungen des Protestantismus.
Der Kaiser und die Mehrheit der Reichsstände lehnten jedoch letztlich jeden Kompromiss mit den Protestanten ab: Im Reichstagsabschied wurde das Wormser Edikt bestätigt, die Rückgabe der säkularisierten Kirchengüter gefordert und jede Neuerung verworfen. Die protestantische Seite musste diesen Abschied als Kampfansage auffassen und reagierte mit der Gründung des Schmalkaldischen Bundes (1531), dem Kursachsen, Hessen und eine Reihe der süddeutschen Städte, darunter Straßburg, beitraten.

Augsburger Reichstag 1530: Verabschiedung der Confessio Augustana (Augsburger Bekenntnis)

Infolge der osmanischen Bedrohung war der Kaiser in den folgenden Jahren erneut durch äußere Angelegenheiten gebunden. Mitte der vierziger Jahre entschied sich Karl V. für eine militärische Lösung des Konflikts: Die gegen die Führer der Protestanten, den hessischen Landgrafen Philipp von Hessen und den sächsischen Kurfürsten Johann Friedrich, 1546 verhängte Reichsacht wurde zum Auslöser des Schmalkaldischen Krieges.

Karls V. Truppen siegten im Jahre 1547 bei Mühlberg; der Wittenberger Kurfürst musste seine Kurwürde an die albertinische Linie der Wethner Dynastie abtreten, die – obwohl ebenfalls protestantisch – sich auf die Seite des Kaisers gestellt hatte. Dennoch kam es nicht zum Ende der konfessionellen Spaltung: Der gerade wegen seiner Haltung belohnte Kurfürst Moritz von Sachsen wechselte die Seiten, und gegen den Widerstand der Bevölkerung in Mittel- und Norddeutschland und in vielen Reichsstädten war die Aufhebung des protestantischen Bekenntnisses nicht mehr durchzusetzen.

Mitentscheidend für die neue Wendung war die einhellige Opposition der deutschen Fürsten gegen Pläne Karls V., die Kaiserwürde an seinen Sohn Philipp weiterzureichen („spanische Sukzession“) und damit die Kaiserwürde im Haus Habsburg praktisch erblich zu machen. Die deutschen Stände fürchteten einen Verlust ständischer Freiheit und eine unbeschränkte Ausweitung der kaiserlichen Macht. Dagegen erschien die konfessionelle Spaltung als das geringere Übel.

Augsburger Religionsfrieden. Eine Regelung der strittigen Fragen brachte erst der Augsburger Religionsfrieden (1555), mit dem die Protestanten ihre reichsrechtliche Anerkennung erlangten. Der entscheidende Punkt bestand darin, dass künftig die Landesherren – die geistlichen Reichsfürsten ausgenommen – über die Konfession ihrer Untertanen entschieden. Damit war also keinesfalls die Religionsfreiheit der Menschen, sondern die konfessionelle Einheitlichkeit in den Territorien gesichert. Nur in den konfessionell gemischten Reichsstädten konnten beide Bekenntnisse nebeneinander existieren.

cuius regio eius religio – „Wer die Herrschaft innehat, bestimmt über die Religion“: In diesem Satz fassten die Juristen den Grundsatz des Augsburger Religionsfriedens von 1555 zusammen.

Den Landesherren wurde auch das Recht zum Konfessionswechsel mit den entsprechenden Folgen für die Untertanen zugestanden, die allerdings in solchen Fällen das Recht zur Emigration (*ius emigrandi*) in Anspruch nehmen konnten. Der Kompromiss galt nur für die katholischen und lutheranischen Stände, d. h. Anhänger Zwinglis, Calvins und anderer Gruppen blieben von den Regelungen ausgenommen.

Mit dem in Augsburg erreichten Kompromiss hatten sich die Interessen der Landesfürsten – und zwar beider Konfessionen – durchgesetzt und über Kaiser und Reich triumphiert: Der weitere Ausbau des Territorialstaates war damit vorgezeichnet. Die in Deutschland schon länger erkennbare Entwicklung zum frühmodernen Staat in den Territorien und nicht auf der Ebene des Reiches wurde so durch die Reformation noch einmal verfestigt. Dagegen ging in England und Frankreich die Entwicklung in Richtung eines zentralisierten Nationalstaats weiter (s. auch S. 88).
Kaiser Karl V. zog aus seinen politischen Niederlagen die Konsequenzen und verzichtete 1556 auf die Kaiserwürde. Das Haus Habsburg teilte sich in zwei Linien: Der Sohn Karls V., Philipp, erbte die spanische Krone, Karls Bruder Ferdinand, der schon seit 1531 Römischer König war, trat die Nachfolge als Erwählter Kaiser des Heiligen Römischen Reiches Deutscher Nation an.

Die Ausbreitung der Reformation in Europa

Die Spaltung der lateinischen Christenheit blieb nicht auf Deutschland und Mitteleuropa beschränkt. Bis 1560 hatte sich der Protestantismus auch in den skandinavischen Ländern und im Baltikum durchgesetzt.
In Teilen Westeuropas gewann eine zweite Richtung des Protestantismus die Oberhand: der Calvinismus. Das traf für die Schweiz und die Niederlande zu. Auch die Hugenotten in Frankreich sowie die englischen Puritaner sind der calvinistischen Strömung der Reformation zuzurechnen.

Calvinismus. Diese Variante der Reformation geht auf Jean Calvin (1509–1564) zurück, der der reformatorischen Bewegung in der Schweiz nach dem Tod Zwinglis (1531) neue Anstöße gab. Calvin, der seit den 1540er-Jahren in Genf wirkte, teilte Zwinglis Vorstellungen eines christlichen Lebens in der Einheit von bürgerlicher und kirchlicher Gemeinde. In Genf entwickelte sich daraus eine kirchliche Ordnung, die die Gemeindemitglieder einer strengen Kirchenzucht unterwarf. Der Gottesdienst wurde in Kirchen ohne Bilder, Altäre, Kerzen oder Orgelspiel gefeiert.
Zu den Besonderheiten von Calvins Theologie zählt die Prädestinationslehre, d. h. die Vorstellung, dass Heil oder Verdammnis vorherbestimmt sind und dass ein gläubiger Mensch seine Erwählung, also das göttliche Wohlgefallen, an äußeren Zeichen erkennen kann. Der Mensch wird zu strenger Pflichterfüllung, auch z. B. zur Hingabe an die Arbeit, angehalten, und kann an den Ergebnissen seines Handelns Anzeichen seiner Erwähltheit erkennen.

Calvins Lehre sah das menschliche Leben stark von Gott vorherbestimmt, er wollte Religion und Politik stärker verbinden als Luther. Er forderte u. a.:

- Eine reformierte Gemeinde muss streng nach biblischem Vorbild geordnet sein.
- Auch das politische Gemeinwesen muss sich an biblischen Maßstäben orientieren.
- Lehrer und Prediger werden von der Gemeinde gewählt, allerdings streng von einem Konsistorium (oberste Kirchenbehörde) überwacht.
- Vergnügen wie Tanz, Kartenspiel oder Theaterbesuche sind sündhaft und daher zu vermeiden.
- Arbeit ist Gottesdienst.

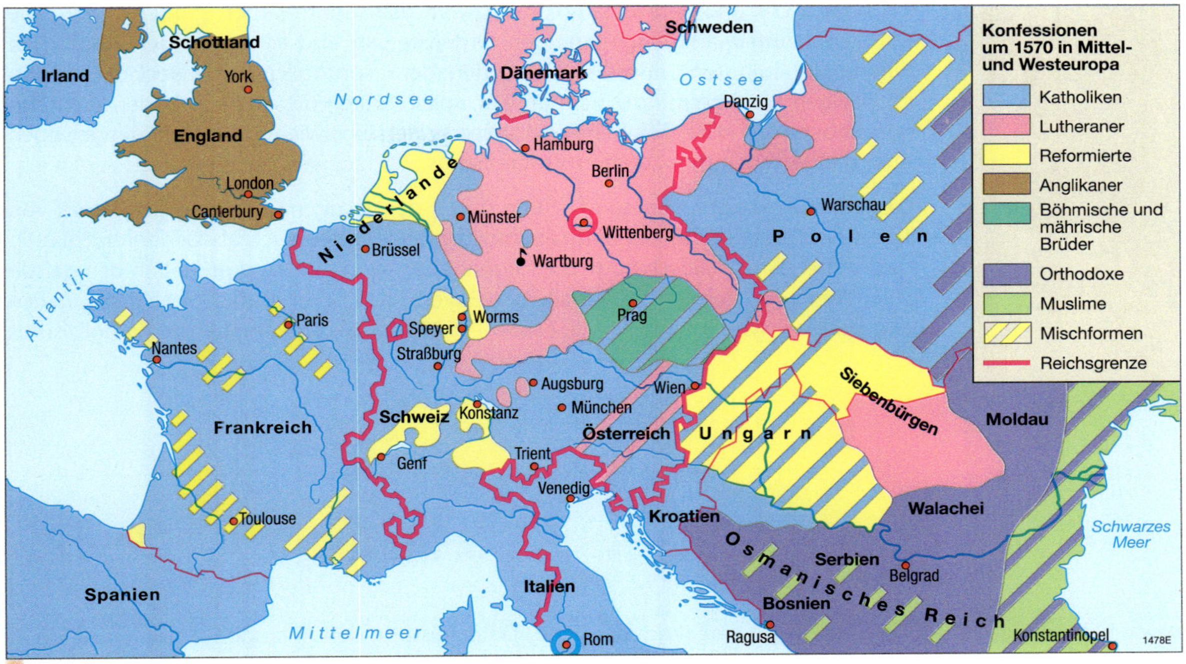

Die konfessionelle Aufteilung Europas (bis 1618)

Anglikanische Kirche. Eine eigene Entwicklung nahm die Kirche in England. Hier entstand im frühen 16. Jahrhundert die anglikanische Staatskirche, die ebenfalls die Trennung von der Papstkirche vollzog, aber Traditionen und den Ritus der katholischen Kirche weitgehend beibehielt. Kirchengüter wurden an Adel und Bürgertum verkauft und besserten so die Finanzen des englischen Königs auf, der zum Oberhaupt der Kirche wurde.

Wiedertäufer-Bewegung. Die radikalen Strömungen der protestantischen Glaubensrichtung, die eine Kirche „von unten" mit sozialrevolutionären Zügen anstrebten, konnten sich letzten Endes nicht durchsetzen. In den 1530er-Jahren übernahm die Bewegung der Wiedertäufer, die ihren Namen nach der Praxis der Erwachsenentaufe erhalten hat, vorübergehend das Stadtregiment im westfälischen Münster und setzte ihre Ziele – Gütergemeinschaft, Aufhebung der Einehe, Überwachung des tugendhaften Lebens der Bürger – teils mit Zwangsmitteln durch. Nach der militärischen Belagerung der Stadt durch Truppen des Bischofs brach das Wiedertäufer-Experiment in Münster 1535 zusammen.
Überbleibsel der radikalen reformatorischen Bewegungen finden sich bis heute in verschiedenen Sekten in den USA.

Reaktionen in der katholischen Kirche. Die von vielen Gläubigen der katholischen Kirche gehegte Hoffnung, dass durch ein Konzil eine Erneuerung des Glaubens erreicht und die Einheit der Kirche wiederhergestellt werden könnten, wurde lange enttäuscht. Die Päpste selbst verschleppten die Einberufung eines Konzils zu lange – wohl um die eigene Stellung nicht durch eine Kirchenversammlung der Bischöfe und Kardinäle schwächen zu lassen.
So wurde das Konzil von Trient erst im Dezember 1545 eröffnet, in mehreren Phasen dauerte es bis 1563: Dogmatische Fragen der kirchlichen Lehre standen im Vordergrund der Beratungen des Konzils. Dennoch kamen auch Fragen der Kirchenreform zur Diskussion, die ihren Niederschlag in päpstlichen Dekreten fanden, die auf ein Ende des Ablassmissbrauchs sowie des Verkaufs und der Kumulation kirchlicher Ämter hinausliefen. Für Klerus und Klöster wurden bindende Regeln aufgestellt.

Ignatius von Loyola

Im Jahre 1534 gründete Ignatius von Loyola den Jesuitenorden *(Societas Jesu)*. Die Mitglieder unterwarfen sich strengen Ordensregeln und schworen den kirchlichen Oberen unbedingten Gehorsam. Der Orden, der ursprünglich zum Zweck der Mission im Heiligen Land gegründet worden war, spielte durch die große Zahl der durch ihn gegründeten Schulen, Seminare und Universitäten eine wichtige Rolle in der geistigen Auseinandersetzung mit dem Protestantismus.

Gegenreformation. Insgesamt wurde durch den Jesuitenorden und das Konzil von Trient eine Erneuerung des Katholizismus eingeleitet, die auch als Gegenreformation bezeichnet wird. Politisch hatte die Gegenreformation ihre Zentren neben den geistlichen Territorien des Reiches vor allem in Bayern, den habsburgischen Ländern, Italien und Spanien, wo König Philipp II. (1556–1598) sich als Vorkämpfer des Katholizismus verstand.

Arbeitsanregungen zum Infotext

Info S. 105–109

1. Erarbeiten Sie eine (kommentierte) Datenleiste zu den Anfängen der Reformation in den Jahren 1517–1521. Führen Sie ein Kreisgespräch, in dem Sie Anlässe und Ursachen der Reformation thematisieren.
   ☞ Kommentierte Datenleiste als Basis für ein Kreisgespräch

Info S. 110–112

2. Erstellen Sie ein Schaubild, das die Verbreitung der reformatorischen Impulse in der Zeit nach dem Wormser Edikt verdeutlicht.
   ☞ Schaubild als Grundlage für einen Kurzvortrag

Info S. 112–114

3. Erklären Sie den Grundsatz „cuius regio eius religio“, indem Sie den Weg zum Augsburger Religionsfrieden, die inhaltlichen Bestimmungen und die Konsequenzen erläutern.
   ☞ Lernplakat

Info S. 114–116

4. Stellen Sie mithilfe des Infotextes und unter Heranziehung der Karte auf S. 115 zusammenfassend dar, welche Folgen die Reformation für die Christenheit in Europa hatte.
   ☞ Kurzvortrag

Vorläufer der Reformation

Durch die sogenannte „Babylonische Gefangenschaft" der Kirche (1309–1377), während der der Papst im französischen Avignon residierte, und das „Große Schisma" (1378–1417), durch das die katholische Kirche in zwei Lager mit zwei sich bekämpfenden Päpsten geteilt wurde, geriet die katholische Kirche in eine existenzielle Krise. Erfahrbar wurde diese Krise äußerlich an einer umgreifenden Verweltlichung der Kirche, in der u. a. Ämter gekauft und nicht mehr nach Eignung besetzt wurden. Ihren für die Gläubigen sichtbaren Ausdruck fand diese Verweltlichung in der enormen Prachtentfaltung der Kirche, z. B. beim Papstpalast in Avignon. Um diese Pracht zu finanzieren, entwickelte die Kirche ein Finanzsystem, das Gelder aus der gesamten Christenheit an den päpstlichen Hof leitete. Diese Tatbestände führten zu großer Unzufriedenheit, scharfer Kritik und der Forderung einer „Reformation der Kirche an Haupt und Gliedern".

Jan Hus auf dem Scheiterhaufen (zeitgenössische Darstellung)

- **Was waren die zentralen Forderungen der Kirchenkritiker?**
- **Welches Idealbild einer erneuerten christlichen Kirche wird anhand der Forderungen deutlich?**
- **Welche Auswirkungen hätte die Umsetzung der Forderungen für die real existierende katholische Kirche des 15. Jahrhunderts gehabt?**

Präsentieren Sie auf je einer Concept-Map Ihre Antwort auf die Leitfragen und stellen diese anschließend im Kursgespräch zur Diskussion.

Empfehlungen, wie Sie die Concept-Maps erarbeiten und die Diskussion vorbereiten können:

1. Lesen Sie die drei Quellenauszüge kursorisch durch und entscheiden Sie sich für diejenige Leitfrage, die Sie bearbeiten wollen (alle drei Leitfragen sollten berücksichtigt werden).
2. Bilden Sie kleine Arbeitsgruppen (drei bis fünf Mitglieder), in denen jede Leitfrage mindestens einmal bearbeitet wird.
3. Analysieren Sie die drei Quellentexte mit Blick auf die jeweils gewählte Leitfrage.
4. Entwerfen Sie auf der Basis Ihrer Analyseergebnisse gemeinsam in Ihrer Gruppe eine Concept-Map.

Anregung für eine mögliche Gestaltung der Concept-Map:

Zentrale Forderungen
erheben
…
Ideal einer erneuerten christlichen Kirche
erstreben
…
Reform der Kirche an Haupt und Gliedern
ergeben
Auswirkungen auf die reale Kirche
… … …

MATERIALIEN

M 1 John Wyclif: Über das Papsttum und die Bedeutung der Bibel (um 1380)

John Wyclif (ca. 1320–1384), englischer Theologe und Philosoph, forderte für die Würdenträger der Kirche ein Leben in urchristlicher Bescheidenheit und wendete sich gegen den politischen Einfluss der Kirche und gegen die weltlichen Verstrickungen des Papsttums. 45 seiner Lehren wurden auf dem Konzil von Konstanz 1415 als ketzerisch verworfen.

Das Papsttum. Wenn der Papst in Lehre und Leben Christo entgegen ist, so ist er der vornehmste Feind Christi [...] und der hauptsächlichste Antichrist [...]. in Worten ist er dies, weil er Lügen ausstreut. Wenn wir hinsehen auf die Schriften der Apostel, die geschrieben sind aus dem Glauben an den Herrn Jesum Christum, und auf die päpstlichen Schriftstücke, die Bullen[1] und die Dekretalbriefe[2] [...], dann können wir ersehen, wie wenig sie in ihrem Inhalt übereinstimmen; denn die päpstlichen Schriften sprechen von der Macht in der Welt, die evangelischen Schriften aber von demütiger Flucht aus der Welt.

Christus war milde und sanftmütig, wie es bei Matthäus II, 29 heißt. Der Papst aber ist, wie man sagt, ein hochmütiger Mensch und ein grausamer Rächer. Denn wenn ihm die Macht des weltlichen Arms fehlt, so wendet er die Strafe der Exkommunikation an und verleiht angeblich Ablässe alle denen, die ihn an seinen Feinden rächen wollten [...]. Wenn es hundert Päpste gäbe und alle Bettelmönche Kardinäle würden, man dürfte ihnen in Glaubenssachen doch nur insoweit beipflichten, als sie mit der Heiligen Schrift übereinstimmen. [...]

Von allen Ketzereien, die jemals in der Kirche aufgekommen sind, betrügt keine das Volk so sehr wie diese von den Heuchlern auf hinterlistige Weise eingeführte Lehre[3] [...].

Glaubt man dieser Lehre [...], so gibt es nichts, was man uns nicht glauben machen kann. Denn es kann nichts geben, was sowohl der Heiligen Schrift als auch dem gesunden Menschenverstand so sehr entgegen wäre [...].

Es ist der Glaube der Kirche, dass wie Christus zugleich Gott und Mensch war, so das Sakrament zugleich Leib Christi und Brot ist, Brot in natürlicher, Leib Christi in sakramentaler Weise. Das Sakrament des Altars ist Christi Leib und Blut in Form von Brot und Wein.

Jener weiße und runde Gegenstand[4] ist nicht seiner Natur nach der Leib des Herrn; daraus folgt, dass ein Christ in diesem heiligen Sakrament den Leib Christi nicht körperlich, sondern auf geistige Weise empfängt. [...]

Es wäre für die Kirche in jeder Beziehung nützlicher, wenn sie aufgrund der Bibel regiert würde statt aufgrund menschlicher Überlieferungen, die mit evangelischen Wahrheiten vermischt sind, wie dies jetzt der Fall ist.

Der Glaube belehrt uns, dass die Autorität der Heiligen Schrift und im Besonderen diejenige des Evangeliums unendlich viel größer ist als die Autorität irgendeiner anderen Schrift.

Die Autorität der Heiligen Schrift überragt jegliche geschaffene Autorität; die Wirksamkeit der darin enthaltenen Gedanken ist nützlicher und ihre Aussage verehrungswürdiger als jeder andere Gedanke und jede andere Aussage.

In der Heiligen Schrift ist alle Wahrheit enthalten.

(Zit. nach: John Wyclif, Lateinische Streitschriften, hg. von Rudolf Buddensieg, Leipzig 1883, S. 565 ff. und Gottfried Guggenbühl/Hans C. Huber, Quellen zur Geschichte des Mittelalters, Zürich [5]1972, S. 342ff.)

---

[1] Bulle: Bezeichnung für Urkunden, die wichtige Rechtsakte des Papstes verkünden

[2] Dekretalbrief: Briefe des Papstes aus altkirchlicher Zeit, die kirchliches Recht umfassen, später auch Papstbriefe mit rechtlich verbindlichen Vorschriften zu bestimmten Sachverhalten

[3] von Heuchlern eingeführte Lehre: Damit ist die Lehre von der Transsubstantiation gemeint, die in der christlichen Theologie die Wandlung von Brot und Wein in den Leib und das Blut Christi in der Heiligen Messe bezeichnet.

[4] Jener weiße und runde Gegenstand: gemeint ist die aus einer Oblate geweihte Hostie

M 2 Glaubenssätze der Hussiten (1488)

Die Hussiten waren Anhänger des Theologen und Kirchenreformers Jan Hus (ca. 1370–1415, als Ketzer mit seinen Schriften verbrannt in Konstanz), die in Böhmen im 15. und 16. Jahrhundert eine bedeutende religiöse und politische Rolle spielten.

Als König Wenzeslaus[1] fünfzig Jahre alt war, fing Hus seine Ketzerei an [...]. Wenzeslaus war in der Hussitensache verwirrt und bekümmert und starb an Apoplexie[2].

Nun wir aber zu der Hussitensache gekommen sind, und es gar wenige gibt, die den rechten Ursprung davon wissen, wollen wir ein wenig davon sagen. [...]

Die Artikel, die da predigen und halten die Hussiten wider die heilige Christenheit:

1. Der Papst ist ein Bischof wie ein anderer Bischof über sein Bistum und nit weiter.
2. Ein Priester ist in aller Gewalt wie der andere und ist unter ihnen kein Unterschied. Welcher Priester besser ist als der andere, das liegt nit an der Prälatur[3], sondern an der Heiligkeit des Lebens.

3. Wenn eine Seele scheidet von dieser Welt, so hat sie allein zwei Wege, sie fährt sofort gen Himmel oder schnell zur Hölle, was man aber sagt von dem Fegefeuer (nach katholischer Lehre), so erklären die Hussiten, es sei kein Fegefeuer, sondern die Habgier der Pfaffen hab es erdacht, und es sei verloren Ding, das man für die Toten bitte.

4. Man soll abtun alle Bildnisse, es sei zu Gottes Ehre oder der reinen Jungfrauen Marien oder der heiligen und so weiter.

5. Dass man Kerzen, Asche, Palmen, Weihwasser und auch die Taufe und ander Ding segne, sei ein lächerlicher Spott.

6. Die Bettelorden und Mönche habe der Teufel erdacht und erfunden.

7. Es sollen alle Priester arm sein und nichts haben denn das Almosen.

8. Wer predigen will, dem sei es erlaubt, er sei Laie oder Priester.

9. Man soll keine Sach leiden in der Christenheit, es seien Frauenhäuser, es sei Spiel es sei Wucher oder was es sei, darum dass größeres Übel vermieden bleibe.

10. Wer in Todsünden ist, mag weder geistlicher noch weltlicher Richter sein und aller Freiheit beraubt, und niemand soll ihm gehorsam sein.

11. Firmung und letzte Tauf oder Ölung seien nit zu zählen unter die Sakrament.

12. Es sei eine Ursach zum Lügen, dass die Menschen dem Priester ins Ohr beichten.

13. Es sei genug, dass ein jeglicher Mensch in seinem Herzen Gott bekenne.

14. Man soll zur Taufe allein lauteres Wasser nehmen ohne Chrisam[4] oder heiliges Öl.

15. Dass man die Leute in Kirchhöfen begrabe, sei nichts nutz, die Pfaffen haben es erdacht von Gewinnes wegen.

16. Es gelte gleich, wo die Körper zugedeckt werden.

17. Das geziemendste und größte Stift und Gotteshaus, darin Gott soll angebetet werden und die Toten begraben, sei die Welt; die aber Kirchen bauen und Klöster und Kapellen und Bethäuser, die wollen die göttliche Majestät in einen Winkel zwingen, als ob sie nit an allen Stätten könnt gleich gnädig sein.

18. Die zierlichen Gewänder, Messgewänder, Altartücher, Kappen, Teppiche, Korporale[5], Kelch, Patenen[6], Rauchfass seien unnütze und verlorene Kosten.

19. Ein Priester mag zu jeder Stunde und an allen Stätten das heilige und würdige Sakrament konsekrieren[7] und sogleich denen geben, die es begehren.

20. Es braucht auch der Priester nicht mehr sprechen denn die Worte, darin die Kraft des Sakraments liegt.

21. Es soll niemand weder die Jungfrau Maria, noch Engel, noch irgendwelche Heiligen anrufen, denn sie können niemand helfen.

22. Es sei eine verlorene Zeit, dass man die sieben Tageszeiten (das Chorgebet) singe oder spreche.

23. Man soll keinen Tag außer Arbeit sein außer allein am Sonntag, und alle Tage, die den Heiligen zugesprochen sind, aufgeben.

24. Wer an den Tagen faste, die die Kirche angesetzt hat, der erwerbe keine Verdienste.

Zu dem allerletzten, als diese Artikel nun eingewurzelt hatten, da ward erst eingelegt der Artikel, dass man das hochwürdige Sakrament sollt geben den Laien unter beiderlei Gestalt: Brot und Wein; sie predigen, das hätte seinen Grund im heiligen Evangelium, und sprachen, die römische Kirche und die ganze Christenheit wäre unwissend und ungelehrt, weil sie es nit tät, oder aber so neidisch, dass sie es nit tun wollt.

(Siegmund Meisterlins Chronik der Stadt Nürnberg, 1488; zit. nach: Wolfgang Lautemann/Manfred Schlenke (Hg.), Geschichte in Quellen, Bd. II: Mittelalter, München (bsv) 1969, S. 800–802)

---

[1] König Wenzeslaus: Gemeint ist der böhmische und deutsche König Wenzel (IV.) aus dem Geschlecht der Luxemburger, der von 1361 bis 1419 lebte.
[2] Apoplexie: Schlaganfall
[3] Prälatur: hohes Amt oder Würdenträger der katholischen Kirche
[4] Chrisam: Salböl, das bei der Spendung von Sakramenten verwendet wird
[5] Korporale: weißes Leinentuch, das bei der Eucharistiefeier auf den Altar gelegt wird
[6] Patenen: flache Teller für die Hostien oder das Abendmahlsbrot
[6] konsekrieren: heiligen, weihen

M 3 Bußpredigt Savonarolas am 1. November (Allerheiligen) 1494

Girolamo Savonarola (1452–1498) war ein italienischer Dominikaner und Bußprediger, der scharfe Kritik am Lebenswandel von Klerus und Adel übte und durch seine Anhänger aus breiten Schichten der Bevölkerung zwischen 1494 und 1498 faktisch Beherrscher von Florenz war. Am 23. Mai des Jahres 1498 wurde er in Florenz als Ketzer gehängt und verbrannt.

„Tuet Buße, denn das Himmelreich ist nahe!“ Sehet an, Geliebteste, wie groß doch die Liebe Gottes ist, welchen ihr mit euren Sünden so sehr und so lange beleidigt habt, und dennoch wartet er auf euch, dass ihr Buße tut und er euch nicht zu züchtigen brauche. Darum säumet nicht länger, bekehrt euch nunmehr und tuet Buße, zögert nicht mehr! […]

Ihr Priester, höret meine Worte! Ihr Geistlichen, ihr Prälaten der Kirche Christi, lasset die Pfründen[1], welche ihr nicht mit Recht haben könnt, lasset euren Prunk, eure Schmausereien und Festmahle, welche ihr so üppig begeht! Lasset eure Kebsen[2] und Lustbuben, sage ich euch, denn die Stunde der Buße hat geschlagen, und es nahen die großen Trübsale, durch welche Gott seine Kirche wiederherstellen will. Leset eure Messen mit Andacht, sonst, wenn ihr auf Gottes Willen nicht achtet, verliert ihr am Ende Pfründen und Leben. Ihr Mönche! Lasset euren Überfluss an Gewändern und Silbergeräten, lasset eure fetten Abteien und Pfründen, befleißigt euch der Einfachheit und lebet wie die Mönche der Vorzeit, eure Väter und Vorgänger, von eurer Hände Arbeit, sonst müsst ihr gezwungen tun, was ihr freiwillig nicht tun wolltet.

Ihr Nonnen! Lasset auch ihr euren Überfluss, lasset euch die Aufnahme eurer Novizen nicht mehr mit Geld bezahlen, lasset all das eitle Gepränge bei den Einkleidungen, lasset die mehrstimmigen Kirchengesänge! Weinet dagegen über eure Mängel und Fehltritte, denn es nahet vielmehr die Zeit zum Weinen als zum Singen und Feste feiern! Gott wird euch strafen, wenn ihr euren Lebenswandel nicht bessert, wundert euch dann nicht, wenn die Zerstörung hereinbricht und alles ins Wanken gerät!

Ihr meine Bettelmönche! Auch euch rufe ich zu: Lasset euren Überfluss, eure Gemälde und eure Nichtigkeiten! Machet eure Kutten enger und von grobem Tuche, merkt ihr denn nicht, dass ihr mit eurem überflüssigen Aufwände den Armen das Almosen wegnehmt? O ihr Brüder, ihr Söhne! Es bleibt mir nichts übrig, als offen zu reden, auf dass sich nachher niemand auf seine Unwissenheit hinausreden könne! Ich kann nicht anders, wehe mir, wenn ich das Evangelium nicht verkünde, wehe mir, wenn ich die Wahrheit nicht sage! Gottes Strafe ereilt euch, wenn ihr seine Stimme nicht hört.

Ihr Kaufleute! Lasset euren Wucher! Erstattet das unrecht erworbene und fremde Gut zurück, sonst verliert ihr alles! Ihr alle, die ihr Überflüssiges habt! Schenket es den Armen, es gehört euch nicht, bringet es der Bruderschaft von Sankt Martin zur Verteilung an verschämte Arme, welche so häufig Hungers sterben, während ihr im Überflusse schweigt. Gebt es den frommen Männern von Sankt Martin, sage ich, nicht mir oder meinen Mönchen, denn die Austeilung von Almosen an die Armen ist nicht unsere Sache. Ihr Armen, gehet zu ihnen, sie verteilen die Almosen der Stadt, und von ihnen erhaltet ihr Unterstützung. Ich wiederhole es, wer Überfluss hat, gebe ihn den Armen, ja es ist an der Zeit, mehr noch sogar als den Überfluss hinwegzugeben.

Ihr Wollüstigen! Ziehet Bußgürtel an und tuet Buße, es ist euch vonnöten. Ihr alle, die ihr die Häuser voller Eitelkeiten, schamloser Figuren und Dinge und schändlicher Bücher habt wie den Morgante[3] und andere Verse wider den Glauben, bringet sie mir, wir machen ein Feuer daraus und ein Opfer für Gott.

Und ihr Mütter, die ihr eure Töchter mit soviel eitlem, überflüssigem Zeuge und Haarputze schmückt, bringet alles zu mir, um es ins Feuer zu werfen, auf dass Gott, wenn er in seinem Zorn naht, nicht solche Dinge in euren Häusern finde.

(Zit. nach: Savonarola, Predigten und Schriften; ausgewählt, biographisch geordnet und erläutert von Mario Ferrara, deutsche Übertragung: Antonie Leinz von Dessauer, Salzburg 1957, S. 399ff.)

[1] Pfründe: mit Einkünften verbundenes Kirchenamt

[2] Kebse: Nebenfrau, Geliebte

[3] Morgante: Gemeint ist das Epos „Il Morgante maggiore" des italienischen Dichters Luigi Pulci (1432–1484), in dem sich Verspottungen christlicher Dogmen und des Kreuzzugsgedankens finden.

„Luthersache“: Wie die Reformation begann

Am 31. Oktober 1517 schrieb Martin Luther einen Brief an Erzbischof Albrecht von Mainz, in dem er bat, Missstände im Ablasshandel abzustellen, für die der Erzbischof in Luthers Augen verantwortlich war. Seine Gründe fasste er in 95 Thesen zusammen, die zuerst als Grundlage einer theologischen Diskussion gedacht waren. Möglicherweise wurden Luthers Thesen an die die Tür der Wittenburger Schlosskirche angeschlagen.

Dreieinhalb Jahre später, im April 1521, stand Luther vor dem Reichstag und musste sich vor Kaiser Karl V. verantworten – ein außergewöhnliches Ereignis für einen noch kurz vorher unbekannten Mönch eines Bettelordens. Die „Luthersache“ war zu einem wichtigen Beratungspunkt des Reichstags in Worms geworden, dem ersten, an dem der junge Kaiser, der mächtigste Herrscher der Christenheit, teilnahm.

Luther und Karl V. auf dem Wormser Reichstag (kolorierter Holzschnitt, 1557)

- **Welche Schritte führten Luther von Wittenberg nach Worms – und veränderten schließlich die gesamte Kirche der Christenheit?**
- **War die Entwicklung unumkehrbar?**

Bereiten Sie eine Stafettenpräsentation vor, in der Sie die Entwicklung von „Wittenberg nach Worms“ darstellen und wesentliche Streitpunkte der „Luthersache“ anhand der Quellen erläutern. Diskutieren Sie die zweite Leitfrage in einem Kreisgespräch!

So können Sie vorgehen:

1. Lesen Sie zunächst kursorisch alle Materialien und stellen Sie den Ereignisablauf in einem Zeitstrahl zusammen. Dazu können Sie auch die Informationen im Infotext, S. 106 ff., heranziehen.
2. Bilden Sie drei bis vier Arbeitspaare oder Kleingruppen, die sich mit den einzelnen Ereignisschritten bzw. den Quellen näher befassen und die jeweiligen Teile der Präsentation vorbereiten.
3. Präsentieren Sie Ihre Ergebnisse in der zusammenhängenden Präsentation der Teilgruppen.
4. Diskutieren Sie in einer offenen Diskussionsrunde die Frage, ob bzw. ab welchem Zeitpunkt die Entwicklung in Richtung Kirchenspaltung unumkehrbar war (2. Leitfrage).

MATERIALIEN

M 1a Luther erinnert sich in seiner Autobiografie (1545)

Vor allem aber bitte ich den freundlichen Leser, ich bitte ihn um unsres Herrn Jesu Christi willen, dieses alles mit Verstand, ja mit viel Nachsicht zu lesen. Er muss wissen, dass ich damals, als ich diese Sache angriff, ein Mönch und ein ganz unsinniger Papist war, so trunken von den Lehren des Papstes, ja so ertrunken in ihnen, dass ich ganz und gar bereit gewesen wäre, womöglich jeden zu ermorden, der nur mit einer einzigen Silbe dem Gehorsam gegenüber dem Papst Abbruch tat, oder bei solchem Mord mitzuhelfen und ihn zu billigen. Solch ein Saulus war ich damals, wie es heute noch viele gibt [...]. Ich betrieb die Sache mit Ernst; denn ich hatte furchtbare Angst vor dem jüngsten Tage und begehrte doch von Herzens Grund selig zu werden. In diesen meinen frühen Schriften wird man darum viele, große und unterwürfige Zugeständnisse an den Papst finden, die ich später als ärgste Lästerung und Greuel erkannte und heute verdamme. Du musst, lieber Leser, solchen Irrtum – meine Verleumder sagen Widerspruch – der damaligen Lage und meiner Unerfahrenheit zugute halten. Ganz allein stand ich anfangs und war sicherlich zur Behandlung solcher Sachen ganz ungeschickt und ungelehrt. Durch Zufall, ohne meinen Willen und meine Absicht geriet ich in diese Wirren. Gott selber ist mein Zeuge! Im Jahre 1517 wurden in unserer Gegend Ablässe verkauft (ich wollte sagen: öffentlich bekannt gemacht) um des schändlichen Gewinnes willen! Ich, damals Prediger und ein junger Doktor der Theologie, wie man sagt, begann den Leuten abzuraten und ermahnte sie, dem lauten Geschrei der Ablasskrämer keine Beachtung zu schenken; sie hätten Besseres zu tun. Ich war mir ganz gewiss, in diesen Dingen einen Schutz beim Papst selber zu haben, auf den ich damals mit aller Zuversicht vertraute [...]. Gleich schrieb ich auch zwei Briefe, einen an den Erzbischof Albrecht von Mainz, der die Hälfte der Ablassgelder erhielt – während die andere, was ich damals nicht wusste, dem Papste gehörte – den andern an den Bischof von Brandenburg, Hieronymus Schulz, meinen sogenannten „ordinarius loci", und bat, der Schamlosigkeit und Gotteslästerung der Ablasshändler Einhalt zu tun. Aber das arme Mönchlein verachtete man nur. Da ich das merkte, veröffentlichte ich den Zettel mit den Streitsätzen und die deutsche Predigt „Von Ablass und Gnade" und etwas später auch „Erläuterungen" dazu, in denen ich, um der Ehrerbietung vor dem Papst willen, die Ablässe zwar nicht gänzlich verwerfen wollte, aber doch die guten Werke der Nächstenliebe ihnen vorzuziehen empfahl.

(Zit. nach: Ernst Walter Zeeden, Europa vom ausgehenden Mittelalter bis zum Westfälischen Frieden 1648 (Studienbuch Geschichte – Darstellung und Quellen, Heft 5), Stuttgart (Klett-Cotta) 1981, S. 164f.)

M 1b Aus Luthers 95 Thesen (1517)

1. Wenn unser Herr und Meister Jesus Christus sagt: Tut Buße!, so will er, dass das ganze Leben seiner Gläubigen auf Erden eine stete Buße sein soll.
20. Derhalben meint der Papst mit diesen Worten: „vollkommene Vergebung aller Strafen" nicht, dass schlechthin alle Strafen vergeben würden, sondern nur die Strafen, die er selbst auferlegt hat.
26. Der Papst tut sehr wohl daran, dass er nicht aufgrund der Gewalt der Schlüssel, die er nicht (in dieser Ausdehnung} besitzt, sondern mithilfe der Fürbitten den Seelen Vergebung schenkt.
28. Das ist gewiss, dass, sobald der Groschen im Kasten klingt, Gewinst und Geiz zunehmen können, die Hilfe aber oder die Fürbitte der Kirche steht allein in Gottes Wohlgefallen.
36. Ein jeder Christ, der wahre Reue empfindet über seine Sünden, hat völlige Vergebung von Strafe und Schuld, die ihm auch ohne Ablassbriefe gehört.
43. Man soll die Christen lehren, dass der, der dem Armen gibt oder dem Dürftigen leiht, besser tut, als wenn er Ablass löst.
44. Denn durch das Werk der Liebe wächst die Liebe, und der Mensch wird besser. Durch den Ablass aber wird er nicht besser, sondern nur freier von Strafen.
45. Man soll die Christen lehren, dass der, welcher seinen Nächsten darben sieht und dessen ungeachtet Ablass löst, nicht des Papstes Ablass gewinnt, sondern Gottes Ungnade auf sich ladet.
62. Der wahre Schatz der Kirche ist das heilige Evangelium der Herrlichkeit und Gnade Gottes.
94. Man soll die Christen vermahnen, dass sie ihrem Haupte Christus durch Kreuz, Tod und Hölle nachzufolgen sich befleißigen.

(Zit. nach: Zeeden, a. a. O., S. 166)

M 2a Luthers Erklärung vor Kardinal Cajetan (1518)

Nachdem der hochwürdigste Herr mir auf Befehl des Papstes vorgelegt und erfordert, dass ich wegen des Streites, den ich über den Ablass gehabt, dieses dreies tun sollte, nämlich erstlich mich eines Besseren besinnen und den Irrtum widerrufen, zum andern angeloben, desgleichen nicht wieder zu begehen, drittens auch versprechen, alles zu unterlassen, was die Kirche

Gottes zerrütten könnte, so habe ich, der ich mit Disputieren die Wahrheit gesucht, mit Forschen nicht sündigen, viel weniger zum Widerruf gezwungen werden können, da ich weder verhört noch überwiesen bin. Ich protestiere auch heute, dass ich mir nicht bewusst bin, etwas gesagt zu haben, das wider die Heilige Schrift, Kirchenväter, des Papstes Decretalien oder wider gute Vernunft und Billigkeit ist, sondern dass alles, was ich gesagt habe, mir ganz richtig, wahr und katholisch erscheint. Doch ich bin ein Mensch, und weil ich irren kann, habe ich mich dem Urteil und Ausspruch der rechtmäßigen heiligen Kirche und aller, die besser unterrichtet sind, unterworfen, welches ich auch noch tue. Jedoch erbiete ich mich zum Überfluss, dass ich persönlich hier oder anderswo, auch öffentlich über meine Sätze Rechenschaft geben will. […]

(Zit. nach: Robert Stupperich, Die Reformation in Deutschland, München (dtv) 1972, S. 170)

M 2b Luthers Bericht an Spalatin über die Leipziger Disputation mit Johannes Eck (1519)

Vom 27. Juni bis 5. Juli 1519 fand in Leipzig die Disputation Luthers mit dem Theologieprofessor Johannes Eck statt, der den päpstlichen Standpunkt vertrat. Luther berichtet darüber an Georg Spalatin, seinen Freund und wichtigsten Berater des Kurfürsten:

In der nächsten Woche hat Eck mit mir disputiert. Erstlich aufs heftigste von des Papstes Primat. Seine ganze Kraft bestand in dem Worte[1] „Du bist Petrus“ und „weide meine Schafe“, „folge mir nach“ und „stärke deine Brüder“, wobei er viel maßgebende Stellen der Väter[2] anzog. Was ich darauf antwortete, wirst du sogleich sehen. […]
Ich hielt ihm die Griechen vor, von 1000 Jahren her, und die alten Väter, die auch nicht unter der Gewalt des Papstes gestanden hätten, wobei ich den Primat des Papstes noch nicht einmal verwarf. Wir haben endlich auch von der Gewalt der Konzilien disputiert. Hierbei habe ich öffentlich bekannt, dass etliche Artikel im Konzil zu Konstanz unbilligerweise verworfen worden seien, die von St. Paulus, St. Augustin und von Christus selbst mit offenen und klaren Worten gelehrt würden. Schließlich bewies ich aus den Worten des genannten Konzils selbst, dass gar nicht alle Artikel als ketzerisch und irrig verdammt seien, deshalb habe er mit seinen Beweisen gar nichts ausgerichtet. So steht es jetzt.

(Zit. nach: Stupperich, a. a. O., S. 171)

[1] Wort: Bibelwort
[2] maßgebende Stellen der Väter: Gemeint sind die Schriften der Kirchenväter.

M 3a Luthers Erklärung beim Reichstag zu Worms (18. April 1521)

Allerdurchlauchtigster Kaiser, durchlauchtigste Fürsten! Eure geheiligte Majestät hat mir gestern zwei Fragen vorgelegt: ob ich die unter meinem Namen verbreiteten Schriften, deren Titel verlesen wurden, als die meinigen anerkenne und ob ich sie weiter vertreten oder widerrufen wolle. Auf die erste Frage habe ich sofort die klare Antwort gegeben, bei der ich auch bleibe und in Ewigkeit bleiben werde: Es sind meine von mir unter meinem Namen veröffentlichten Schriften, sofern nicht beim Abdruck durch gegnerische List oder durch Besserwisserei etwas an meinem Text verändert oder entstellt worden ist. Denn ich erkenne nur das an, was mir allein gehört und von mir allein geschrieben ist, ohne jede fremde Auslegung, so gut sie auch gemeint sei.
Auf die zweite Frage bitte ich Eure geheiligte Majestät und Eure Herrschaften, darauf zu achten, dass meine Schriften nicht alle von derselben Art sind. In einigen habe ich Glauben und Sitten so schlicht und evangelisch behandelt, dass selbst meine Gegner zugeben müssen: Sie sind nützlich, unschädlich und wert, von Christen gelesen zu werden. […]
Die zweite Art meiner Schriften bekämpft das Papsttum und was dazugehört, weil die Papisten mit ihren schlechten Lehren und Beispielen den christlichen Erdkreis geistig und leiblich zugrunde gerichtet haben. Denn niemand kann leugnen oder verbergen, was die Erfahrung und die Klage aller bezeugen: Die Gesetze des Papstes und die Menschenlehren haben die Gewissen der Gläubigen elend in Fesseln geschlagen, misshandelt und zu Tode gefoltert, und Hab und Gut sind – vor allem in unserer ruhmreichen deutschen Nation – durch unglaubliche Tyrannei verschlungen worden und werden noch weiter ohne Ende und auf die unwürdigste Art verschlungen. […]
Widerrufe ich daher auch diese Schriften, so stärke ich die Tyrannei und öffne solcher Gottlosigkeit nicht nur die Fenster, sondern auch die Pforten, so dass sie sich weiter und ungehinderter ausbreitet, als sie bis jetzt je gewagt hat. […]
Wenn ich nicht durch Schriftzeugnisse oder einen klaren Grund widerlegt werde – denn allein dem Papst oder den Konzilien glaube ich nicht; es steht fest, dass sie häufig geirrt und sich auch selbst widersprochen haben –, so bin ich durch die von mir angeführten Schriftworte überwunden. Und da mein Gewissen in den Worten Gottes gefangen ist, kann und will ich nichts widerrufen, weil es gefährlich und unmöglich ist, etwas gegen das Gewissen zu tun. Gott helfe mir. Amen.

(Zit. nach: Reiner Strunk (Hg.), Die Reformation (Tempora – Quellen zur Geschichte und Politik), Stuttgart (Klett) 1983, S. 34f.)

M 3b Erklärung Karls V. zu Luthers Einlassungen auf dem Wormser Reichstag (19. April 1521)

Wie ihr wisst, stamme ich von den allerchristlichsten Kaisern der edeln deutschen Nation, den gläubigen Königen von Spanien, den Erzherzogen von Österreich und den Herzogen von Burgund. Sie alle waren bis in den Tod treue Söhne der römischen Kirche; denn stets verteidigten sie den christlichen Glauben, die geheiligten Zeremonien, die Dekrete, Verordnungen und heiligen Bräuche zur Ehre Gottes, zum Wachstum des Glaubens und Heil der Seelen. Sie hinterließen Uns als natürliches Erbe die Erfüllung jener heiligen christlichen Pflichten, nach ihrem Beispiel zu leben und zu sterben; und in wahrer Nachahmung dieser Unserer Vorfahren haben Wir durch Gottes Gnade bisher gelebt. Aus diesem Grunde bin ich entschlossen, alles aufrecht zu erhalten, meine Vorfahren und ich bis zum gegenwärtigen Augenblick aufrechterhalten haben, im besonderen die Bestimmungen meiner Vorfahren auf dem Konzil von Konstanz und sonst. Denn es ist gewiss, dass ein einziger Bruder irrt, dessen Meinung gegen die der gesamten, über tausend Jahre alten Christenheit steht – eine Meinung, nach der die Christenheit sich zu jeder Zeit im Irrtum befunden hätte. Deshalb bin ich ganz und gar entschlossen, hierfür meine Reiche und Herrschaften, meine Freunde, Leib und Blut, Leben und Seele einzusetzen. Denn es wäre eine große Schande für mich und für Euch, die Ihr die edle und berühmte deutsche Nation verkörpert, wenn zu unserer Zeit, während wir durch Privileg und hervorragende Stellung zu Verteidigern und Beschirmern des christlichen Glaubens eingesetzt sind, nicht Ketzerei sondern [schon der bloße] Verdacht der Ketzerei oder Minderung der christlichen Religion infolge unserer Säumigkeit in die Gemüter der Menschen einziehe zu unserer und unserer Nachfolger dauernden Schande.

Und nachdem ich die Antwort Luthers gehört habe, die er gestern in unser aller Gegenwart gab, erkläre ich Euch, dass ich bereue, so lange das Vorgehen gegen Luther und seine falsche Lehre aufgeschoben zu haben, und dass ich entschlossen bin, ihn nicht weiter anzuhören. Sondern ich beabsichtige, ihn unverzüglich gemäß dem Wortlaut des Mandats zurückzusenden, unter Wahrung seines Geleites, doch unter der Bedingung, nicht zu predigen und das Volk in seiner schlechten Lehre zu unterweisen und keine Bewegung zu erregen.

Und wie ich oben gesagt habe, bin ich entschlossen, gegen ihn als gegen einen offenkundigen Ketzer vorzugehen, und ich fordere Euch auf, in dieser Angelegenheit Euch als gute Christen zu erklären, wie Ihr zu tun gehalten seid und mir versprochen habt.

Von meiner Hand, am 19. April 1521. Carolus.

(Zit. nach: Ulrich Köpf (Hg.), Deutsche Geschichte in Quellen und Darstellung, Bd. 3: Reformationszeit 1495 – 1555, Stuttgart (Reclam) 2001, S. 176f.)

M 4 Das Wormser Edikt (Mai 1521)

Da nun die Sache dermaßen verlaufen ist und Martin Luther also ganz verhärtet und verkehrt in seinen offenkundigen ketzerischen Auffassungen verharrt und deshalb von all denen, die Gottesfurcht und Vernunft haben, für töricht oder vom bösen Geist besessen befunden wurde, ... haben wir [...] festgesetzt, dass Ihr den erwähnten Martin Luther als ein von Gottes Kirche abgesondertes Glied und einen verstockten Häretiker und offenbaren Ketzer von uns und Euch allen und jedem insbesondere zu achten und zu halten erkennet und erkläret und dasselbe kraft dieses Schreibens bewusst in die Tat umsetzt. Und weiter gebieten wir Euch allen und jedem einzelnen bei seinen Pflichten, womit Ihr uns und dem heiligen Reich untertan seid,... dass Ihr allesamt und jeder einzelne nach Ablauf der oben erwähnten 20 Tage, die am 14. Tag des gegenwärtigen Monats Mai enden, den vorgenannten Martin Luther nicht in Euer Haus aufnehmt, nicht bei Hofe empfangt, ihm weder zu essen noch zu trinken gebt, ihn nicht versteckt, ihm nicht mit Worten oder Werken heimlich noch öffentlich irgendeine Hilfe, Anhängerschaft, Beistand oder Vorschub erweiset, sondern wo Ihr ihm beikommen, ihn ergreifen und seiner mächtig werden könnt, ihn gefangen nehmt und uns wohlbewahrt zusendet [...].

Ferner gebieten wir Euch allen und einem jeden von Euch, im besonderen unter den vorgeschriebenen Strafen, dass keiner von Euch die Schriften des obengenannten Martin Luther, die von unserem Heiligen Vater, dem Papst, wie oben steht, verdammt, und alle anderen Schriften, die in Latein und Deutsch oder in anderer Sprache bisher von ihm verfasst sind oder künftig verfasst werden, als boshaft, argwöhnisch und verdächtig und von einem offenbaren, hartnäckigen Ketzer ausgegangen, kaufe, verkaufe, lese, behalte, abschreibe, drucke oder abschreiben oder drucken lasse, noch sich seiner Meinung anschließe, diese auch nicht festhalte, predige oder beschirme noch in einer anderen Weise, wie Menschensinn erdenken kann, es wage, ohne Rücksicht darauf, ob darin etwas Gutes eingeführt werde, um den einfältigen Menschen damit zu betrügen [...].

(Zit. nach: Strunk, Die Reformation, a. a. O., 35 f.)

„Allein der Glaube“ – Luthers Umwälzung der christlichen Lehre

Mit Martin Luthers reformatorischem Neuansatz, der sich in den Jahren 1517–1520 herausbildete, kam es zu einem grundlegenden Wandel in Bezug auf das Selbstverständnis und die Rolle der Kirche in der Welt. In der Folge dieses Neuansatzes, der sich vor allem in den drei Reformschriften des Jahres 1520 manifestierte und der zentrale Forderungen der kirchenkritischen Vorgänger Luthers in sich aufnahm, kam es zu einer bis heute dauernden Spaltung der Kirche in mehrere Konfessionen, die sich am Anfang in bitterer Feindschaft niederschlug und noch Jahrhunderte lang die Geschichte Europas beeinflusste.

- **Worin bestand der reformatorische Neuansatz Martin Luthers?**
- **Welche Vorwürfe erhob er bei der Formulierung dieses Neuansatzes gegen die katholische Kirche?**
- **Welche Auswirkungen hatte dieser Neuansatz für die Kirche?**

Gestalten Sie ein Lernplakat, in dem Sie die drei Leitfragen beantworten, und stellen Sie Ihre Ergebnisse anschließend im Plenum zur Diskussion.

Empfehlungen, wie Sie die Gestaltung des Lernplakats und die Diskussion vorbereiten können:

1. Bilden Sie Arbeitsgruppen Ihrer Wahl.
2. Verschaffen Sie sich innerhalb der Arbeitsgruppen einen kursorischen Überblick über die Materialien und entscheiden Sie, mit welcher Leitfrage Sie sich innerhalb der Gruppe auseinandersetzen möchten. Dabei sollten alle Leitfragen berücksichtigt werden.
3. Werten Sie in Ihrer Arbeitsgruppe die Materialien arbeitsteilig (in Einzel- oder Partnerarbeit) in Bezug auf die Leitfragen aus.
   Folgen Sie für die fachgerechte Analyse und Interpretation der unterschiedlichen Materialgattungen den Arbeitsschritten der Basismethoden „Sprachliche historische Quellen interpretieren“ und „Historische Sekundärliteratur analysieren“.
   Sichern Sie Ihre Analyse- und Interpretationsergebnisse auf Stichwortzetteln oder Karteikarten.
4. Entwerfen Sie auf der Basis aller Ihrer Arbeitsergebnisse Ihr Lernplakat. Überlegen Sie dabei, wie das Plakat adressatengerecht grafisch gestaltet und präsentiert werden kann.
5. Entscheiden Sie gemeinsam in Ihrer Arbeitsgruppe, durch wen Sie Ihre Ergebnisse im Plenum zur Diskussion stellen möchten.

MATERIALIEN

M 1 Martin Luther: Über das Verständnis der Gerechtigkeit Gottes (1545)

Der genaue Zeitpunkt des neuen Verständnisses der Gerechtigkeit Gottes, das die reformatorische Wende Luthers beinhaltet, ist umstritten. Dieser Neuansatz fand jedoch im Rahmen der Auseinandersetzung um den Ablasshandel statt und wurde von Luther in einem späteren Rückblick so geschildert:

Ein ganz ungewöhnlich brennendes Verlangen hatte mich gepackt, Paulus im Römerbrief zu verstehen, aber nicht Kaltherzigkeit hatte mir bis dahin im Wege gestanden, sondern ein einziges Wort, das im ersten Kapitel steht: „Gottes Gerechtigkeit wird darin offenbart." (Röm. 1, 17) Denn ich hasste diese Vokabel „Gerechtigkeit Gottes", die ich durch die übliche Verwendung bei allen Lehrern gelehrt war philosophisch zu verstehen von der sogenannten formalen oder aktiven Gerechtigkeit, mittels derer Gott gerecht ist und die Sünder und Ungerechten straft.
Ich aber, der ich, so untadelig ich auch als Mönch lebte, vor Gott mich als Sünder von unruhigstem Gewissen fühlte und mich nicht darauf verlassen konnte, dass ich durch meine Genugtuung versöhnt sei, liebte nicht, nein hasste den die Sünder strafenden Gott und war im Stillen, wenn nicht mit Lästerung, so doch allerdings mit ungeheurem Murren empört über Gott: Als ob es wahrhaftig damit nicht genug sei, dass die elenden und infolge der Erbsünde[1] auf ewig verlorenen Sünder mit lauter Unheil zu Boden geworfen sind durch das Gesetz der zehn Gebote, vielmehr Gott durch das Evangelium zum Schmerz noch Schmerz hinzufüge und auch durch das Evangelium uns mit seiner Gerechtigkeit und mit seinem Zorn bedrohe. So raste ich wilden und wirren Gewissens; dennoch klopfte ich beharrlich an eben dieser Stelle bei Paulus an mit glühend heißem Durst, zu erfahren, was St. Paulus wolle. Bis ich, dank Gottes Erbarmen, unablässig Tag und Nacht darüber nachdenkend, auf den Zusammenhang der Worte aufmerksam wurde, nämlich: Gottes Gerechtigkeit wird darin offenbart, wie geschrieben steht: „Der Gerechte lebt aus dem Glauben". Da begann ich, die Gerechtigkeit Gottes zu verstehen als die, durch die als Gottes Geschenk der Gerechte lebt, nämlich aus Glauben, und dass dies der Sinn sei: Durch das Evangelium werde Gottes Gerechtigkeit offenbart, nämlich die passive, durch die uns der barmherzige Gott gerecht macht durch den Glauben, wie geschrieben ist: „Der Gerechte lebt aus dem Glauben." Da hatte ich das Empfinden, ich sei geradezu von neuem geboren und durch geöffnete Tore in das Paradies selbst eingetreten. Da zeigte mir sofort die ganze Schrift ein anderes Gesicht.

(Martin Luther, Vorrede zum ersten Band der Wittenberger Ausgabe der lateinischen Schriften; zit. nach: Martin Luther, Ausgewählte Schriften, hrsg. von Karin Bornkamm und Gerhard Ebeling, Bd. I, Frankfurt 1982, S. 22f.)

---

[1] Erbsünde: Vorstellung, dass durch die Sünde Adams und Evas, die gegen Gottes Gebot vom Baum der Erkenntnis aßen, alle Menschen als deren Nachkommen Sünder seien, die Sünde also auch in alle Zukunft vererbt werde

M 2 Martin Luther: Bericht über die Verhandlungen in Augsburg mit Kardinal Cajetan (1518)

Obwohl Luther sich anfangs darum bemühte, den Kampf gegen den Ablass nicht als Ungehorsam gegenüber dem Papst erscheinen zu lassen, begann die Kirche mit Voruntersuchungen zu einem Ketzerprozess gegen ihn. Mit diesen Untersuchungen wurde der Legat beim Reichstag, Kardinal Cajetan, betraut. Dieser verhörte Luther auf dem Reichstag zu Augsburg im Jahre 1518 und sollte versuchen, ihn zu einem Widerruf seiner Thesen zu bewegen.

Der andere Einwand richtet sich dagegen, dass ich bei der Erklärung meiner 7. These gesagt habe: kein Mensch könne gerechtfertigt werden, außer durch den Glauben. Freilich sei es nötig, felsenfest zu glauben, dass er gerecht werde, und gar nicht daran zu zweifeln, dass er die Gnade erlange. Denn wenn er daran zweifelt und ungewiss ist, wird er schon nicht gerechtfertigt, sondern er schlägt die Gnade aus. Diese Theologie halten sie für neu und irrig. Darauf antworte ich folgendermaßen:
Erstens: Es ist unwiderlegbare Wahrheit, dass nur der gerecht ist, der an Gott glaubt, wie Röm. 1, 17 geschrieben steht: „Der Gerechte wird aus Glauben leben." Wer also nicht glaubt, der ist schon gerichtet und tot (Joh. 3, 18). Also sind die Gerechtigkeit und das Leben des Gerechten sein Glaube. Daher sind auch alle Werke des Gläubigen lebendig und alle Werke des Ungläubigen tot, böse und verdammenswert nach Matth. 7, 18f.: „Ein fauler Baum kann nicht gute Früchte bringen. Ein jeglicher Baum, der nicht gute Früchte bringt, wird abgehauen und ins Feuer geworfen."
Zweitens: Der Glaube aber ist nichts anderes, als das zu glauben, was Gott verheißt oder sagt, wie Röm. 4, 3: „Abraham hat Gott geglaubt, und das ist ihm zur Gerechtigkeit gerechnet" (vgl. 1. Mose 15, 6). Darum gehören das Wort und der Glaube zwangsläufig zusammen, und ohne das Wort kann unmöglich Glauben sein, wie Jes. 55, 11 geschrieben steht: „Das Wort, so aus meinem Munde gehet, soll nicht wieder leer zu mir kommen" usw.

(Zit. nach: Luther Deutsch, hg. von Kurt Aland, Bd. I, Stuttgart/Göttingen 1969, S. 397)

MATERIALIEN

M 1 Die zwölf Artikel der Bauern

Es sind viel Widerchristen, die jetzt und von wegen der versammelten Bauernschaft das Evangelium zu schmähen Ursach nehmen, sagend: das sind die Früchte des neuen Evangeliums? Niemand gehorsam sein, an allen Orten sich erheben und aufbäumen, mit großer Gewalt zu Häuf laufen und sich rotten, geistliche und weltliche Obrigkeiten zu reformieren, auszurotten, ja vielleicht gar zu erschlagen? Allen diesen gottlosen, freventlichen Beurteilern antworten diese nachfolgenden Artikel, zum Ersten, dass sie diese Schmähung des Gottesworts entkräften, zum ändern, dass sie den Vorwurf des Ungehorsams, ja der Empörung aller Bauern christlich abwehren. […]

Der erste Artikel: Zum Ersten ist unser demütig Bitt und Begehr, auch unser aller Wille und Meinung, dass wir nun fürderhin Gewalt und Macht haben wollen, dass die ganze Gemeinde ihren Pfarrer selbst erwählen und kiesen soll; auch Gewalt haben, denselbigen wieder abzusetzen, wenn er sich ungebührlich verhalten sollte.

Der selbige erwählte Pfarrer soll uns das heilige Evangelium lauter und klar predigen, ohne allen menschlichen Zusatz, Lehre und Gebot, nichts als den wahren Glauben uns stets verkündigen.

Der andere Artikel: Zum ändern, nachdem der rechte Zehnt auferlegt ist im Alten Testament und im Neuen vollkommen erfüllt: nichtsdestoweniger wollen wir den rechten Korn-Zehnt gern geben, doch wie sich's gebührt. Soll man ihn nun – seiner Bestimmung entsprechend – Gott und den Seinen zuteil werden lassen, so gebührt er einem Pfarrer, der klar das Wort Gottes verkündet. […]

Der dritte Artikel: Zum Dritten ist der Brauch gewesen, dass man bisher behauptet hat, wir seien Eigenleute, was zum Erbarmen ist, in Anbetracht dessen, dass uns Christus alle mit seinem kostbaren Blutvergießen erlöst und loskauft hat – den Hirten ebenso wie den Höchsten, keinen ausgenommen. Darum ergibt sich aus der Schrift, dass wir frei sind, und deshalb wollen wir's sein. Nicht, dass wir völlig frei sein und keine Obrigkeit haben wollen: das lehrt uns Gott nicht. Wir sollen den Geboten gemäß leben und nicht in freiem fleischlichen Mutwillen […]. Vielmehr sollen wir nicht allein der Obrigkeit gehorsam, sondern wir sollen demütig gegen jedermann sein, auch gegen unsere erwählte und gesetzte Obrigkeit (so uns von Gott gesetzt ist) in allen gebührenden und christlichen Dingen freiwillig Gehorsam üben. Wir bezweifeln auch nicht, ihr werdet als wahre und rechte Christen uns aus der Leibeigenschaft gern entlassen oder uns aus dem Evangelium belehren, dass wir leibeigen seien.

Der vierte Artikel: Zum Vierten ist bisher im Brauch gewesen, dass kein Untertan die Befugnis gehabt hat, das Wildbret, Geflügel oder Fische in fließendem Wasser zu fangen – was uns gar nicht ziemlich und brüderlich dünkt, vielmehr eigennützig und dem Wort Gottes nicht gemäß. Auch hegen an etlichen Orten die Obrigkeiten das Wild zum Trotz und uns zu mächtigem Schaden, unbekümmert darum, dass uns das Unsere (was Gott dem Menschen zu Nutz hat wachsen lassen) die unvernünftigen Tiere unnützerweise mutwilliglich wegfressen. […]

Der fünfte Artikel: Zum Fünften sind wir auch beschwert der Holznutzung halben. Denn unsere Herrschaften haben sich die Wälder alle allein zugeeignet, und wenn der Bauer etwas bedarf, muss er's ums doppelte Geld kaufen. Hier ist unsere Meinung: was es an Waldungen gibt – mögen sie Geistliche oder Weltliche innehaben –, das soll, wenn jene sie nicht gekauft haben, der ganzen Gemeinde wieder anheim fallen. […]

Der sechste Artikel: Zum Sechsten fühlen wir uns hart beschwert der Dienste halben, welche von Tag zu Tag gemehrt werden und täglich zunehmen. Hier begehren wir, dass man ein geziemendes Einsehen darein habe und uns in dieser Hinsicht nicht so hart beschwere, sondern uns gegenüber gnädig berücksichtige, wie unsere Eltern gedient haben, doch alles rein nach dem Wortlaut des Wortes Gottes.

Der siebente Artikel: Zum Siebenten wollen wir uns künftig von der Herrschaft keine weiteren Lasten auflegen lassen, sondern unter den Bedingungen, unter denen die Herrschaft gebührender Weise einem ein Gut verleiht, soll er's besitzen laut der Vereinbarung zwischen Herrn und Bauern. Der Herr soll ihn nicht weiter zwingen noch dringen, auch darüber hinaus keinen Dienst noch anderes von ihm umsonst begehren, damit der Bauer solch Gut unbeschwert also geruhig gebrauchen und genießen möge.[…]

Der achte Artikel: Zum Achten sind wir beschwert – und deren viele, die Güter innehaben –, dass diese Güter die Pachtzinse nicht aufbringen können und die Bauern das Ihre darauf einbüßen und zugrunde gehen sehen. Wir begehren, dass die Herrschaft diese Güter ehrbare Leute besichtigen lassen und nach Recht und Billigkeit einen Pachtzins genau festsetzen soll, damit der Bauer seine Arbeit nicht umsonst tue. Denn ein jeglicher Tagewerker ist seines Lohnes wert.

Der neunte Artikel: Zum Neunten sind wir beschwert der großen Frevel halben. Denn man stellt für sie fortgesetzt neue Strafsätze auf; und man straft uns nicht aufgrund des Tatbestandes, sondern setzt die Strafen fest zeitweilig mit großer Gehässigkeit, zeitweilig ganz nach Gunst. Wir wünschen, man möge uns aufgrund alter geschriebener Strafsatzung strafen, je nachdem wie die Strafsache beschaffen ist, und nicht nach Gunst.

Der zehnte Artikel: Zum Zehnten sind wir damit beschwert, dass etliche Herren sich zugeeignet haben Wiesen, desgleichen Acker, die der Gemeinde zugehören. Dieselbigen werden wir wieder zu unseren gemeinen Händen nehmen – es sei denn, dass man sie redlich erworben hätte. [...]

Der elfte Artikel: Zum Elften wollen wir den Brauch, genannt den Todfall ganz und gar abgetan haben, ihn nimmer leiden, noch gestatten, dass man Witwen und Waisen das Ihre wider Gott und Ehre also schändlich nehmen und rauben soll, wie es an viel Orten in mancherlei Gestalt geschehen ist.

Beschluss: Zum Zwölften ist unser Beschluss und unsere endgültige Meinung: Wenn einer oder mehr Artikel allhier aufgestellt sein sollten, die dem Worte Gottes nicht gemäß – wie wir denn nicht vermeinen –: dieselbigen Artikel wolle man uns aufgrund des Wortes Gottes als ungebührlich erweisen, so wollten wir davon abstehen, wenn man uns den Nachweis mit Begründung aus der Schrift führt.

(Zit. nach: Wolfgang Lautemann/Manfred Schlenke (Hg.), Geschichte in Quellen, Bd 3: Renaissance – Glaubenskämpfe – Absolutismus, München (bsv) 1966, S. 144–148)

M 2 Thomas Müntzer: Ausgedrückte Entblößung des falschen Glaubens der ungetreuen Welt (Juli/August 1524)

Da werden denn die armen dürftigen Leut also hoch betrogen, dass es keine Zung genug erzählen kann. Mit allen Worten und Werken machen sie es ja also, dass der arme Mann nicht lesen lerne vor Bekümmernis der Nahrung. Und sie predigen unverschämt, der arme Mann solle sich von den Tyrannen lassen schinden und schaben. Wann wird er denn lernen die Schrift lesen? [...] Die Schriftgelehrten sollen schöne Bücher lesen, und der Bauer soll ihnen zuhören, denn der Glaub kommt durchs Gehör. Ach ja, da haben sie einen feinen Griff funden. Der würde viel ärgre Buben an die Stell der Pfaffen und Mönch setzen, denn vom Anbeginn der Welt geschehen ist. [...]

Wenn einer nun sein Leben lang die Biblien weder gehöret noch gesehen hätte, könnte er wohl für sich durch die rechte Lehre des Geistes einen unbetrüglichen Christenglauben haben, wie alle die gehabt, die ohne alle Bücher die heilige Schrift beschrieben haben. Und er wäre auch aufs höchste versichert, dass er solchen Glauben aus dem unbetrüglichen Gott geschöpft und nit aus dem abkonterfeiten des Teufels oder eigener Natur eingesogen hätte. Derhalben müsste er über denselben Rechenschaft geben mit allem Ursprung vor den Menschen, die auch einen bewährten, ungedichteten Glauben hätten, nach aller Forderung, dass das Gold im Feuer des allerhöchsten Herzleides sich bewähret. [...]

Ei, warum wird Bruder Sanftleben und Vater Leisetritt [Luther] also heftig und gar schellig? Ja, er meinet, er würde gerne seine vorgenommene Lust alle ins Werk führen, seine Pracht und Reichtümer behalten und gleichwohl einen bewährten Glauben haben, welches doch der Sohn mit klaren Worten den Schriftgelehrten getadelt hat, Johannis im 5. [Vers 44], da er spricht: „Wie ists möglich, dass ihr könnet glauben, wenn ihr eure Ehr sucht?“

Daneben ist auch eine Unmöglichkeit im Matthaeo 6 [Vers 24] dargestellt, den ungläubigen Wollüstigen sagend: „Ihr könnet nit Gott und den Reichtümern dienen.“ Wer dieselbigen Ehr und Güter zum Besitzer nimmt, der muss zuletzt ewig von Gott leergelassen werden, wie im 5. Psalm [Ps. 6,3 ff.] Gott sagt. Ihr Herz ist eitel, und darum müssen die gewaltigen, eigensinnigen, ungläubigen Menschen vom Stuhl gestoßen werden, darum dass sie den heiligen wahrhaftigen Christenglauben in sich und in der ganzen Welt verhindern. [...]

Die ganze unsinnige phantastische Welt bringt hervor einen falschen glossierten Weg und saget mit einem spitzen Zünglein: „Ei, man kann wohl das Evangelion predigen, Gott allein fürchten und auch die unvernünftigen Regenten in Ehren halten, wiewohl man soll ihnen in allen Sachen, den guten Junkern, gehorsam sein.“ Ei, willkommen du Verteidiger der Gottlosen! Wie fein muss das stehen, dass man soll löblich zween Herrn, die wider einander streben, dienen könnte, wie der Regenten Rät tun! [...] Es dünkt die Welt und die unversuchten Schriftgelehrten das allerunmöglichste Ding zu sein, dass die Niedrigen sollen erhoben und abgesondert von den Bösen werden. Ja, da ist der rechte schwere ganze Kummer. Sie wollen dem Text Matthäi im 13. Kap. [Vers 38 ff.] keine Statt geben von der Absonderung der Gottlosen von den Auserwählten. Sie haben daselbst imaginiert, aus einem alten Balken visiert, die Engel mit langen Spießen, die sollen absondern die Guten von den Bösen am jüngsten Tage. Ich meine, sie können dem Heiligen Geist eine Nase drehen. Sie sagen unverschämt, dass Gott seine Urteil niemand offenbare. [...] Sie sprechen aus dem Bart, die viel glaubbärtigen Leute, es könne niemand wissen, wer auserwählt oder verdammt sei. Ach ja, sie haben einen solchen starken Glauben, der ist also mächtig gewiss, dass er ganz und gar keinen Verstand hat, denn allein die Gottlosen zu verteidigen. Ja, es ist dennoch ein feiner Glaube, er wird noch viel Gutes anrichten. [...]

So die heilige Kirch soll durch die bittre Wahrheit erneut werden, so muss ein gnadenreicher Knecht Gottes hervortreten im Geist Eliae, und muss alle Ding in den rechten Schwang bringen. Wahrlich, ihrer werden viel müssen erweckt werden, auf dass sie mit dem allerhöchsten Eifer durch brünstigen Ernst die Christenheit fegen von den gottlosen Regenten.

(Zit. nach: Geschichte in Quellen, a. a. O., S. 143 f.)

M 3 Martin Luther: Ermahnung zum Frieden auf die zwölf Artikel der Bauernschaft in Schwaben (Anfang Mai 1525)

An die Bauernschaft

Ihr habt bisher, liebe Freunde, vernommen nicht anders, denn dass ich bekenne, es sei leider allzu wahr und gewiss, dass die Fürsten und Herrn, die das Evangelium zu predigen verbieten und die Leute so unerträglich beschweren, wert sind und wohl verdienet haben, dass sie Gott vom Stuhl stürze, als sie wider Gott und Menschen sich höchlich versündigen; sie haben auch keine Entschuldigung. Nicht weniger ist euch auch wohl vorzusehen, dass ihr eure Sachen mit gutem Gewissen und Recht vornehmet. Denn wo ihr gut Gewissen habt, so ist euch der tröstliche Vorteil, dass euch Gott wird beistehen und hindurchhelfen. […]

Könnt ihr nicht denken oder nicht rechnen, liebe Freunde, dass, wenn euer Vornehmen sollt recht sein, so würde ein jeglicher wider den andern Richter werden, und keine Gewalt noch Obrigkeit, Ordnung noch Recht bleiben in der Welt, sondern eitel Mord und Blutvergießen? Denn sobald er sähe, dass ihm jemand Unrecht täte, würde er zufahren und selbst ihn richten und strafen. Ist nun das unbillig und nicht zu leiden von einer einzelnen Person, so ists auch von keiner Rotten noch Haufen zu leiden. Ists aber von einer Rotte oder Haufen zu leiden, so kann mans mit keinem Fug noch Recht der einzelnen Person wehren. Denn es ist auf beiden Teilen gleiche Ursache, nämlich das Unrecht. […]

Höret nun zu, lieben Christen, euer christlich Recht. So spricht euer oberster Herr, Christus, dessen Namen ihr führet, Matth. 5, 39 ff.: „Ihr sollt dem Übel nicht widerstehen; sondern wer dich zwingt, eine Meile Wegs, mit dem gehe zwo Meilen. Und wer dir den Mantel nimmt, dem lass auch den Rock. Und wer dich auf einen Backen schlägt, dem halt den andern auch dar." Höret ihrs, ihr christliche Sammlung? Wie reimet sich euer Vornehmen mit diesem Recht? Ihr wollt nicht leiden, dass man euch Übel und Unrecht tue, sondern frei sein, und nur eitel Gut und Recht leiden; und Christus spricht, man solle keinem Übel noch Unrecht widerstehen, sondern immer weichen, leiden und nehmen lassen. Wollt ihr solchs Recht nicht tragen, so tut lieber auch den christlichen Namen von euch und rühmet euch eines andern, der eurem Tun gemäß ist; oder Christus wird selbst seinen Namen von euch reißen, das euch zu schwer sein wird. […]

Darum sage ich abermal, ich lasse eure Sache sein, wie gut und recht sie sein kann: weil ihr sie aber selbst wollt verteidigen und nicht Gewalt noch Unrecht leiden, mögt ihr tun und lassen, was euch Gott nicht wehret. Aber den christlichen Namen, den christlichen Namen sage ich, den lasst stehen, und macht den nicht zum Schanddeckel eures ungeduldigen, unfriedlichen, unchristlichen Vornehmens; den will ich euch nicht lassen noch gönnen, sondern beide, mit Schriften und Worten, euch abreißen nach meinem Vermögen, so lange sich eine Ader regt in meinem Leibe. Denn es wird euch nicht gelingen oder wird euch zu Verderben an Leib und Seele gelingen.

Nicht, dass ich damit die Obrigkeit in ihrem unerträglichen Unrecht, so ihr leidet, rechtfertigen oder verteidigen wollte – sie sind und tun greulich Unrecht, das bekenne ich –, sondern das will ich: wo ihr euch beides Teils nicht wolltet lassen weisen, und, da Gott vor sei!, aneinander setzet und treffet, dass da auf keinem Teil Christen genennet werden sollen; sondern, wie sonst der Welt Lauf nach ein Volk mit dem andern streitet, und, wie man spricht, dass Gott einen Buben mit dem andern strafet: solcher Art und Namens will ich euch gerechnet haben, wenns zum Streit käme, das Gott gnädiglich wende!, dass die Obrigkeit wisse, wie sie nicht wider Christen streite, sondern wider Heiden; und ihr wiederum auch wisset, dass ihr nicht als die Christen, sondern als die Heiden wider die Obrigkeit streitet. […]

(Zit. nach: Geschichte in Quellen, a. a. O., S. 150–152)

M 4 Der Historiker Heinrich Lutz über die Forderungen der Bauern und die Reaktionen der Reformatoren (1987)

Hinter diesem maßvollen, inhaltlich stark rückwärts orientierten Programm, das sich ersichtlich vor allem gegen die lokalen Träger geistlicher und weltlicher Herrschaft und ihren wachsenden Druck richtete, stecken zahlreiche Fragen. Die Diskussion über die tatsächliche Lage der deutschen Bauern vor 1525 wie über die einzelnen Motive und die Realisierungsmöglichkeiten ihrer Forderungen ist bis heute lebhaft und keineswegs abgeschlossen. Ohne Zweifel war der Druck der Grundherrschaft auf ihre bäuerlichen Hintersassen im Steigen begriffen. Die alten Formen agrarischen Gemeindelebens gerieten in Auflösung. Die Verschärfung der Krisensituation kann nicht allein auf die Verschlechterung der Rechtslage der Bauern zurückgeführt werden. Auch das Bevölkerungswachstum, früher von der Forschung gar nicht oder nur wenig beachtet, hat die Krise gefördert. [...]

Während für die katholische Seite der Bauernkrieg eine eindeutige und willkommene Gelegenheit war, die reformatorische Bewegung als prinzipiell zerstörerisch zu denunzieren, gestaltete sich die Situation für Luther und seine Anhänger von Anfang an höchst schwierig. Schon vor dem Beginn des Aufstandes hatten die Wittenberger in Thomas Müntzers Revolutionstheologie eine teuflische Bedrohung des eigenen reformatorischen Aufbauwerks gesehen. Die politische Konzeption Luthers, wie er sie 1523 entwickelt hatte, sah im Aufruhr die schlimmste aller Sünden. Demgemäß betonte er schon in der ersten seiner Bauernkriegsschriften, die im April 1525 unter dem Titel „Ermahnung zum Frieden…“ erschien, das Unrecht der Erhebung, auch wenn die Bauern Unrecht erleiden: Eigenmächtige Gegenwehr gegen Unrecht sei vom natürlichen und vom göttlichen Recht verboten. Indem sich die Bauern für ihr Unternehmen auf das Evangelium beriefen, musste Luther sie als Feinde des Evangeliums bezeichnen, „mehr als Papst und Kaiser“. [...]

Die strenge und gewiss verengte Logik dieser Stellungnahme wird verständlicher, wenn man die gewaltige Sorge in Rechnung setzt, die gemäßigte, mit der Obrigkeit zusammenarbeitende Richtung Luthers könne durch den Bauernkrieg und seine Niederwerfung allgemein kompromittiert werden. So traten nach dem Sieg der Fürsten bald zwei entgegengesetzte Deutungen des Bauernkrieges in Konkurrenz. Auf altgläubiger Seite wurden die Lehren Luthers als Wurzel des Aufruhrs bezeichnet; reichspolitisch und territorial könne die künftige Sicherung vor Aufruhr nur durch totale Ausrottung der reformatorischen Bewegung gesichert werden. Die zum Luthertum neigenden Stände widersprachen dem und führten die bäuerlichen Unruhen darauf zurück, dass die kirchlichen Missstände nicht abgestellt worden seien. Diese gegensätzlichen Auffassungen von der Bedeutung der neuen Lehre für die politische Stabilität im Reich gewannen in den Parteiungen der Reichsstände nach 1525 erhebliche Resonanz.

(Heinrich Lutz, Das Ringen um deutsche Einheit und kirchliche Erneuerung – Von Maximilian I. bis zum Westfälischen Frieden 1490–1648, Frankfurt/M. (Ullstein) 1987, S. 237–240)

M 5 Der Historiker Peter Blickle (2012)

In dieser gereizten Stimmung entwickelte Martin Luther mit den Posaunen seiner Rhetorik, als müsste er die Mauern von Jericho niederlegen, den reformatorischen Begriff der Freiheit gegen den Papst und das Kirchenrecht. „Von der Freiheit eines Christenmenschen, eine Broschur von zwölf Blatt in Quartformat in der Ausgabe Jörg Nadlers in Augsburg, gehört zu den theologisch und sprachlich eindrücklichsten Texten der Reformationszeit. Luther hatte ihn 1520 geschrieben, rasch erreichte er in Augsburg, Straßburg und Wittenberg je fünf Auflagen. [...] Damit war die Freiheit auf die Ebene der Theologie gehoben und angesichts der Religiosität der Zeit um eine heilsgeschichtliche Dimension erweitert.

Luthers Freiheitsvorstellung ergibt sich aus seinem Verständnis der Rechtfertigung. Freiheit wird dem Menschen durch die Gnade Gottes zuteil, sie ist also eine Befreiung des Christen, doch nur des gläubigen. Deswegen spricht Luther immer wieder, eigentlich und strenggenommen ausschließlich von einer *christlichen Freiheit.* Die Freiheit, die man in der Welt verwirklichen muss, ist eine solche, die sich über die verkehrten Gebote des Papstes und der Kirche hinwegsetzt. Das Kirchenrecht wird einer Verträglichkeitsprüfung durch das *reine Evangelium* unterworfen. Den Priestern ist die „Freiheit, ehlich zuwerden, zuzugestehen, weil Gott selbst die Ehe nicht verboten hat, und folglich soll sie niemand verbieten, „ob er gleich ein Engel vom Himel were, schweig den Bapst. Die Freiheit ist auf alles auszudehnen, was das Evangelium nicht verbietet und nicht gebietet, und es gebietet nichts anderes „denn glauben und lieben“.

Luthers Reden von der Freiheit verlangt immer, die adjektivische Präzisierung *christlich* hinzuzusetzen.

Luther hatte mit seinem Traktat „Von der Freiheit eines Christenmenschen“ ein Wort freigelassen, auf das sich alle Argumente gegen die Leibeigenschaft fokussieren ließen – *Freiheit.* Als es seine Wirkung tat, versuchte er es wieder einzufangen. Aus der Freiheit des Christen folge mitnichten eine solche des Menschen, das zu verlangen hieße, „christliche Freiheit gantz fleischlich machen“. Es hatte sich freilich längst verselbständigt.

(Peter Blickle, Der Bauernkrieg, 4., aktualisierte und überarbeitete Auflage München (Beck) 2012, S. 63–66)

Die Reformation als Medienereignis

Die für die Zeitgenossen z. T. kaum nachvollziehbare Geschwindigkeit, mit der sich die neuen reformatorischen Gedanken vor allem in Deutschland verbreiteten, hing auch mit dem Einsatz „neuer Medien" der damaligen Zeit zusammen. Dabei verbanden sich technische Neuerungen, neue Darstellungsformen und die Verwendung der Volkssprache in einer Weise, die die Reformation auch mediengeschichtlich zu einer Zäsur machte.

- **Inwieweit kann man von der Reformation auch als einem „Medienereignis" sprechen?**
- **Durch welche medialen Darstellungsmittel konnten die reformatorischen Ideen publikumswirksam verbreitet werden?**

Flugblatt aus der Zeit der Reformation: „Ego sum Papa" („Ich bin der Papst")

Halten Sie einen Expertenvortrag, in dem Sie anschaulich präsentieren, mit welchen Darstellungsmitteln reformatorisches Gedankengut vermittelt wurde. Diskutieren Sie anschließend auf der Grundlage dieser Arbeitsergebnisse, inwieweit die Reformation als „Medienereignis" verstanden werden kann.

Empfehlungen, wie Sie die Präsentation vorbereiten können:

1. Entscheiden Sie sich für eines der vorliegenden Bilder (M 1 – 4) und bilden Sie kleine Arbeitsteams, in denen Sie die Präsentation des von Ihnen gewählten Bildes erarbeiten.
2. Lesen Sie die Sachinformation zum Thema „Die Reformation als Medienereignis" aufmerksam durch und notieren Sie zentrale Informationen, die Sie dort zu den beiden Leitfragen finden.
3. Analysieren Sie das gewählte Bild. Wenden Sie hierbei den zweiten Schritt der Basismethode „Bildquellen interpretieren" (S. 194/95) an. Notieren Sie offene Fragen und Unklarheiten auf Karteikarten.
4. Recherchieren Sie anschließend in Lexika, Fachliteratur sowie im Internet zu den Künstlern sowie den Bildern. Achten Sie dabei besonders auf die Benennung und Klärung von Symbolen, die bei der Bildgestaltung verwendet werden. Beantworten Sie auf dieser Grundlage die noch offenen Fragen und interpretieren Sie das Gemälde (3. Schritt der Basismethode).
5. Entwerfen Sie auf dieser Grundlage ein Präsentationskonzept (Entscheidung für das geeignete Medium: Folien, PowerPoint …), das Ihre Ergebnisse möglichst anschaulich darbietet.
   Hinweis: Eine solche Präsentation müssen sie mehrfach „durchspielen". Unter Umständen müssen Sie dabei auch noch mehrfach Korrekturen vornehmen, ehe Ihre Präsentation gut läuft und im gesamten Kurs präsentabel ist.

Sachinformation: Die Reformation als Medienereignis

„Die Reformation war ein Medienereignis, in dem theologie- und kommunikationsgeschichtlicher Einschnitt zusammenfielen und sich gegenseitig bedingten." Diese Aussage der Historikerin Barbara Stollberg-Rilinger bringt die Einheit von Medium und Botschaft, die eine zentrale Bedingung für den Erfolg der Reformation war, genau auf den Punkt.

Die unaufhaltsame Ausbreitung der reformatorischen Vorstellungen ist ohne die damaligen neuen Medien, namentlich den Buchdruck, nicht zu erklären. Durch den Buchdruck wurde es möglich, die „Kommunikation unter Anwesenden", wie sie vor allem im frühreformatorischen Wittenberg stattfand (Luther, Philipp Melanchthon, Andreas Bodenstein, genannt Karlstadt), zu einer „medialen Kommunikation" zu machen, die eine größere Öffentlichkeit erreichte und zuallererst auch herausbildete.

Die Etablierung einer solchen Öffentlichkeit durch die neuen Medien war die Voraussetzung dafür, dass sich die Menschen nach Luthers Leitspruch „sola scriptura" (allein durch die Schrift) richten konnten. Denn erst durch den massenhaften Druck in deutscher Sprache wurde die Bibel auch den Laien zugänglich, die dann keiner kirchlichen Vermittlung mehr bedurften, da die Bibel aus sich heraus glaubwürdig und deutlich sei.

Die kaum zu überschätzende Bedeutung der Bibelübersetzung machen die folgenden Zahlen deutlich. Im September 1522 erschien die Übersetzung des Neuen Testaments in einer für die damalige Zeit sehr hohen Auflage von 5 000 Exemplaren. Trotz des hohen Preises von eineinhalb Gulden pro Stück war diese Auflage innerhalb von drei Monaten ausverkauft und erlebte innerhalb der nächsten drei Jahre 42 Neuauflagen. 1534 erschien Luthers erste Gesamtübersetzung der Bibel, von der bis zu seinem Tod 1546 ca. 100 000 Exemplare verkauft wurden. Zu diesem Erfolg trug auch die sehr bildhafte und anschauliche Sprache bei, die Luther getreu seinem Motto „Dem Volk aufs Maul schauen" verwendete, um seine Anliegen jedermann verständlich zu machen.

Aber auch andere reformatorische Schriften Luthers erfuhren eine für die damalige Zeit kaum vorstellbare Verbreitung. So erschienen in den 1520er-Jahren 652 Auflagen der verschiedenen Schriften Luthers mit einer Zahl von 600 000 bis 700 000 Exemplaren, was auch darin begründet lag, dass viele dieser Schriften ebenfalls auf Deutsch erschienen. So war z. B. die Schrift „An den christlichen Adel deutscher Nation", die 1522 in einer Auflage von 4 000 Stück erschien, innerhalb von zwei Wochen vergriffen.

Eine noch weitaus größere Verbreitung erlangten Flugschriften und Flugblätter, die ihren Erfolg und ihre Wirksamkeit durch die Verbindung von visuellen Medien und Druckmedien erzielten. So wurden im Jahre 1524 ca. 2 400 Flugschriften aufgelegt, von denen man annimmt, dass sie in einer Auflage von etwa 2,4 Millionen Exemplaren erschienen.

Diese Flugschriften und Flugblätter waren politische „Kampfmittel" der Reformatoren, aber auch ihrer altgläubigen Gegenspieler. Dabei suchten sogenannte „Kolporteure", das waren diejenigen, die die Flugschriften verteilten oder verkauften, Orte auf, an denen viele Menschen zusammenkamen, wie z. B. Marktplätze, Rathausplätze, Wirtshäuser, Universitäten und Kirchplätze. Dort verkündeten sie manchmal auch Teile des Inhalts ihrer Produkte, um Werbung zu betreiben oder nicht Lesekundige anzulocken. Wenn der Inhalt der Schriften jedoch

Der Papstesel zu Rom, Holzschnitt nach der Vorlage eines unbekannten italienischen Künstlers

gegen die Regierenden oder Mächtigen gerichtet war, konnten sie auch heimlich verteilt oder an günstigen Stellen angeheftet werden. Aus diesen Gründen sind die meisten der heute erhaltenen Flugblätter und -schriften anonym verfasst worden. Die Flugschriften dieser Zeit bestanden aus unterschiedlichen Texten (Dialog, Traktat, Brief), die mit teils drastischen Bildern illustriert wurden und oft als Titelblätter plakative Holzschnitte besaßen. Ihre Länge betrug zwischen 15–90 Druckseiten. Die in diesen Flugschriften behandelten Inhalte, häufig eine deutliche Kritik an der Verweltlichung der Kirche, sprachen die Leser direkt an, nicht selten auch sehr agitatorisch. Zudem traten in den Flugschriften häufiger auch Laien als agierende Figuren auf, durch die scharfe Kritik am Verhalten der Kirche und ihrer Amtsträger geübt wurde.

Wichtig für den Erfolg der reformatorischen Bewegung waren auch Flugblätter, die es bereits seit dem Spätmittelalter gab. Charakteristisch für dieses Medium war die Text-Bild-Kombination. Im Umfeld des Reichstags zu Worms wurden viele Flugblätter mit Luther-Porträts erstellt, wodurch die Reformation gewissermaßen ihr Gesicht bekam.

Eine nicht zu unterschätzende Bedeutung hatten auch Predigten und Kirchenlieder, in denen sich schriftliche und mündliche Kommunikationsformen mischten, die aber zur Verbreitung reformatorischen Gedankenguts erheblich beitrugen und das neue Selbstverständnis festigten und nach außen darstellten, beispielsweise in Martin Luthers Kirchenlied „Ein feste Burg ist unser Gott".

MATERIALIEN

M 1 Martin Luther: Wider das Papsttum zu Rom vom Teufel gestiftet

Druck, Wittenberg 1545; Titelblatt mit Holzschnitt nach Lucas Cranach d. Ä. (1472–1553)

M 2 Das Spottwappen des Papstes, 1538

M 3 Das sinkende Schiff der katholischen Kirche

Holzschnitt, Nürnberg 1508

M 4 Teufel mit Luther als Sackpfeife, um 1535

500 Jahre danach: Die Reformation im Spiegel von Historikerurteilen

Am 31. Oktober 2017 jährt sich der Thesenanschlag Martin Luthers, der von vielen als Beginn der Reformation verstanden wird, zum 500. Mal. Grund genug für die Evangelische Kirche Deutschlands, gleich eine Lutherdekade auszurufen: Mit einer Vielzahl von wissenschaftlichen und kulturellen Veranstaltungen wird dabei der Reformation und ihrer Folgen gedacht. Deutlich wird bei der Vielzahl der Veranstaltungen und Publikationen, wie vielfältig die Epoche gewesen ist, aber auch, wie unterschiedlich sie bis heute gesehen wird.

- **Wie beurteilen moderne Historiker die Folgen der Reformation?**
- **Welchen Stellenwert räumen sie der Reformation innerhalb des säkularen Wandels im 16. und 17. Jahrhundert ein?**
- **Welche Bedeutung hat die Reformation für die Gegenwart?**

Entwickeln Sie ausgehend von Gruppenmindmaps zu fünf Expertenmeinungen eine ausdifferenzierte großflächige Mindmap zu den wesentlichen Folgen der Reformation, die als visuelle Orientierung und inhaltlich roter Faden für ein Kursgespräch dienen soll, das die drei Leitfragen zum Thema hat.

So können Sie vorgehen:

1. Stimmen Sie im Kurs ab, welche Form der großflächigen Präsentation (z. B. großes Plakat, Karten-Pinnwand, Folienpräsentation, Whiteboard-Präsentation) Sie wählen möchten.
2. Untersuchen Sie in Vierergruppen eines der angebotenen Materialien, indem Sie
   a) in der Gruppe jeder für sich in Einzelarbeit ausgehend von einer formalen Analyse den Textauszug in einer strukturierten Textwiedergabe zusammenfassen (s. Basismethode S. 193);
   b) Ihre Analyseergebnisse mit einem Gruppenmitglied abgleichen und gegebenenfalls korrigieren.
3. Entwickeln Sie auf der Basis Ihrer Analyseergebnisse mit Ihrer Gruppenpartnerin/Ihrem Gruppenpartner Formulierungsvorschläge für Mindmap-Einträge. Orientieren Sie sich dabei an den Empfehlungen der Methode „Mindmaps entwickeln" (s. S. 140).
4. Diskutieren Sie Ihre Vorschläge in der Gesamtgruppe und entwickeln Sie für den von Ihnen bearbeiteten Textauszug eine gemeinsame Gruppenmindmap, die Sie als Diskussionsvorschlag im Plenum vorstellen wollen.
   ➡ **Tipp:** Sie können dabei zusätzlich die Ausführungen im Intotext (S. 112 ff.) mit einbeziehen.

Methode

Mindmaps entwickeln

Wörtlich übersetzt bedeutet der Begriff Mindmap Gedächtnislandkarte oder Gedankenlandkarte. Eine Mindmap ist eine methodische Hilfe, um Informationen in vernetzter Form zu strukturieren und Zusammenhänge darzustellen. Mindmapping ist somit eine bildhafte Visualisierung von Wissensstrukturen.

Als Darstellungsform eignen sich Mindmaps zum Beispiel unter anderem in besonderem Maße dazu, schwierigen argumentativen oder auch beschreibenden Texten eine auf Wesentliches reduzierte übersichtliche Struktur zu geben. Texte werden auf diese Weise in anschauliche, längerfristig immer wieder erinnerbare Bilder umgesetzt. Anschaulich komprimiert und reduziert auf Schlüsselbegriffe bzw. Kernaussagen stellen Mindmaps ein gutes Konzept für mündliche Präsentationen dar.

Tipps und Empfehlungen für die Anlage von Mindmaps, um die wichtigsten Aussagen und Zusammenhänge auf einen Blick zu erkennen und langfristig zu behalten:

In einer Mindmap werden die Informationen nicht linear von rechts nach links oder von oben nach unten, sondern „räumlich" angeordnet. In ihrer grafischen Struktur und zeichnerischen Anlage erinnern Mindmaps an einen Baum, der aus der Vogelperspektive gesehen wird.

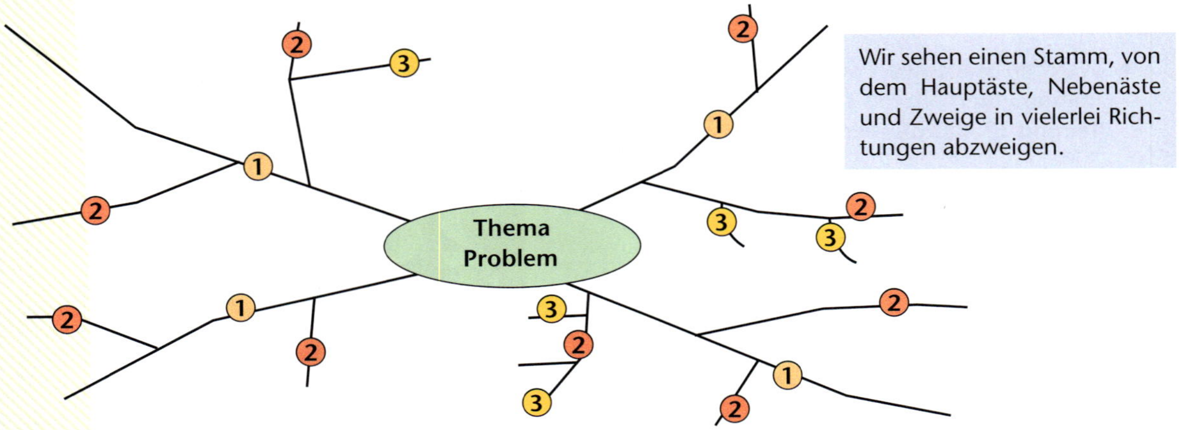

(Skizze nach: K. D. Hoffmann, Moderieren und Präsentieren, Berlin 2007, S. 111, bearbeitet)

- **Im Mittelpunkt ◯, dem Stamm, steht immer das Thema bzw. das Problem.**

- **Hauptäste (1) stehen für die zentralen Aspekte des Themas.**
  - ➢ Zeichnen Sie für jeden der Hauptaspekte des Themas bzw. des Problems, um das es geht, einen Hauptast.
  - ➢ Beschriften Sie die einzelnen Hauptäste mit den jeweiligen Hauptaspekten.
  - ➢ Schreiben Sie keine ausformulierten Gedanken in Satzform auf, Stichworte sind gefragt.
  - ➢ Jedes dieser Stichworte – wir nennen sie Schlüsselworte – ist der inhaltliche Anknüpfpunkt für eine Kernaussage oder einen Gedankenkomplex.
  - ➢ Diese Schlüsselworte sollten sorgfältig gewählt bzw. formuliert werden.
  - ➢ Die Schlüsselworte müssen als Gedankenstütze ausreichen, um die damit verbundenen differenzierten Informationen und gedanklichen Zusammenhänge wiederzuerkennen und beispielweise im Rahmen einer Präsentation referieren zu können.

- **Nebenäste (2) und Zweige (3) dienen zu weitergehenden inhaltlichen Differenzierungen der Hauptaspekte.**
  - ➢ Formuliert werden hier Teil- und Unteraspekte als konkretisierende Detailbeschreibungen der Hauptaspekte.
  - ➢ Für ihre Anlage und Beschriftung gelten die gleichen Regeln wie für die Hauptäste. Auch hier gilt es, für jeden der Nebenäste bzw. Zweige Stichworte zu formulieren.
  - ➢ Wichtig: Stichworte sollten so gewählt werden, dass sie klar erkennbare Bezüge und eine Vernetzung zu den Schlüsselworten der Hauptäste aufweisen.

MATERIALIEN

M 1 Der Historiker Johannes Burkhardt (2002)

[D]ie Bilanz, die am Ende des Reformationsjahrhunderts zu ziehen ist, [ist] überaus eindrucksvoll. Es sind zwei Leistungen, die über den Tag und das Jahrhundert hinaus Bestand hatten. Das erste neuzeitliche Jahrhundert brachte eine druckgestützte Informationskultur und ein religiös-politisches Institutionensystem hervor, deren Aufbau für die ganze europäische Neuzeit bestimmend wurde. Information und Institution gewannen in der deutschen Geschichte des 16. Jahrhunderts eine geradezu visionäre Kraft und Nachhaltigkeit. Was die Information angeht, so brach mit Luthers Reformation die Medienrevolution durch und zeigte in reformatorischer Öffentlichkeit und Bauernkrieg, was sie zu bewegen vermochte. Diese extreme Wirkungsmacht normalisierte sich danach wieder – auf hohem Niveau, doch auch anderen Faktoren wieder Raum lassend –, aber der erreichte Informationsstandard war nicht zurücknehmbar und verselbständigte sich in weiteren Wirkungsfeldern, die hier außer Betracht bleiben mußten. So standen die Druckmedien nicht etwa im Gegensatz zur Schreibkultur, sondern bei der zunehmenden Verschriftlichung aller Information in einer sich gegenseitig fördernden Wechselwirkung. Neben den Flugschriften dienten etwa Korrespondentennetze der Nachrichtenübermittlung, wie zum Beispiel 4 700 erhaltene Briefe allein von Hans Fugger und weitere Fuggerkorrespondenzen bezeugen, die ihrerseits dann wieder durch periodische Zeitungen nach der Jahrhundertwende typographisch überboten wurden. Speziell mit dem noch leistungsfähigeren Druck aber wurden Wissen und Wissenschaft kulturprägend. Ausgehend von den etablierten Fächern Theologie und Jurisprudenz, dem Humanismus und der handschriftlichen mittelalterlichen Fachliteratur wurde das ganze angesammelte und erneuerte Wissen weitgehend schon im 16. Jahrhundert gedruckt und damit in ein neues Textverarbeitungssystem eingespeist, das neuen Bedürfnissen der Normierung und Abrufbarkeit, der Verbreitung und Speicherung zu genügen hatte und für den Wissenschaftsaufbau unentbehrlich wurde. Auf elementarer Ebene lehrten Schreib- und Rechenmeister, von denen Adam Riese sprichwörtlich geworden ist, nun auch als Autoren über Schreibfibeln und Rechenbüchern Lesen und Schreiben und ein neues Rechnen „auf den Linien“ mit arabischen Ziffern und der Null. Die ersten Kaufmannshandbücher zeigten, wofür man das brauchen konnte. [...] Die größten Wissenschaftsleistungen gehören erst dem 17. und 18. Jahrhundert an, aber mit solchen Wissensbündelungen in Sachbuchgattungen und der typographischen Speicherung überhaupt, seit der kaum etwas wieder ganz aus der Welt verschwinden konnte, was einmal gedruckt und vervielfältigt war, begann im 16. Jahrhundert die moderne Akkumulation des Wissens.

Eine ebenso nachhaltige Wirksamkeit entfalteten die im 16. Jahrhundert gegründeten Institutionen. [...] Die Konfessions- und die Staatsbildung seit dem 16. Jahrhundert waren sicher späte Institutionenbildungen, die in der umstrittenen Glaubensfrage und der Konkurrenz politischer Gewalten den Menschen Halt und der Geschichte eine Richtung gaben. Die Konfessionsbildung kann als ein konkurrierender Vereinheitlichungsversuch der Religion von verschiedenen Ausgangspunkten her verstanden werden, die dann gerade in der Institutionalisierung des konfessionellen Pluralismus endete. Unabhängig von persönlichen Bindungen, die bis in die Gegenwart reichen können, wurde so in der Geschichte des 16. Jahrhunderts eine multikulturelle Herausforderung institutionalisiert, die bis heute wirksam, übertragbar und lehrreich erscheint. Auch die Staatsbildung in Europa zielte mit dem universalen erst einen zu großen Staat an, um dann im Nebeneinander gleichberechtigter Einzelstaaten einen politischen Pluralismus institutionell zu verankern. Die deutsche Geschichte aber hat sich im 16. Jahrhundert ein für allemal für eine Staatsbildung auf zwei Ebenen entschieden, einer gesamtstaatlichen und einer landesstaatlichen. Wer die weitere deutsche Geschichte bedenkt, die in allem Wechsel mit Ausnahme weniger gleichgeschalteter oder gespaltener Jahre stets in irgendeiner Form deutsche Länder und ein Bundesreich vereinte, kann kaum daran zweifeln, dass es so etwas wie ein institutionelles Gedächtnis gibt. Im Lichte neuerer politischer Bedürfnisse Europas, in dem größere und komplexere politische Strukturen gesucht sind, in denen regionale Partizipation und Gesamtsteuerung in arbeits- und friedensfähiger Form zusammenfinden sollen, ist die Problemlösung, die in der deutschen Geschichte des 16. Jahrhunderts gefunden wurde, gegenüber den westeuropäischen „absolutistischen“ und pointierter nationalstaatlichen Modellen und Umwegen nicht eine zurückgebliebene, sondern eine fortgeschrittene Lösung. Gerade aus der institutionellen Perspektive war das „Alte Reich“ mit dem im 16. Jahrhundert ausgebildeten Ämter- und Gremiensystem ein frühmodernes Reich.

(Johannes Burkhardt, Das Reformationsjahrhundert – Deutsche Geschichte zwischen Medienrevolution und Institutionenbildung 1517–1617, Stuttgart (Kohlhammer) 2002, S. 200–202)

M 2 Der Historiker Volker Leppin (2013)

Mit dem Augsburger Religionsfrieden war ein tiefer Einschnitt für die Geschichte des Deutschen Reichs vollzogen. Die Reformation hatte zu einer grundlegenden Änderung der Verfassung und des Selbstverständnisses geführt. Blickt man auf die vielfältigen Entwicklungen in England, Skandinavien oder anderen Regionen Europas, so erscheint die Reformation auch in dieser Perspektive als eine gewaltige Änderung der religiösen Landkarte, die sich, nicht nur anhand der Jahreszahl 1555, als Pluralisierung des Christentums beschreiben lässt. Hatte sich schon durch die Trennung von griechischer Orthodoxie und lateinischem Westen im Mittelalter eine Aufteilung in unterschiedliche Christentümer ergeben, so wurde nun auch der lateinische Westen in sich geteilt. Oft auf engstem Raum nebeneinander lebten Menschen, die sich selbst als Christinnen und Christen verstanden, den jeweils anderen aber als Häretiker oder Anhänger des Antichristen verurteilten. Die Veränderungen gingen weit über den genuin kirchlichen Bereich hinaus, umfassten grundlegend die Zuordnung von Religion und Staat, ja, auch darüber hinausgehende Rechtsfragen und hatten Auswirkungen auf Kultur und Mentalität. Die konfessionellen Kirchen prägten neue, geänderte Typen von Gesellschaft und Individualität.

Man muss nicht von einer „Epoche" reden, um die Bedeutung dieser Veränderungen herauszustreichen, und es ist auch nicht nötig, die Metapher eines „Bruchs" zu bemühen, um die Neuigkeit der Reformation zu beschreiben. Diese ergibt sich ganz selbstverständlich aus den unterschiedlichen Weisen, auf die die spätmittelalterliche Kirche und Gesellschaft transformiert wurde. Was in der Kirche des 15. Jahrhunderts als spannungsvolles Mit-, In- und Gegeneinander unter dem Dach einer Kirche möglich war, kristallisierte sich im Verlauf der Auseinandersetzungen des 16. Jahrhunderts in unterschiedliche institutionell verfasste Kirchen heraus, deren Anzahl zu bestimmen noch eine eigene Diskussion erfordern würde: Neben den drei Großkonfessionen des Luthertums, des Calvinismus und des römischen Katholizismus gab es einen eigenen Typus von Kirche in England, der sich aufgrund der eigenen kulturellen Bedingungen und des Zusammenhangs mit dem Königshaus ganz anders entwickelte als der Typus „Konfessionskirche". Hinzu kommen die Entwicklungen an den Rändern der Reformation: Spiritualisten und Täufer, die auf den später sich entwickelnden Typus der Freikirche vorausweisen. Schon allein aufgrund dieser Vielfalt wäre es unzureichend, die sich vollziehenden Transformationen so zu beschreiben, als wäre jeweils eine Seite der spätmittelalterlichen Polaritäten in einer neuzeitlichen Konfession aufgegangen. Zwar ist es offenkundig, dass auf je unterschiedliche Weisen die Anfänge der reformatorischen Bewegung in Wittenberg und in der Schweiz ihren Ausgang von der Spannung zwischen innerlicher und äußerlicher Religiosität nahmen und der reformatorische Impuls eben aus der Richtung der Innerlichkeit kam. Aber die reformatorischen Kirchen blieben keineswegs auf diese Betonung der Innerlichkeit festgelegt, ja, es gab einen gewissen notwendigen Druck, auch die Momente äußerer Kirchlichkeit wieder zu stärken. Insbesondere Luther sah in Auseinandersetzung mit den von ihm als „Schwärmer" titulierten Gegnern die Notwendigkeit, auf das äußere Wort der Schrift zu verweisen, zunehmend gewann auch die äußere Kirchengestalt an Gewicht, und im Laufe des 16. Jahrhunderts entwickelten sich im lutherischen Bereich Kirchenordnungen, die das Verhalten der Gläubigen – etwa ihren Gottesdienstbesuch – regulierten. Im Einflussbereich Zürichs und Genfs traten schon früh die eigenen Ehegerichte auf, und das Vorgehen hinsichtlich der Kirchenzucht in Genf ist geradezu legendär. Umgekehrt waren auch im römischen Katholizismus keineswegs alle innerlichen Impulse verstummt. Mit Teresa von Avila (1515–1582) und Johannes vom Kreuz (1542–1591) entwickelten sich noch im 16. Jahrhundert neue Ströme intensiver Mystik. Insofern wird man wohl im Ergebnis sagen können, dass jene Spannung, von der die reformatorische Bewegung ausging, sich nicht gänzlich ins Institutionelle auflöste, sondern eher innerhalb der neuen Institutionen neu gruppierte.

Etwas anders liegt es mit der Spannung zwischen Klerus und Laien. Auch wenn man im Protestantismus insbesondere auf dem Land durch die Ausbildung des Pfarrerstandes eine gewisse Reklerikalisierung beobachten kann, war die rechtliche und theologische Abhebung der Geistlichen von den Gemeinden doch flacher geworden. Umgekehrt haben gerade die katholische Reform durch Trient und die weiteren Entwicklungen eine enorme Fixierung auf den Klerikerstand gebracht. die diesen noch stärker in den Mittelpunkt rückte, als dies im Mittelalter der Fall gewesen war.

Am deutlichsten aber blieb der Unterschied hinsichtlich der Zentralität oder Dezentralität von Kirche erhalten. Durch Trient wurde in der römisch-katholischen Kirche ein zentrales Modell von Kirche etabliert, das den Sieg des Papsttums über den Konziliarismus, der sich im ausgehenden 15. Jahrhundert vollzogen hatte, für die Moderne fortschrieb. Die evangelischen Kirchen hingegen haben auf unterschiedliche Weisen den Weg dezentraler Organisation beschritten und damit die entsprechenden Entwicklungen des 16. Jahrhunderts fortgeschrieben. Von früh an hatte sich die je spezifische Transformation dieser Gesichtspunkte als Unterscheidungslinie zwischen den entstehenden kirchlichen Fronten herausgestellt – am Ende war sie es auch, an der die Differenz der Konfessionen am deutlichsten erkennbar war.

(Volker Leppin, Die Reformation, Darmstadt (WBG) 2013, S. 124 f.)

M 3 Der Historiker Heinz Schilling (2014)

Luther wurde wider Willen zum Geburtshelfer der pluralistischen und liberalen Moderne; nur indirekt und gegen seine Intention trug er zum Aufstieg von Toleranz, Pluralismus, Liberalismus und Wirtschaftsgesellschaft der Moderne bei. Sein ureigenes Legat an die Neuzeit liegt woanders – in der Wiederentdeckung von Religion und Glaube als für den Einzelnen wie für die Gesellschaft autochthone Kräfte. Als die Strahlkraft der Religion vor dem ästhetischen und politischen Glanz des verweltlichten Renaissance-Papsttums zu verblassen drohte, definierte der Wittenberger Mönch den Gottesbezug des Menschen theologisch neu und verlieh damit der Religion wieder existentielle Plausibilität. Erst sein mutiges Denken und Auftreten verschaffte ihr die Position, die sie für die nächsten Jahrhunderte im privaten wie öffentlichen Leben der Neuzeit einnahm. Mit den von ihm angestoßenen protestantischen und papstkirchlichen Reformationen wurde die Religion als kulturell, gesellschaftlich und nicht zuletzt politisch wirkende Kraft der Neuzeit eingeschrieben und konnte so entscheidenden Anteil an dem großen Umbruch nehmen, der schließlich die europäische Moderne hervorbrachte.
Die heilsgeschichtlich motivierte Rebellion des Wittenberger Augustinermönchs machte das 16. Jahrhundert zu einer jener von Goethe gepriesenen Epochen, „in welchen der Glaube herrscht." Als Renaissance und Humanismus, vor allem aber die in Machtpolitik und Kunstrepräsentation verweltlichte Kurie Religion wie eine glanzvolle Arabeske von Kultur und Philosophie behandelten und das verunsicherte Volk sich mit einer entleerten Sakralroutine zufrieden geben musste oder in irrationale Praktiken der „Volksreligion" flüchtete, verlieh Luther der Religion neue Legitimität und Erfahrbarkeit durch die radikale Wende hin zu dem persönlichen Gott, der jedem ohne Mittler und rituelle Praktiken durch seine Gnade nahe ist. Gott wurde wieder Realität – in den Seelen der Menschen und in ihrem alltäglichen Handeln in der Welt. Für viele Menschen, Gebildete wie Ungebildete, Obrigkeit wie Untertanen, Arme wie Reiche, erhielt die Religion wieder existentielle Bedeutung und wurde Richtschnur des Denkens und Handelns. Sucht man nach dem Proprium, dem Eigentümlichen und Besonderen, das mit Luther und der Reformation in die Geschichte kam, wird man auf diese Wende hin zu einer qualitativ erneuerten Religion stoßen. Auch sie war in der Theologie und der Frömmigkeit des späten Mittelalters angelegt. Zum Durchbruch gelangte das Neue aber erst bei Luther.
Wichtiger noch, Luther kehrte die eingerissene Verweltlichung der Religion um in eine prinzipielle Welthaftigkeit der Religion. Wichtigster und vornehmster Ort für den Glauben und das von ihm generierte Handeln waren nicht mehr Klöster, Abteien, Stifte oder andere Orte separierter Sakralität, sondern der Alltag in der Welt. Dort hatte der einzelne Christ wie die Christenheit insgesamt die Religion zu leben und sich in ihrem Glauben zu bewähren.
Luthers Rechtfertigungslehre als theologischer Kern der Rebellion gegen die Papstkirche drang über den engeren religiösen Bereich hinaus und wurde folgenreich für Mentalität und Handeln. Die Wende von der mittelalterlichen Leistungs- zur evangelischen Gnadenfrömmigkeit auf der Grundlage des Sola-gratia-Prinzips öffnete den Weg zur neuzeitlichen Berufsethik, die den Christenmenschen auf das ihm angemessene Handeln in der Welt lenkte. Die zuvor dem priesterlichen, vor allem mönchischen Leben vorbehaltene „Heiligkeit" wurde gleichsam in die Welt hinein genommen und setzte dort im Dienst an der Gemeinde (*ecclesia*), der Familie (*oeconomia*) oder dem Staat (*politia*) eine Dynamik frei, die im Mittelalter durch die Sonderstellung der klerikalen Berufung (*vocatio*) für die Welt blockiert war.
Indem Luthers eschatologische Theologie Glaube und Welt zusammenbindet und die Welt als Ort des Heilsgeschehens begreift, wurde das Weltliche zu einem Teil der Heilsordnung. Ehe, Sexualität, Beruf, Politik wurden aufgewertet und erhielten eine neue Legitimität. Das setzte im privaten wie im öffentlichen Leben eine Dynamik frei, die unter der Herrschaft der mittelalterlichen Leistungsfrömmigkeit der Welt entzogen gewesen war. Glauben ohne Wirken auf die Welt war ebenso Sünde und Gottferne wie Handeln in der Welt ohne Glauben. Auf dieser Grundlage wurde Religion über die Jahrhunderte hin zu einer gestaltenden Kraft der Neuzeit, kulturell, gesellschaftlich und politisch.

(Heinz Schilling, Martin Luther – Rebell an einer Zeitenwende, München (C. H. Beck) ^{3}2014, S. 634–636)

M 4 Der Historiker Diarmaid MacCulloch (2010)

Das Maß an Toleranz, das die Christenheit zuvor sowohl gegen abweichende christliche Glaubensüberzeugungen als auch gegen andere Religionen an den Tag gelegt hatte, war, milde geurteilt, nicht gerade eindrucksvoll. […] Tatsächlich gehörte das westliche Christentum vor 1500 zu den intolerantesten Religionen der Weltgeschichte. Im Vergleich mit der mittelalterlichen islamischen Kultur ist seine Leistung in Sachen Toleranz armselig. Es duldete die Juden zwar (mehr oder weniger), aber nur weil sie in der Auffassung der Kirche von deren eigener Zukunft eine Rolle spielten. Die westliche Christenheit hasste und fürchtete den Islam und vernichtete ihn, wo immer dies möglich war. Zur griechisch-orthodoxen Christenheit hatte sie eine bestenfalls herablassende, schlimmstenfalls verächtliche Einstellung, daher blieben im Mittelalter alle Verhandlungen über eine Wiedervereinigung der Christenheit erfolglos. [...]

Dieses düstere Register des Christentums begann sich mit der Reformation zu verändern, auch dieses Mal allerdings zunächst nur dem Druck der Umstände geschuldet, sofern nämlich die Konkurrenten um das Monopol des wahren Christentums feststellen mussten, dass es keiner von ihnen durchsetzen konnte. Die ersten Ansätze zur Toleranz in Westeuropa waren daher meist Zugeständnisse von Herrschern, deren Machtmittel zu gering waren und die widerwillig anerkennen mussten, was eigentlich hätte verboten bleiben sollen. Wenn es also zu Konzessionen kam, dann geschah dies seitens einer Gesellschaft, die ihre Strukturen oder die sie legitimierenden Ideologien den veränderten Verhältnissen nicht gründlich angepasst hatte, selbst wenn sie sich zunächst mit den neuen Vorstellungen arrangierte. Unter dieser Voraussetzung konnten die französischen Katholiken das Edikt von Nantes 1598[1] akzeptieren, konnte die reformierte Kirche der Niederlande nach 1580 mit ihren vielen Konkurrenten zurechtkommen, konnte der rachsüchtige ultraroyalistische Landadel Englands unter Karl II., als er 1662 die Strafgesetze zur religiösen Uniformität verabschiedete, protestantischen Abweichlern und den traditionell verhassten Katholiken wenigstens eine Randexistenz zugestehen.

Kaum jemand in diesen Gesellschaften hätte offen erklärt, es sei grundsätzlich falsch, Menschen wegen ihrer Religion zu verfolgen oder zu töten, auch wenn Protestanten, die die Verfolgung durch Katholiken durchlitten hatten, zögerlicher zum Mittel der Hinrichtung griffen als jene. Zu den wenigen Stimmen, die Hinrichtungen wegen Häresie[2] verurteilten, gehörten die beiden großen Chronisten der protestantischen Märtyrer John Foxe und Adriaan van Haemstede. Letzterer wurde aus seiner empörten holländischen Flüchtlingsgemeinde im elisabethanischen London ausgeschlossen, weil er unbeirrt darauf bestand, dass auch die Täufer seine Brüder in Christus seien. [...]

Es bedurfte eines gewaltigen Sprungs der Einbildungskraft – der über das Vermögen der meisten Herrscher im 16. Jahrhundert hinausging –, um dem Gedanken näher zu kommen, dass Toleranz eben nicht nur ein zweckdienliches oder notwendiges Mittel ist, sondern es das eigentliche Ziel sein müsse, religiöse Freiheit für alle zu schaffen – „Indifferenz gegenüber bestimmten Differenzen". Zunächst war Toleranz nur eine Idee von Außenseitern wie Calvins schwarzem Schaf Sebastian Castellio in Basel, der – eine von vielen seiner Provokationen – gegen die Verbrennung des Servet in Genf opponierte. Allmählich dann meldeten sich auch andere Stimmen zu Wort, die umso bedeutsamer waren, wenn sie Menschen gehörten, die einst selbst mächtig gewesen und dann verfolgt worden waren. Ihr Unglück gab ihnen die Chance, über ihre frühere Einstellung nachzudenken. Aus den Reihen der niederländischen Arminianer[3], die nach der Synode von Dordrecht in den 1620er-Jahren den Repressionen calvinistischer Hardliner ausgesetzt waren, kamen beeindruckende Äußerungen, vor allem von ihren führenden Geistlichen Johannes Uyttenbogaert und Simon Bischop (Episcopius). „Worum", so fragte Letzterer, „geht es bei Verfolgung eigentlich, wenn es doch so viele unterschiedliche Auslegungsmöglichkeiten der Heiligen Schrift gibt und so viele Meinungen, die aus ihr abgeleitet werden können? Wenn dem so sei, müsste man Toleranz dann nicht als Vorteil betrachten, als einen Weg, die wirklichen Wahrheiten des Christentums herauszufinden, gerade weil man so viele Meinungen wie möglich zu Wort kommen ließ?"

Im Laufe des 17. Jahrhunderts verloren solche Äußerungen allmählich ihre schockierende Wirkung. Die blühende Wirtschaft und die wachsende Macht der Niederlande, wo man so sprach, waren gute Gründe, die Idee der Toleranz ernst zu nehmen. Auch Regierungen und Behörden verloren ihren Glauben daran, Kreuzzüge fahren zu müssen. Immer zögernder und kleinlauter traten sie für Verfolgungen aus Glaubensgründen ein, geschweige denn für weitere Hinrichtungen wegen Häresie – über fünftausend davon hatten Reformation und Gegenreformation in Westeuropa zu verantworten. [...]

Der Fortschritt kam auf Umwegen. Cromwells[4] Wiederzulassung der Juden auf den Atlantischen Inseln war von Dauer, dafür aber ergriff das Restaurationsregime Karls II. wieder außergewöhnliche Maßnahmen zur Unterdrückung von Protestanten durch Protestanten. Und als John Locke im Gefolge der Glorreichen Revolution seine berühmten *Briefe über Toleranz* veröffentlichte, nahm er Katholiken und Atheisten von seinen Vorschlägen noch aus: Sie galten als Feinde des englischen Staates. Mit der Hinrichtung des Erzbischofs Oliver Plunkett auf dem Höhepunkt der politisch motivierten, antikatholischen Hysterie des Jahres 1681 erlebte England seinen letzten gerichtlich verfügten Mord an einem Katholiken. 1697 ließ die presbyterianische Kirche von Schottland den stürmischen jungen Medizinstudenten Thomas Aikenhead aufhängen:

wegen Gotteslästerung und Leugnung der Trinität auch dies ein letzter Anfall strafender Gewalt. Selbst einige schottische Geistliche hatten sich dafür eingesetzt, Aikenhead zu verschonen. 1736 beseitigte das britische Parlament eine weitere offizielle Repressionsmaßnahme, als es die grausamen englischen und schottischen Gesetze gegen Hexerei aufhob. Wieder einmal zeigt es sich, dass um 1700 eine entscheidende Wende eintrat.

(Diarmaid MacCulloch, Die Reformation (1490–1700), Übers.: Heike Voß-Becker, München (dtv) 2010, S. 867–871)

---

[1] Edikt von Nantes 1598: Dieses Edikt gewährte den franz. Protestanten religiöse Toleranz und volle Bürgerrechte.

[2] Häresie: Ketzerei

[3] Arminianer: Protestantische Konfession, die sich im 17. Jh. von den Calvinisten abspaltete.

[4] Cromwell: Oliver Cromwell (1599–1658), Lordprotektor von England, Schottland und Irland

M 5 Aus einer Denkschrift der Evangelischen Kirche Deutschlands zum 500. Jahrestag der Reformation (2015)

Deutlich ist, dass jedes Reformationsgedenken schon deswegen zeitbedingt ist, weil eine aktuelle reformatorische Theologie als Antwort auf gegenwärtige Problemlagen dargestellt werden muss. Auch die mehr als vierhundert Jahre alte Konzentration auf den Akt der Veröffentlichung von theologischen Thesen durch einen Professor für Theologie in einer mitteldeutschen Kleinstadt, Martin Luther, ist immer noch sachgemäß. Denn es handelt sich beim 31. Oktober 2017 um ein Symboldatum, das auf eine breite Bewegung und einen großen frühneuzeitlichen Umbruch verweist, der die mittelalterliche Welt tiefgreifend veränderte. Der Thesenanschlag führte jene Moderne mit herauf, mit der wir uns immer noch auseinandersetzen. Wird im 21. Jahrhundert Martin Luther nicht als „deutscher Heros" gefeiert, so ist er doch eine kraftvolle Symbolfigur, die wie viele große historische Persönlichkeiten einerseits zum Widerspruch herausfordert, andererseits aber gleichzeitig mit Beharrlichkeit, Wagemut und Überzeugungskraft zur Identifikation einlädt.

Bemerkenswert bleibt, mit welcher sprachlichen Kraft und zugleich mit welchem Feingefühl *Luther* biblische Texte übersetzte, in seinen Briefen höchst sensibel als Seelsorger agierte und in seinen Predigten die Frohe Botschaft des Evangeliums in schlichte, zu Herzen gehende Worte zu kleiden vermochte. Freilich steht er als Reformator nicht allein, sondern befindet sich [...] in guter Gemeinschaft: *Philipp Melanchthon* (1497–1560) hat für die Entwicklung der Bildungsinstitutionen nicht nur im deutschen Raum eine entscheidende Bedeutung. *Ulrich Zwingli* (1484–1531) hat die Verbindung von Reformation und Freiheit in der Züricher Bürgerschaft Gestalt werden lassen. *Johannes Calvin* (1509–1564) begründete die Internationalität der Reformation durch seine Einbindung von französischen und anderen europäischen Traditionen. [...]

Im 16. Jahrhundert entwickelten sich aus der einen abendländischen Kirche verschiedene Konfessionskirchen. Keine von ihnen, auch nicht die sogenannte altgläubige römisch-katholische Konfessionskirche, blieb von der reformatorischen Bewegung unberührt. [...] Die Idee der von Luther erhofften und von Rom proklamierten Universalkirche erwies sich als nicht haltbar. Die konfessionelle Vielfalt unserer Zeit ist Folge des reformatorischen Zeitalters. Allerdings ist es im einundzwanzigsten Jahrhundert nicht mehr möglich, sich an die Bewegung und Ereignisse der Reformation allein innerhalb des Horizontes der evangelischen Kirche oder des deutschen Sprachraums zu erinnern. Das Reformationsjubiläum 2017 muss vor dem Hintergrund der Einsicht gefeiert werden, dass die Reformation eine Pluralisierung im abendländischen Christentum zur Folge hatte. Es darf weder einseitig als „Kirchenspaltung" zum Anlass einer rein pessimistischen Betrachtung genommen werden noch ebenso einseitig als ausschließlich begrüßenswerte Individualisierung. Es muss also gemeinsam mit der römisch-katholischen Christenheit und mit Blick auf die weltweiten Wirkungen der Reformation gefeiert werden.

Außerdem lädt die Bedeutung der Reformation für die europäische Freiheitsgeschichte dazu ein, das Reformationsjubiläum nicht nur mit dem Teil der bundesrepublikanischen Gesellschaft zu feiern, der sich christlich definiert. Ebenso wichtig ist die Erinnerung, dass im Kernland der Reformation das Judentum weitgehend vernichtet wurde und nur wenige Christenmenschen aus christlichen Motiven aktiv Widerstand dagegen leisteten. Sie führt dazu, beim Reformationsjubiläum 2017 besonders die Äußerungen des sechzehnten Jahrhunderts über das Judentum kritisch zu mustern und im Lichte gegenwärtiger Erkenntnisse zur Erneuerung des Verhältnisses beider Geschwisterreligionen selbstkritisch zu korrigieren. Auch die frühneuzeitlichen Äußerungen über den Islam, der vor allem im Zusammenhang der „Türkengefahr" an den Reichsgrenzen aus Angst um den Bestand der abendländischen Christenheit thematisiert wurde, müssen kritisch betrachtet werden, ohne dass das besondere Verhältnis zwischen Judentum und Christentum dadurch tangiert wird. Beide kritische Überprüfungen reformatorischer Sichtweisen sind eine unabdingbare Voraussetzung dafür, das Jubiläum als Erinnerung an eine zentrale Voraussetzung europäischer Freiheitsgeschichte über den Kreis der Kirchen hinaus zu feiern.

Bei aller notwendigen Kontextualisierung eines Reformationsjubiläums 2017 muss auch im Blick sein, dass an die Reformation nur richtig erinnert ist, wenn im Sinne der sich stets für die göttliche Reformation offen haltenden Kirche (*„ecclesia semper reformanda“*) gefeiert wird. Das bedeutet, dass die gegenwärtigen Bemühungen um eine Reform der Organisationsgestalt der evangelischen Kirchen in Deutschland im Idealfall durch die Erinnerung an die Reformation des sechzehnten Jahrhunderts an theologischem Tiefgang gewinnen, aber auch an institutioneller Kühnheit zunehmen. Evangelische Kirche kann im gegenwärtigen Reformprozess „Kirche der Freiheit im einundzwanzigsten Jahrhundert“ nur sein, wenn sie „Freiheit“ als „Verheißung des Projektes Moderne“ von den biblischen Wurzeln dieses Begriffs her begreift und mit der Reformation als von Gott *geschenkte* Freiheit interpretiert. Sie befreit von der Selbstbezogenheit zum Engagement für die Nächsten und macht das Gemeinwesen frei (Wolfgang Huber).

(Rechtfertigung und Freiheit – 500 Jahre Reformation 2017. Ein Grundlagentext des Rates der Evanelischen Kirche in Deutschland (EKD), Gütersloh [4]2015. S. 17–23)

Zusammenfassende Arbeitsvorschläge Die Krise des Mittelalters und die Reformation

Info S. 42–51, S. 79–90, S. 105–116

1. Erstellen Sie eine kommentierte Zeitleiste zur Geschichte des Heiligen Römischen Reiches für den Zeitraum von der Mitte des 14. Jahrhunderts bis zum Verzicht Karls V. auf die Kaiserkrone.
   ☞ Kommentierte Zeitleiste

Info S. 42ff.
Thema S. 61ff.

2. Arbeiten Sie heraus, welche ökonomischen, religiösen und politischen Veränderungen direkt oder indirekt auf die Pestwelle der Jahre 1348/49 zurückzuführen sind.
   ☞ Mindmap als Grundlage für eine Diskussion im Kursplenum

Kernmodul S. 21f., S. 32ff.
Info S. 45f., S. 85f.
Thema S. 74ff.

3. Erläutern Sie am Beispiel des Spätmittelalters, inwiefern die Begriffe „Krise“, „Zerfall“ und „Fortschritt“ zusammenhängen.
   ☞ Aufsatz als Grundlage für ein Kreisgespräch

Kernmodul S. 33ff.
Info S. 45f.
Thema S. 67ff.

4. Erörtern Sie, inwiefern die Veränderungen und Revolten in den spätmittelalterlichen Städten mit den Kategorien der Modernisierung zu erfassen sind.
   ☞ Thesenpapier als Grundlage für eine Podiumsdiskussion oder schriftliche historische Erörterung

Kernmodul S. 32, S. 35ff.
Info S. 83–85.
Thema S. 91ff., S. 94ff.

5. Erläutern Sie den Zusammenhang zwischen dem kulturellen Aufbruch der Renaissance und den gleichzeitig stattfindenden sozioökonomischen Veränderungen.
   ☞ Mündlicher Vortrag als Grundlage für eine Stafettenpräsentation

Info S. 44
Thema S. 52ff.

6. Stellen Sie dar, inwieweit sich die Judenverfolgungen im Spätmittelalter als Ergebnis der damaligen allgemeinen Krisensituation verstehen lassen.
   ☞ Kommentierte Stichwortliste als Grundlage für einen Vortrag

Thema S. 52ff.

7. Nehmen Sie Stellung zu der Aussage, dass sich die Judenverfolgungen dieser Zeit als Realisierung allgemeiner Vorurteile Fremden gegenüber erklären lassen.
   ☞ Statement

Kernmodul S. 30ff.
Info S. 88
Thema S. 71ff.

8. Erläutern Sie, was der Begriff *reformatio* im Mittelalter meinte, und grenzen Sie den Bedeutungsinhalt vom neuzeitlichen Verständnis von *Reform* und *Modernisierung* ab.
   ☞ Schriftliches Statement

Info S. 50f.
Thema S. 71ff., S. 117ff.

9. Erklären Sie den Zusammenhang der Vorstellungen der Kirchenreformer mit den allgemeinen Reformvorstellungen dieser Zeit.
   ☞ Thesenpapier

Info S. 81–85
Thema S. 99ff.

10. Erläutern Sie die Beziehung zwischen der kartografischen Darstellung der Welt im Zeitalter der Entdeckungen mit dem Umbruch des Denkens in dieser Zeit.
   ☞ Kartengestützte Präsentation

Info S. 107ff.
Thema S. 125ff.

11. Erörtern Sie, in welcher Weise die Reformation als Umsetzung der drei Prinzipien *sola fide* (allein durch den Glauben), *sola gratia* (allein durch die Gnade) und *sola scriptura* (allein durch die Schrift) verstanden werden kann.
   ☞ Schriftliche Erörterung

Info S. 105ff.
Thema S. 121ff., S. 125ff.

12. Arbeiten Sie heraus, inwieweit der Gang und der Erfolg der Reformation durch ein Zusammenspiel der Persönlichkeit Luthers und einer bestimmten geschichtlichen Situation verstanden werden können.
   ☞ Historischer Essay

Info S. 83
Thema S. 135ff.

13. Erklären Sie die These von der Reformation als Medienereignis.
   ☞ Lernplakat

Info S. 83ff.
Thema S. 94ff.

14. Begründen Sie, inwiefern Machiavellis Ansatz des politischen Denkens eine radikale Abkehr vom mittelalterlichen Verständnis bedeutete, und ordnen Sie Machiavellis Ansatz in die geistigen Strömungen der Zeit ein.
   ☞ Thesenpapier als Grundlage für eine Diskussionsrunde

Krise(n) und Untergang der römischen Republik

Das Historiengemälde zeigt eine Senatssitzung in einer besonders dramatischen Situation der römischen Republik: Der Konsul Cicero klagt den einzeln dasitzenden Senator Catilina der Verschwörung an, die von ihm kurze Zeit später blutig niedergeschlagen wird. Das Bild befindet sich im Gebäude der zweiten Kammer des Italienischen Parlaments, dem Senat.

Allein dies, aber auch die Tatsache, dass die meisten Staaten der westlichen Weit ihre Staatsform von dem römischen Wort für den Staat, „res publica", herleiten, zeigt die große Bedeutung, die die Geschichte der römischen Republik bis heute für die Traditionsbildung der modernen Republiken besitzt.

Zugleich dient die dramatische Endphase der Republik aber auch als warnendes Beispiel für die Reformunfähigkeit eines Gemeinwesens, das auf dem Höhepunkt seines Erfolges in eine schwere Krise geriet, aus der es sich nicht mehr zu befreien vermochte und die schließlich mit der Neuschaffung des römischen Staates in Form einer Monarchie endete.

- Warum geriet die römische Republik ausgerechnet auf dem Höhepunkt ihres Erfolges in eine schwere innere Krise?
- Mit welchen Strategien versuchte man im Laufe von etwa 100 Jahren, dieser inneren Krise Herr zu werden?
- Wie gelang es schließlich, das soziale und politische System zu stabilisieren?

Krise und Untergang der römischen Republik: Ursachen, Verlauf, Neuordnung des Staates

„Sofort wandte sich [Scipio] um, ergriff meine Rechte und sprach: Es ist zwar schön, aber ich weiß nicht, wie es kommt, ich fürchte und bin besorgt, es könnte einmal ein anderer dasselbe über unsere Vaterstadt verhängen." (Der römische Feldherr Scipio Aemilianus beim Anblick des brennenden Karthago. Polybios, Historien, 39,21,1)

Eine bemerkenswerte Anekdote, die der griechische Historiker Polybios da überliefert: Auf dem Höhepunkt des römischen Erfolges, nämlich in dem Moment, als im Jahr 146 v. Chr. der letzte verbliebene ernsthafte Gegner, die afrikanische Stadt Karthago, von den Römern vernichtet wird, bricht der römische Befehlshaber in Tränen aus, weil er sich Sorgen um seine Vaterstadt macht. Bereits wenige Jahre später bricht diese hier nur geahnte Krise offen aus. Sie führt zwar nicht zur Zerstörung Roms, aber doch zum Untergang der Römischen Republik.

Karthago: Im 9. Jh. v. Chr. von den Phöniziern gegründete Stadt an der Küste Nordafrikas. Karthago war vor allem eine Handelsmacht, deren Flotte einen bedeutenden Machtfaktor im gesamten westlichen Mittelmeerraum darstellte. Karthago wurde nach dem 3. Punischen Krieg von den Römern völlig zerstört, später aber im römisch-hellenistischen Stil wieder neu errichtet. Von der karthagischen Sprache und Kultur ist fast nichts erhalten geblieben.

Die Punischen Kriege
264–241 v. Chr.: Erster Punischer Krieg
218–201 v. Chr.: Zweiter Punischer Krieg
149–146 v. Chr.: Dritter Punischer Krieg

Roms Kriege im Osten
215–205 v. Chr.: Erster Makedonischer Krieg
200–197 v. Chr.: Zweiter Makedonischer Krieg
192–188 v. Chr.: Seleukidischer Krieg
171–169 v. Chr.: Dritter Makedonischer Krieg

1. Die Römische Republik am Vorabend der Krise

Außenpolitische Expansion. Entstanden als bescheidene Gemeinde in Mittelitalien hatte sich Rom innerhalb von nur etwa zwei Jahrhunderten zur Herrin über den gesamten Mittelmeerraum aufgeschwungen. In der ersten Phase der Expansion unterwarf Rom die rivalisierenden italienischen Stadtstaaten und gliederte sie als Bundesgenossen in ihren Herrschaftsbereich ein. Sie blieben formal selbstständig, mussten aber im Kriegsfall Soldaten stellen. Insbesondere die Kriege gegen Karthago hatten Rom dabei bis an den Rand der Erschöpfung und der Niederlage getrieben. Ebenso wie die großen Kriege im östlichen Mittelmeerraum blieb Rom jedoch letztlich in all diesen Auseinandersetzungen Sieger.
Zur Beherrschung der neuen Gebiete beschritten die Römer mit der Provinzialisierung einen neuen Weg. In den neuen Provinzen (lat. *provincia* = Amtsbereich) behielten die besiegten Staaten zwar auch ihre kommunale Selbstverwaltung, verloren aber ihre politische Selbstständigkeit und unterstanden einem römischen Magistrat, dessen Amtsbereich das Gebiet der Provinz war. Die Provinzialen waren dessen Rechtsprechung und seinen militärischen Anweisungen unterworfen. Außerdem waren sie Rom gegenüber steuerpflichtig. Die 241 v. Chr. bzw. 237 v. Chr. eingerichteten Provinzen *Sicilia* und *Sardinia et Corsica* waren die ersten Ausprägungen eines neuen Herrschaftstypus, den die Römer von nun an in immer weiteren Teilen der Mittelmeerwelt anwandten.

Innenpolitische Grundlagen. Rom war zwar eine Republik, aber keineswegs eine Demokratie. Im Zentrum der politischen Ordnung stand der Senat. Dieser bestand aus ungefähr 300 ehemaligen Beamten, die Erfahrung in Verwaltung und Politik besaßen. Obwohl der Senat eigentlich nur beratende Funktion besaß, hatte er doch letztlich entscheidenden Einfluss auf das politische Geschehen. Ein Senatsbeschluss (senatus consultum) war mehr als nur ein Rat. Kein Inhaber eines Amtes (Magistrat) konnte es sich erlauben, den Willen des Senats zu ignorieren, denn hier war die römische Aristokratie mit all ihrer sozialen Macht versammelt. Wer sich als Magistratsbeamter gegen den Senat stellte, war nach Ablauf seiner einjährigen Amtszeit in der Regel politisch ein toter Mann, denn für die weitere Karriere hatte er die Unterstützung seines Standes verloren, was sich bei weiteren Wahlen als äußerst negativ erweisen konnte.
Die Staatsaufgaben wurden in Rom von den Magistraten ausgeführt. Weil sie für ihre Arbeit nicht bezahlt wurden, blieben diese Ämter reichen Römern vorbehalten. Wegen der bei den hohen Ämtern sehr umfassenden Machtbefugnisse, die bis zur Entschei-

Nobilität: Bezeichnung für den römischen Adel, im weiteren Sinne alle, die eine Magistratur bekleideten sowie ihre direkten Nachkommen. Anders als im europäischen Mittelalter musste die Zugehörigkeit zum Adel also in jeder Generation neu erarbeitet werden. Die Nobilität verfügte über bestimmte Sonderrechte, wie etwa das Aufstellen von Bildern der Vorfahren im eigenen Haus.

Statue eines Römers mit Ahnenbildern

dungsgewalt über Leben und Tod römischer Bürger reichen konnte, besaß die Verfassung einige Sicherungsmechanismen, um zu verhindern, dass das höchste Staatsamt als Hebel zur Errichtung einer Alleinherrschaft missbraucht werden konnte. So wurden alle Staatsämter an mindestens zwei Personen übergeben, die im Amt gleichberechtigt waren und gegen die Entscheidung eines Kollegen einschreiten konnten (Prinzip der Kollegialität). Außerdem wurden Beamte jedes Jahr neu gewählt (Prinzip der Annuität, von lat. *annus* = Jahr). Zudem musste zwischen der Bekleidung zweier Ämter mindestens ein Jahr Pause liegen, um missliebige Magistrate notfalls gerichtlich belangen zu können, denn eine Anklage während der Amtszeit war ausdrücklich nicht vorgesehen. Schließlich war es auch unüblich, das höchste Staatsamt (Konsul) mehr als einmal auszuüben (Iterationsverbot). Nur in Notzeiten wich man im dritten und zweiten Jahrhundert v. Chr. von dieser Regel ab.
Ausgenommen von diesen Prinzipien war lediglich das Amt des Diktators, der in krisenhaften Situationen für sechs Monate gewählt wurde, um die unmittelbare Bedrohung des Staates durch äußere Feinde abzuwehren. Da mit dem Aufstieg Roms zur beherrschenden Macht des Mittelmeerraumes aber derartige Staatskrisen immer seltener wurden, geriet dieses Amt bis zu seiner Reaktivierung in der Untergangsphase der römischen Republik mehr und mehr in Vergessenheit.
War das einfache Volk in dieser Ordnung auch unterrepräsentiert, so war es doch nicht ganz ohne Einfluss. Dies lag vor allem am Amt des Volkstribunen. Dieser besaß die Macht, Senatsbeschlüsse durch sein Veto (lat. ich verbiete es) zu verhindern und konnte das einfache Volk durch sein Interzessionsrecht (lat. *intercedere* = dazwischentreten) vor Gewaltanwendung durch die Magistrate schützen. Zudem galten Volkstribune als sakrosankt, das heißt unverletzlich, durften also während ihrer Amtszeit nicht angegriffen oder belangt werden. Zusammen mit dem Recht, in der Versammlung der Plebejer (*concilium plebis*) Beschlüsse mit Gesetzeskraft zu fassen, erhielt die Verfassung der Römischen Republik so einen scheinbar demokratischen Charakter, der jedoch aus bestimmten Gründen schwach entwickelt blieb. Die römische Bevölkerung blieb nämlich fest in das Klientelwesen eingebunden, das die Macht des römischen Adels (Nobilität) sicherte. Dabei stützte sich der einzelne Adlige (*nobilis*) in seiner Funktion als Schutzherr (*patronus*) auf seine Gefolgschaft (*clientela*): Der Patron gewährte als sozial und ökonomisch Stärkerer seinem Anhang von sozial und ökonomisch Schwächeren Schutz und Beistand und wurde dafür von seinen Klienten nach Maßgabe ihrer Möglichkeiten unterstützt, beispielsweise bei Wahlen.

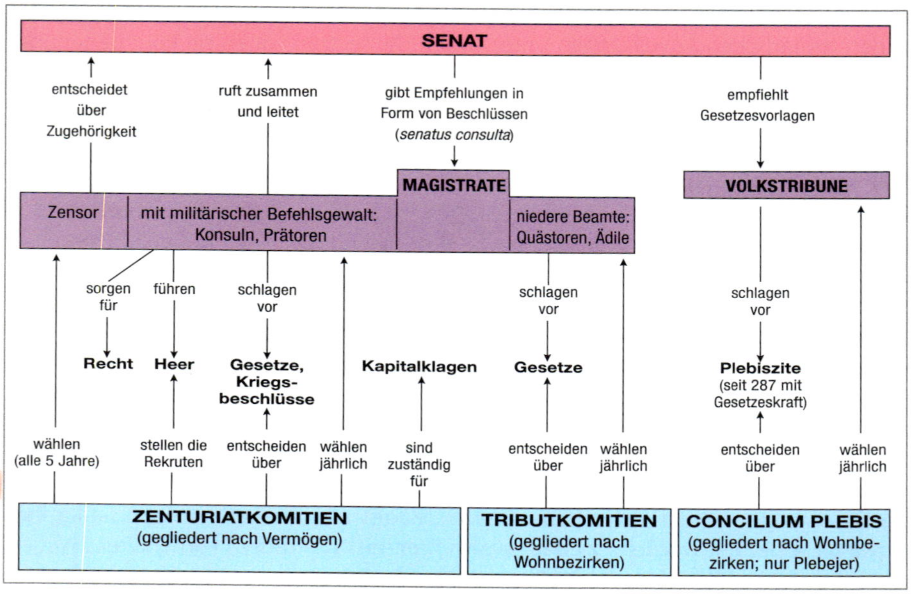

Die Verfassung der römischen Republik nach dem Ende der Ständekämpfe

2. Der Beginn der Krise: Soziale und politische Folgen der Expansion

Paradoxerweise sind die seit etwa 150 v. Chr. auftretenden Krisenphänomene auf die militärischen Erfolge der Römer und das rasche Wachstum des Reiches zurückzuführen, mit deren Bewältigung die letztlich in den Strukturen eines Stadtstaates verharrende Republik sich überfordert zeigte. Unterscheiden lassen sich insgesamt sechs Krisenherde, die einander zum Teil bedingten beziehungsweise die sich überlagerten.

Zerfall der Adelssolidarität. Die Nobilität der klassischen Römischen Republik war eine insgesamt homogene Gruppe, was zwar eine starke Konkurrenz im Kampf um Einfluss und Ruhm nicht ausschloss, die jedoch einen bestimmten Rahmen nie überschritt. Mit den großen Erfolgen und den aus ihnen resultierenden gewaltigen Reichtümern änderte sich dies allmählich. Die Feldherren kehrten aus den Kriegen im Osten mit großer Beute zurück. Diese gesteigerten finanziellen Möglichkeiten ließen sich leicht in politischen Einfluss für sich oder die eigene Familie ummünzen, was die Chancen anderer senatorischer Familien im Kampf um politischen Einfluss schmälerte und einen weiteren Konzentrationsprozess wirtschaftlicher und politischer Macht innerhalb der Nobilität einleitete.

Die Agrarkrise des 2. Jahrhunderts v. Chr. Der römische Staat besaß große Landflächen in Italien, da in früheren Jahren die Bundesgenossen nach verlorenen Kriegen gezwungen worden waren, einen Teil ihres Landes an die Römer abzutreten. Dieses verbleibende Staatsland (*ager publicus*) wurde gegen eine geringe Pacht römischen Bürgern zur Verfügung gestellt. Diese Art der Verteilung begünstigte die Reichen, die allein über die notwendigen Finanzmittel zur Bewirtschaftung verfügten. Hierdurch entstanden rentabler wirtschaftende große und mittelgroße Agrarbetriebe, die in Konkurrenz zu kleineren Höfen traten. Aber auch Kleinstbetriebe, die nicht für den lokalen Markt, sondern nur für den Eigenbedarf wirtschafteten, gerieten immer mehr unter Druck, da diese oft auf einen Zuverdienst bei den Großgrundbesitzern angewiesen waren, die aber mehr und mehr auf die Bewirtschaftung ihrer Güter mit Sklaven umgestellt hatten, an denen, bedingt durch die vielen Kriege, kein Mangel bestand. Somit war für Tagelöhner kaum mehr Bedarf. Bereits kleinere Missernten konnten nun zu wachsender Verschuldung und schließlich zur Aufgabe des Hofes führen, der dann von den angrenzenden Großgrundbesitzern für wenig Geld aufgekauft wurde. Die Bauern zogen daraufhin nach Rom und verstärkten dort das Heer der Proletarier bzw. verdingten sich als Klienten der Nobilität.

Römischer Bauer

Römischer Legionär der späten römischen Republik (Rekonstruktion)

Die militärische Krise. Die Agrarkrise bedingte zugleich die für den römischen Staat ungleich gefährlichere militärische Krise. Wie bereits erwähnt rekrutierte die römische Armee ihre Soldaten überwiegend aus dem Stand der mittleren und kleinen Bauern.

Schmolz deren Zahl dahin, bedeutete dies zwangsläufig auch einen Rückgang der Rekrutenzahlen, da landlos gewordene Bauern nicht mehr in der Lage waren, ihre Ausrüstung selbst zu stellen. Aber auch den noch landbesitzenden Soldaten erging es kaum besser. Sie dienten jahrelang bei Zahlung einer nur geringen Aufwandsentschädigung, die kaum die Kosten für Kleidung und Verpflegung deckte, ohne sich um ihre Höfe kümmern zu können, die in Abwesenheit der Hauptarbeitskraft oft verfielen oder sogar verkauft werden mussten, um den Lebensunterhalt der zurückbleibenden Familien zu decken. Beide Faktoren zusammen führten dazu, dass die Wehrkraft der römischen Armee in der zweiten Hälfte des zweiten Jahrhunderts v. Chr. abnahm.

Verwaltungsprobleme. Die Errichtung von Provinzen löste die Probleme der Beherrschung der besiegten Völker nur teilweise. Dem römischen Staat standen insgesamt zu wenig Personal zur Verwaltung zur Verfügung. Daher wurde von den in die Provinzen entsandten Magistraten erwartet, auf eigene Kosten Personal in die Provinzen mitzunehmen, um die dortigen Aufgaben erfüllen zu können. Dies und die immer kostspieliger werdenden Wahlkämpfe machten eine politische Karriere zu einem finanziellen Wagnis auch für reiche Angehörige der Nobilität. Es lag daher in den Augen des Adels nahe, sich für die hohen Ausgaben an den Bewohnern der Provinzen schadlos zu halten, indem man sie in Formen um Geld bat, die modernen Praktiken der Schutzgelderpressung nicht unähnlich waren. Zwar besaßen die Provinzialen das Recht, den Statthalter nach Ende seiner Amtszeit auf Rückgabe der Beute zu verklagen, doch waren diese Bemühungen nur selten von Erfolg gekrönt, da die zuständigen Richter dem Senatorenstand angehörten und zudem leicht zu bestechen waren. Ähnlich verheerend wirkten sich die Praktiken der privaten Steuereintreiber (*publicani*) auf das Leben der Provinzbevölkerung aus. Zwar war die Höhe der Steuern staatlich festgesetzt, doch nutzten die Gesellschaften einen bei Missernten und anderen Naturkatastrophen häufig auftretenden Zahlungsverzug dazu aus, den Betroffenen das Geld gegen Wucherzinsen von bis zu 40 % pro Jahr vorzuschießen, was diese in eine oft jahrelange Abhängigkeit und bis an den Rand des Ruins treiben konnte. Es ist unter diesen Umständen nicht verwunderlich, dass die Herrschaft der Römer bei den Provinzialen zunehmend verhasst war.

Das Problem der Bundesgenossen. Die Bundesgenossen litten ähnlich unter den Folgen der siegreichen Kriege, da auch ihre Heereskontingente aus wehrpflichtigen Bauern bestanden, ohne dass man jedoch in gleicher Weise von den Segnungen der Eroberungen profitierte. Hinzu kam, dass mit dem Ausgreifen über die Grenzen Italiens die Gegensätze zwischen den einzelnen Stadtstaaten Italiens abnahmen und man begann, eine Art italienische Identität auszubilden. Vorherrschend blieb jedoch das Gefühl der Benachteiligung gegenüber den römischen Bürgern, weshalb man die Aufnahme in den römischen Staatsverband anstrebte. Die römische Führungsschicht anerkannte durchaus die Verdienste der Bundesgenossen, doch stand einer großzügigen Verleihung des römischen Bürgerrechts ein entscheidender Umstand entgegen. Die gleichzeitige Aufnahme von mehreren Millionen Bundesgenossen hätte dazu geführt, dass die bisherigen römischen Bürger auf einmal in der Minderheit gewesen wären, mit den zu erwartenden Ergebnissen bei Wahlen. Daher schwelte auch dieser drohende Konflikt weiter.

Das Sklavenproblem. Die Einrichtung der Sklaverei existierte in der gesamten Antike. Sie war sogar so selbstverständlich, dass sie eigentlich von niemandem infrage gestellt wurde, zu bedeutend war die Rolle der Sklaven im Wirtschaftsleben. Neu war im zweiten Jahrhundert v. Chr. allerdings das Ausmaß der Sklaverei. Da Kriegsgefangene in der Regel versklavt wurden, fielen bei den großen Kriegen hundertausende von Sklaven in römische Hände. Der Wert eines einzelnen Sklaven fiel dadurch ins Bodenlose und damit auch die Neigung des Besitzers, diesen pfleglich zu behandeln. Menschen wurden auf diese Weise gleichsam zu einem Wegwerfartikel, den es auszubeuten und an-

Sklaven bei der Arbeit

schließend zu ersetzen galt. Diese menschenverachtende Praxis führte dazu, dass sich die Lebensbedingungen der Sklaven insbesondere bei den Landarbeitern und Hirten drastisch verschlechterten. Als zunehmend problematisch wurde auch die hohe Zahl von Sklaven angesehen, die die der freien Bevölkerung in einigen Regionen deutlich überstieg. Zusammen mit den schlechten Lebensbedingungen führte dies dazu, dass es bei den nun regelmäßig ausbrechenden Sklavenaufständen nur schwer möglich war, diese rasch militärisch unter Kontrolle zu bringen.

3. Der Verlauf der Krise (133 v. Chr. – 14 n. Chr.)

Erste Versuche der Krisenbewältigung: Von den Gracchen bis Sulla (133 – 80 v. Chr.)

Tiberius Gracchus. In dieser verfahrenen Situation versuchte ein junger Adeliger namens Tiberius Sempronius Gracchus, die Probleme des römischen Staates in Angriff zu nehmen. Tiberius stammte aus einer angesehenen Familie der Nobilität und hatte die Probleme des Staates als Soldat hautnah miterlebt. 134 v. Chr. ließ er sich zu einem der zehn Volkstribunen wählen und brachte sofort zu Beginn seiner Amtszeit ein Ackergesetz ein. Nach dem Plan des Tiberius sollte der Höchstbesitz am ager publicus auf 500 iugera (125 Hektar) Land begrenzt werden. Weitere 250 iugera sollten für jedes Kind im Besitz des Okkupanten verbleiben. Alles Land, das diese Höchstgrenze überschritt, sollte an die verarmte stadtrömische Bevölkerung verteilt werden. Der Plan erschien als solches geeignet, gleich zwei Probleme des römischen Staates zu lösen: Verarmte Kleinbauern hätten die Möglichkeit erhalten, sich eine neue Existenz auf dem Land aufzubauen und hätten zugleich als Besitzende wieder als Rekruten für die römische Armee zur Verfügung gestanden. Dennoch erhob sich sofort Widerstand der großgrundbesitzenden Senatoren gegen dieses Gesetz. Tiberius musste daher befürchten, im Senat keine Mehrheit für seinen Plan zu finden. Deshalb entschloss er sich zu einem radikalen Schritt: Er wollte das Gesetz direkt der Volksversammlung vorlegen, wo ihm eine Mehrheit sicher schien. Dies war zwar kein Gesetzesbruch, widersprach aber radikal dem bislang üblichen Vorgehen, nach dem alle Gesetze zuerst dem Senat vorgelegt wurden. Die Senatoren sahen sich brüskiert und griffen zu einem nicht weniger ungewöhnlichen Mittel, um das Gesetz zu stoppen. Auf der Volksversammlung legte – wohl auf Veranlassung des Senats – ein Amtskollege des Tiberius sein Veto gegen den Antrag ein, über den daher nicht mehr abgestimmt werden konnte. Damit war der Plan vorerst gescheitert, womit Tiberius sich aber keinesfalls abfinden wollte. Auf der folgenden Volksversammlung stellte er seinerseits den Antrag, seinen Amtskollegen des Amtes zu entheben, was von der Volksversammlung prompt bestätigt wurde. Anschließend konnte das Ackergesetz beschlossen werden. Erneut war also der Senat brüskiert worden, der zudem befürchten musste, auch bei weiteren Gesetzesinitiativen in Zukunft einfach übergangen zu werden.
Mit dem Ende seiner Amtszeit musste Tiberius befürchten, dass der Senat ihn gerichtlich belangen und versuchen würde, das Gesetz wieder rückgängig zu machen. Um

Die Brüder Tiberius und Gaius Gracchus (Statue aus dem 19. Jh.)

dies zu verhindern, griff er zu einem weiteren in der Verfassung nicht vorgesehenen Mittel: Er wollte sich für das kommende Jahr erneut zum Volkstribunen wählen lassen. Auch dies war für das Volkstribunat nicht ausdrücklich verboten, doch entsprach es der Gewohnheit, dass zwischen zwei Amtszeiten mindestens ein Jahr Pause liegen muss. Die Vorgehensweise des Tiberius hatte somit Schwächen der römischen Verfassung enthüllt, die der Herrschaft des Senats gefährlich werden konnten. Während draußen die Volksversammlung tagte, versammelte sich in der Kurie der Senat. Es kam zu einer weiteren Eskalation, indem eine Gruppe von Senatoren auf das Forum stürmte und Tiberius und etwa 200 seiner Anhänger erschlug. Zum ersten Mal in der Geschichte der römischen Republik war eine politische Auseinandersetzung durch Mord entschieden worden.

Von nun an standen sich im Senat zwei Parteiungen gegenüber, die Popularen und die Optimaten. Die einen wollten mithilfe der Volksversammlung und der Volkstribunen Reformen durchsetzen. Sie vertraten weitgehend die Interessen des einfachen Volkes und wurden *Popularen* genannt (von lat. *populus* = das Volk). Die *Optimaten* hingegen (von lat. *optimus* = der Beste) setzten sich für die Beibehaltung der alten Ordnung und die Machterhaltung des Senats ein. Umstritten unter Historikern ist bis heute, ob es die Popularen mit ihrem Engagement für die Belange des einfachen Volkes ernst meinten oder ob es ihnen nur um die Erringung persönlicher Macht ging.

Gaius Gracchus. Zehn Jahre später unternahm der Bruder des Tiberius, Gaius Gracchus, einen zweiten Versuch, die Probleme zu lösen, indem er sich für das Jahr 123 v. Chr. zum Volkstribunen wählen ließ. Das von ihm eingebrachte Ackergesetz beinhaltete die Verteilung von Land in der Provinz Africa auf dem Boden des zerstörten Karthago, wo nach den Plänen des Gaius zum ersten Mal eine römische Kolonie außerhalb Italiens gegründet werden sollte. Um seine Anhängerschaft zu verbreitern, brachte Gaius eine ganze Reihe weiterer Gesetze auf den Weg: Ein Getreidegesetz sah die verbilligte Abgabe von Getreide an die verarmte stadtrömische Bevölkerung vor, um diese vor starken Preisschwankungen und damit Hungersnöten zu schützen. Außerdem wurde eine Reform der Gerichtshöfe durchgeführt, durch die die Ausbeutung der Provinzen abgestellt werden sollte: Fortan saßen ausschließlich Ritter über die angeklagten senatorischen Statthalter zu Gericht. Zudem sollte fortan die Ausrüstung römischer Soldaten vom Staat gestellt werden, um auch die Wehrpflichtigen zu entlasten. Zuletzt nahm sich Gaius auch des Bundesgenossenproblems an, indem er vorschlug, den Bundesgenossen das römische Bürgerrecht zu verleihen. Im Gegensatz zu den anderen Gesetzen war gerade das letzte Gesetz bei der ärmeren Bevölkerung nicht sonderlich populär, da man nicht einsah, warum man die Privilegien des römischen Bürgerrechts mit anderen teilen sollte. Der Senat, der zunächst der zweimaligen Wiederwahl des Gaius tatenlos zugesehen hatte, nutzte diese Gelegenheit und entfaltete eine Gegenkampagne, in der der Bevölkerung Versprechungen gemacht wurden, die die des Gaius bei weitem übertrafen. Da seine Anhängerschaft zu bröckeln begann, bewaffnete sich Gaius mit seinen Anhängern, was für seine Gegner das Signal zum Losschlagen war. Der Senat rief den Staatsnotstand aus (*senatus consultum ultimum*) und beauftragte den Konsul damit, alle für den Schutz des Staates notwendigen Maßnahmen zu treffen, was letztlich auf die Tötung der Aufrührer hinauslief. Im Jahr 121 v. Chr. wurde Gaius mit seinen Anhängern ermordet. Angeblich sollen fast 3000 seiner Anhänger dem Morden zum Opfer gefallen sein.

Mit dem Tod des Gaius kamen die Landverteilungen zum Erliegen. Durch ein weiteres Ackergesetz wurde hingegen im Jahr 111 v. Chr. der Besitz des Staatslandes endgültig legalisiert. Allen weiteren Landverteilungen in Italien war damit der Boden entzogen.

Büste des Marius

Die Heeresreform des Marius. Waren die innenpolitischen Zustände so vorerst wiederhergestellt, so zeigte sich in der Außenpolitik, dass die Schwäche der römischen Armee mittlerweile ein bedenkliches Ausmaß angenommen hatte. Zunächst gelang es trotz jahrelanger Bemühungen nicht, das kleine Königreich Numidien und seinen König Jugurtha unter Kontrolle zu bringen. Als noch bedrohlicher erwies sich der Zug der germanischen Kimbern und Teutonen, die, von Norden kommend, die römischen Provinzen in Gallien und Spanien bedrohten. In mehreren Schlachten besiegten sie die römische Armee, wobei allein in der Schlacht von Arausio 105 v. Chr. etwa 80 000 römische Soldaten gefallen sein sollen. In dieser Situation wählten die Römer mit Gaius Marius zum ersten Mal seit langer Zeit wieder einen *homo novus* zum Konsul für das Jahr 107 v. Chr. Marius war ein ausgewiesener Militärfachmann und begann sofort mit einer Reorganisation des römischen Heeres, die langfristig tief greifende Folgen haben sollte. Angesichts des Mangels an wehrpflichtigen Rekruten warb er zunächst tausende von besitzlosen Proletariern an, die auf Kosten des römischen Staates ausgerüstet und besoldet wurden. Zudem versprach Marius ihnen, sich bei ihrer Entlassung für sie einzusetzen und ihre Versorgung mit Land zu gewährleisten.

Auch Ausbildung und Ausrüstung der Soldaten wurden von ihm verbessert. Was zunächst möglicherweise als Notlösung gedacht war, erwies sich als tiefgreifender Einschnitt in die römische Wehrverfassung. Fortan dienten immer mehr Berufssoldaten in der römischen Armee, die zu ihrer Versorgung von ihrem Feldherren abhängig waren und sich daher leicht für dessen politische Ziele einsetzen ließen, wie sich rasch zeigen sollte.

Zunächst aber wandte sich Marius den Kriegsschauplätzen zu: Zunächst besiegte er von 107–105 v. Chr. den numidischen König Jugurtha und nahm ihn schließlich gefangen. Inzwischen hatte sich nach der Schlacht von Arausio die Situation auf dem anderen Kriegsschauplatz verschärft. Entgegen aller Tradition wurde Marius in den Jahren 104–100 v. Chr. jährlich erneut zum Konsul gewählt. In getrennten Schlachten gelang es ihm, zunächst die Teutonen 102 in der Schlacht bei Aquae Sextiae und im darauffolgenden Jahr die Cimbern in der Schlacht bei Vercallae vollständig zu vernichten.

Das Problem der Veteranenversorgung. Mit dem Ende des Krieges stellte sich nun das Problem, was mit den von Marius angeworbenen besitzlosen Soldaten geschehen sollte, denen dieser Landzuteilungen versprochen hatte. Marius ließ ein Ackergesetz einbringen, das eine großzügige Verteilung von Land an seine Veteranen vorsah, vermutlich in von den Cimbern verwüsteten Gebieten in Norditalien. Zudem war ein umfangreiches Programm von Koloniegründungen in den Provinzen vorgesehen, flankiert von großzügigen Bürgerrechtsverleihungen an die Bundesgenossen. Um eine nachträgliche Annullierung dieser Gesetze zu verhindern, sollte jeder Senator zur Ableistung eines Eides auf die Einhaltung verpflichtet werden. Diese Demütigung sowie die Tatsache, dass durch die Ansiedlungen die Zahl der Klienten des Marius ein bislang nie dagewesenes Ausmaß erreicht hätte und somit eine dauerhafte Dominanz des Marius drohte, veranlassten die Senatoren zu heftigem Widerstand. Erneut kam es zu gewaltsamen Auseinandersetzungen auf den Straßen Roms, die mit der Niederlage der Popularen endeten. Marius zog sich daraufhin für das nächste Jahrzehnt ins Privatleben zurück.

Der Bundesgenossenkrieg. Im Jahre 91 griff der Volkstribun Marcus Livius Drusus die Ideen der Gracchen wieder auf, verfolgte jedoch einen Weg, der von allen politischen Gruppen Zugeständnisse erfordert hätte. Insbesondere wollte er das Problem der Bundesgenossen durch die Verleihung des Bürgerrechts endgültig lösen, doch auch er wurde ermordet. Seine Ermordung führt zu einem Aufstand der Bundesgenossen gegen Rom. Nach erbitterten, verlustreichen Kämpfen können die Römer diesen Bundesgenossenkrieg (92–89 v. Chr.) nur beenden, indem sie den Italikern das volle Bürgerrecht verliehen, womit zumindest dieses Problem endgültig gelöst wurde.

Sulla. Inzwischen hatte der aufgestaute Hass der Provinzbevölkerung über die wirtschaftliche Ausbeutung durch die Römer in Kleinasien zur Ermordung von 80 000 Römern geführt. Drahtzieher dieser Morde war Mithridates, König von Pontos, der auf

Jugurthinischer Krieg (111–105 v. Chr.), benannt nach dem numidischen König Jugurtha. Numidien war ein in Nordafrika gelegener mit Rom verbündeter Staat, der als Gegengewicht gegen Karthago diente. Jugurtha war ein unehelicher Sohn des numidischen Königs und hatte die Herrschaft nach Ermordung seiner Rivalen an sich gerissen. Seine Bestrafung durch Rom verhinderte er vor allem durch massive Bestechung von Angehörigen der römischen Nobilität. Erst Marius gelang es, Jugurtha entscheidend zu besiegen. Dieser wurde später in Rom hingerichtet.

Cimbern und Teutonen: Ursprünglich aus dem Gebiet des heutigen Dänemark stammende germanische Stämme, die um 120 v. Chr. ihre Heimat verlassen hatten und auf der Suche nach Beute und neuen Siedlungsplätzen Richtung Süden zogen.

Münze der Aufständischen aus dem Bundesgenossenkrieg (92–89 v. Chr.): Dargestellt ist der Italien repräsentierende Stier, der die römische Wölfin zertritt.

Lucius Cornelius Sulla (138–78 v. Chr.):
106: Quästor
105: persönliche Gefangennahme Jugurthas
ca. 97: Prätor
88: Konsul, erster Marsch auf Rom
86: Sieg über das Heer des Mithridates bei Chaironeia
85: Friedensvertrag mit Mithridates
82: Sieg über die Anhänger des Marius in der Schlacht am Collinischen Tor
82–79: Diktator; Abfassung von Gesetzen und zur Neuordnung des Staates (legibus scribundis et rei publicae constituendae)

diese Weise eine Hegemonialstellung in Kleinasien erreichen wollte. Der Führer der Optimaten, Lucius Cornelius Sulla, erhielt 88 v. Chr. als Konsul den Oberbefehl für einen Krieg im Osten. Als die Volksversammlung dem nicht zustimmte und stattdessen dem Marius, der auf diese Weise ein politisches Comeback starten wollte, das Kommando übertrug, eskalierte die Gewalt erneut.
Sulla ließ seine Soldaten nach Rom marschieren, tötete viele seiner Gegner und ließ sich sein Kommando bestätigen. Erst dann wandte er sich dem Krieg gegen Mithridates zu. In seiner Abwesenheit rissen die Anhänger des Marius erneut die Macht an sich. Nach einiger Zeit brach Sulla daraufhin den Krieg ab und marschierte mit insgesamt 80 000 Soldaten erneut auf Rom zu. Noch während der Abwesenheit Sullas war Marius gestorben. In einer regelrechten Schlacht vor den Toren Roms besiegte Sulla die Anhänger der Popularen und ließ sich zur Neuordnung des Staates zum Diktator auf unbestimmte Zeit ernennen. Zur endgültigen Ausschaltung seiner politischen Gegner ließ er diese proskribieren (von lat. *proscribere* = anschreiben). Überall in Rom wurden Listen mit den Namen der Popularen aufgehängt. Wer einen Proskribierten tötete oder dingfest machte, erhielt einen Teil von dessen Vermögen als Belohnung. Zahlreiche Senatoren und Ritter wurden auch nur wegen ihres Vermögens proskribiert. Im folgenden Jahr führte Sulla eine umfassende Neuordnung des Staates durch. Unter anderem schränkte er die Rechte der Volksversammlung und der Volkstribunen erheblich ein und festigte so die Position des Senats. Zugleich siedelte er in Italien über 80 000 seiner Veteranen an. Das hierzu notwendige Land verschaffte er sich durch Enteignung seiner Gegner. 79 v. Chr. legte Sulla sein Amt selbst nieder und starb kurze Zeit später.

Der Krisenhöhepunkt: Bürgerkrieg und Scheitern der Republik (79–44 v. Chr.)

Büste des Pompeius

Büste Caesars

Das erste Triumvirat. Sullas Neuordnung war keine Dauer beschieden. Dies liegt unter anderem daran, dass er sich zur Durchsetzung seiner Politik Methoden bedient hatte, die deutlich machten, wie man die Macht in Rom an sich reißen konnte. Sein zweifacher Marsch auf Rom hatte offenkundig werden lassen, dass die Loyalität der angeworbenen Freiwilligen ihrem Feldherren und nicht der Republik galt. Der hierdurch geschaffene Präzendenzfall ließ sich nicht mehr ungeschehen machen und spornte andere ehrgeizige Feldherren dazu an, mit ähnlichen Mitteln nach der Macht zu greifen. Eine dieser herausragenden Gestalten war Gnaeus Pompeius, der 67 v. Chr. im Auftrag des Senats zunächst ein Sonderkommando gegen Seeräuber leitete, ohne – wie traditionell üblich – zuvor die Ämterlaufbahn durchschritten zu haben. In nur 100 Tagen gelang es ihm, die Piraten, die zuvor die Lebensmittelversorgung Roms bedroht hatten und die zu einem Sicherheitsproblem im gesamten Mittelmeerraum geworden waren, entscheidend zu besiegen. Seine gestiegene Popularität nutzte er dazu, sich die Führung des von Sulla abgebrochenen Krieges gegen Mithridates übertragen zu lassen. In einem mehrjährigen Krieg besiegte er diesen, führte eine umfassende Neuordnung im östlichen Mittelmeerraum durch und band zugleich zahlreiche Soldaten an seine Person. Nach seiner Rückkehr nach Rom rechnete er damit, dass seine Maßnahmen im Osten bestätigt und seine Veteranen die ihnen versprochene Versorgung mit Land erhalten würden. Doch er hatte sich getäuscht, denn die Optimaten, denen die gestiegene Macht des Pompeius ein Dorn im Auge war, versuchten dies zu verhindern und trieben Pompeius damit ins Lager der Gegner. Im Jahre 60 v. Chr. schloss er sich mit dem reichen Crassus und dem geschickten Politiker Caesar, der für das Jahr 59 v. Chr. zum Konsul gewählt worden war, zu einem geheimen Drei-Männer-Bündnis, einem Triumvirat, zusammen. Zu dritt nahmen sie wesentlichen Einfluss auf die Geschicke Roms, schoben sich und ihren Anhängern wichtige Ämter zu und ließen dem Senat nur noch wenig Spielraum.
Zunächst wurden durch den Konsul Caesar und mit der Unterstützung der Veteranen des Pompeius dessen Neuordnung des Ostens bestätigt und die Veteranen versorgt.

Caesar erhielt im Gegenzug dafür die Statthalterschaft der Provinzen in Norditalien und Südfrankreich für fünf Jahre und Crassus das Konsulat für das Jahr 55 mit der Möglichkeit, einen Krieg im Osten gegen die Parther zu führen.
Caesar nutzte seine Möglichkeiten und begann einen Krieg gegen die Gallier, um nach und nach Gallien zu erobern (58–51 v. Chr.) und ein Heer ihm treuer Soldaten um sich zu sammeln. Der Feldzug des Crassus im Osten verlief jedoch katastrophal und endete mit der Niederlage des römischen Heeres und dem Tod des Crassus auf dem Schlachtfeld bei Carrhae (53 v. Chr.) Hierdurch kam es zu einer wachsenden Entfremdung zwischen Caesar und Pompeius, der sich wieder mit den Optimaten versöhnte und zum alleinigen Konsul (*consul sine collega*) ernannt wurde. Hierdurch geriet Caesar in eine prekäre Lage. Der Krieg gegen die Gallier war fast abgeschlossen und auch seine Amtszeit als Statthalter endete. Die Optimaten warteten nur auf diesen Zeitpunkt, um Caesar anschließend anklagen und politisch vernichten zu können. Als der Senat von Caesar verlangte, seine Soldaten zu entlassen und nach Rom zurückzukehren, widersetzte sich dieser, überschritt im Jahre 49 v. Chr. mit dem Fluss Rubicon die Grenze seines Amtsbereiches und zog mit seinen Truppen gegen Rom. Es folgte ein grausamer Bürgerkrieg. Pompeius und seine Anhänger wurden in der Schlacht von Pharsalos (48 v. Chr.) besiegt, Pompeius selbst wenig später auf der Flucht in Ägypten ermordet. In weiteren Schlachten wurden die Reste der Republikaner geschlagen, wobei Caesar aber auf die Vernichtung seiner Gegner verzichtete, sondern sie nach Möglichkeit begnadigte.

Die Diktatur Caesars. Mit der Rückkehr nach Rom stellte sich die Frage, wie Caesar seine überragende Machstellung in eine legale Form gießen könnte. Er wählte hierfür zunächst den Weg, den Sulla vorgegeben hatte und ließ sich zunächst für zehn Jahre zum Diktator ernennen; später erhielt er dieses Amt sogar auf Lebenszeit. Er hatte als Imperator von nun an den Oberbefehl über alle römischen Truppen; er allein konnte über Krieg und Frieden entscheiden, übernahm die Aufgaben von Konsul und Zensor und durfte die Hälfte aller Beamten einsetzen. Wahlen und Volksversammlungen fanden zwar noch statt, doch dienten sie allein der Bestätigung der Beschlüsse, die Caesar mit seinen Beratern gefasst hatte.
Ansonsten erwies sich die Herrschaft Caesars innenpolitisch als ein Segen für die Bevölkerung, da er den bestehenden Reformstau mit einem ganzen Bündel von Maßnahmen beseitigte. So sorgte er in den folgenden Jahren dafür, dass viele Proletarier durch den Bau von Straßen, Brücken, Prachtbauten und die Erneuerung des Forums Arbeit hatten. Durch die Gründung zahlreicher Kolonien und das Verteilen von Land an römische Bürger entspannte er die soziale Krise Roms und schuf auf diesem Wege langfristig gesehen auch die Grundlage für die Romanisierung des Reiches. Die Verwaltung der Provinzen wurde strenger kontrolliert, um Ungerechtigkeiten gegenüber den Bewohnern zu verhindern. Caesars Reformen umfassten viele Bereiche. Sogar den römischen Kalender ließ er verbessern und ersetzte ihn durch den Julianischen Kalender, der mit einigen Änderungen noch heute Gültigkeit besitzt.
Als zunehmend störend erwies sich allerdings, dass er die zentralen Prinzipien der römischen Verfassung für alle erkennbar mit Füßen trat: Er hielt sich weder an die Begrenzung der Amtsdauer auf ein Jahr noch an das Verbot der Ämterhäufung und der Wiederholung der Bekleidung eines Amtes. Im Gegensatz zu Sulla hatte er auch nicht vor, die Diktatur niederzulegen, was im Senat zunehmend auf Kritik stieß, denn die Diktatur war in der römischen Verfassung erkennbar als ein Ausnahmeamt auf Zeit zur Bewältigung einer akuten Krise angelegt. War Caesar somit innenpolitisch in eine Sackgasse geraten, so kann es nicht verwundern, dass er stattdessen sein Augenmerk auf die Außenpolitik richtet. Noch im Jahr 44 wollte er nach Osten aufbrechen, um Rache für die Niederlage und den Tod des Crassus im Jahre 53 v. Chr. an den Parthern zu üben. Hierzu kam es jedoch nicht mehr, denn eine Gruppe von Senatoren hatte beschlossen, der Alleinherrschaft Caesars ein Ende zu setzen. Am 15. März 44 v. Chr. wurde Julius Caesar von 23 Senatoren unter Führung des Brutus und Cassius während einer Senatssitzung ermordet.

Der gallische Krieg (58–51 v. Chr.): Caesar begann die Eroberung des freien Gallien unter einem Vorwand: Der Stamm der Helvetier bedrohte römische Verbündete, denen Caesar mit seinen Truppen zu Hilfe eilte. Nach dem Sieg über diese begann Caesar ein Jahr später mit der planmäßigen Eroberung ganz Galliens, wobei er auch über den Rhein und nach Britannien übersetzte. Ernsthaft in Gefahr geriet das Unternehmen durch den Aufstand des Vercingetorix, den Caesar in der Schlacht von Alesia 52 entscheidend besiegte, woraufhin der Widerstand in Gallien endgültig zusammenbrach. Seinen Erfolg rechtfertigte er in seiner Schrift „Commentani de bello gallico“.

Gaius Julius Caesar (100–44 v. Chr.): Aus einer alten Patrizierfamilie stammender naher Verwandter des Marius. Caesar musste deshalb während der Diktatur Sullas kurzzeitig ins Exil gehen.
69: Quästor
65: Ädil
63: pontifex maximus (oberster Staatspriester)
62: Prätor, anschließend Statthalterschaft in Spanien, durch die er sich von seinen Schulden befreite
59: Konsul; als Amtsbereich für sein Prokonsulat wird ihm unter anderem Gallia Cisalpina zugesprochen
58–51: Eroberung Galliens
49: nach dem Scheitern der Verhandlungen um eine Zulassung Caesars zu den Konsulatswahlen Beginn des Bürgerkriegs

48: Sieg über Pompeius bei Pharsalos
46: Ernennung Caesars zum Diktator auf zehn Jahre
45: Ernennung Caesars zum Diktator auf Lebenszeit
15.3.44: Ermordung Caesars während einer Senatssitzung

Münze des Brutus: Dargestellt sind auf der Rückseite die Dolche und die Kappe eines Freigelassenen als Zeichen für die Befreiung Roms von der Tyrannei. Die Übersetzung der Inschrift lautet: An den Iden des März. Die Vorderseite zeigt Brutus als Imperator.

Büste des Augustus

Die Lösung der Krise: Augustus und die Errichtung des Prinzipats (43 – 14 n. Chr.)

Der Weg zur Alleinherrschaft. Die Verschwörer hatten gehofft, dass mit dem Tode Caesars die alte Ordnung wiederhergestellt sei. Einen echten Plan zur Reorganisation des Staates nach dem Tod des Diktators hatten sie nicht. Als bekannt wurde, dass Caesar dem Volke in seinem Testament ein großes Geldgeschenk hinterlassen hatte, kam es erneut zu Unruhen. Die Mörder Caesars mussten daraufhin aus Rom fliehen. Nach kurzen Streitigkeiten unter den Caesarianern kam es zur Bildung eines zweiten Triumvirats zwischen Antonius, Lepidus, zwei Feldherren Caesars, und Caesars Adoptivsohn, dem erst 19-jährigen Gaius Octavius. Dieser war erst testamentarisch von Caesar adoptiert worden und politisch eigentlich ein unbeschriebenes Blatt. Die Triumvirn bedienten sich erneut des Mittels der Proskriptionen, denen zahlreiche Gegner Caesars, unter ihnen der römische Politiker und Philosoph Cicero, zum Opfer fielen. Anschließend setzten sie mit einem Heer nach Griechenland über, wo sie die Caesarmörder in der Schlacht von Philippi entscheidend besiegten (43 v. Chr.). Den römischen Herrschaftsbereich teilten die Triumvirn anschließend untereinander auf: Oktavian kontrollierte den Westen des Reiches, Antonius den Osten, Lepidus erhielt Afrika. Es war absehbar, dass dieses Bündnis nicht allzu lange halten und es zu neuen Konflikten kommen würde. Zunächst gelang es Octavian, Lepidus politisch auszuschalten, der lediglich das Amt des obersten Staatspriesters (*pontifex maximus*) behalten durfte. Antonius regierte derweil den Osten des Römischen Reiches und passte sich mehr und mehr den dortigen Gepflogenheiten an. Er heiratete die ägyptische Königin Kleopatra, die zuvor Caesars Geliebte gewesen war. Als Antonius im Jahre 34 v. Chr. die ägyptische Herrscherin Kleopatra und ihren Sohn zu „Königen der Könige" erklärte, setzte Oktavian unter dem Vorwand, dass Antonius vorhabe, römisches Gebiet zu verschleudern, durch, dass gegen Kleopatra und damit auch gegen Antonius Krieg geführt wurde. In der Seeschlacht bei Actium im Jahre 31 v. Chr. konnte Oktavian seinen Gegner ausschalten. Antonius und Kleopatra begingen in Alexandria Selbstmord, Ägypten wurde zu einer römischen Provinz.

Die Reorganisation des Staates. Oktavian stand nun allein an der Spitze des römischen Staates und damit vor demselben Problem wie Caesar: In welcher Form konnte es gelingen, die Stellung eines Alleinherrschers zu legalisieren? Das Beispiel Caesars hatte gezeigt, dass Diktatur und Königstitel hierfür ungeeignet waren. Oktavian ging deshalb einen vollkommen anderen Weg. Im Jahre 27 v. Chr. gab er in einem wohlkalkulierten feierlichen Akt alle Vollmachten an den Senat zurück. Der Senat verlieh ihm daraufhin den Beinamen Augustus (der Erhabene), und bat ihn zugleich, die Verantwortung für die öffentliche Ordnung und den Frieden auch weiterhin zu tragen. Augustus hatte diese Reaktion mit Sicherheit vorausgesehen. Nach all den Bürgerkriegen sehnten sich das Volk und der Senat nach Frieden, und Augustus war der einzige, der ihn bewahren konnte. Jedem Senator war klar, dass der Versuch zu einer Rückkehr zur Republik einen neuen Bürgerkrieg bedeuten würde.
Mit dem Ehrentitel Augustus waren keinerlei Befugnisse verbunden. Auch eine dauerhafte Bekleidung des Konsulats, mit der Augustus zunächst experimentierte, schied aus, da auch sie den Regeln der Republik fundamental widersprach. Augustus ließ sich stattdessen eine Reihe von Amtsbefugnissen übertragen, die es ihm erlaubten, die Herrschaft dauerhaft auszuüben, ohne die Verfassung der Republik formal zu verletzen. Die wichtigste Befugnis war die Übertragung einer erweiterten prokonsularischen Befehlsgewalt (*imperium proconsulare maius*). Diese erlaubte ihm die Kontrolle über alle noch nicht als befriedet geltenden Grenzprovinzen des Reiches, während dem Senat die Kontrolle über die übrigen Provinzen überlassen wurde. Hierdurch war Augustus zugleich der Oberkommandierende über die gesamte Armee und verfügte zugleich über gewaltige Einkünfte, mit denen er seine Rolle als Wohltäter Roms und seiner Be-

völkerung ausüben konnte. Mittelbar kontrollierte er auch die senatorischen Provinzen, indem er als Zensor über die Zusammensetzung des Senats entschied und zugleich bei den auch weiterhin stattfindenden Wahlen darauf achtete, dass keine ihm missliebigen Kandidaten gewählt wurden. Eine weitere Kontrollmöglichkeit gegenüber der Volksversammlung und dem Senat stellte die Übernahme der Amtsgewalt eines Volkstribunen (*tribunicia potestas*) dar, durch die Augustus die Möglichkeit besaß, Gesetze vor dem Volk und dem Senat einzubringen bzw. unerwünschte Beschlüsse zu verhindern (Vetorecht). Zusammenfassend beschrieb Augustus seine Position, indem er sich als „Ersten des Senats" (*princeps senatus*) anreden ließ, eine alte republikanische Bezeichnung für den angesehensten Senator, mit der jedoch eigentlich keine Machtbefugnisse verbunden waren. Die von ihm geschaffene Regierungsform wird deshalb heute als Prinzipat bezeichnet.
Diese Fiktion einer wiedererrichteten Republik erlaubte es den Mitgliedern des Senats, das Gesicht zu wahren und zugleich auch, im Dienste des Princeps wie bisher Karriere zu machen, indem die alten Ämter weiterhin beibehalten und in ihrer Ehrenstellung nicht angetastet wurden. Es gelang Augustus sogar, den bisher scharfen Konkurrenzkampf um das Konsulat dadurch zu entschärfen, dass die meisten Konsuln nur noch wenige Monate amtierten und ihr Amt dann „freiwillig" an einen Nachfolger übergaben.

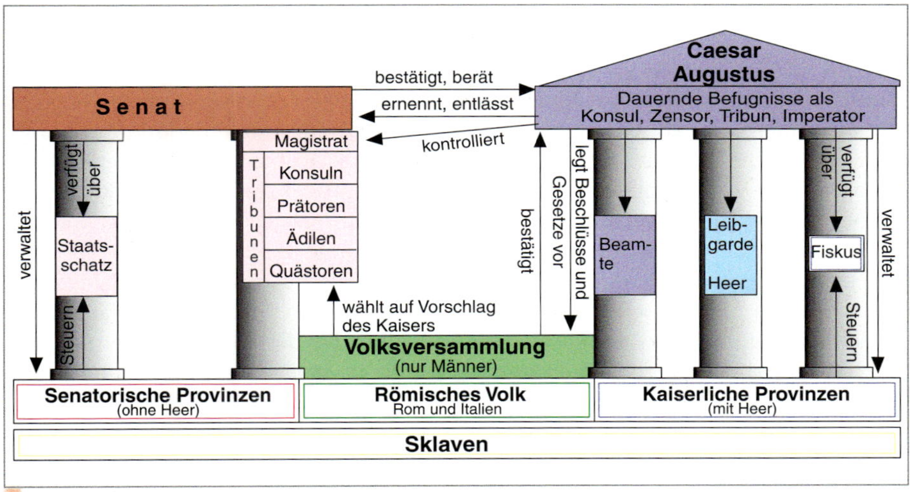

Die Verfassung des Prinzipats

Pax Augusta. Natürlich gab es immer noch Senatoren, die sich grundsätzlich das politische System der Republik zurückwünschten. Diese Kräfte konnten sich aber weder unter Augustus noch unter seinen Nachfolgern durchsetzen, denn viele Römer sahen in der Wiederherstellung des Friedens die besondere Leistung des Augustus und waren sich bewusst, dass jeder Versuch der Wiederherstellung der Republik neue Kriege hervorrufen musste. Die *pax augusta*, der Augustusfriede, wurde von vielen Menschen als Beginn eines neuen Zeitalters empfunden. Als äußerliches Symbol für die neue Friedenszeit ließ Augustus im Jahre 9 v. Chr. einen Friedensaltar, die *ara pacis*, errichten. Die Aufrechterhaltung dieses Friedens blieb auch in der Folge für alle Kaiser Programm. Es galt, durch die Erringung von Siegen über die Barbaren die Überlegenheit der römischen Herrschaft zu beweisen und das Aufflackern von Kämpfen im Inneren zu verhindern. Die Notwendigkeit seiner Herrschaft legitimierte Augustus auch durch auswärtige Kriege. So wurde etwa der Versuch unternommen, Germanien zu erobern, der jedoch nach der Niederlage des Varus 9 n. Chr. aufgegeben wurde. Dem Partherreich gegenüber gelangte man zumindest zu einem propagandistischen Erfolg, indem man in Verhandlungen erreichte, dass die in der Schlacht von Carrhae 53 v. Chr. von den Parthern erbeuteten Feldzeichen der Legionen zurückgegeben wurden. Einen Krieg

Augustus (63 v. – 14 n. Chr.):
63: Geburt als Gaius Octavius, Sohn eines mit Caesar verschwägerten römischen Ritters
46: Begleitung Caesars auf dem Feldzug in Spanien
44: posthume Adoption durch Caesar; den nach der Adoption juristisch korrekten Namen Gaius Julius Octavianus hat er wohl nie geführt und nannte sich stattdessen Gaius Julius divi filius (= Sohn des Vergöttlichten) Caesar
43: Konsul
42: Sieg über die Caesarmörder bei Philippi
31: Sieg über Antonius bei Actium
27: Annahme des Ehrentitels Augustus und des proconsularischen Imperiums
23: Niederlegung des bis dahin jährlich bekleideten Konsulats bei gleichzeitiger Erweiterung seiner Befehlsgewalt
13: Ernennung zum obersten Staatspriester (pontifex maximus)
8: Umbenennung des Monats sextilis in August
13 n. Chr.: Designierung des Tiberius zum einzigen Nachfolger

Publius Vergilius Maro (70 – 19 v. Chr.): Bedeutendster römischer Dichter und Autor des römischen Nationalepos, der Aeneis, in dem die Ursprünge des römischen Volkes erzählt und zugleich dessen Anspruch auf Weltherrschaft gerechtfertigt werden. Das Werk propagiert in idealtypischer Weise genau die römischen Werte, die auch Augustus förderte, der Vergil zum Abfassen dieses Epos angeregt haben soll.

Quintus Horatius Flaccus (65–8 v. Chr.): Vom Berater des Augustus Maecenas geforderter Dichter von Satiren, Epoden und Oden. Insbesondere die Römeraden sowie das im Auftrag des Augustus für ein religiöses Fest entstandene Carmen Saeculare vertreten altrömische Werte und feiern den Frieden, der von Augustus geschaffen wurde.

mit sehr ungewissem Ausgang vermied Augustus wohl bewusst, um seine Herrschaft nicht zu gefährden.
Die Erfolge des Augustus wurden propagandistisch intensiv ausgewertet. Hierzu bediente er sich auch einer intensiven Kulturpolitik. Politisch genehme Literaten wie Vergil, Horaz und Ovid wurden gefördert und die Verbreitung ihrer Werke angeregt. Die römische Literatur erreichte so unter der Herrschaft des Augustus ihren Höhepunkt. Dass die Freiheit der Kunst aber ihre eng gezogenen Grenzen hatte, musste schließlich der Dichter Ovid erfahren, der aus nicht vollständig geklärten Gründen von Augustus persönlich verbannt wurde. Zur Popularität des Augustus trugen ferner ein ausgedehntes Bauprogramm sowie die Errichtung zahlloser Statuen zu seinen Ehren im gesamten Reich bei.
Fortgesetzt wurde von Augustus auch der von Caesar eingeführte Herrscherkult. Außer in einigen Provinzen verbot Augustus jedoch göttliche Verehrung für sich selbst, da er nach den Erfahrungen Caesars befürchten musste, hierdurch Anstoß zu erregen. Als sich kurz nach Caesars Ermordung ein Komet am Himmel Roms zeigte, wurde dies von vielen Römern als Zeichen dafür gesehen, dass Caesar zu den Göttern aufgestiegen war. Augustus förderte dies und nannte sich nun selbst Sohn des Vergöttlichten (*divi filius*). Für sich selbst ließ Augustus in Italien keine direkte göttliche Verehrung zu. Zusammen mit den Kulten in den Provinzen bildete die religiöse Verehrung des Herrschers aber einen wichtigen Kristallisationspunkt für die Loyalität der Bevölkerung zu ihrem Herrscher.

Lösung der Verwaltungsprobleme. Als Prinzeps hatte Augustus so viele wichtige Aufgaben übernommen, dass er eine eigene Verwaltungzentrale benötigte. Er sammelte persönliche Vertraute um sich, zunächst eigene Sklaven und Freigelassene. Diese setzte er als Verwaltungspersonal ein, ließ sie den Schriftverkehr führen und Rechtsfragen bearbeiten. Für die Verwaltung von Steuern und Finanzen sowie die Verwaltung der Provinzen wählte Augustus hauptsächlich Angehörige des Ritterstandes. Hier handelte es sich ebenfalls um persönliche Vertraute des Kaisers. Auch die zum Schutz des Kaisers und der öffentlichen Ordnung in Rom stationierten Truppen, die Prätorianer, wurden von Angehörigen der Ritterschaft angeführt. Da der Kaiser die Beamten aus dem Ritterstand jederzeit entlassen konnte, war die Loyalität eines Beamten geradezu die Voraussetzung für seine Karriere.

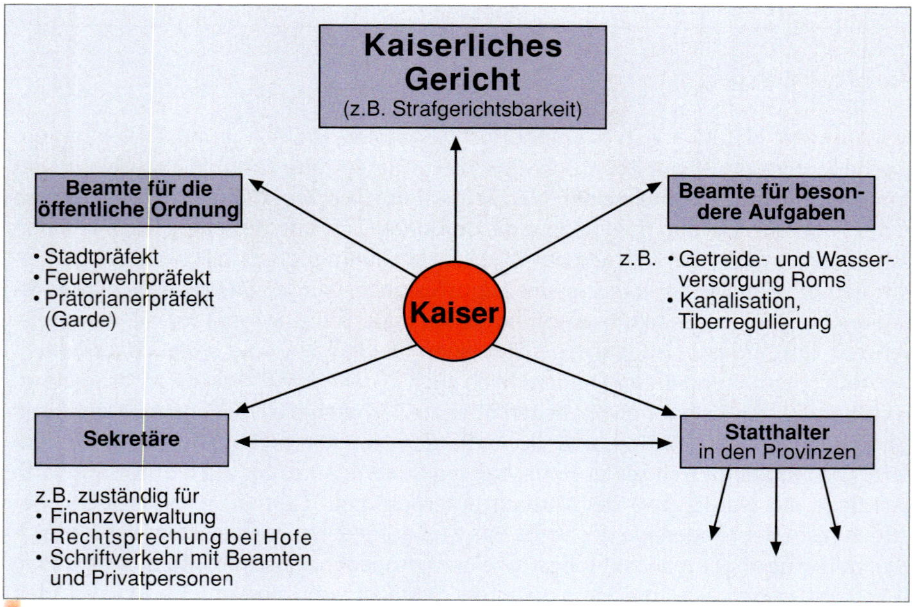

Aufbau der kaiserlichen Verwaltung unter Augustus

Von der kaiserlichen Verwaltungszentrale aus wurden auch Rechtsvorschriften erlassen bzw. bereits vorhandene Regelungen ausgelegt. Die kaiserliche Rechtsprechung war für alle Reichsgebiete und Bewohner gleichermaßen verbindlich. Trotz der Größe des Reiches wurden also viele wesentliche Regierungs- und Verwaltungsaufgaben zentral in Rom bewältigt. Doch der Kaiser und seine Verwalter konnten nicht überall sein und von Rom aus nicht jedes Detail regeln.

Auch für die Provinzen erwies sich die neue Stabilität als ein Glücksfall. Durch den Wegfall der kostspieligen Wahlkämpfe entfiel auch der Druck, die Kosten durch Erpressung der Provinzialen wieder hereinzuholen. Für weitere Entspannung sorgte auch die Einführung einer Besoldung für die nun immer zahlreicher werdenden senatorischen und ritterlichen Beamten. Zudem wurde auch die Verwaltung der Provinzen stärker einer Kontrolle durch die kaiserliche Zentrale unterworfen. Diese wurden – wie bereits erwähnt – teilweise im Auftrag des Senats, zum anderen Teil im Auftrag des Kaisers verwaltet. Während in den senatorischen Provinzen Prokonsuln diese Tätigkeit ausüben, waren es in den kaiserlichen Provinzen die *legati Augusti propraetore*, die diese Verwaltungsarbeit leisteten. Dennoch wäre Rom mit der Eintreibung von Steuern und der Rechtsprechung in den über tausend Städten des Reiches sicherlich überfordert gewesen. Die Städte nahmen diese Aufgaben weitgehend selbst in die Hand. Sie wählten dafür in der Regel in jährlichen Abständen eigene Beamte. Obwohl die Provinzen und besonders die Städte in vielen Verwaltungsfragen selbstständig arbeiteten, war es aber dennoch möglich, sich bei Problemen und Streitigkeiten direkt an die kaiserliche Zentrale zu wenden. Sachbearbeiter antworteten im Auftrag des Kaisers. Abschriften der eigenen Reskripte (von lat. *rescribere* = zurückschreiben) wurden von der kaiserlichen Verwaltung gesammelt, um in ähnlichen Fällen entsprechend antworten zu können. Um die hierfür notwendige rasche Nachrichtenübertragung sicherzustellen, trieben die Kaiser in allen Provinzen den Ausbau eines leistungsfähigen Straßennetzes voran, das sowohl für militärische als auch für zivile Verwaltungszwecke unentbehrlich war. Zugleich wurde eine staatliche Post (*cursus publicus*) eingerichtet, mit der Nachrichten und Personen im kaiserlichen Auftrag transportiert wurden. Die von Augustus entwickelte Herrschaftsform des Prinzipats konnte sich dauerhaft durchsetzen und bildete die Grundlage für die Herrschaft seiner Nachfolger.

Römischer Reisewagen

Arbeitsanregungen zum Infotext

Info S. 151–153

1. Erstellen Sie eine Mindmap zu den unterschiedlichen Aspekten der Krise der römischen Republik.
   ☞ Mindmap für einen foliengestützten Kurzvortrag

Info S. 149f.

2. Beschreiben Sie die wesentlichen Institutionen der römischen Verfassung und erläutern Sie, mit welchen Mitteln der Senat bzw. die Nobilität ihre Vorherrschaft sicherten.
   ☞ Kommentierte Strukturskizze auf einem Lernplakat

Info S. 151–153

3 Stellen Sie die innergesellschaftlichen Gewinner und Verlierer der römischen Expansion in strukturierter Form dar.
   ☞ Kommentierte Strukturskizze auf einem Lernplakat

Info S. 153f.

4. Benennen Sie Ziele und Maßnahmen des Reformvorstoßes der Gracchen und beurteilen Sie ihr Vorgehen und das ihrer Gegner mit Blick auf die Folgen für das politische System der Republik.
   ☞ Schriftliches Statement

Info S. 154–156

5. Erörtern Sie anhand der Beispiele der Karrieren des Marius und Sullas, inwiefern der Übergang zu einer Berufsarmee einerseits dazu führte, ein Krisenphänomen der Republik zu lösen und zugleich die Krise insgesamt zu verschärfen.
   ☞ Kommentierte Zeitleiste als Grundlage für eine Plenumsdiskussion

Info S. 156f.

6. Stellen Sie die Ziele, die Umsetzung und die Folgen des ersten Triumvirats in strukturierter Form dar.
   ☞ Kommentierte Strukturskizze auf einem Lernplakat

Info S. 157

7. Arbeiten Sie heraus, inwiefern Caesar durch seine Reformen die Krise zu überwinden half und woran er schließlich scheiterte.
   ☞ Thesenpapier

Info S. 158

8. Beschreiben Sie den Weg Octavians zur Alleinherrschaft.
   ☞ Kommentierte chronologische Übersichtstabelle als Konzept für eine mediengestützte Präsentation

Info S. 158f.

9. Erläutern Sie den besonderen Charakter der Verfassung des Prinzipats zwischen Monarchie und Republik.
   ☞ Schriftliche Erörterung

Info S. 159ff.

10. Fassen Sie zusammen, in welcher Form Augustus die unterschiedlichen Krisenherde der Republik beseitigte.
    ☞ Concept Map auf Folie, Flipchart oder Tafel als begleitendes Präsentationskonzept

Die Reform des Tiberius Gracchus: Ein Weg aus der sozialen Krise?

Dieser Kupferstich aus dem 19. Jahrhundert zeigt einen dramatischen Höhepunkt des Jahres 133 v. Chr. Der Volkstribun Tiberius Gracchus setzt seinen Amtskollegen Octavius ab, nachdem dieser versucht hatte, durch sein Veto die Abstimmung über das Ackergesetz des Tiberius zu verhindern. Wie aber war es zu einer solchen Eskalation der Auseinandersetzung gekommen?
Schon unter den Zeitgenossen war unstrittig, dass sich die römische Republik im Jahre 133 v. Chr. in einer schwierigen Situation befand. Doch warum stieß dann ein so vernünftig erscheinender Reformvorschlag wie der des Tiberius Gracchus auf solch erbitterte Gegenwehr und mündete schließlich sogar in bürgerkriegsähnlichen Zuständen? Die Antwort auf diese Frage liefert wichtige Hinweise auf die Ursachen der Krise der römischen Republik insgesamt.

- **Wie sah der Reformvorschlag des Tiberius Gracchus konkret aus?**
- **Welche Interessen verfolgte Tiberius? Mit welchen Strategien versuchte er, seine Vorstellungen durchzusetzen?**

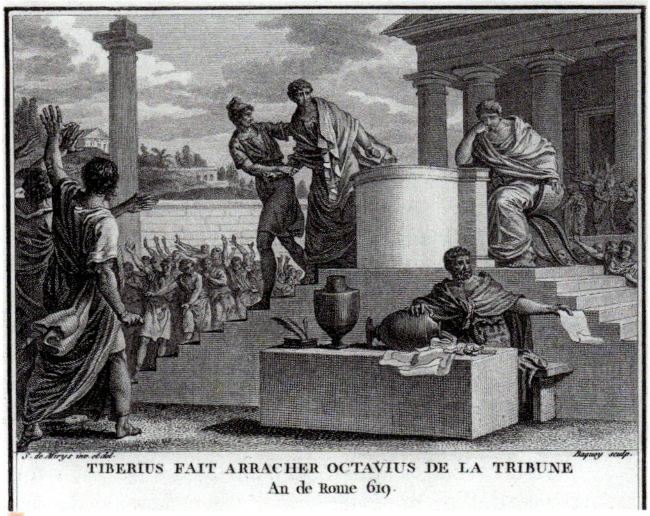

Tiberius setzt Octavius vom Amt des Tribunen ab (Darstellung aus dem 18. Jh.)

- **Mit welchen Argumenten wehrten sich die von der Reform Betroffenen? Welche Interessen verfolgten sie?**
- **Wie beurteilen moderne Historiker die gracchischen Reformen und ihre Folgen?**

Erstellen Sie auf großformatigen Plakaten eine Präsentation zu diesem Thema.

Empfehlungen, wie Sie die Präsentation fach- und sachgerecht vorbereiten können:

1. Informieren Sie sich zunächst mithilfe des Infotextes (S. 153) über den Inhalt der gracchischen Gesetzgebung. Ermitteln Sie hierbei die Konfliktparteien und halten Sie Ihre Ergebnisse in Form einer Skizze fest, die die Beteiligten und ihre Interessen enthält.

2. Interpretieren Sie in Einzelarbeit die Materialien M 1 und M 2 und beantworten Sie auf dieser Grundlage die zweite und dritte Leitfrage. Folgen Sie bei der Interpretation den Schritten der Basismethode „Sprachliche historische Quellen interpretieren" (S. 189 ff.).

3. Bilden Sie anschließend Arbeitsgruppen und bearbeiten Sie unter der vierten Leitfrage jeweils M 3 und M 4. Halten Sie Ihre Ergebnisse in schriftlichen Stichworten fest. Vergleichen Sie die Darstellungstexte Ihrer Gruppen im Hinblick auf ihre Aussagen miteinander. Gestalten Sie zur Unterstützung Ihres Vortrags auf der Grundlage Ihrer Konfliktskizze ein Lernplakat. Üben Sie den Vortrag Ihrer Ergebnisse in Ihrer Kleingruppe.

MATERIALIEN

M 1 Der griechische Historiker Appian (ca. 90–160 n. Chr.) zu den Reformplänen des Tiberius

[...] bis Tiberius Sempronius Gracchus, ein angesehener Mann von außergewöhnlichem Ehrgeiz und einer allen bekannten Redegewalt, als Volkstribun auftrat. Er sprach mit feierlichem Ernst von dem Italikerstamme, seiner großen Kriegstüchtigkeit und seiner Verwandtschaft mit den Römern, wie er nach und nach herabsinke in Armut und Menschenmangel und gar keine Hoffnung auf Abhilfe haben könne. Er sprach voller Empörung über den Sklavenstand, der zum Kriege nicht zu gebrauchen sei und keine Treue gegen seine Herren kenne, wobei er anführte, was erst vor Kurzem den Herren in Sizilien von ihren Sklaven widerfahren sei[1], wo auch die Zahl der Sklaven infolge ihrer Verwendung als Landarbeiter allzu stark angeschwollen sei; und der Krieg der Römer gegen sie sei weder leicht noch von geringer Dauer gewesen, sondern habe sich auf eine lange Zeit hingezogen und mancherlei gefährliche Wendungen mit sich gebracht. Nach dieser Rede erneuerte er das Gesetz, kein römischer Bürger solle mehr als 500 Joch [vom ager publicus] zu eigen haben[2]. Über das alte Gesetz hinaus legte er für die Söhne noch jeweils 250 Joch dazu, was aber darüber hinaus ginge, sollten drei alljährlich gewählte Männer[3] unter die Besitzlosen verteilen. Dieser letzte Punkt nun war es, der den Reichen am meisten Beschwerde machte, da sie mit Rücksicht auf diese Dreimänner nicht mehr wie früher das Gesetz missachten noch Land, das anderen zugefallen war, aufkaufen konnten; denn Gracchus hatte in weiser Voraussicht den Verkauf von Land verboten. So traten denn die Reichen in Gruppen zusammen, wehklagten und hielten den Armen die Aufwendungen vor, die sie seit langer Zeit für Feldbestellung, Anpflanzungen und Gebäude gemacht hätten; andere wiesen auf die Kaufsumme hin, die sie an die Nachbarn gezahlt hatten, ob sie auch die zusammen mit dem Grundstück einbüßen sollten; andere erwähnten die dort befindlichen Gräber ihrer Väter, [...] andere die Mitgift ihrer Frauen, die sie in diese Grundstücke gesteckt hätten, oder auch, das Land sei ihren Kindern als Aussteuer gegeben worden; die Gläubiger wiesen auf die Schuldtitel hin, die auf diesem Lande hafteten; so herrschte überall nichts als Unordnung, Jammer und Empörung in einem. Auf der anderen Seite klagten die Armen, sie würden aus Wohlstand in die schlimmste Armut gestürzt und dadurch wieder zu Kinderlosigkeit verurteilt, weil sie nicht imstande seien, ihre Kinder aufzuziehen. Dazu zählten sie alle Feldzüge auf, die sie bei der Gewinnung des Landes mitgemacht hätten, und murrten, dass sie um ihren Anteil an dem Gemeinbesitz gebracht werden sollten. [...] Während beide Parteien solche Klagen vorbrachten und sich gegenseitig Vorwürfe machten, kam noch die Menge all der Leute hinzu, die in den Siedlungsstädten [colonia] und den freien Landstädten [municipium] Italiens oder sonstwie an diesem Lande Anteil genommen hatte und jetzt für ihren Anteil fürchten musste, und verteilte sich auf die beiden Parteien. Im Vertrauen auf ihre große Zahl wurden sie ausfällig, zettelten erbitterte Aufstände an und warteten auf die Entscheidung über das Gesetz. [...] Was aber Gracchus mit seinem Gesetze beabsichtigt hatte, war nicht Wohlstand, sondern eine gesunde Bevölkerung zu schaffen. Begeistert von dem Nutzen seines Vorhabens, dem Besten und Herrlichsten, was Italien je geschehen könne, bedachte er in keiner Weise die damit verbundenen Schwierigkeiten.

(Appian, Bürgerkriege I, 9f.; zit. nach: Walter Arend (Bearb.), Geschichte in Quellen, Bd. 1, München (bsv) o. J., S. 470f.)

---

[1] In Sizilien tobte von 136–132 v. Chr. ein Sklavenaufstand.
[2] Ein angeblich aus dem Jahr 367 v. Chr. stammendes Gesetz hatte den Höchstbesitz an staatlichem Land auf dieses Maß festgelegt. Es war jedoch offenbar nie beachtet worden.
[3] In der ersten Kommission waren Tiberius, sein Bruder Gaius sowie sein Schwiegervater Appius Claudius.

M 2 Der griechische Historiker Plutarch (ca. 45–120 n. Chr.) schreibt in seiner Biografie des Tiberius

Sein Bruder Gaius aber schreibt in einer Schrift: „Als Tiberius auf seiner Reise nach Numantia durch Etrurien kam und die Ode des Landes sah, als er beobachtete, dass alle Feldarbeiter und Hirten fremde, kriegsgefangene Sklaven waren, da tauchte zuerst der Plan in ihm auf, der ihm und seinem Bruder tausend Leiden bringen sollte. Am meisten aber stachelte das Volk seinen Ehrgeiz und seinen Unternehmungsgeist an. Durch Inschriften an öffentlichen Gebäuden, an Hausnummern und Denkmälern forderte es ihn auf, der armen Bevölkerung den Staatsgrund zurückzugeben. Freilich entwarf Tiberius den Gesetzesvorschlag nicht allein, sondern zog würdige, angesehene Männer Roms zu Rate, darunter den Pontifex Maximus Crassus, den Rechtsgelehrten Mucius Scaevola, der damals Konsul war, und Appius Claudius, seinen Schwiegervater. Und in der Tat ist wohl niemals ein milderes und gemäßigteres Gesetz gegen ein solches Übermaß von Unrecht und Habgier ergangen. Es verlangte von denen, die von Rechts wegen für ihren Ungehorsam hätten bestraft werden und nur gegen eine Geldbuße die so lange widerrechtlich bebauten Felder hätten herausgeben müssen, nichts weiter, als dass sie ihren unrechtmäßigen Besitz an die hilfsbedürftigen Bürger abtreten und dafür noch eine Entschädigung bekommen sollten. [...] Die Reichen und Besitzenden aber hassten das Gesetz aus Habgier, den Urheber aus Zorn und Ehrgeiz. So versuchten sie das Volk von seiner früheren Zustimmung abzubringen unter dem Vorgeben, die Neuaufteilung des Landes sei für Tiberius nur ein Vorwand, die alte Verfassung umzustürzen und eine allgemeine Revolution herbeizuführen. Doch erreichten sie damit nichts. Denn Tiberius verfocht seine gute und gerechte Sache mit einer Beredsamkeit, die auch eine geringere Sache hätte adeln können. Er war als Gegner gefährlich, ja, unüberwindlich, wenn er, umlagert vom Volk, auf seiner Rednerbühne stand und von den Besitzlosen sprach: „Die wilden Tiere, die Italien bevölkern, haben ihre Höhlen und kennen ihre Lagerstätte, ihren Schlupfwinkel. Die Männer aber, die für Italien kämpfen und sterben, haben nichts als Luft und Licht; unstet, ohne Haus und Heim, ziehen sie mit Weib und Kind im Lande umher. Die Feldherren lügen, wenn sie in der Schlacht ihre Soldaten aufrufen, Gräber und Heiligtümer gegen die Feinde zu verteidigen. Denn keiner von diesen armen Römern hat einen Altar von seinen Vätern geerbt, kein Grabmal seiner Ahnen. Für Wohlleben und Reichtum anderer setzen sie im Krieg ihr Leben ein. Herren der Welt werden sie genannt: in Wirklichkeit gehört kein Krümchen Erde ihnen zu eigen." [...]

Darauf ging dann das Ackergesetz durch, und man setzte ein Dreimännerkollegium ein, das die Aufteilung und Zuweisung der staatlichen Ländereien vornehmen sollte: Tiberius selbst, seinen Schwiegervater Appius Claudius und seinen Bruder C. Gracchus. [...] All das regelte Tiberius in aller Ruhe, ohne Widerstand zu finden; an die Stelle des abgesetzten Volkstribunen setzte er nicht einen bekannten, angesehenen Nachfolger, sondern einen von seinen Klienten, Mucius. Dieses Vorgehen missbilligten die regierenden Kreise. Sie fürchteten Tiberius wachsenden Einfluss und ließen sich im Senat voller Unmut über ihn aus.

[...] Da starb Attalos Philometor [von Pergamon], und Eudemos kam aus Pergamon nach Rom mit dem Testament, in dem das römische Volk zum Erben seines Reiches eingesetzt war. Sofort brachte Tiberius dem Volk zu Gefallen ein Gesetz ein, die königlichen Schätze sollten nach Rom geschafft und dort denjenigen Bürgern, die ein Landlos erhalten hatten, zum ersten Anbau und zur Anschaffung der nötigen Ackergeräte dienen. Über die Städte aber, die zu Attalos' Reich gehörten, hätte nicht der Senat zu verfügen; er selbst werde in der Sache dem Volke einen Vorschlag machen. Dies war eine schwere Beleidigung für den Senat. Der Senator Pompeius stand auf und erklärte, er habe als Tiberius Nachbar gesehen, wie Eudemos von Pergamon ihm als dem zukünftigen König von Rom ein königliches Diadem und einen Purpurmantel überreichte.

[...] Tiberius merkte aber, dass seine politische Taktik bei Octavius' Absetzung nicht bei den Großen allein, auch bei dem niederen Volke viel böses Blut gemacht hatte. Denn das hohe, angesehene Amt des Volkstribunen, das bis zu jenem Tage in Ehren gestanden hatte, war tief herabgesetzt und entwürdigt worden. So erging Tiberius sich vor dem Volk in einer langen Rede. [...] Die Person des Volkstribunen, so führte er aus, sei heilig und unverletzlich, weil er dem Dienste des Volkes geweiht und Schützer des Volkes sei. Wenn er nun seiner Bestimmung untreu wird und dem Volk gar ein Unrecht zufügt, indem er es an der Ausübung seiner Rechte hindert und ihm das Stimmrecht entzieht, dann bringt er sich selbst um sein Amt, weil er die Bedingungen nicht erfüllt, unter denen er es angetreten hat. Denn wenn er auch das Kapitol niederreißt oder das Schiffsarsenal in Brand steckt, so muss man ihn gewähren lassen, wenn er auch unter diesen Bedingungen ein schlechter Volkstribun ist. Hebt er aber die Demokratie auf, so ist er überhaupt kein Volkstribun. Wäre es also nicht unerhört, wenn zwar der Tribun den Konsul ins Gefängnis werfen lassen kann, das Volk aber nicht das Recht hat, dem Tribunen seine Befugnis zu entziehen, wenn er sie gegen das Volk gebraucht, das sie ihm verliehen hat? Das Volk wählt ja den Konsul so gut wie den Volkstribun. [...] Ist es also nicht billig, wenn auch der Tribun durch ein Vergehen am Volke die vom Volk verliehene Unverletzlichkeit verliert? Vernichtet er doch durch eigene Schuld die Quelle, aus der seine Macht entspringt. Und wiederum: hat er das Tribunat rechtmäßig durch Stimmenmehrheit der Tribus erhalten, so kann ihm mit noch größerem Rechte der einstimmige Beschluss der Tribus das Amt doch auch wohl wieder nehmen. [W. Ax]

(Plutarch, Tib. Gracchus, 8 ff.; zit. nach: Geschichte in Quellen, a. a. O., S. 471 ff.)

M 3 Helmuth Schneider (1977)

Ti. Gracchus ist also von der Auffassung ausgegangen, dass das soziale System der Republik durch die Ausbreitung der Sklavenwirtschaft und durch die wirtschaftlich bedingte Schwächung des Heeres gefährdet war; das Agrargesetz, das die Verarmung der römischen Bevölkerung rückgängig machen und damit nicht allein die militärpolitischen, sondern auch die aus der Ausbreitung der Sklavenwirtschaft und der Verarmung der Massen resultierenden wirtschaftlichen, sozialen und politischen Probleme lösen sollte, hatte ohne Zweifel

die Funktion, die römische Republik wiederum zu stabilisieren; Ti. Gracchus hatte erkannt, dass dies allerdings auf der Basis des bestehenden gesellschaftlichen Status quo nicht mehr möglich war. […]
Auf die gracchische Reformpolitik hat der Senat, der dieser Politik sachlich nichts entgegenzusetzen hatte, mit einer Obstruktionspolitik und, als diese sich als erfolglos erwies, mit einer gewaltsamen Niederschlagung der gracchischen Reformbewegung reagiert; die Senatoren, die Ti. Gracchus wiederholt vorgeworfen hatten, er habe die Grundsätze der Verfassung missachtet, gebrauchten in der politischen Auseinandersetzung selbst rechtswidrige und außerordentlich brutale Methoden, deren Billigung die Verlogenheit der senatorischen Polemik deutlich offenbarte. Das Jahr 133 stellt für die römische Politik eine entscheidende Wende dar: Das erste Mal seit dem Ende der Kämpfe zwischen Patriziern und Plebejern in der frühen Republik waren die sozialen Interessen der Bevölkerung formuliert, die aus ihnen resultierenden Forderungen mit Nachdruck gestellt und die Massen zur Unterstützung einer ihren Interessen dienenden Politik mobilisiert worden. Die tribunizische Politik hatte sich 133 endgültig aus ihrer Abhängigkeit vom Senat gelöst. Die Polarisierung der römischen Politik, die Aktivität der Massen, der permanente senatorische Widerstand gegen die gracchische Politik und die Eskalation des Konflikts bis zur gewaltsamen Beseitigung des Ti. Gracchus waren deutliche Indizien dafür, dass die bis dahin latenten Konflikte zwischen Plebs und Großgrundbesitzern sich in einen offen ausgetragenen sozialen Konflikt verwandelt hatten. […]
Die Bedeutung der gracchischen Politik für die römische Geschichte beruht weniger auf den durch die gracchische Gesetzgebung tatsächlich erreichten sozialen Veränderungen als vielmehr auf den langfristigen politischen und sozialen Folgen einer Politik, die sich an den Interessen der Massen orientierte und die Massen in den Prozess der politischen Willensbildung einbezog. Bereits im Jahre 133 verursachte die gracchische Gesetzgebung eine politische Polarisierung, die zur Entstehung von zwei Gruppierungen mit konträren politischen Zielen führte; in nachsullanischer Terminologie wurden die Politiker, die in der Tradition der antigracchischen senatorischen Politik standen, als Optimaten bezeichnet, ihre Gegner, die die gracchische Politik, wenn auch mit den von den jeweiligen Umständen bedingten Modifikationen, fortsetzten, als Popularen. Die historische Relevanz der Gracchen besteht nicht zuletzt darin, dass sie das populäre Programm formuliert und die populare Taktik, die der Durchsetzung dieses Programms diente, entwickelt haben. Die sozialpolitischen Forderungen der Gracchen nach Land für die besitzlose Landbevölkerung und nach einer staatlich gesicherten Getreideversorgung der stadtrömischen Bevölkerung haben die spätere populare Politik und damit auch die sozialen Konflikte in der späten Republik wesentlich bestimmt. […]
Das Scheitern der gracchischen Reformen hatte für Italien und die römische Republik gravierende negative Folgen. Eine Lösung der wirtschaftlichen und sozialen Probleme war verhindert worden; das Resultat der repressiven Politik des Senates bestand darin, dass eine Verbesserung der sozialen Lage des römischen Volkes ausblieb und dass darüber hinaus die soziale Situation durch die fortschreitende Expansion des Großgrundbesitzes, durch das unkontrollierte Wachstum der Städte, besonders Roms, dessen Bevölkerung unter außerordentlich schlechten Bedingungen lebte, und durch die fortdauernde militärische Belastung sich weiter verschlechterte. Überdies blieb das Problem der Beziehungen zwischen Rom und den italischen Verbündeten ungelöst. Das Konfliktpotenzial wuchs also, ohne dass sich für diese Konflikte Lösungsmöglichkeiten abzeichneten. Aber auch eine andere Tatsache war für die folgende politische Entwicklung entscheidend: Der Erfolg der senatorischen Politik bestimmte insoweit spätere populäre Reformkonzepte, als die Popularen in ihrer Gesetzgebung die senatorische Opposition in Rechnung stellten und Kompromisse herbeizuführen versuchten, die eine gewaltsame Auseinandersetzung zwischen Popularen und Senat verhindern sollten. Um eine Konfrontation mit den Optimaten zu vermeiden, verzichteten die Popularen auf eine den wirtschaftlichen Interessen der Besitzenden zuwiderlaufende Politik; damit war aber eine adäquate Lösung der sozialen Konflikte nicht mehr möglich. Die senatorische Politik der Jahre zwischen 133 und 121 beeinflusste also alle späteren Konfliktlösungsaktivitäten eindeutig negativ.

(Helmuth Schneider, Die Entstehung der römischen Militärdiktatur – Krise und Niedergang einer antiken Republik, Köln (Kiepenheuer und Witsch) 1977, S. 60, S. 82f.)

M 4 Klaus Bringmann (2002)

Insbesondere verstand es Tiberius Gracchus meisterhaft, das Mittel der Übertreibung zu handhaben. Die jungen Rekruten, die für den spanischen Krieg ausgehoben wurden, kämpften gewiss nicht für Haus und Hof, aber sie stammten doch immer noch aus bäuerlichen Familien, die in einer der Vermögensklassen der Zensuslisten registriert waren. Auf der anderen Seite überzeichnete Tiberius Gracchus auch, wie ein antiker Berichterstatter, der ihm und seiner Sache wohlgesinnt war, einmal gesagt hat, die segensreichen Wirkungen der von ihm geplanten Reform auf die Wehrkraft Roms. Die Größe des in Süditalien realisierbaren Verteilungsobjekts ist nicht überliefert, und wir sind auf eine grobe

Schätzung angewiesen, und diese geht von ungefähr 160 000 Morgen aus. Wenn sie annähernd das Richtige trifft, hätten im Höchstfall etwa 15 000 Kleinbauernstellen geschaffen werden können. Dies alles hätte an die Ergebnisse der Landverteilungen, die im ersten Jahrzehnt des zweiten Jahrhunderts in Süditalien vorgenommen worden waren, nicht im entferntesten herangereicht – damals waren etwa 600 000 Morgen an ca. 53 000 Empfänger ausgegeben worden. Von der Größe des Verteilungsobjekts einmal abgesehen ist es generell fraglich, ob mit der Schaffung neuer Kleinbauernstellen das Rekrutierungsproblem auf Dauer hätte gelöst werden können. Seine Ursache lag darin, dass Rom seine Kriege nicht mehr in Italien zu führen hatte, sondern zu einer starken und dauernden militärischen Präsenz in Übersee genötigt war. Dieser Situation konnte das bäuerliche Milizsystem gar nicht gewachsen sein, und diesem Strukturproblem war mit der Verteilung der letzten Reserven an Staatsland nicht beizukommen.

Wie sein Vorgänger war auch Tiberius Gracchus mit der Protest- und Verweigerungshaltung der Altbesitzer konfrontiert. Auch sie übertrieben das Unrecht und die Unbilligkeit der ihnen drohenden partiellen Enteignung, aber ganz von der Hand zu weisen waren ihre Argumente nicht, und da sie ihrer Herkunft nach zur gesellschaftlichen und politischen Elite gehörten, fanden ihre Klagen naturgemäß beim Senat, dem kollektiven Regierungsorgan des römischen Staates, einen starken Widerhall. Das war ja der Grund, warum Gaius Laelius[1] das Projekt einer Agrarreform wieder zurückgezogen hatte. Die Reformer um Tiberius Gracchus scheinen die Einwände der Altbesitzer denn auch soweit wie möglich berücksichtigt zu haben. Ein novellierter Gesetzesantrag, bei dessen Formulierung die juristisch gebildeten Hintermänner, insbesondere der Konsul Publius Mucius Scaevola, die Federführung innehatten, enthielt Bestimmungen, die sowohl den Interessen der Altbesitzer entgegenkamen als auch der Gefahr vorbeugen sollten, dass sich das verteilte Land doch wieder in der Hand der Großgrundbesitzer ansammelte. Einmal wurden die künftigen Siedlerstellen, die im Obereigentum des Staates bleiben sollten, mit einem Verkaufsverbot belegt, zum anderen wurde den Altbesitzern das Zugeständnis gemacht, dass sie bis zu 1000 Morgen Ackerland – 500 für sich und je 250 für zwei Söhne – in der besten Rechtsform als frei verfügbares Eigentum behalten durften. Darüber hinaus wurde ihnen eine Entschädigung für die Investitionen zugesagt, die sie auf dem zur Einziehung bestimmten Land getätigt hatten.

Diese Zugeständnisse fruchteten jedoch nichts. Die Altbesitzer ließen nicht ab von ihrem Widerstand, und der Kreis der Reformer konnte die Mehrheit des Senats nicht für sich gewinnen. [...]

Sowenig die Agrarreform vorankam, so durchschlagend waren die politischen Nebenwirkungen seiner Methode zu ihrer Durchsetzung. Es handelte sich um nichts Geringeres als um eine Machtverlagerung vom Senat zur Person des Volkstribunen, der mithilfe der Volksversammlung Regierungsfunktionen an sich zog. Um der Sache willen, um die es ihm ging, aber auch im Interesse seiner Zukunft musste er sich um eine weitere Amtsperiode bewerben. Um aber gewählt zu werden, musste er weitere Wohltaten und Reformen in Aussicht stellen. Eine Wiederwahl zum Volkstribun war zwar nicht gesetzlich verboten, aber sie war in der ungeschriebenen Verfassung der römischen Republik auch nicht vorgesehen. In der hysterisch aufgeladenen Atmosphäre und unter den tumultuarischen Umständen, unter denen seine Bewerbung stattfand, interpretierten seine Gegner die erneute Kandidatur als einen Versuch zur Gewinnung der Alleinherrschaft. Es kam zu heftigen Wahlunruhen, und als der Konsul Publius Mucius Scaevola sich billigerweise weigerte, gegen seinen Verbündeten einzuschreiten, griff die Mehrheit der Senatoren unter Führung des amtlosen Publius Cornelius Scipio Nasica zur nackten Eigengewalt: Tiberius Gracchus und viele seiner Anhänger aus dem Volk wurden erschlagen, andere, die von der Gewalt verschont geblieben waren, mussten sich vor einem vom Senat eingesetzten Sondergericht verantworten.

Tiberius Gracchus war ein charismatischer Führer, der es verstanden hatte, eine zahlreiche Anhängerschaft um sich zu sammeln, die bereit war, für ihn durchs Feuer zu gehen.[...] Doch alle diese Bereitschaft zu bedingungsloser Gefolgschaft hatte Tiberius Gracchus in eine politische Sackgasse und in persönliche Katastrophen gelenkt. [...] Aber dieses negative Urteil über die politische Rolle, die Tiberius Gracchus gespielt hat, entlastet seine Gegner nicht von ihrem Anteil an der Schuld für die Katastrophe des Jahres 133. Zwar wäre es unbillig, ihnen vorzuwerfen, dass sie sich nicht von der Notwendigkeit der gracchischen Agrarreform überzeugen ließen und sie zu verhindern suchten, aber es bleibt ein schwerer Vorwurf, dass sie zuletzt die Pandorabüchse von Gewalt und Gegengewalt öffneten und damit den verhängnisvollsten Schritt auf dem Weg zum Untergang der politischen Ordnung sich zuschulden kommen ließen, zu deren Erhaltung sie ihn vermeintlich taten.

(Klaus Bringmann, Geschichte der römischen Republik, München (Beck) 2002, S. 206 f., S. 211)

---

[1] Gaius Laelius: Dieser hatte im Jahre 145 v. Chr. einen ähnlichen Reformvorstoß unternommen, den er aber wegen des starken Widerstandes der Großgrundbesitzer sofort wieder zurückgezogen hatte.

Caesar: Genialer Staatsmann oder gescheiterter Diktator?

Das Leben Caesars gehört zu den am häufigsten behandelten Themen der antiken Geschichte. Nach Jahrzehnten der Wirren gelang es hier scheinbar für einen kurzen Moment, die Wirren der römischen Republik zu beenden und den Staat auf eine neue Grundlage zu stellen. Der Versuch fand durch die Ermordung Caesars an den Iden des März (15.3.) im Jahre 44 v. Chr. jedoch ein jähes Ende. Vor allem im 19. Jahrhundert betonten Historiker immer wieder die Größe Caesars und seine Leistungen, der sie das Versagen der römischen Nobilität vor und nach seiner Ermordung gegenüberstellten. In neuerer Zeit nehmen die meisten Historiker eine sehr viel skeptischere Haltung gegenüber dem politischen Werk Caesars ein. Seine Ermordung erscheint plötzlich nicht mehr als das Schurkenstück einer kleinen Gruppe von Verschwörern, sondern als geradezu zwangsläufige Folge seines Versagens, seiner militärisch errungenen Alleinherrschaft ein legales Gewand zu geben. Aber auch heute noch anerkennen viele Caesars herausragende Leistungen bei der Lösung des Reformstaus der Römischen Republik.

Die Ermordung Caesars (Historiengemälde, 19. Jh.)

- **War Caesar ein gescheiterter Diktator oder verhinderte seine Ermordung eine Lösung der Krise(n) der Republik?**

Verfassen Sie einen historischen Essay zu dieser Frage und stellen Sie ihn im Plenum zur Diskussion.

So können Sie in Partnerarbeit eine tragfähige inhaltliche Basis für den Essay schaffen:

1. Verschaffen Sie sich mithilfe des Infotextes sowie durch Analyse der Quelle M1 zunächst einen Überblick über den Aufstieg Caesars sowie seinen Umgang mit der Macht
   ➧ **Erschließungstipp:** Untersuchen Sie die Quelle vor allem unter dem Aspekt, inwiefern die Form der Alleinherrschaft Caesars Anstoß erregte.
2. Analysieren Sie M2–M4, indem Sie ausgehend von einer Beschreibung der formalen Textmerkmale die Kernaussagen und die Argumentation, mit der diese gestützt werden, herausarbeiten (s. Schritt 2 der Basismethode Historische Sekundärliteratur analysieren", S. 192f.).
3. Notieren Sie auf Karteikarten
   a) die Kernaussagen der Autoren und wie sie argumentieren;
   b) Ihre persönlichen Schlussfolgerungen und Einschätzungen zu den vertretenen Positionen (s. Schritt 3 der Basismethode S. 193).
4. Verfassen Sie Ihren Essay. Die methodische Anleitung „Einen Essay verfassen" (S. 197f.) bietet Ihnen einen Strukturierungsvorschlag für die Anlage und den Aufbau als Schreibkonzept an.

MATERIALIEN

M 1 Der römische Historiker Sueton (um 70–130 n. Chr.) urteilt über Caesar wie folgt:

Doch seine übrigen Taten und Aussprüche wiegen so sehr, dass man der Ansicht sein kann, er habe seine Herrschaft missbraucht und sei zu Recht umgebracht worden. Denn er ließ nicht nur Ehrenbezeugungen zu, die das normale Maß überschritten, wie das Konsulat, das sich von Jahr zu Jahr verlängerte, die Diktatur auf Lebenszeit und das Amt des Sittenrichters, ferner auch noch den Vornamen „Imperator“, den Beinamen „Vater des Vaterlandes“, ein Standbild in der Reihe der Könige und einen erhöhten Sitz in der Orchestra; ja er ließ es auch zu, dass man für ihn Ehrungen beschloss, die ihn über den Platz, der einem Menschen gebührt, hinaushoben: einen goldenen Sessel im Rathaus und im Gericht, einen Götterwagen und ein Traggestell für sein Bildnis beim Umzug im Circus, Tempel, Altäre, Bildnisse neben den Göttern, ein Polster, wie es die Götter haben, einen eigenen Priester, ein neues Kollegium Panpriester, auch ließ er es zu, dass man einen Monat nach ihm (um)benannte. Auch nahm und vergab er alle Auszeichnungen, wie es ihm passte. Sein drittes und viertes Konsulat verwaltete er nur dem Titel nach, zufrieden mit seiner Vollmacht als Diktator, die ihm zugleich mit den Konsulaten verliehen worden war; in beiden Amtsperioden setzte er für sich während der letzten drei Monate zwei Konsuln als Ersatz ein, sodass er in der Zwischenzeit keine Wahlversammlungen abhalten musste, außer für die Wahl der Tribunen und der plebejischen Aedilen. Außerdem bestimmte er Praetekten an der Stelle der Praetoren, die, wenn er abwesend sein sollte, in der Stadt die Geschäfte führen sollten. Als einmal am letzten Tag des Jahres plötzlich einer der Konsuln starb, setzte er auf die für nur noch wenige Stunden vakante Stelle einen Bewerber. Genauso willkürlich und unter Missachtung des altbewährten Verfahrens vergab er Ämter auf mehrere Jahre, verlieh er zehn ehemaligen Praetoren den Rang und die Vorteile von Konsuln und nahm auch Leute, die er mit dem Bürgerrecht beschenkt hatte, sogar einige Halbbarbaren aus Gallien in den Senat auf. [...] Aber in ganz besonderem Maße zog er sich Hass, der sein tragisches Ende herbeiführen sollte, gerade durch folgendes Verhalten zu: Als die Senatoren vollzählig mit Beschlüssen, die allesamt für ihn äußerst ehrenvoll waren, an ihn herantraten, empfing er sie sitzend vor dem Tempel der Venus Genetrix. Einige nehmen an, er sei von Cornelius Balbus zurückgehalten worden, als er sich erheben wollte; andere glauben, er habe nicht einmal Anstalten gemacht, sich zu erheben, sondern er habe sich sogar nach Gaius Trebatius, der ihn an seine Schuldigkeit erinnerte, mit einem weniger freundlichen Blick als gewohnt umgeschaut. Diese seine Handlungsweise schien gerade dadurch noch beträchtlich unerträglicher, dass gerade er sich, als er im Triumphwagen an den Sitzen der Tribunen vorbeifuhr und Pontius Aquila als einziger von allen sich nicht erhob, so in seiner Würde gekränkt fühlte, dass er sagte: „So fordere doch du, Tribun Aquila, die Staatsgewalt von mir zurück!“ Und er ließ während der nächsten Tage stets nur mit der Einschränkung jemandem eine Zusage machen: „Vorausgesetzt, es findet bei Pontius Aquila Zustimmung.“ Dieser beispiellos ehrenrührigen Behandlung des Senats, auf den er nur noch herabblickte, setzte er noch ein Verhalten oben auf, das noch weit anmaßender war: Denn als beim Opfer auf dem Bundesfest der Latiner – er war schon auf der Rückreise – ein Mann aus der Menge unter dem stürmischen, noch nie dagewesenen Beifall des Volkes seiner Statue eine Lorbeerkrone, um die er eine weiße Binde gebunden hatte, aufsetzte und die Volkstribunen Epidius Marullus und Caesetius Flavus den Befehl gaben, die Binde von der Krone abzunehmen und den Mann zu verhaften, enthob er die Tribunen ihres Amtes, nachdem sie von ihm schwer gescholten worden waren. Dahinter mag gesteckt haben, dass er sich ärgerte, dass die Anregung, ihn zum König zu machen, auf wenig günstige Art und Weise in Szene gesetzt worden war, aber auch die Tatsache, dass ihm, wie er selbst erklärte, die Ehre genommen werde, sich gegen ein solches Ansinnen zu verwahren. Seit diesem Vorfall war er verschrien, sogar nach dem Königstitel gestrebt zu haben; so sehr er sich darum mühte, diese Schmach konnte er nicht mehr loswerden.

(Sueton, Caesar 76ff.; zit. nach: Sueton, Die Kaiserviten – Berühmte Männer, hrsg. u. übers. v. Hans Martinet, Düsseldorf (Artemis und Winkler) 1997, S. 117ff.)

M 2 Klaus Bringmann

Überblickt man die Reformtätigkeit Caesars, die ihren Höhepunkt in der zweiten Hälfte des Jahres 46 fand, so entsprach sie einerseits den Forderungen, die Cicero in der im September gehaltenen Rede für Marcellus erhoben hatte, und lag andererseits durchaus auch auf der Linie der politischen Stabilisierungsbemühungen, die das wesentliche Motiv der Gesetzgebung seit Sulla waren und ihren letzten Höhepunkt im dritten Konsulatsjahr des Pompeius gefunden hatten. Die rechtliche und politische Einheit Italiens war vollendet worden. Caesar hatte die Schuldenkrise gemeistert und den Kredit wiederhergestellt. Darüber hinaus waren Maßnahmen zur Befriedung des Binnenraums der res *publica* in der Weise getroffen worden, dass die Wiederaufnahme der

Schwierigkeiten mit der Integration seiner Anhänger gehabt, und Verfügen und Befehlen wären fehl am Platz gewesen: Er hätte eine Geduld aufbringen müssen, die ihm weniger als je zu eigen war. Caesar hätte wohl auch das Gefühl gehabt, sich untreu zu werden. Gegen alle wichtigen Kräfte und ohne irgendetwas über seine Absichten zu verlautbaren aber kann man wohl kein Gemeinwesen neu organisieren. So kam Caesar dazu, die wirklich wichtigen Probleme über denen zu vernachlässigen, die sich seinem planenden Sinn, seiner kräftigen Hand fügten. Dass er damit aber die entscheidenden Fragen offenließ, führte dann dazu, dass andere nach der Antwort suchten. Es entstand ein ungeheures Vakuum, und das wurde allmählich so quälend, dass ein eigenartiger Prozess in Gang kam.

(Christian Meier, Caesar, Darmstadt (WBG) o. J., S. 557–561)

Zusammenfassende Arbeitsvorschläge Krise(n) und Untergang der römischen Republik

Kernmodul S. 7ff.
Info S. 153ff.

1. Arbeiten Sie Wendepunkte und Zäsuren der Geschichte der späten römischen Republik heraus und diskutieren Sie, inwiefern den Zeitgenossen die jeweiligen Einschnitte überhaupt bewusst waren und für welche Bevölkerungsgruppen diese von Bedeutung waren.
   ☞ Kommentierte Datenleiste als Grundlage für eine Diskussion im Kursplenum

Kernmodul S. 9f.
Info S. 153f.
Thema S. 163ff.

2. Erläutern Sie die Begriffe Struktur, Prozess und Ereignis und diskutieren Sie ihr Zusammenwirken am Beispiel der Reform des Tiberius Gracchus.
   ☞ Tabellarische Übersicht und Thesenpapier als Grundlage für ein Kreisgespräch

Kernmodul S. 25ff.
Info S. 151–153

3. Erstellen Sie eine Mindmap zu den unterschiedlichen Aspekten des Begriffs Krise allgemein und erläutern Sie, inwiefern die Krise der römischen Republik als ein Musterbeispiel einer Krise gelten kann.
   ☞ Mindmap für einen foliengestützten Kurzvortrag

Kernmodul S. 23ff.
Info S. 149f., 158ff.
Thema S. 168ff.

4. Erläutern Sie, inwiefern die Definition von Rudolf Vierhaus auf die Krise der römischen Republik angewendet werden kann: „Von Krise kann gesprochen werden, wenn zuvor bestehende stabile und funktionierende Zustände sich aufzulösen beginnen, erodieren, dysfunktional werden und die eingetretenen Störungen nicht mit hergebrachten Mitteln überwunden werden können, sondern eine *renovatio*, eine Reform, eine Revolution erforderlich wird und erfolgt; geschieht dies nicht, handelt es sich nicht (mehr) nur um eine Krise." (vgl. Kernmodul, S. 25)
   ☞ Thesenpapier als Grundlage für eine Podiumsdiskussion oder schriftliche historische Erörterung

Die Weltwirtschaft in der Krise

Von der Börsenkrise zum Kollaps der Weltwirtschaft

Die Krise von 1929 war die tiefste Krise des Industriezeitalters. Sie erfasste alle westlichen Länder, führte die Weltwirtschaft an den Abgrund und zerstörte bei vielen Menschen den Glauben an den Fortschritt. Das Gemälde „Wetterleuchten über der Vorstadt" des deutschen Malers Hans Grundig aus dem Jahre 1933 ist ein bildliches Stimmungsbarometer der Epoche. In vielen Ländern hatte die Krise neben den wirtschaftlichen auch politische Folgen: So ist der Sieg des Nationalsozialismus in Deutschland ohne die Weltwirtschaftskrise schwer vorstellbar. Aber auch in einem demokratisch gefestigten Land wie den USA hinterließ die Krise tiefe Spuren.

Wetterleuchten über der Vorstadt (Gemälde von Hans Grundig, 1933)

Aktienkurse in den USA
(Aktienpreise nach dem Dow Jones-Index, Mittelwerte in $, je 1 Börsentag im Jahr)

Jahr	Aktienpreise
1920	108,76
1921	72,67
1922	78,91
1923	98,77
1924	95,65
1925	121,25
1926	158,54
1927	155,16
1928	203,35
1929	307,01
1930	244,20
1931	169,84
1932	74,62
1933	59,29

(Nach: Edward Ashbee, The US economy today, Manchester 2010, S. 28)

1. Krisenausbruch 1929: New Yorker Börsencrash und „Schwarzer Freitag" in Europa

In seiner Antrittsrede im März 1929 beschrieb der neu gewählte amerikanische Präsident Herbert Hoover die Zukunft seines Landes in leuchtenden Farben (*bright with hope*). Die Anleger an der New Yorker Börse teilten die optimistische Sicht des Präsidenten: Der Boom der vorangegangen Jahre schien weiterzugehen; in Erwartung weiter steigender Kurse wurden Wertpapierkäufe in großem Umfang auf Kreditbasis getätigt. Die von den Banken für solche spekulativen Geschäfte eingeräumten Kredite wuchsen Monat für Monat um 400 Millionen Dollar.

Absturz in die Krise: Der „schwarze Donnerstag" in den USA. Erste Warnsignale in Form „schlechter Nachrichten" an der Börse tauchten im September des Jahres auf. Von einem Absturz der Kurse konnte aber noch keine Rede sein. Dieser kam erst sechs Wochen später, am 24. Oktober. An diesem Donnerstag und den folgenden Tagen

fielen die Kurse an der New Yorker Börse scheinbar ins Bodenlose, manche Aktien verloren mehr als 90 Prozent ihres Wertes. Nach zwei Wochen hatten die Kurse im Durchschnitt um 40–50 Prozent nachgegeben. Die Spekulation war in sich zusammengebrochen. 1932 lag der Wert der Aktien noch bei einem Viertel der Ausgangsbasis drei Jahre zuvor – ein kaum vorstellbarer Vermögensverlust.
Den Banken blieb keine andere Wahl, als einen großen Teil der gewährten Kredite abzuschreiben, damit steuerte das gesamte Finanzsystem des Landes in die Krise. In den folgenden drei Jahren mussten mehr als 5 000 US-Banken ihre Schalter schließen. Die Krise des Kreditsystems erfasste schnell die gesamte Wirtschaft: Auftragslage der Unternehmen und Produktion gingen stetig zurück, die Arbeitslosigkeit dagegen stieg. Ende 1930 waren vier Millionen Amerikaner arbeitslos, ein Jahr später bereits sieben Millionen.
Im Juni 1930 beschloss der Kongress ein neues Zollgesetz (*Smoot Hawley Tariff*), das Präsident Hoover schon im Wahlkampf versprochen hatte. In der Debatte des Kongresses wurde das Gesetz um immer neue Zusätze erweitert und umfasste am Ende 21 000 Positionen – ein extrem protektionistisches Gesetz, das nicht nur die amerikanische Landwirtschaft (die das Gesetz eigentlich schützen sollte), sondern auch zahlreiche andere Branchen vor ausländischer Konkurrenz abschirmte.

Recherchetipp: Interview mit dem Wirtschaftshistoriker Prof. Dr. Hans-Jürgen Schröder zum Börsencrash 1929: Audiodatei unter http://www.unigiessen.de/cms/kultur/universum/universitaet1/fachjournalistik/multimediale-artikelserie/boersencrash-1929

Der „Schwarze Freitag" in Europa. Die Nachrichten vom Kurssturz an der New Yorker Börse, dem *Black Thursday*, erreichten Europa erst am 25. Oktober, dem „Schwarzen Freitag". Nun purzelten auch an den Börsenplätzen des alten Kontinents die Aktienkurse.
In Europa platzte allerdings keine Aktienspekulationsblase – die Kursverluste an den Börsen fielen daher auch geringer aus als in den USA. Vielmehr wirkten sich nun die Probleme voll aus, die schon in dem Jahrzehnt vor 1929 Wirtschaft und Staatshaushalte belastet hatten: Der wirtschaftliche Optimismus, der die amerikanische Konjunktur beflügelt hatte, fehlte in Europa. Überall schwächelte die Wirtschaft, während die finanziellen Lasten – von den sozialen Folgelasten des Krieges, den Reparationen und Kriegsschulden bis hin zu den gestiegenen Erwartungen an soziale Leistungen des Staates – anwuchsen. Außerdem belastete die schwelende Agrarkrise, ablesbar an Absatzschwierigkeiten und fallenden Erlösen der landwirtschaftlichen Produzenten, auch die Länder Europas.

Arbeitslosenraten

Jahr	USA	GB	Frankreich	Deutschland
1925	5,9	11,3	3,0	6,8
1926	2,8	12,5	3,0	18,0
1927	5,9	9,7	11,0	
1928	6,4	10,8	4,0	8,6
1929	4,7	10,4	1,0	13,3
1930	13,0	16,1	2,9	22,7
1931	23,3	21,3	6,5	34,3
1932	34,0	22,1	15,4	43,8
1933	35,3	19,9	14,1	36,2

(Nach: Dietmar Petzina, Die deutsche Wirtschaft in der Zwischenkriegszeit, Wiesbaden 1977, S. 16f.)

Dennoch waren nicht alle Länder von der Wirtschaftskrise in gleicher Weise betroffen. In Frankreich und in den Niederlanden fiel die Krise milder als in anderen Ländern aus. Großbritannien hatte große Probleme, die sich aber fast nahtlos an die wirtschaftlichen Krisenerscheinungen der Zwanzigerjahre anschlossen – die Wirtschaft der Insel hatte nicht einmal eine kurzzeitige Blüte erlebt. Am härtesten wurde Deutschland getroffen.

Krise in Deutschland. Die schlechten Wirtschaftsnachrichten aus den USA im Herbst 1929 trafen Deutschland in einer wirtschaftlich und politisch ausgesprochen schwierigen Situation: Seit 1928 war der Kapitalzufluss aus den USA nahezu versiegt und die Konjunktur war schon Monate vor dem Schwarzen Freitag eingetrübt. Nach dem Börsencrash in den USA riefen US-Banken kurzfristig ausgeliehenes Kapital aus Deutschland und Europa zurück; betroffen davon waren zuerst die deutschen Großbanken, deren Eigenkapitalanteil viel zu niedrig war. Weil Kredite fast nicht mehr zu bekommen waren, stand die Reichsregierung Ende 1929 kurz vor der Zahlungsunfähigkeit.
Die Talfahrt der deutschen Wirtschaft setzte praktisch sofort ein. Dementsprechend schnellte die Zahl der Arbeitslosen rapide in die Höhe: von 1,6 Millionen im Oktober 1929 auf 3,4 Millionen im Februar 1930. Im Streit um die Finanzierung der Arbeitslo-

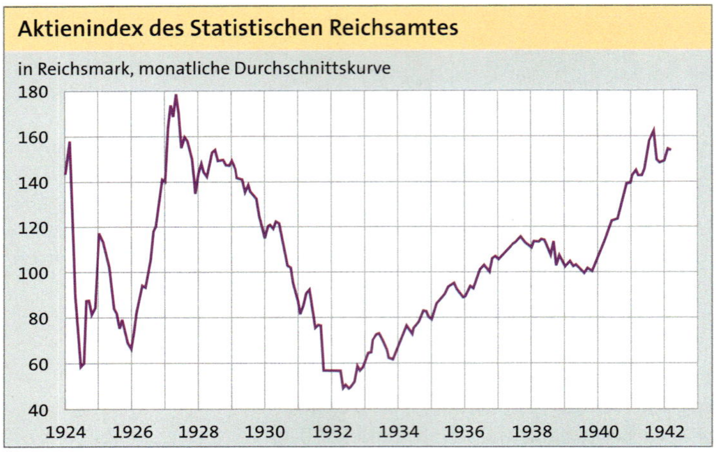

(Nach: http://commons.wikimedia.org/wiki/File:Aktienindex_des_Statistischen_Reichsamtes_in_Reichsmark.png)

senversicherung zerbrach im März 1930 die Regierung der Großen Koalition unter Reichskanzler Hermann Müller (SPD). Sie wurde von einer Minderheitsregierung des Zentrumspolitikers Heinrich Brüning abgelöst, die ganz vom Vertrauen des Reichspräsidenten und dessen Notstandsbefugnissen abhing. Als der Reichstag eine vom Reichspräsidenten erlassene Notverordnung aufhob, kam es im September 1930 zu Neuwahlen, bei denen die Nationalsozialisten mit 18 Prozent der Stimmen einen erdrutschartigen Wahlerfolg erzielten und als zweitstärkste Fraktion in den Reichstag einzogen.

2. Krisenspirale: Von der Bankenkrise 1931 zur globalen Währungs- und Wirtschaftskrise

Im Frühjahr 1931 wurde die Wirtschaftskrise auf beiden Seiten des Atlantiks noch überwiegend als „übliche“, wenn auch ungewöhnlich tiefe und lang anhaltende Konjunkturkrise gesehen. Die folgenden Monate zeigten, wie abwegig diese Einschätzung war.

Bankenkrise 1931

Bankenkrise in Österreich und Deutschland. Im Mai 1931 musste die Österreichische Credit Anstalt in Wien, damals eine der bedeutendsten Banken in Mitteleuropa, ihre Zahlungen einstellen. Die Folge war ein Run der Anleger auch auf die großen Banken in Deutschland. Von verschiedenen großen Firmen, darunter der Karstadt AG

Andrang auf die Berliner Sparkasse, nachdem sie am 13. Juli 1931 ihre Zahlungen eingestellt und das Bankhaus geschlossen hatte.

und dem Nordstern-Versicherungskonzern, wurde bekannt, dass sie kurz vor der Zahlungsunfähigkeit standen.
Die beunruhigenden Nachrichten aus dem Bankenbereich beschleunigten den Abzug von Auslandskapital aus Deutschland weiter: Im Mai und Juni 1931 verlor die Reichsbank mit rund 800 Millionen Mark ein Drittel ihrer Währungsreserven an Gold und Devisen. Aus der Wirtschaftskrise wurde spätestens jetzt eine globale Finanz- und Währungskrise.
Auch die Frage der politischen Schulden kam damit wieder auf die internationale Tagesordnung. Dass Deutschland unter den veränderten wirtschaftlichen Umständen überhaupt noch Reparationen an die Siegermächte überweisen könnte, schien nahezu ausgeschlossen; damit wurde es auch immer unwahrscheinlicher, dass die Europäer noch ihre Kriegsschulden an die USA bedienen würden. In dieser Situation entschloss sich der amerikanische Präsident Hoover zu einer Kehrtwende in der Schuldenfrage. Am 20. Juni 1931 verkündete er ein einjähriges Moratorium für alle politischen Schulden, also für interalliierte Kriegsschulden und Reparationen gleichermaßen.
Während Frankreich mit seiner Zustimmung zum Hoover-Moratorium noch zögerte, spitzte sich die Krise in Deutschland weiter zu: Der Bremer Nordwolle-Konzern, eines der bedeutendsten Textilunternehmen Deutschlands, meldete Konkurs an. Am 11. Juli, einem Samstag, erfuhr die Reichsregierung, dass die Darmstädter und Nationalbank (Danat-Bank) zahlungsunfähig war, die Dresdner Bank stand kurz davor. Beide Großbanken standen in engen Geschäftsbeziehungen zum Nordwolle-Konzern, und sie hatten in großem Maße kurzfristige Auslandskredite aufgenommen.
Die Schließung der Schalter der Danat-Bank am folgenden Montag, dem 13. Juli, löste endgültig Panik unter Anlegern und Sparern aus. Der Reichsregierung blieb nichts anderes übrig, als für den 14. und 15. Juli zwei „Bankfeiertage" zu verkünden, um den weiteren Ansturm der Sparer zu beenden. Nach Wiedereröffnung der Banken wurden die Abhebungen strikt begrenzt; Deutschland hob als erstes Land den freien Devisenverkehr auf.

Moratorium: Zahlungspause, Zahlungsunterbrechung

Krisenreaktionen in Großbritannien, Deutschland und den USA

Großbritannien: Pfundabwertung und Abkehr vom Goldstandard. Auch in Großbritannien spitzte sich die Krise zu. Im Sommer 1931 stürzte – im Streit um Einschnitte in der Arbeitslosenversicherung und die Sanierung des britischen Staatshaushaltes – die von der Labour-Party gestellte Regierung. Im Unterschied zu Deutschland aber folgte ihr kein Minderheitskabinett, sondern das *National Government*, eine Art Allparteien-Regierung aus Teilen der Labour Party, Konservativen und Liberalen unter Premierminister Ramsay Macdonald.
Noch bevor die neue Regierung am 25. August die Geschäfte übernahm, geriet die britische Währung ins Schlingern. Amerikanische und schweizerische Banken hatten Anlagen auch aus Großbritannien abgezogen; in der Folge geriet das britische Pfund immer mehr unter Druck. Im September blieb der Regierung keine andere Wahl, als die Goldbindung des Pfunds aufzugeben: Seit dem 21.9.1931 war der Kurs der britischen Währung dem Spiel von Angebot und Nachfrage überlassen.
Der Kurs des Pfundes sackte schlagartig um reichlich 20, später 30 Prozent. Die Abwertung verbesserte die Wettbewerbsfähigkeit der Exportindustrie und trug zur Erholung der britischen Wirtschaft seit 1932 wesentlich bei.
Die Abkehr Großbritanniens vom Goldstandard war ein schwerer Schritt für die britische Regierung, weil die Goldparität des Pfundes stets Inbegriff der Solidität der britischen Währung und der Weltmachtstellung des Landes gewesen war. Im Februar 1932 ging die britische Regierung noch einen Schritt weiter. Sie beschloss die Erhebung von – wenn auch moderaten – Importzöllen und gab damit auch das bis dahin eherne Prinzip des Freihandels auf.

Goldstandard: Bindung einer Währung an Gold bedeutet, dass Banknoten jederzeit zu einem festgelegten Kurs in Gold eingetauscht werden können. Die Geldmenge richtet sich dabei nach den Goldreserven/-beständen des jeweiligen Landes. Der Goldstandard wurde in England offiziell 1816 eingeführt und seit 1870 von allen wichtigen Industriestaaten übernommen, die damit zugleich ein System fester Wechselkurse einführten, das zur Basis der Weltwirtschaft wurde.

Thema, S. 183 ff.

Deflationspolitik in Deutschland. Anders als die britische Regierung, die durch Abwertung der Währung einen Ausweg aus der Krise suchte, sah Reichskanzler Brüning in Deutschland im Herbst 1931 in einem solchen Schritt kein geeignetes Mittel zur Krisenbekämpfung. Brüning verschärfte die Politik des strikten Sparens und der Kürzung der öffentlichen Ausgaben weiter. Um nach der britischen Pfundabwertung die deutsche Wirtschaft international konkurrenzfähig zu halten, peilte die deutsche Regierung eine mindestens 20-prozentige Absenkung von Löhnen und Preisen an, die teilweise mithilfe staatlicher Verordnungen durchgesetzt wurde. Eine solche Politik wird als *Deflationspolitik* bezeichnet.

Handelsbilanz des Deutschen Reiches
(Ein- und Ausfuhr in Mio. RM, reiner Warenverkehr)

Jahr	Einfuhr	Ausfuhr	Saldo
1928	14001	12276	–1725
1929	13447	13483	+36
1930	10393	12036	+1643
1931	6727	9599	+2872
1932	4667	5739	+1072
1933	4204	4871	+667
1934	4451	4167	–284

((Nach: Statistisches Bundesamt (Hg.), Bevölkerung und Wirtschaft 1872–1972, Stuttgart/Mainz (Kohlhammer) 1972, S. 191)

Die immer weitergehende Reduzierung öffentlicher Ausgaben, vor allem der Sozialausgaben, aber auch der öffentlichen Investitionen, entzog der Wirtschaft zusätzlich Nachfrage und verschärfte insofern die wirtschaftliche Krise. Breite Bevölkerungsschichten verarmten und Brünings starres Festhalten an der Sparpolitik wurde immer weniger verstanden. Politisch geriet die Regierung 1931/32 daher zunehmend in die Defensive. Ende Mai 1932 musste Brüning zurücktreten, nachdem der Reichspräsident ihm das Vertrauen entzogen hatte.

In den meisten Ländern erreichte die Krise im Jahre 1932 ihren Tiefpunkt. In den USA wuchs das Heer der Arbeitslosen im Winter 1932/33 auf vierzehn Millionen an, in Deutschland waren bis zu sieben Millionen Menschen ohne Arbeit. In den Hauptkrisenländern USA und Deutschland war die Wirtschaftsleistung zwischen 1929 und 1932 um mehr als ein Viertel, die Industrieproduktion sogar um zwei Fünftel zurückgegangen.

Die USA 1932/33. Nicht nur in Deutschland, auch in den USA war die Hoffnung auf eine Erholung der Wirtschaft 1932 verflogen. Bei der Mehrheit der Amerikaner setzte sich die Auffassung durch, dass die Politik des „Laissez faire" gescheitert war. Präsident

Hungermarsch auf Washington, 1931

Hoover, der von seiner Partei noch einmal als Präsidentschaftskandidat nominiert wurde, hatte bei den Wahlen im November 1932 keine Chance mehr. Sein Gegenkandidat, der populäre New Yorker Gouverneur Franklin D. Roosevelt, ging als überlegener Sieger aus den Wahlen hervor – der erste Präsident der Demokratischen Partei nach Wilson.

Roosevelt kündigte einen Bruch mit der bisherigen Wirtschaftspolitik an, obwohl auch er noch kein klares und schlüssiges Wirtschaftsprogramm hatte. Seine Politik des *New Deal* bestand aus einer Fülle unterschiedlichster Vorhaben, unter denen die Großprojekte zum Infrastrukturausbau (z. B. Stromerzeugung im *Tennessee Valley*) herausragten. Auch die Landwirtschaft, ein wichtiger Faktor der Krise, kam in den Fokus bundesstaatlicher Gesetzgebung, besonders mit dem *Agricultural Adjustment Act*, durch den die Anbauflächen reduziert werden sollten.

Die Schnelligkeit, mit der neue Wirtschaftsprogramme aufgelegt wurden, vermittelte der amerikanischen Öffentlichkeit den Eindruck, dass der Staat endlich eine aktive Politik zur Bekämpfung der Krise betrieb – Roosevelts *New Deal* wird bis heute als Wende in der amerikanischen Politik verstanden. Die Vollbeschäftigung wurde aber bis zum Kriegseintritt der USA nicht erreicht.

Auch Roosevelt änderte die Parität des Dollars zum Gold und wertete den Dollar ab. Der Zugang zum amerikanischen Markt wurde so für ausländische Anbieter nicht nur durch Zölle, sondern auch mit den Mitteln der Währungspolitik erschwert.

Industrieproduktion 1929 – 1936

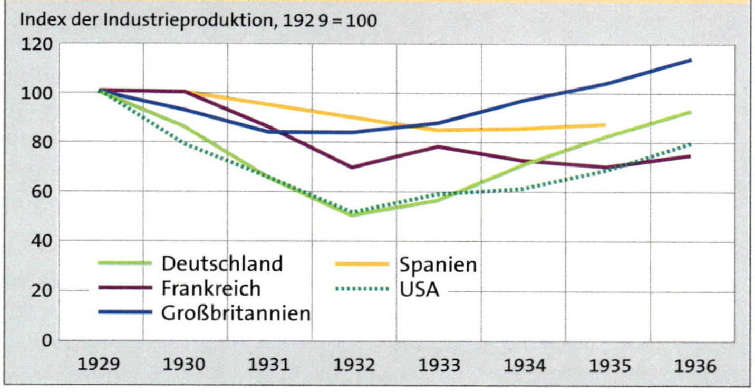

(Nach: WBG-Weltgeschichte, Bd. VI, S. 309)

New Deal: übersetzt etwa: „Neues Abkommen", im übertragenen Sinn: „Die Karten werden neu gemischt". Mit diesem Begriff bezeichnete Roosevelt seine neue Wirtschaftspolitik.

Weltweite Krise

Zerfall der Weltwirtschaft. Die Maßnahmen der Roosevelt-Administration reihten sich damit in eine Reihe von politischen Richtungsentscheidungen ein, die das System der Weltwirtschaft fundamental erschütterten. Die Politik der führenden Industriestaaten glich einem Wettlauf, in dem jedes Land durch Währungsabwertung, Zollerhöhungen und andere Maßnahmen die eigene Ökonomie schützen und den Konkurrenten zuvorkommen wollte (*beggar my neighbour policy*).

Die internationalen Handelsströme schrumpften zwischen 1929 und Anfang 1933 um zwei Drittel: Bedingt durch Wirtschaftsflaute und den neuen Zolltarif fielen allein die Importe der USA von 4,4 Milliarden $ (1929) auf 1,4 Milliarden $ (1933). Die globale Wirtschaft, wie sie in den Jahren vor dem Ersten Weltkrieg entstanden war, war buchstäblich zusammengebrochen. Der europäisch-atlantische Wirtschaftsraum zerfiel nach und

Spirale des Welthandels

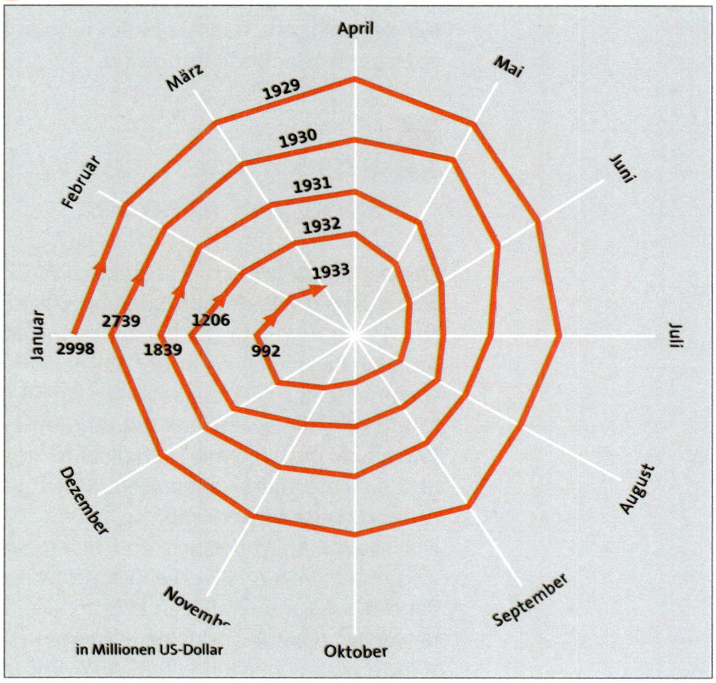

(Nach: Charles P. Kindleberger: Die Weltwirtschaftskrise 1929 – 1939, München (dtv) 1973, S. 179)

nach in mehrere Blöcke, die sich gegeneinander durch unterschiedliche Währungssysteme, Zölle und andere Handelseinschränkungen abschotteten.

Ende der Reparationen. Unter diesen Umständen war klar, dass die politischen Schulden, um die ein Jahrzehnt lang zwischen den großen Industriestaaten gestritten worden war, nicht mehr bedient werden konnten. Die Konferenz von Lausanne (Juni 1932) brachte das Ende der deutschen Reparationszahlungen, obwohl der Vertrag nie ratifiziert wurde. Die Rückzahlung der Kriegsschulden an die USA wurde von den europäischen Schuldnerstaaten einfach eingestellt.

Lehren aus der Großen Depression? Schon in den Dreißigerjahren haben Ökonomen die Frage gestellt, ob wirtschaftliche Einbrüche, wie sie die Industriestaaten Anfang der 1930er-Jahre durchmachten, durch eine andere Politik vermeidbar gewesen wären.

John Maynard Keynes (1883–1946)

Die bekannteste Antwort auf diese Frage hat der britische Ökonom John Maynard Keynes in einem bahnbrechenden Werk (*General Theory of Employment, Interest and Money*) 1936 formuliert: Keynes verneint die in der liberalen Wirtschaftstheorie gemachte Annahme einer Selbstregulation der Wirtschaft allein durch die Kräfte des Marktes. Er plädiert dagegen in Krisensituationen für staatliches Handeln durch eine aktive Konjunkturpolitik, die notfalls durch kreditfinanzierte Staatsausgaben *(deficit spending)* die Nachfrage stabilisieren und so eine wirtschaftliche Spirale nach unten verhindern soll. In die Wirtschaftspolitik der meisten Industriestaaten nach dem Zweiten Weltkrieg sind Keynes Gedanken eingeflossen. Ein Problem bleibt aber, wann und in welchem Umfang staatliche Konjunkturmaßnahmen angemessen sind; ein zu „großzügiger" Einsatz konjunkturstützender Maßnahmen des Staates kann unter Umständen notwendige wirtschaftliche Anpassungsprozesse verhindern oder zu ungebremster Staatsverschuldung führen.
Aus den Erfahrungen der „Großen Depression" wurde noch eine weitere Lehre gezogen: Internationale Krisen lassen sich nicht allein durch nationale Maßnahmen, erst recht nicht durch protektionistische Abschottung einzelner Volkswirtschaften bekämpfen. Seit der Währungskonferenz von Bretton Woods 1944 (an der auch Keynes mitwirkte) wird in den Industriestaaten anerkannt, dass möglichst stabile währungs- und handelspolitische Rahmenbedingungen für das Funktionieren der Weltwirtschaft von entscheidender Bedeutung sind.

3. Krisenfolgen: Die Weltwirtschaftskrise als Epochen(w)ende

Der berühmte britische Historiker und Geschichtsphilosoph Arnold J. Toynbee schrieb 1932, dass die Bedrohung der „westlichen Zivilisation" nie größer gewesen sei als im Jahr 1931, dem Jahr der Bankenkrise. Das Krisenjahr 1931 und die Jahre der Weltwirtschaftskrise markieren in der Tat einen tiefen Einschnitt in der Geschichte der Industriegesellschaft. Mit der Krise der Dreißigerjahre endete die Epoche der „Klassischen Moderne", die spätestens seit der Jahrhundertwende alle Bereiche der Gesellschaft – Wirtschaft und Technik, Lebensentwürfe und Konsumverhalten, Moralvorstellungen und Geschlechterbeziehungen, Kunst und Wissenschaft – in geradezu revolutionärer Art und Weise verändert hatte.
Der Glaube an Fortschritt und technische Machbarkeit war erschüttert. In der Krise zeigte sich, wie anfällig die Industriewirtschaft war und dass sie ganze Staaten an den Rand des Abgrunds führen konnte. Die dramatischen Arbeitslosenzahlen schienen zu beweisen, dass die Industrie entgegen vollmundigen Versprechungen keineswegs imstande war, sicher für Arbeit, Auskommen und Wohlstand der Menschen zu sorgen. Das Elend der Arbeitslosen war besonders in den großen Städten unübersehbar, die ja

erst mit dem Wachstum der Industrie entstanden waren. Kein Wunder, dass Ideen aufkamen, die eine Rückkehr zu „einfachen" Lebensformen außerhalb der Großstadt forderten und solche Lebensweisen romantisch verklärten.
Die amerikanische Konsumgesellschaft, die im Boom der Zwanzigerjahre noch vielen, besonders jüngeren Menschen als erstrebenswert und als Vorbild für Europa galt, büßte ihre Anziehungskraft ein. Auch die weltweite Verflechtung der modernen Volkswirtschaften, die seit der Zweiten Industriellen Revolution zum Markenzeichen der wirtschaftlichen Entwicklung geworden war, wurde nun als Gefahr und sogar Ursache der Krise wahrgenommen, von der die modernen Industriegesellschaften heimgesucht wurden.
Die kapitalistische Marktwirtschaft als solche mit ihrem ungezügelten individuellen Gewinn- und Erwerbsstreben erschien vielen Menschen nun als Grund allen Übels. Auf der politischen Linken wurde der Sozialismus nach russischem Vorbild als Alternative empfohlen – allerdings ohne das Eingeständnis, dass dieses Modell in der Russischen Revolution und auch in den 1930er-Jahren seine Ziele nur mit Terror und Gewalt durchsetzen konnte. Antikapitalistische Parolen waren auch auf der rechten Seite des politischen Spektrums beliebt.
Antimoderne Denkweisen und Orientierungen erfreuten sich immer größerer Beliebtheit: In Deutschland und Österreich wurden auf der politischen Rechten z. B. ständestaatliche Ideen formuliert, die eine „organische" Wirtschaft und Staatsordnung propagierten, in der jeder Einzelne seinen festen Platz hatte. Ähnliche Vorstellungen hatte schon der italienische Faschismus entwickelt; auch in Frankreich bekannten sich rechte Gruppierungen zu solchen Ideen. Und selbst in den USA gab es, wie Historiker gezeigt haben, in den Dreißigerjahren führende Politiker und Politikberater, die Sympathien für eine weniger individualistische, stattdessen die Menschen in feste Sozialgefüge einbindende Ordnung nach dem Vorbild Italiens oder sogar Russlands hegten.
Die radikalste Frontstellung gegen die moderne Gesellschaft nahm zweifellos der deutsche Nationalsozialismus ein. Er propagierte ein Menschenbild, das sich an vor-, ja antimodernen Vorstellungen ausrichtete und individualistische Bestrebungen zugunsten einer kruden Ideologie von Kampf, Führertum und Volksgemeinschaft erstickte.

Wahlplakat der KPD, 1932

„Großer Karneval" (Gemälde von Karl Hofer, 1928)

Dabei wusste sich gerade das Regime des Nationalsozialismus der Errungenschaften der Moderne zu bedienen. Das galt für die neuen, durch die technischen Entwicklungen gesteigerten Möglichkeiten zur Information und Manipulation der Massen, die neuen Nachrichten- und Verkehrsverbindungen und insgesamt für die (Rüstungs-) Wirtschaft, die konsequent in den Dienst der nationalsozialistischen Eroberungspläne gestellt wurde.
Zu Beginn der Dreißigerjahre wurde so immer deutlicher, dass die positiven, emanzipatorischen Potenziale der modernen Industriegesellschaft ihre Strahlkraft verloren hatten. Umso bedrohlicher aber wurde das Zerstörungspotenzial, das die moderne Gesellschaft seit der Zweiten Industriellen Revolution in sich erzeugt hatte und das bald die verheerenden Wirkungen des Ersten Weltkriegs noch weit in den Schatten stellen sollte.

Ende der „Klassischen Moderne". Vor dem Hintergrund dieser ökonomischen, politischen und mentalen Entwicklungen erscheint es plausibel, die Krise der 1930er-Jahre gleichermaßen als Abschluss der „Klassischen Moderne" oder auch als „Epochenende" und „Epochenwende" zu verstehen.
Erst im ausgehenden 20. Jahrhundert kam es zu Entwicklungen, die von manchen Sozialwissenschaftlern, z. B. mit ausgesprochen kritischer Stoßrichtung, als „Zweite Moderne" beschrieben werden. Ähnlich wie die „Erste Moderne" ist sie von gewaltigen technisch-wirtschaftlichen Neuerungen, vor allem der digitalen Revolution, einer neuen Globalisierung und einem tiefgreifenden Werte- und Mentalitätswandel in den fortgeschrittenen Gesellschaften gekennzeichnet.

Die Krise aktiv bekämpfen? Handlungsspielräume der Politik in der Weltwirtschaftskrise

Arbeitsloser zur Zeit der Weltwirtschaftskrise

Seit dem Herbst 1931 forderten in Deutschland die Gewerkschaften eine aktive staatliche Politik gegen die Krise. Reichskanzler Brüning hielt jedoch an seinem Sparkurs fest und verschärfte – so das Urteil von Kritikern – mit der von ihm praktizierten Deflationspolitik die Krise sogar noch weiter. Die Erfahrungen aus den frühen 1930er-Jahren wirken bis heute nach: In wirtschaftspolitischen Diskussionen werden sie immer wieder als Argumente angeführt.

- **Von welchen Voraussetzungen ging Brüning in seiner Wirtschaftspolitik aus und welche Ziele verfolgte er?**
- **Wie beurteilen Historiker die Handlungsspielräume der deutschen Politik in der Weltwirtschaftskrise?**
- **Welche Ursachen und Hintergründe der Weltwirtschaftskrise lassen sich heute erkennen?**

Präsentieren Sie zwei Argumentationsstrukturskizzen, in denen Sie Brünings Sicht sowie Urteile moderner Historiker zur Problematik „Handlungsspielräume" vorstellen, und erörtern Sie auf dieser Grundlage die zeitgenössische und heutige Sicht im Kursgespräch.

So können Sie die Argumentationsstrukturskizzen arbeitsteilig vorbereiten:

1. Entscheiden Sie sich, ob Sie lieber in einem Team, das Brünings eigene Sicht untersucht, oder aber in einem Team, das sich mit der Beurteilung von Brünings Politik durch Historiker heute beschäftigt, mitarbeiten möchten.
2. Informieren Sie sich in Einzelarbeit anhand des Infotextes über die Ursachen und Hintergründe der Weltwirtschaftskrise.
3. Analysieren Sie, je nachdem für welches Team Sie sich entschieden haben, die Texte M 1 a/M 1 b bzw. M 2 a/M 2 b unter den Leitfragen. Wenden Sie die Arbeitsschritte der bekannten Basismethoden an.
4. Erstellen Sie auf der Grundlage Ihrer Analyseergebnisse für jeden der beiden Texte eine Argumentationsstrukturskizze. ➧ **Tipp:** Hinweise, was Sie bei der Erstellung einer Argumentationsliste beachten sollten, finden Sie auf S. 197. Entscheiden Sie, welche mediale Form für die Präsentation Ihrer Argumentationslisten Sie wählen wollen (z. B. Folie, Plakat, beamergestützte PowerPoint-Folie, Flipchart-Anschrieb, Fotokopie, Mailübermittlung).
5. Setzen Sie sich nach der Präsentation vor dem Kursgespräch in kleinen Gesprächskreisen zusammen und tauschen Sie erste Meinungen zu den vorgestellten Sichtweisen aus. Machen Sie sich auf Karteikarten persönlich kurze Notizen, was Sie davon im Kursgespräch einbringen möchten.

MATERIALIEN

Handlungsspielräume: Die Sicht Brünings

M 1a Ausführungen Brünings im Reichskabinett

Im Protokoll der Ministerbesprechung vom 31. Oktober 1931 heißt es:

Der Reichskanzler führte aus, dass das Kabinett sich in nächster Zeit über die Auswirkungen der Pfundkrise klar werden müsse. Oberster Grundsatz sei, die deutsche Währung stabil zu erhalten. […]
Die kurzfristige Verschuldung Deutschlands im Gesamtbetrage von etwa 26 Milliarden RM werde mit wenigen Ausnahmen in ausländischer Währung geschuldet. Da diese Summe zurückgezahlt werden müsse, werde man bei einer Senkung der Währung[1] nichts gewinnen. […]
Deutschland müsse damit rechnen, dass England nach dem Absinken des Kurses zunächst eine starke Konkurrenz für uns im Exporthandel werde. Ferner würden noch andere Länder sich gegen unsere Einfuhr in zunehmendem Maße zu schützen versuchen. […] Für Deutschland sei es unmöglich, sich von dem Prozess, der sich in der ganzen Welt vollziehe, auszuschließen. Der Schrumpfungsprozess müsse daher fortgesetzt werden. Fraglich sei aber, wie man aus dem Kreislauf herauskomme, der sich durch das Nachlaufen hinter den Fehleinnahmen ergebe. An weiteren Einsparungen bei Löhnen und Gehältern werde man nicht vorbeikommen. Eine derartige Maßnahme sei nur möglich bei weiterer Senkung der Preise. […]
Es sei selbstverständlich ausgeschlossen, dass Deutschland am 1. März 1932 die jetzt gehemmten Auslandsschulden[2] bezahlen könne. Deshalb müsse man schon im November an die Gläubiger herantreten. […] Aus diesem Plan werde sich ohne Weiteres ergeben, dass daneben eine Reparationszahlung nicht möglich sei. Das Ausland werde zu wählen haben zwischen der Sicherung seiner Privatforderungen und den Reparationsforderungen.

(Akten der Reichskanzlei, Weimarer Republik, Dok. Nr. 502; zit. nach: http://www.bundesarchiv.de/aktenreichskanzlei/1919-1933/1001/bru/bru2p/kap1_1/)

[1] Gemeint ist eine Abwertung der Reichsmark.

[2] Brüning spielt auf das Hoover-Moratorium an.

M 1b Unterredung zwischen Brüning und Hitler

In seinen – erst im Jahre 1970 erschienenen – Memoiren berichtet Brüning über eine Unterredung mit Hitler am 6. Oktober 1930:

Nach einigen einleitenden kurzen Gesprächen begann ich mit der Darlegung der Lage und der Absichten der Regierung für die Zukunft. Die Krise würde nach unserer Schätzung etwa vier bis fünf Jahre dauern, frühestens im Sommer 1932 sei die erste Besserung möglich. […] Eine Wiedererreichung des Lebensstandards von 1927/28 sei auch nach Streichung der Reparationen in den nächsten Jahren nicht möglich. Diese Streichung der Reparationen herbeizuführen, unter gleichzeitiger Inangriffnahme der Abrüstungsfrage, würde das erste Streben der Regierung sein. Mit beiden Fragen hoffe man im Laufe von anderthalb bis zwei Jahren den ganzen Versailler Vertrag, ohne darüber zu reden, ins Wanken zu bringen. […]
Das sei die erste Phase der Politik, für die eine schärfere außenpolitische Opposition seitens der NSDAP das Zweckmäßigste wäre. Eine Verständigung im Einzelnen über die Formen der Opposition wäre natürlich eine Voraussetzung für ein späteres Zusammengehen. Ich hoffe, in der zweiten Phase zusammen mit der Rechten an die Verfassungsreform herangehen zu können, die nach meinen persönlichen Wünschen in einer monarchischen Restauration enden müsse […].
Wenn Hitler bereit sei, auf der Grundlage dieser Außenpolitik in loyaler Weise, erst versteckt und dann offen, mitzuarbeiten, so würde das deutsche Volk in zwei bis drei Jahren die Fesseln des Versailler Vertrages los sein. Ich hoffe, dass ich an ihn als alten Frontsoldaten nicht vergeblich appelliere, genauso wie es mir und meinen Freunden als alten Frontkämpfern gleichgültig sei, ob der Enderfolg mit unseren Namen verknüpft würde.
Hitler antwortete in einer einstündigen Rede.

(Heinrich Brüning, Memoiren 1918–1934, Stuttgart (DVA) 1972, S. 203ff.)

Handlungsspielräume in der Krise: Moderne Historiker urteilen

M 2a Knut Borchardt

Der Wirtschaftshistoriker Knut Borchardt löste 1979 eine bis heute andauernde Debatte über die Wirtschaftspolitik der Regierung Brüning aus. Im folgenden Interview erläutert er seine Sicht:

F.A.S.: Herr Borchardt, seit der Finanzkrise [2008] erleben wir in der Weltwirtschaft ständig Überraschungen. Was können wir heute noch aus der Wirtschaftsgeschichte lernen?

Borchardt: [...] Es gibt für die heutige Lage in Südeuropa eine frappierende Parallele in unserer eigenen Geschichte: die wirtschaftliche Krise Deutschlands in der Weimarer Republik. [...] Bis heute wird der damalige Reichskanzler Heinrich Brüning als ein Beispiel für falsche Sparpolitik gehandelt. Aber angesichts der Probleme hatte er kaum andere Möglichkeiten.

F.A.S.: Warum?

Borchardt: Inklusive Reparationen und privaten Auslandsschulden lag die deutsche Verschuldung 1930 bei 90 Prozent des Sozialprodukts. Aber für solche statistischen Größen interessierte sich damals niemand. Der Punkt war: Deutschland hat über Jahre mehr importiert als exportiert, und es hatte enorme Defizite in den öffentlichen Haushalten. Das alles wurde großenteils über Auslandskredite finanziert, die vor allem amerikanische Banken sehr großzügig gewährten. [...]
1929 änderte sich in Deutschland die Geschäftsgrundlage. Der Transfer der Reparationen war mit dem Young-Plan nicht mehr garantiert. Auf einmal wurde den Leuten auch klar, dass Deutschland wegen seines Defizits im Außenhandel die Schulden gar nicht langfristig bedienen konnte. Deshalb gaben die amerikanischen Banken nun keine neuen Kredite mehr.

F.A.S.: Aber während der goldenen Zwanziger, also von 1925 bis 1929, stand Deutschland doch gut da?

Borchardt: Alle hatten diesen Eindruck. Aber das war eine Fehleinschätzung, ähnlich wie während des Booms in Südeuropa: Es war auch damals eine geborgte Konjunktur, die den Politikern einige Jahre lang die Lösung der ernsten Probleme abnahm. [...]

F.A.S.: Hätte Brüning nicht einfach die Mark abwerten können, um Deutschland wieder wettbewerbsfähig zu machen?

Borchardt: [...] die Änderung des Wechselkurses wäre ein Grauen gewesen, weil man die alten Schulden noch in Goldwerten hätte bezahlen müssen, einschließlich der Reparationen. Das gilt auch für die Importe. Ein Krisenland wie Deutschland hätte ja nicht von einem Tag auf den anderen einen Exportüberschuss erwirtschaftet. Niemand hat seinerzeit an einen Austritt der Deutschen aus dem Goldstandard gedacht, das war im Übrigen auch gemäß den Reparationsabkommen verboten. Das Instrument stand damals so wenig zur Verfügung wie heute der einfache Austritt aus dem Euro.

(Frankfurter Allgemeine Sonntagszeitung, Nr. 22 vom 02.06.2013)

M 2b Hans-Ulrich Wehler

Der Historiker Wehler (1931–2014) setzt sich mit Borchardts Auffassungen auseinander:

Es gab keinen zwingenden ökonomischen Grund, die Depression durch die Deflation so massiv zu verschärfen. [...]
Rund ein Jahr lang gab es, vornehmlich aus Ratlosigkeit angesichts der vehementen Krise, eine erkennbare Zustimmung zu Brünings Sparkurs, der die konventionellen Vorurteile bediente. Auch die SPD schloss sich, selber offenbar hilflos, dem Tolerierungskonsens an. Dann jedoch zerfiel er, als die Zweifel an seiner Angemessenheit rasch wuchsen. Spätestens seit Herbst 1931 waren die ökonomischen, technischen und theoretischen Bedingungen für eine Umorientierung vorhanden. Angesehene Ökonomen [...] optierten jetzt für eine expansive Geldpolitik zur Depressionsbekämpfung. Brünings Reparationspolitik arbeite, konstatierte Schumpeter im Dezember 1931, „mit ungeheuren Kosten" und habe, „abgesehen von den sozialen Konsequenzen, die völlige Lähmung der Wirtschaft zur Folge". [...]
Brüning machte, fasziniert von seinem Reparationsziel, keine einzige Konzession. Deshalb erlag er auch der eigenen Erfolglosigkeit. [...] Ob irgendeine Therapie die strukturelle Belastung und das Zerstörungswerk der Weltwirtschaftskrise überhaupt schneller heilen konnte, kann bei einer solchen hypothetischen Frage nicht definitiv entschieden werden. Aber selbst wenn man von den Gegensteuerungschancen einer antizyklischen Konjunkturpolitik absieht, wäre jedes Bemühen um Milderung besser gewesen als der Preis für Brünings Fiasko: das Vordringen des Nationalsozialismus.

(Hans-Ulrich Wehler, Deutsche Gesellschaftsgeschichte, Bd. IV, München (Beck) 2003 S. 26ff.)

Eine „Verkettung unglücklicher Umstände"? Wie Experten die Ursachen der Krise erklären

Die Weltwirtschaftskrise nach 1929 war die tiefste und längste ökonomische Krise des Industriezeitalters. Noch Jahrzehnte später sind neben den gravierenden wirtschaftlichen auch die sozialen und politischen Folgen der Krise in der Erinnerung nicht verblasst.

- **Welche Ursachen hatte die Krise nach Meinung von Experten heute?**

Präsentieren Sie auf einer Pinnwand Thesenpapiere, in denen Sie Expertenmeinungen zu den Krisenursachen strukturiert vorstellen und erläutern. Erörtern Sie auf dieser Grundlage die drei Expertenmeinungen in einem Kursgespräch, indem Sie sie vergleichen und bewerten.

Vorschlag, wie Sie die Präsentation und das Kursgespräch vorbereiten können:

1. Lesen Sie die Textauszüge M 1 – M 3 in Einzelarbeit kursorisch und entscheiden Sie sich für einen Textauszug, den Sie zusammen mit Partnern bzw. in kleinen Teams untersuchen und vorstellen wollen.
2. Analysieren Sie den von Ihnen ausgewählten Textauszug. Folgen Sie den ersten beiden Schritten der Basismethode „Historische Darstellungen analysieren und sich kritisch mit ihnen auseinandersetzen".
3. Gestalten Sie ein Thesenpapier und legen Sie fest, wer es vorstellen und erläutern soll.
   ➧ **Tipp:** Das Thesenpapier sollte die Hauptthese und die zentralen Begründungen enthalten. Sie sollten die Argumentation des Autors durch Ihnen bekannte Fakten und Entwicklungen weiter erläutern.
4. Bereiten Sie sich nach der Präsentation in kleinen Gesprächsgruppen in einem ersten Meinungsaustausch gezielt auf die Erörterung der vorgestellten Positionen im Kursgespräch vor.

MATERIALIEN

M 1 Werner Plumpe

W. Plumpe (geb. 1954), Professor für Wirtschafts- und Sozialgeschichte in Frankfurt/M., schreibt:

Die Wirtschaftsgeschichtsschreibung ist sich daher nicht wirklich einig, was die Ursachen und die Tiefe der Weltwirtschaftskrise bestimmte. [...] Offenkundig ist jedenfalls, dass es sich um einen konjunkturellen Abschwung handelte, der durch die strukturellen Probleme der Weltwirtschaft nach dem Ersten Weltkrieg massiv verschärft wurde. Dieser Abschwung förderte Reaktionen, die ihrerseits dann zu Krisenfaktoren wurden, namentlich die Politik der gegenseitigen wirtschaftlichen Abschottung, die einen mittelfristigen Niedergang der Weltwirtschaft einleitete. [...]
Die Ursachen für die tiefen Krisen der Zwischenkriegszeit liegen aller Wahrscheinlichkeit nach nicht in einzelnen politischen Fehlentscheidungen, auch wenn diese Fehler die Krisen jeweils verschärften und ihr Gesicht im Einzelnen prägten. [...] Die Krisengeschichte der Zwischenkriegszeit hat handfestere Hintergründe als die doch eher reagierende Wirtschafts- und Finanzpolitik. Da sind zunächst die Zerstörung der weltwirtschaftlichen Arbeitsteilung und das Fehlen des politischen Willens, sie nach 1918 wiederherzustellen. Da sind die veränderten Strukturen der globalen Finanzmärkte, die verschobenen Schuldner-Gläubiger-Relationen und der fehlende Wille der USA, die ihnen durch den Krieg zugewachsene Rolle zu akzeptieren. Da sind die weltweiten Überkapazitäten, die während und unmittelbar nach dem Ersten Weltkrieg aufgebaut wurden und in den 1920er-Jahren auf der ohnehin kranken Weltwirtschaft lasteten. [...] Alles in allem ist eine Verkettung unglücklicher Umstände zu konstatieren, die die Wirtschaftskrise aus dem Ruder laufen ließ und fast zwangsläufig eine Überforderung des politischen Systems nach sich ziehen musste.

(Werner Plumpe, Wirtschaftskrisen – Geschichte und Gegenwart, München (Beck) 2010, S 89 ff.)

M 2 Charles P. Kindleberger

Der amerikanische Nationalökonom und Wirtschaftshistoriker Kindleberger (1910–2003) urteilt in einem Standardwerk zur Wirtschaftsgeschichte:

Es wird hier die Deutung vertreten, dass die Krise von 1929 so allgemein, so schwer, so anhaltend war, weil das internationale Wirtschaftssystem destabilisiert wurde durch die Unfähigkeit Englands und die Abgeneigtheit der USA, die Verantwortung für seine Stabilisierung in drei besonderen Punkten zu übernehmen: Erhaltung eines relativ offenen Marktes für Krisenprodukte, antizyklische Bereitstellung langfristigen Kapitals und Diskontgewährung[1] bei Krisen. Die Erschütterungen des Systems durch die Überproduktion mancher Rohstoffe wie Weizen [...], durch den Stopp der Anleihen an Deutschland (1928) oder den Börsenkrach von 1929 waren nicht von solcher Bedeutung. [...] Das weltwirtschaftliche System war instabil, solange es nicht stabilisiert wurde, wie England dies bis 1913 getan hatte. 1929 waren die Briten dazu nicht in der Lage und die Amerikaner nicht dazu bereit. Als jedes Land sich auf die Wahrnehmung seiner nationalen Privatinteressen beschränkte, ging das Gemeinwohl der Staatengemeinschaft in die Binsen und mit ihm die nationalen Belange aller.

(Charles P. Kindleberger, Die Weltwirtschaftskrise Geschichte der Weltwirtschaft im 20. Jahrhundert, Bd. 4, München (dtv) 1973, S. 304 f.; übers. v. Michael Ledig)

[1] Gemeint ist die Bereitschaft der Zentralbank, die Geschäftsbanken durch Ankauf (Diskontierung) von Forderungen, in erster Linie Wechseln, mit Bargeld zu versorgen und so die Kreditvergabe auch in Krisenzeiten in Gang zu halten.

M 3 Lutz Raphael

Lutz Raphael (geb. 1955), Professor für Neuere und Neueste Geschichte an der Universität Trier, schreibt:

Wirtschaftswissenschaftler und Wirtschaftshistoriker debattieren nach wie vor über die Ursachen für diese außergewöhnliche Krise der kapitalistischen Weltwirtschaft. Klarheit herrscht über den unmittelbaren Auslöser und die direkten Verkettungen. [...]

Schwieriger wird es jedoch, wenn man nach den spezifischen Ursachen fragt, die diese Wirtschaftskrise in den USA und in den europäischen Ländern aus dem Rahmen des Üblichen heraushob. In den USA hatten einige Branchen, etwa die Automobilindustrie oder die Produzenten von Rundfunkempfängern und Haushaltsgeräten, in den 1920er-Jahren besonders hohe Wachstumsraten erzielt und damit spekulative Gewinnerwartungen ausgelöst. Diese Märkte waren nun an die Grenzen ihrer Expansionsmöglichkeiten gestoßen. Die in den USA viel früher als in Europa einsetzende Produktion hochwertiger Massenkonsumgüter konnte, so dieser Erklärungsansatz, angesichts fehlender Massenkaufkraft nicht weiter wachsen. Das allgemeine Lohnniveau war weder in den USA und erst recht nicht in Europa hoch genug, um die Wachstumsdynamik weiter voranzutreiben. [...]

Allerdings ist nicht zu übersehen, dass ein Teil der europäischen Unternehmen und Industriebranchen bereits vor Ausbruch der großen Krise mit Anpassungsschwierigkeiten an die veränderten Bedingungen im internationalen Handel zu kämpfen hatte. In den 1920er-Jahren zeigten sich klassische Industriesektoren der ersten Industrialisierungswelle, wie etwa Unternehmen der Montanindustrie, als krisenanfällig. [...]

Schließlich verstärkten auch die Machtverschiebungen zwischen Kapital und Arbeit in der unmittelbaren Nachkriegszeit die Krisenanfälligkeit der europäischen Industrien. Der Erste Weltkrieg hatte generell die Verhandlungsmacht der Gewerkschaften und Arbeiterparteien gestärkt. Es kam zu Lohnerhöhungen und Arbeitszeitverkürzungen, zum Ausbau der Sozialversicherungen und Sozialleistungen. Insgesamt erhöhte sich der Kostendruck auf die Unternehmen deutlich [...]. Auf den Anstieg von Sozialquote und Lohnniveau reagierten die Interessenvertreter der Wirtschaft in ihrer großen Mehrheit ablehnend. Die Krise wurde auch als Chance wahrgenommen, Lohn- und Lohnnebenkosten zu senken und die Verhandlungsmacht der Gewerkschaften dauerhaft zu schwächen. Die Verschärfung des industriellen Klassenkampfs wurde von vielen Unternehmern als bester Weg angesehen, um sich in der Krise am Markt zu behaupten.

(Lutz Raphael, Imperiale Gewalt und mobilisierte Nation. Europa 1914–1945, München (Beck) 2011, S. 172ff.)

Zusammenfassende Arbeitsvorschläge Die Weltwirtschaft in der Krise

Info S. 174–176

1. Nennen Sie einige auslösende Faktoren der Weltwirtschaftskrise und beschreiben Sie deren Verlauf bis 1931. Erläutern Sie dabei das Zusammenwirken von Krisenfaktoren – insbesondere zwischen den USA und Deutschland.
   ☞ Datenleiste und Strukturskizze

Info S. 176f.

2. Erläutern Sie Hintergründe und Folgen der Bankenkrise im Jahr 1931.
   ☞ Stichwortliste für einen Kurzvortrag

Info S. 177–179
Thema S. 183–185

3. Untersuchen und vergleichen Sie die politischen und wirtschaftspolitischen Reaktionen auf die Krise in Großbritannien, Deutschland sowie in den USA seit Ausbruch der Bankenkrise 1931. Erklären Sie dabei, was unter der Deflationspolitik des Kabinetts Brüning zu verstehen ist und welche Folgen ihr zugeschrieben werden.
   ☞ Handout bzw. Foliensatz für einen Kurzvortrag

Info S. 180
Thema S. 185
Thema S. 186f.

4. Stellen Sie dar, welche Ursachen der Weltwirtschaftskrise in der Gegenwart diskutiert werden und welche Positionen zur Frage einer geeigneten Bekämpfung der Krise von Experten vertreten worden sind.
   ☞ Thesenpapier, evtl. als Grundlage für eine Expertendiskussion

Info S. 180–182
Kernmodul S. 22–24

5. Erläutern Sie einige mittel- und langfristige Folgen der Weltwirtschaftskrise und begründen Sie, weshalb die Krise der Jahre nach 1929 im Alltagsverständnis wie in der Sicht von Experten bis heute als tiefer Einschnitt in der Geschichte der Industriegesellschaft bzw. der „Moderne“ gesehen wird.
   ☞ Poster als Veranschaulichung zu einer Einzel- oder Stafettenpräsentation

Info S. 180
Thema S. 185
Kernmodul S. 24

6. Nehmen Sie Stellung zu der Frage, ob und inwieweit sich aus den Erfahrungen der Weltwirtschaftskrise Handlungsoptionen für die Gegenwart entwickeln lassen.
   ☞ Schriftliches Statement

Methodenkompetenz für Geschichte

Basismethode

Sprachliche historische Quellen interpretieren

A. Historische Interpretation

Geschichte ist das Bild, das sich Menschen der Gegenwart von der Vergangenheit machen. Erfahrungen, Fragen, Erkenntnisinteressen der Gegenwart bestimmen somit die Beschäftigung mit der Vergangenheit.
Erkenntnisse über die Vergangenheit gewinnen wir, indem wir aus zeitgenössischer Gegenwartsperspektive Fragen an historische Quellen richten. Quellen sind Zeugnisse der Vergangenheit über menschliches Handeln und Leiden; sie sind die Materialien, die in der Vergangenheit entstanden sind und nun der Gegenwart vorliegen. Diese Quellen können verbal, bildlich oder gegenständlich sein.
Quellen sind nicht die Vergangenheit selbst, mit ihrer Hilfe erschließen wir die Vergangenheit. Sie sind Einzelstücke, gelöst aus ihrem ursprünglichen Zusammenhang, Mosaiksteine, aus denen die originale Wirklichkeit durch ein verlässliches Erkenntnisverfahren rekonstruiert werden muss. Dieses Verfahren wird historische Interpretation genannt. Die Interpretation erschließt aus Quellenmaterial Sinn, um die Fragen zu beantworten, die der Mensch der Gegenwart an die Vergangenheit richtet.
Gegenstand der historischen Interpretation sind für die Historiker alle Formen von Nachrichten, die Menschen unabsichtlich oder aber absichtlich über ihre Zeit hinterlassen haben. Ein so verstandener Quellenbegriff umfasst sowohl **Dokumente** als auch **Monumente**.

Dokumente

Überreste, die im Prozess der Geschichte hinterlassen wurden, ohne der Nachwelt gezielt Botschaften übermitteln zu wollen.

Dazu zählen:
- Urkunden
- Akten
- Allgemeine Inschriften
- Verfassungstexte
- Briefe
- Tagebücher, die nicht zur Veröffentlichung bestimmt waren
- Reden
- Flugblätter
- Streit- und Denkschriften
- Berichte und Kommentare in zeitspezifischen Massenmedien
- Literarische Zeugnisse aus einer Epoche

Monumente

Nachrichten, die mit Absicht für Betrachter geschaffen wurden. Sie sind bewusste Botschaften für eine spätere Zeit. Diese Quellen, die die Nachwelt bewusst beeinflussen wollen, werden in der Geschichtwissenschaft als **Tradition** bezeichnet.

Zu solchen sprachlichen Monumenten zählen zum Beispiel:
- Chroniken
- Viten
- Spezielle ereignis- oder personenbezogene Gedenkinschriften
- Memoiren
- Autobiografien
- Tagebuchaufzeichnungen, die bewusst zur Veröffentlichung bestimmt waren
- Gedenk- und Rechtfertigungsreden, die in klar erkennbarer Absicht an eine Nachwelt gerichtet sind

B. Schritte der Interpretation sprachlicher historischer Quellen

Eine historische Quelleninterpretation wird systematisch angelegt. Am Anfang steht die Frage, nicht die Quelle. Da Textquellen in der Regel Aussagen, Schlussfolgerungen und Rückschlüsse zu unterschiedlichen historischen Sachverhalten und Problemstellungen zulassen, gilt es zu Beginn, in einem ersten Schritt das eigene erkenntnisleitende Interesse – die Leitfrage(n), unter der/denen der Quellentext interpretiert werden soll – festzulegen. Daran schließen sich zwei weitere grundsätzliche Arbeitsschritte an. Zunächst die Analyse des Quellentextes. Sie dient dazu, die Textform zu bestimmen und die Inhaltserfassung sicherzustellen. In einem weiteren Schritt wird auf der Grundlage der Ergebnisse der Quellenanalyse die Interpretation der Quelle vorgenommen, die zwei Ebenen umfasst. Der Quellentext wird erläutert, gedeutet, kritisch gewürdigt (Interpretation im engeren Sinn) und es wird sein „Sinn" (die Erkenntnis) bezogen auf die formulierte(n) übergeordnete(n) Leitfrage(n) der Interpretation erschlossen.

1. Schritt – Leitfrage(n) festlegen:

Das eigene Erkenntnisinteresse bestimmen und eingrenzen und als Untersuchungsfrage formulieren, die dann für die Interpretation leitend ist.

2. Schritt – Analyse:

– Beschreibung und Klärung der formalen äußeren Merkmale

- Den Autor/die Autorin vorstellen (z. B. Angaben zur Biografie, zum sozialen Status, zur politischen Position u. Ä.).
- Die Textsorte benennen und in ihren spezifischen Merkmalen kurz charakterisieren. Es ist wichtig, Textsorten zu unterscheiden, da unterschiedliche Textsorten unterschiedliche Wirklichkeit erfassen und deshalb einen unterschiedlichen Aussagewert und bestimmte Aussagegrenzen haben, z. B.:
  - Normative schriftliche Quellen: Sie sind Ausdruck dessen, was sein soll, etwa eine Verfassung oder ein Vertrag.
  - Deskriptive Quellen: Sie beschreiben Wirklichkeit, wie sie der Quellenautor sieht, weshalb die Beschreibung in unterschiedlichem Grad subjektiv und parteiisch ausfallen kann.
  - Selbstzeugnis oder Fremdzeugnis.
  - Ein öffentliches, d. h. ein für die Öffentlichkeit bestimmtes Dokument.
  - Ein internes Dokument, d. h. ein eher für einen begrenzten Kreis von Privatpersonen verfasstes Schriftstück.
- Das Thema der Quelle präzise und knapp zusammengefasst formulieren.
- Den engeren situativen historischen Kontext der Quelle darstellen (den konkreten Ereigniszusammenhang, in dem die Quelle steht, den Zeitpunkt der Entstehung und des Anlasses sowie den Entstehungsort der Quelle knapp skizzieren).
- Den oder die Adressaten der Quelle benennen.
- Die Intention – erkennbare Ziele und Absichten, die der Autor mit Blick auf seine(n) Adressaten verfolgt – in knapper Form aufzeigen.

– Strukturierte Textwiedergabe

Drei alternative Möglichkeiten bieten sich an:
- Den Textinhalt auf der Grundlage einer Gliederung nach Sinnabschnitten im textdurchschreitenden Verfahren auf die Hauptaussagen beschränkt wiedergeben.
- Den Inhalt nach zentralen Aspekten reorganisiert zusammengefasst wiedergeben.
- Den Textinhalt entlang der erkennbaren Argumentationsstruktur auf die wesentlichen Aussagen beschränkt wiedergeben (z. B. Standpunkt, These(n), Argumente).

Methodisch wichtig und unverzichtbar ist es, die Interpretation durch konkreten Textbezug zu fundieren. Der Quellentext ist die Grundlage der Erkenntnisgewinnung. Für jeden der nachfolgend genannten Arbeitsschritte gilt, dass die Ausführungen immer zum Quellentext zurückführen und an ihm belegt werden müssen.
Grundlegend für die sachgerechte historische Interpretation ist auch, dass die formalen äußeren Merkmale bedacht und einbezogen werden.

3. Schritt – Interpretation: Zusammendenken und problematisieren der in der Quellenanalyse gewonnenen Informationen auf der Ebene des Erläuterns, Deutens, Urteilens und Wertens im historischen Kontext auf textinterner und textexterner Grundlage

– Ebene 1 Interpretation im engeren Sinne

- Die Intention des Autors unter Berücksichtigung von erkennbaren Motiven, Interessen und Perspektiven im historischen Gesamtkontext erklären und kritisch hinterfragen.
  (Z. B.: Zwischen offenen und verdeckten Absichten unterscheiden; seine Intentionen vor dem Hintergrund von eigener Biografie, Status und persönlicher Interessenlage erläutern; auffallende Rechtfertigungsmuster aufzeigen; darlegen, auf welche Weise der Quellenautor den oder die Adressaten zu beeinflussen versucht, sowie die Wirksamkeit und gewählte Strategie beurteilen.)
- Besonderheiten und Auffälligkeiten der zentralen Quellenaussagen benennen und erklären bzw. erläutern.
- Die gedankliche Schlüssigkeit der Ausführungen bzw. der Argumentation beurteilen.
- Auffallende sprachliche Besonderheiten erläutern, wenn dies für die Intention des Autors und/oder den Aussagegehalt und Erkenntniswert der Quelle von ganz entscheidender Bedeutsamkeit ist.
- Die Textaussagen unter Einbringung von eigenem historischen Umfeldwissen im größeren historischen Gesamtkontext und Problemzusammenhang, in dem die Quelle steht, beurteilen.
- Eine eigene persönliche Stellungnahme im Sinne eines Werturteils, das sich auf eigene Wertvorstellungen und Normen gründet, entwickeln, wenn dies quellenbezogen sinnvoll, ertragreich und zielführend für die Leitfrage(n) der Interpretation ist.

– Ebene 2 Zusammenfassendes Resümee der Erkenntnisse mit Blick auf die Leitfrage(n)

- Ein abwägendes differenziertes Gesamturteil mit Bezug auf die Leitfrage(n) formulieren.

Basismethode Historische Sekundärliteratur analysieren und sich kritisch mit ihr auseinandersetzen

A. Historische Sekundärliteratur

Wenn wir von historischer Sekundärliteratur sprechen, denken wir in erster Linie an Darstellungen, in denen Geschichtsforscherinnen und Geschichtsforscher unter Beachtung genauer wissenschaftlicher Standards ihre Forschungsergebnisse, Schlussfolgerungen und Urteile darlegen. Das grundlegende Merkmal der Textart „historische Sekundärliteratur" ist, dass die jeweiligen Autorinnen und Autoren unter Verarbeitung von Quellen und anderer vorhandener Fachliteratur aus ihrer Sicht historische Wirklichkeit konstruieren. Das heißt, sie stellen unter Verarbeitung und wertender Einbeziehung dessen, was andere Historikerinnen und Historiker schon erforscht haben, sowie auf der Grundlage ihrer eigenen Quellenforschung und -interpretationen ihre Ergebnisse und Deutungen der Vergangenheit vor, indem sie Deutungen und Interpretationen von Fachkollegen ergänzen, sie weiterführen oder zu ihnen Stellung nehmen.

Der Karikaturist setzt die Spezifik des Texttyps „historische Sekundärliteratur" treffend ins Bild: Vorhandenen Deutungen von geschichtlichen Ereignissen und Zusammenhängen wird eine weitere perspektivisch gebundene Sichtweise und Bewertung von Sachverhalten hinzugefügt, der ein bestimmtes persönliches Erkenntnisinteresse zugrunde liegt.

Luis Murschetz (geb. 1939): „Der Eindringling" (Karikatur von 1996)

Wissenschaftliche Sekundärliteratur im engeren Sinne

Adressat ist ein fachwissenschaftlich gebildetes bzw. zumindest interessiertes Publikum, bei dem zumindestens Grundkenntnisse des Faches, der Methoden und der Begrifflichkeit vorausgesetzt werden. Kennzeichen wissenschaftlicher Sekundärliteratur sind detaillierte Belege und damit intersubjektive Nachvollziehbarkeit.

Textarten:
- Wissenschaftliche Abhandlungen zu historischen Themen und Fragestellungen
- Spezialuntersuchungen zu einzelnen Themen
- Wissenschaftliche Vorträge
- Wissenschaftliche Aufsätze
- Essays in historischen Fachzeitschriften und seriösen Wochenzeitungen

„Nichtwissenschaftliche" Sekundärliteratur

Adressat ist ein breiteres Publikum interessierter Laien. Im Vordergrund steht nicht so sehr die Darstellung von detailliert belegten Erkenntnissen über historische Befunde und Interpretationen, sondern es geht primär darum, komplexe geschichtliche Zusammenhänge vereinfacht und anschaulich darzustellen.

Wichtige Textarten, die diesem Typ zuzurechnen sind:
- Populärwissenschaftliche Literatur
- Historische Essays in Magazinen
- Schulbuchtexte
- Publizistische Texte zu historischen Themen

B. Arbeitsschritte zur Auswertung historischer Sekundärliteratur

Da es sich bei dieser Textsorte um perspektivisch gebundene Deutung von geschichtlichen Sachverhalten und Problemstellungen handelt, besteht die Aufgabe darin, die Intentionen und Ansprüche des jeweiligen Textes sowie die dargestellten Sachverhalte und Problembereiche zu erkennen und die Deutung mit ihren autorenbedingten Grundannahmen und Wertmaßstäben zu erschließen. Eine sachgerechte, abwägende Auseinandersetzung erfordert eine Tätigkeit auf zwei Ebenen: auf der Ebene der **Analyse** und auf der Ebene der darauf aufbauenden **Urteilsbildung**.

1. Schritt – Leitfrage(n) festlegen:

Das eigene, persönliche Erkenntnisinteresse festlegen und als Untersuchungsfrage(n) formulieren, die dann für die Analyse und kritische Auseinandersetzung mit dem Text leitend ist/sind.

2. Schritt – Analyse:

– Vorstellung des Textauszugs

Die äußeren formalen Textmerkmale und -daten beschreiben und charakterisieren:
- Den Autor/die Autorin des Textes vorstellen.
- Die spezifische Textsorte von Sekundärliteratur, der der Text zuzurechnen ist, benennen und die besonderen Merkmale dieser Textsorte kurz charakterisieren.
- Den genauen Fundort und das zeitliche Erscheinungsdatum des vorliegenden Textes benennen.
- Beschreiben, an welche(n) Adressaten die Publikation vornehmlich gerichtet ist.

– Strukturierte Textwiedergabe

Den Inhalt und den Gedankengang (Argumentationsstruktur) des Textes in seinen Hauptaussagen zusammengefasst wiedergeben.
Das verlangt:
- Präzise benennen, mit welchem Thema bzw. mit welcher Fragestellung der Autor/die Autorin sich beschäftigt.
- Schlussfolgerungen und Hauptthese(n), die vertreten werden, aufzeigen.
- Die zentralen Argumente, die von der Autorin/dem Autor als Beleg für seine/ihre Aussagen angeführt werden, herausarbeiten.

3. Schritt – Kritische Auseinandersetzung:

Die Textaussagen und Argumente auf textinterner und textexterner Grundlage erläutern, erörtern und auf diese Weise zu einem kritisch abwägenden eigenen Gesamturteil gelangen.
Dies kann unter folgenden Leitperspektiven geschehen:
- Für das Verständnis der Position und der Argumentation des Autors/der Autorin zentrale historische Sachverhalte und Problemzusammenhänge bzw. Erklärungsansätze erläutern.
- Aufzeigen, mit welchem Erkenntnisinteresse und aus welcher – möglicherweise sogar klar erkennbar einseitig ideologisch geprägten – Perspektive der/die Verfasser/in schreibt.
- Die Logik und Schlüssigkeit des Gedankengangs des Autors/der Autorin prüfen.
- Erörtern, ob die Ausführungen durch einseitige Sichtweise und Begründung (monokausal) geprägt sind oder ob auch andere konkurrierende fachliche Auffassungen und Perspektiven Eingang finden und ein mehrschichtiges Gesamtbild (multikausaler Erklärungsansatz) entwickelt wird.
- Sich auf dem Hintergrund eigener historischer Kenntnisse und im Vergleich zu anderen bekannten Historikerpositionen mit den inhaltlichen Hauptaussagen und der Argumentation des Autors/der Autorin zustimmend, die Thesen relativierend oder ablehnend auseinandersetzen und
- in differenzierter Abgrenzung oder Zustimmung zum Text unter Rückbezug auf die gestellte(n) Leitfrage(n) eine eigene begründete Sichtweise formulieren.

Basismethode Bildquellen interpretieren

A. Bildquellen

Auf dem Bild links oben ist nicht Karl der Große zu sehen, sondern – und das ist für den sachgerechten Umgang mit Bildern von entscheidender Bedeutung – ein Bild von Karl dem Großen. Denn dieses Bild zeigt uns, wie der Maler Albrecht Dürer – Jahrhunderte später – den Kaiser gesehen hat und wie er ihn seine Mitmenschen und die Nachwelt hat sehen lassen wollen. Bilder sind keine Abbilder der Wirklichkeit, sondern Deutungen von Wirklichkeit. Sie sind keine objektive Momentaufnahme historischer Wirklichkeit, sondern zeigen eine perspektivische Sicht auf die jeweilige Wirklichkeit.

Ganz gleich, ob es sich um eine griechische Vasenmalerei, ein Personenbild wie das Karls des Großen, ein historisches Gemälde zur Kaiserproklamation von 1871, um Karikaturen, Fotos, politische Plakate, Postkartenbilder, Mosaike, mittelalterliche Buchmalereien oder Kunstwerke der Bildenden Kunst handelt: Sie alle können als Bildquellen – d. h. Bilder, die in der Vergangenheit entstanden sind und uns in heutiger Zeit zugänglich sind – für historische Erkenntnisgewinnung genutzt werden. Da sie jedoch kein objektives Abbild historischer Realität bieten, sondern als perspektivische Darstellungen und Wahrnehmungen immer Interpretation von Wirklichkeit darstellen, müssen Bildquellen wie schriftliche Quellen als Überlieferungen von Vergangenheit nach quellenkundlichen Kriterien entschlüsselt werden. Dabei folgt das Interpretationsverfahren, dessen Ziel es ist, aus „bildlichen Zeichen Sinn zu entnehmen", dem dreistufigen Arbeitsschema Beschreibung – Analyse – Interpretation, das in dieser Grundstruktur auch bei der Interpretation schriftlicher Quellen angewendet wird.

B. Schritte der Interpretation von Bildern als historische Quelle

Der Grundsatz, dass eine **Frage** der Ausgangspunkt einer jeden historischen Interpretation ist, gilt auch für die Gattung Bild. Wie im Falle schriftlicher historischer Quellen schließt sich auch bei der systematischen Interpretation von Bildern als historische Quellen der Arbeitsschritt **Analyse** an, die die Voraussetzung für den dritten Arbeitsschritt, die **Bildinterpretation**, darstellt.

1. Schritt – Leitfrage(n) festlegen:

Aus der Vielfalt an möglichen Fragen, die an die Bildquelle gestellt werden können, das eigene Erkenntnisinteresse festlegen und als Untersuchungsfrage(n) formulieren, die dann als Leitfrage(n) zielführend den Interpretationsprozess steuert(n).

2. Schritt – Analyse:
– Beschreibung und Klärung formaler äußerer Merkmale der Bildquelle

- Die Bildart einschließlich ihrer gattungsspezifischen Merkmale kurz charakterisieren.
- Den Bildautor unter Einschluss bekannter biografischer Informationen vorstellen.
- Das Bildthema bzw. den Bildgegenstand und, soweit bekannt, die Situation, in der das Bild entstanden ist (d. h. Zeitpunkt der Entstehung, das Veröffentlichungsdatum, Entstehungsort), benennen.
- Den Anlass, den Auftraggeber und die Zielgruppe der Adressaten benennen.

– Bildbeschreibung und -erläuterung

- Die Einzelelemente der Darstellung beschreiben und die sachlichen historischen Zusammenhänge, auf die sich die Bildquelle bezieht, erläutern. Das bedeutet:
  - In einer zweckmäßigen Reihenfolge und Anordnung (z. B. vom Zentralen zu den Einzelheiten, vom Bildmittelpunkt zum Vorder-, Hintergrund, Bildrand) genau in allen Einzelheiten beschreiben, was auf dem Bild zu sehen ist und
  - im Zusammenhang der Beschreibung die historischen Sachverhalte, die ins Bild gesetzt werden, erläutern.
- Wesentliche Einzelelemente des Bildes, die Bildkomposition und verwendete bildliche Gestaltungsmittel (z. B. Perspektive, Darstellungstechnik, Bildgröße, Präsentationsform, Farbgestaltung, Verwendung von zeittypischen Symbolen und symbolhaften Darstellungsformen) darstellen und bildbezogen erläutern.

3. Schritt – Interpretation: Deuten und Urteilen im historischen Kontext

- Die zentrale(n) Bildaussage(n) in ihrem historischen Entstehungskontext und in ihrer Darstellungsabsicht unter Berücksichtigung des Zusammenspiels von Inhalt und gewählter Darstellungsform deuten.

– Ebene 1 Interpretation im engeren Sinne

Zentrale Fragestellungen, die für eine zusammenfassende Interpretation auf dieser Ebene hilfreich sein können:
- Welche Absicht(en) verfolgen der Bildautor und mögliche Auftraggeber des Bildes?
- Welche „Botschaft" und Deutung zur gewählten Bildthematik wird vermittelt?
- Wie ist das Verhältnis von bildlicher Interpretation des historischen Sachverhalts durch den Bildautor und „historischer Wirklichkeit und Wahrheit" zu beurteilen?
- Sind klare zeittypische Deutungsmuster erkennbar?
- Wie überzeugend und wirkungsvoll sind die gewählten bildlichen Darstellungsmittel, um die gewollte Aussageabsicht und Wirkung beim Betrachter zu erreichen?

– Ebene 2 Zusammenfassendes Resümee mit Blick auf die Leitfrage(n)

- Auf der Grundlage der Arbeitsergebnisse im Bereich Analyse und der Ergebnisse der Interpretation im engeren Sinne belegbare Schlussfolgerungen mit Blick auf die gestellte(n) Leitfrage(n) für die Interpretation (1. Schritt s. o.) ziehen und tragfähige Antworten formulieren.

Arbeitsaufträge zielgerichtet und erfolgreich bearbeiten

„Wenn man nicht genau weiß, wohin man will, landet man leicht da, wo man gar nicht hin wollte." Dieser zugleich warnende und gut gemeinte Hinweis des amerikanischen Lernpsychologen R. Mager erscheint besonders hilfreich und einleuchtend für den richtigen Umgang mit Arbeitsaufträgen. Sie beinhalten durch die jeweils gewählten Formulierungen klare Aufträge, welche inhaltlich-thematischen Perspektiven zu behandeln sind und welche, methodische Vorgehensweise gefordert ist. Solche Arbeitsanweisungen bestehen in der Regel aus einer eingeforderten Tätigkeit (Operation), z. B. etwas zusammenzufassen oder zu erklären, und aus inhaltlichen Vorgaben, auf die die Operation gerichtet ist. Die in der Tabelle aufgeführten Operatoren-Beschreibungen entsprechen dem verbindlichen Operatorenkatalog für das Zentralabitur in Niedersachsen im Fach Geschichte.

Operator	Beschreibung der erwarteten Leistung
	ANFORDERUNGSBEREICH I
beschreiben	strukturiert und fachsprachlich angemessen Materialien vorstellen und/oder Sachverhalte darlegen
gliedern	einen Raum, eine Zeit oder einen Sachverhalt nach selbst gewählten oder vorgegebenen Kriterien systematisierend ordnen
wiedergeben	Kenntnisse (Sachverhalte, Fachbegriffe, Daten, Fakten, Modelle) und/oder (Teil-)Aussagen mit eigenen Worten sprachlich distanziert, strukturiert und damit unkommentiert darstellen
zusammen-fassen	Sachverhalte auf wesentliche Aspekte reduzieren und sprachlich distanziert, strukturiert und unkommentiert wiedergeben
	ANFORDERUNGSBEREICH II
analysieren	Materialien, Sachverhalte oder Räume kriterienorientiert oder aspektgeleitet erschließen und strukturiert darstellen
charakteri-sieren	Sachverhalte in ihren Eigenarten beschreiben, typische Merkmale kennzeichnen und diese dann **gegebenenfalls** unter einem oder mehreren bestimmten Gesichtspunkten zusammenführen
einordnen	begründet eine Position/Material zuordnen oder einen Sachverhalt begründet in einen Zusammenhang stellen
erklären	Sachverhalte so darstellen – gegebenenfalls mit Theorien und Modellen –, dass Bedingungen, Ursachen, Gesetzmäßigkeiten und/oder Funktionszusammenhänge verständlich werden
erläutern	Sachverhalte in ihren komplexen Beziehungen an Beispielen und/oder Theorien verdeutlichen (auf Grundlage von Kenntnissen bzw. Materialanalyse)
heraus-arbeiten	Materialien auf bestimmte, explizit nicht unbedingt genannte Sachverhalte hin untersuchen und Zusammenhänge zwischen den Sachverhalten herstellen
in Beziehung setzen	Zusammenhänge zwischen Materialien, Sachverhalten aspektgeleitet und kriterienorientiert herstellen und erläutern
nachweisen	Materialien auf Bekanntes hin untersuchen und belegen
vergleichen	Gemeinsamkeiten, Ähnlichkeiten und Unterschiede von Sachverhalten kriterienorientiert darlegen
	ANFORDERUNGSBEREICH III
beurteilen	den Stellenwert von Sachverhalten oder Prozessen in einem Zusammenhang überprüfen, um kriterienorientiert zu einem begründeten **Sachurteil** zu gelangen
entwickeln	zu einem Sachverhalt oder zu einer Problemstellung eine Einschätzung, ein konkretes Lösungsmodell, eine Gegenposition oder ein Lösungskonzept inhaltlich weiterführend und/oder zukunftsorientiert darlegen
erörtern	zu einer vorgegebenen Problemstellung eine reflektierte, abwägende Auseinandersetzung führen und zu einem begründeten Sach- und/oder Werturteil kommen

Operator	Beschreibung der erwarteten Leistung
interpretieren	Sinnzusammenhänge aus Quellen erschließen und eine begründete Stellungnahme abgeben, die auf einer Analyse, Erläuterung und Bewertung beruht
Stellung nehmen	Beurteilung mit zusätzlicher Reflexion individueller, sachbezogener und/oder politischer Wertmaßstäbe, die Pluralität gewährleisten und zu einem begründeten eigenen **Werturteil** führen
überprüfen	Inhalte, Sachverhalte, Vermutungen oder Hypothesen auf der Grundlage eigener Kenntnisse oder mithilfe zusätzlicher Materialien auf ihre sachliche Richtigkeit bzw. auf ihre innere Logik hin untersuchen

Präsentationsformen im Überblick

Ampelspiel:	Das Ampelspiel ist eine besondere Form der Debatte, in der begründete (historische) Urteile in strukturierter Form ausgetauscht werden. **1. Schritt:** Erste Abstimmung: Alle Teilnehmer antworten auf eine Entscheidungsfrage (Leitfrage) mit „grün" (= „ja"), „rot" (= „nein") oder „gelb" (= „unentschieden"). Positionieren Sie sich – je nach Antwort – an einer bestimmten Seite im Raum. **2. Schritt:** Strukturierte Debatte: Zur Begründung des eigenen Urteils werden (immer abwechselnd) Argumente benannt. Es können auch Fragen an die Gegenseite gestellt werden. **3. Schritt:** Erneute Abstimmung. Teilnehmer können jetzt ihre Position wechseln.
Argumentationsstrukturskizze:	Eine Argumentationsstrukturskizze visualisiert komplexe Gedankengebäude (Argumentationen) in Form einer stichwortartigen Struktur. Im Unterschied zu einer Argumentliste werden die einzelnen Gedanken (Argumente) nicht nur additiv aufgelistet, sondern ihrer inneren Logik nach – ähnlich wie in einer Mindmap – strukturiert. Eine solche Argumentationsstrukturskizze hilft, einen komplexen Text zu verstehen und seinen Inhalt zu präsentieren. Sie kann mit Kommentaren (z. B. in einer anderen Schriftfarbe oder durch Hyperlinks) versehen werden, die eigene Urteile oder Bewertungen zum Ausdruck bringen.
Bildgestützte Präsentation:	In einer bildgestützten Präsentation steht ein (für alle Zuhörer zentral sichtbares) Bild im Mittelpunkt. Der Vortrag bezieht sich inhaltlich auf das Bild und der Vortragende hat die Möglichkeit, auf das Bild oder einzelne seiner Elemente zu verweisen. Im Geschichtsunterricht eignet sich die bildgestützte Präsentation besonders, wenn Sie Ergebnisse der Interpretation von Bildquellen vortragen wollen. → **Präsentationstipp:** Projizieren Sie die Bilder immer so, dass sie für den gesamten Kurs gut sichtbar sind und Sie die Möglichkeit haben, auf einzelne Bildelemente zu zeigen. Es bieten sich dafür z. B. OHP, Beamer, Diaprojektor an.
Concept-Map:	Die Concept-Map ist in ihrer Grundstruktur einer Mindmap sehr ähnlich. Das charakteristische Merkmal von Concept-Maps ist, dass sie die Wissensstrukturen visuell betont netzwerkartig darstellen. Ein entscheidender Unterschied zwischen einer Concept-Map und einer Mindmap liegt dabei darin, dass die Verbindungen zwischen den Schlüsselbegriffen bei einer Concept-Map beschriftet sind. Die Beziehungen zwischen den Schlüsselbegriffen werden durch Verben oder Adjektive bezeichnet. Auf das räumlich im Zentrum angeordnete Schlüsselwort kann bei einer Concept-Map im Gegensatz zu einer Mindmap verzichtet werden. Concept-Maps eignen sich gut zur Erarbeitung von sehr komplexen Inhalten. Auch können auf diese Weise Verläufe und zeitliche Strukturen, komplexe Bedingungsgefüge und Faktorenbündel grafisch übersichtlich veranschaulicht werden.
Einen Essay verfassen:	Der Essay (frz.: essai = Versuch) ist ein knapper, anspruchsvoller und bewusst subjektiver Text über ein bestimmtes Thema, hier aus dem geschichtswissenschaftlichen Bereich. Der Essay gilt sowohl in Bezug auf Inhalt und Aufbau als auch hinsichtlich der verwendeten Sprache als offene Form. Die Form eignet sich für Themen, die Denkanstöße geben und somit Raum für eigene Überlegungen bieten. Ausgangspunkt ist meist ein Problem, eine These oder eine kontrovers diskutierte Fragestellung. Die offene Form gibt dem Verfasser die Möglichkeit, wissenschaftliche Erkenntnisse zusammen mit seinen persönlichen Eindrücken und Auffassungen zu formulieren. Im Mittelpunkt steht jedoch die wissenschaftliche Argumentation, die zum Ausgangspunkt für eigene Überlegungen wird.

	Drei-Schritt-Methode als Schreibkonzept: **1. Schritt – Thema:** ➢ Hinführung zum Thema durch Erschließung des Themaauftrags/der Themafrage. ➢ Vorstellung wesentlicher Betrachtungsleitlinien bzw. thematischer Perspektiven der folgenden Ausführungen. ➢ Ggf. Skizzierung des vorgesehenen Untersuchungsgangs. **2. Schritt – Darstellung zur Themafrage / zum Themaauftrag:** ➢ Argumentierende Darstellung, die – Positionen, Perspektiven, inhaltliche Kontroversen aufzeigt und erläutert, z. B. (a) zeitgenössische Quellenaussagen, (b) Historikerurteile; – ereignisgeschichtliche Zusammenhänge themabezogen einbindet. **3. Schritt – Auswertung der Darstellung:** ➢ Formulierung eines begründeten eigenen Standpunkts auf möglichen unterschiedlichen Ebenen: – Zusammenfassendes Resümee, das den Themaauftrag/die Themafrage auf der Ebene eines begründeten Sachurteils erörtert. – Zusammenfassende Erörterung des Themaauftrags/der Themafrage auf der Ebene eines begründeten Werturteils.
Expertenrunde:	Eine Gesprächsrunde von „Experten" zu einem Thema. Die „Experten" sind jeweils auf ein Teilgebiet des Themas vorbereitet. Sie tragen es für die Zuhörer gut verständlich vor und tauschen sich anschließend untereinander bzw. mit dem Publikum aus.
Flussdiagramm:	Grafische Darstellung von Informationen, die über Ursachen und Folgen eines Sachverhalts Auskunft gibt. Die einzelnen Faktoren werden hierbei durch Pfeile bzw. andere Piktogramme miteinander verbunden, sodass eine sinnvolle Abfolge entsteht.
Galeriegang:	**Tipps für die Vorbereitung und den Ablauf eines Galeriegangs:** ➢ Die Bildbeiträge werden wie in einer Galerie auf Stellwänden ausgehängt. ➢ Vergrößern Sie dazu das ausgewählte Bild in Kopie und kleben Sie es in die Mitte eines Plakatbogens (DIN A 2). ➢ Fügen Sie Ihre Begleitkommentare hinzu. ➢ Während des Rundgangs gehen die verschiedenen Arbeitsgruppen an den Plakaten der anderen Gruppen entlang. ➢ Bei jedem Plakat stehen ein oder zwei Gruppenvertreter bereit, die als Experten die Arbeitsergebnisse vorstellen und erläutern. ➢ **Wichtig:** Die Experten sollten sich ablösen, damit alle am Rundgang teilnehmen können! ➢ Die Zuhörer können Rückfragen stellen und machen sich kurze Notizen zu dem, was die Experten vortragen. ➢ Nach Beendigung des Galeriegangs kehren alle in ihre ursprünglichen Arbeitsgruppen zurück und tauschen aus, was sie erfahren haben. ➢ In der Gruppe besteht dann auch die Möglichkeit zu einem ersten Meinungsaustausch zum Thema der Leitfrage(n), die Gegenstand einer gemeinsamen Plenumsdiskussion ist/sind.
Geleitete Diskussion:	Diskussion über ein Thema, die von einem Moderator oder einer Moderatorin geleitet wird. Der Moderator oder die Moderatorin – führt in das Thema ein; – achtet auf gerechte Redeanteile (z. B. durch eine Rednerliste); – achtet darauf, dass das Thema nicht aus dem Blick gerät; – fasst in gewissen Abständen (auf jeden Fall am Ende) den Stand der Diskussion zusammen; – setzt Impulse oder Fragestellungen ein, damit verschiedene Aspekte des Themas berücksichtigt werden.
Historisches Rollenspiel:	In einem historischen Rollenspiel wird vergangenes Denken und Handeln aus unterschiedlichen Perspektiven nachvollzogen. Dabei geht es nicht um schauspielerische Qualitäten, sondern darum, verschiedene historische Perspektiven möglichst exakt und sachgerecht zu erfassen und darzustellen. Ein historisches Rollenspiel besteht immer aus drei Phasen: Vorbereitung, Durchführung und Auswertung.

Karten-gestützte Präsentation:	Bei einer kartengestützten Präsentation ist unter anderem eine historische Karte Gegenstand der inhaltlichen Ausführungen. Der Vortrag bezieht sich inhaltlich in Teilen auf die Karte und der Vortragende erläutert eine aus der Karte ersichtlich werdende Entwicklung. Zusätzlich zur Präsentation der Ergebnisse und Schlussfolgerungen, die die Karte ermöglicht, muss der Vortragende jedoch weitere Informationsquellen hinzuziehen, denn eine Geschichtskarte lässt nur begrenzte Aussagen zu. So müssen zum Beispiel, wenn es um Expansion geht (etwa Expansion des Römischen Reiches, des Reiches Karls d. Gr. oder Expansion des Islam unter und nach Mohammed usw.), auch die Ursachen des Ausbreitungsprozesses dargestellt und erläutert werden, die in der Regel aus Geschichtskarten nicht zu entnehmen sind. **Wichtig:** Die Karte muss für alle Zuhörer gut sichtbar projiziert werden!
Kommentierte Datenleiste:	Auflistung und Erläuterung wesentlicher Ereignisse in Form eines Zeitstrahls.
Kommentierte Stichwortliste:	In einer kommentierten Stichwortliste werden die einzelnen Stichworte jeweils durch einen kurzen Kommentar erläutert.
Lernplakate:	Lernplakate visualisieren Arbeitsergebnisse in stichwortartiger, oft auch grafisch gestalteter Form. Sie eignen sich besonders – zur Präsentation von Arbeitsergebnissen nach arbeitsteiligen Lernprozessen, – als Grundlage von mündlichen Vorträgen zu einem Thema, – zur Sicherung von Arbeitsergebnissen.
Leserbrief:	**Charakteristische Merkmale eines Leserbriefs, die Sie beim Schreiben beachten müssen:** ➢ Leserbriefe sind immer an die betreffende Redaktionsabteilung gerichtet. ➢ Ein Leserbrief bezieht sich auf einen aktuellen Artikel. Dazu gehören Angaben zum Autor, zu dem betreffenden Artikel, zum Veröffentlichungsdatum. ➢ Leserbriefe sind eine persönliche Meinungsbekundung. ➢ Das Ziel ist die Formulierung einer eigenen Position. Das bedeutet, dass Sie deutlich herausstellen müssen, welche Position Sie vertreten; z. B.: Zustimmung, Ablehnung oder teilweise Zustimmung bzw. Ablehnung der Position, die im Zeitungs- bzw. Zeitschriftenartikel vertreten wird. ➢ Sie sollten ausgehend von der Argumentation des Autors Ihre Argumente für die von Ihnen vertretene Position darlegen. ➢ Vermeiden Sie polemische oder persönlich herabsetzende Formulierungen. Argumentieren Sie sachlich und beschränken Sie sich auf Wesentliches, d. h. zentrale Aspekte.
Multiperspektivische Geschichtsdarstellung:	In einer multiperspektivischen Geschichtsdarstellung wird vergangenes Denken und Handeln chronologisch geordnet aus zwei (oder mehr) unterschiedlichen Perspektiven dargestellt. Dabei geht es darum, verschiedene Perspektiven der historischen Wirklichkeit und ihre historische Wechselwirkung (Kompromiss, Konfrontation, Nebeneinander, Ignoranz, Entfremdung etc.) möglichst exakt zu erfassen.
Multiperspektivische Präsentation:	Präsentationsform, um ein Thema, einen Sachverhalt bzw. eine Problematik aus verschiedenen zeitgenössischen oder gegenwärtigen Perspektiven vorzustellen. Dabei empfiehlt es sich, dass die verschiedenen Perspektiven von verschiedenen Personen vorgetragen werden.
Positions-papier/ Positions-plakat:	Auf einem Positionspapier/Positionsplakat wird eine (historische) Position mit grafischen Mitteln inhaltlich und fachlich korrekt wiedergegeben. Es sollte folgende Elemente aufnehmen: ① Äußere Daten und, soweit möglich und sinnvoll, die historische Einordnung: Autor, Entstehungs-/Veröffentlichungszeitpunkt, Textsorte, unmittelbarer historischer Kontext, Adressat(en). ② Thema/Fragestellung. ③ Strukturierte Textwiedergabe (z. B. in Form eines Flussdiagramms, einer Mindmap, Concept-Map), die die Kernaussage (Position) und die Argumentationsstruktur zusammengefasst wiedergibt. ④ Falls durch Aufgabenstellung und Verwendungskontext (z. B. Vergleich von Positionen verschiedener Autoren) gefordert sowie in der Sache zielführend und notwendig bzw. sachlich sinnvoll: eigene Stellungnahme auf Sach-/und oder Werturteilsebene.
Präsentation:	Eine Präsentation ist ein mündlicher Vortrag, der durch geeignete Medien visuell unterstützt wird.

Pro- und Kontra-Diskussion:	In einer Pro- und Kontradiskussion werden zwei gegenläufige Positionen strukturiert diskutiert. Jeweils eine Kleingruppe nimmt die Pro- bzw. die Kontra-Position ein; ein Moderator bzw. eine Moderatorin leitet die Diskussion. **(A)** Der Moderator oder die Moderatorin eröffnet die Diskussion und führt in das Thema ein. **(B)** Pro- und Kontra-Gruppe tragen in knapper Form ihre Position (Ergebnis und zentrale Argumente zur Begründung) vor. **(C)** Pro- und Kontra-Gruppe tauschen abwechselnd ihre Argumente aus und beziehen sich dabei aufeinander, indem sie zu den Argumenten der Gegenseite Stellung nehmen. **(D)** Der Moderator oder die Moderatorin beendet die Diskussion mit einer Zusammenfassung des Ergebnisses bzw. des Diskussionsverlaufs und einem Dank an die Teilnehmer. Im Anschluss an die Pro- und Kontra-Diskussion reflektieren die Teilnehmer und Zuhörer im Kursgespräch das Gesprächsverhalten der Teilnehmer und den sachlichen Gehalt der Diskussion. Wesentliche Ergebnisse werden gemeinsam (z. B. in Form von Argumentlisten) festgehalten; alle Kursmitglieder halten jeweils individuell für sich Gewichtungen und Prioritäten fest.
Rededuell:	Simulation: Gegenüberstellung von zwei gegensätzlichen Positionen, Haltungen etc. in überspitzter Form.
Schriftliche Erörterung:	Schriftliche Auseinandersetzung zu einer historischen Fragestellung, in der verschiedene Argumente oder thematische Aspekte dargestellt und abgewogen werden. Das Ziel der Erörterung ist es, eine Argumentation zu entwickeln, die zu einer begründeten Bewertung führt.
Stafetten-präsentation:	Eine Stafettenpräsentation wird arbeitsteilig vorgetragen: Zu Beginn wird das Gesamtthema vorgestellt. Eine Person oder Kleingruppe trägt einen Teilaspekt des Themas vor und übergibt dann (ähnlich einer Stafette beim Stafettenlauf) an die folgende Person oder Kleingruppe, die den folgenden Teilaspekte des Themas vorträgt. Am Ende wird eine Zusammenfassung oder ein Fazit vorgenommen. Eine Stafettenpräsentation eignet sich besonders zur Präsentation komplexer Themen, die sich in verschiedene Abschnitte oder Aspekte aufteilen lassen. Sie kann gut arbeitsteilig vorbereitet werden.
Statement:	Kurze (mündlich oder schriftlich vorgetragene) Stellungnahme zu einer Problem- oder Leitfrage. Ein Statement enthält die Position, also das Ergebnis der Stellungnahme, und ein oder mehrere Argument(e) zur Begründung.
Strukturskizze:	In einer Strukturskizze wird ein Sachverhalt in seinen inneren logischen Zusammenhängen und Beziehungen mit grafischen Mitteln (z. B. Rechtecke, Linien, Pfeile, Beschriftungen etc.) anschaulich und auf das Wesentliche reduziert dargestellt. Grafische Mittel können dabei z. B. Tabellen, Flussdiagramme, Kreismodelle oder auch Mindmaps sein.
Synopse:	Schriftliche Gegenüberstellung von Begriffen, Modellen etc. in Form einer Tabelle.
Thesen:	Thesen fassen die wesentlichen Schlussfolgerungen historischer Forschungen und auf ihnen aufbauende Argumentationen pointiert zusammen. Durch ihre Reduziertheit und Verknappung auf die wesentlichen Ergebnisse können Thesen helfen, die wissenschaftliche Argumentation zu strukturieren und den Überblick zu behalten. Auf Anfrage sollte allerdings jemand, der Thesen vorträgt, auch detaillierte Begründungen und Erläuterungen vortragen können.
Thesenpapier:	Verschriftlichte Form der Zusammenfassung einer Position oder Theorie in knappen Thesen.
Urteilsskala:	Eine Urteilsskala dient dazu, die in einem Kurs vorhandenen Urteile zu einem Thema zusammenfassend und übersichtlich zu visualisieren. Da die Urteilsskala – ähnlich einer Abstimmung – Urteile nur sehr grob und im Ergebnis zusammenfasst, kann sie ein argumentierendes Kursgespräch nicht ersetzen. Sie kann aber ein solches Kursgespräch sinnvoll anregen oder es am Ende im Ergebnis zusammenfassen. Auf einer Urteilsskala werden die zwei (extrem möglichen) „Pole" an den beiden Enden einer Linie (an der Tafel, auf einem Wandposter) aufgetragen. Jeder Kursteilnehmer markiert seine persönliche Einschätzung an der Stelle, die seiner persönlichen Einschätzung am ehesten entspricht. **Pol A**______ • ________ • ______________ • __________**Pol B**

Register

Bildquellenverzeichnis

akg-images/Archiv für Kunst und Geschichte: S. 8 o., S. 18 o.l., o.M., o.r. und u.l., S. 23 u., S. 29 u.l., S. 36 (Erich Lessing), S. 41 (Tristan Lafranchis), S. 59 o., S. 59 u.l., S. 69, S. 82 o. (Erich Lessing), S. 83 (Erich Lessing), S. 84, S. 86 o., S. 88 (Erich Lessing), S. 102, S. 108, S. 116, S. 121, S. 156 o., S. 158 o., S. 161, S. 168, S. 174 (Hans Grundig, Wetterleuchten über der Vorstadt/© VG Bild-Kunst, Bonn 2015), S. 178, S. 194 u.r.; Bildungshaus Schulbuchverlage Westermann Schroedel Diesterweg Schöningh Winklers GmbH, Braunschweig: S. 47 o., S. 81 u., S. 82 u., S. 86 u., S. 89, S. 115; bpk/Bildagentur für Kunst, Kultur und Geschichte: S. 6 (RMN - Grand Palais/Gérard Blot/Daniel Arnaudet), S. 91 (Scala), S. 92 u., S. 93 r. (SMB/Gemäldegalerie/J.P. Anders), S. 103 o. (Dietmar Katz), S. 103 u. (SBB/R. Schacht), S. 111 o., S. 153 u. (RMN/Hervé Lewandowski), S. 181 u. (Karl Hofer, Großer Karneval, 1928/© VG Bild-Kunst, Bonn 2015/Bayerische Staatsgemäldesammlungen/Lutz Braun); Bridgeman Art Library Ltd. Berlin: S. 81 o.; Presse- und Informationsamt der Bundesregierung/Bundesbildstelle: S. 8 u., S. 10 (Lehnartz); Deutsches Historisches Museum, Berlin: S. 80 o.; FOCUS Magazin/Montage: Zeilbeck GmbH: S. 21; fotolia.com: S. 46 (kameraauge), S. 101 (Viktor Gmyria), S. 104 (AndreasJ); GEO EPOCHE: S. 79 u.l. und u.r.; Germanisches Nationalmuseum, Nürnberg: S. 194 o.r.; Gutenberg-Museum, Mainz: S. 29 o.; iStockphoto.com/PaoloGaetano: S. 85; Keystone: S. 173 und S. 183; Kunstsammlungen der Veste Coburg, www.kunstsammlungen-coburg.de: S. 113; Lutherstadt Wittenberg, Bibliothek des Evangelischen Predigerseminars: S. 7; www.luther2017.de: S. 139; © Joseph S. Martin – ARTOTHEK: Umschlag (hinten); Luis Murschetz: S. 192; picture alliance: S. 163 (Mary Evans Picture Library); Reuters/Christian Charisius: S. 9; Rheinisches Landesmuseum, Trier: S. 153 o.; Römisch-Germanisches Zentralmuseum, Mainz: S. 151 r.; Scala Archives, Florenz: S. 150; Staatliche Antikensammlung München: S. 151 l.; Stiftung Deutsches Historisches Museum, Berlin: S. 29 u.r.; SWR/Frank P. Kistner: S. 27; UIG Images/Universal History Archive: Umschlag (vorne); ullstein bild: S. 156 u. (AISA), S. 176 u. (TopFoto), S. 180 (TopFoto); Universitäts- und Landesbibliothek Darmstadt: S. 52; Universitätsbibliothek Heidelberg: S. 194 M.l.; Wikimedia Commons: S. 20, S. 30, S. 31 o., S. 31 u. (Morio), S. 32 (Amada44), S. 35, S. 43 o. (Roger_Zenner), S. 43 u., S. 45 (Axel Hindemith (CC BY-SA 3.0 de)), S. 47 u. (Matthias Süßen), S. 49 (Captain Blood), S. 50 (Jean-Marc Rosier from http://www.rosier.pro), S. 51, S. 67, S. 68, S. 74, S. 78 und S. 94, S. 79 o., S. 87, S. 92 o., S. 93 l., S. 100, S. 105, S. 106 (gallerix.ru), S. 107 (Fewskulchor), S. 109 l. (Torsten Schleese), S. 109 r. (© CEphoto, Uwe Aranas/CC-BY-SA-3.0), S. 110 beide, S. 112 (Staatliche Kunsthalle Karlsruhe), S. 114, S. 117, S. 125 (Wolfgang Sauber), S. 148, S. 154 (Bibi Saint-Pol), S. 158 u. (Bibi Saint-Pol), S. 194 M.; weitere: Verlagsarchiv Schöningh.

Sollte trotz aller Bemühungen um korrekte Urheberangaben ein Irrtum unterlaufen sein, bitten wir darum, sich mit dem Verlag in Verbindung zu setzen, damit wir eventuell notwendige Korrekturen vornehmen können.